Schriftenreihe
der Juristischen Schulung

Band 199

Zwangsvollstreckungsrecht

von

Prof. Dr. Karl August Prinz von Sachsen Gessaphe
o. Professor an der FernUniversität Hagen

2014

C.H.BECK

www.beck.de

ISBN 978 3 406 66412 0

Wilhelmstraße 9, 80801 München
Druck und Bindung: Nomos Verlagsgesellschaft
In den Lissen 12, 76547 Sinzheim
Satz: Druckerei C. H. Beck Nördlingen
(Adresse wie Verlag)

Gedruckt auf säurefreiem, alterungsbeständigem Papier
(hergestellt aus chlorfrei gebleichtem Zellstoff)

Vorwort

Im Studium spielt das Zwangsvollstreckungsrecht häufig eine untergeordnete Rolle, während es in der Praxis von großer praktischer Bedeutung ist: Häufig zeigt sich nämlich erst bei der Vollstreckung, wieviel ein materiellrechtlicher Leistungsanspruch und ggf. ein diesen feststellender Titel wert ist. Die Zurückhaltung gegenüber dieser Materie erklärt sich zum Teil daraus, dass sie wegen ihres hohen Grades an Formalisierung als besonders technisch und nüchtern erscheint. Dieser Eindruck trügt indes, denn beim Zwangsvollstreckungsrecht geht es um grundlegende Gerechtigkeitswertungen: den Widerstreit zwischen dem Zugriffsinteresse des Gläubigers und dem notwendigen Schutz des Schuldners.

Dieses Buch möchte die komplexe Materie des Zwangsvollstreckungsrechts für die Zwecke der Examensvorbereitung in verständlicher Form darstellen. Die Leserinnen und Leser sollen nicht mit unnötigen Einzelheiten belastet werden, vielmehr sollen ihnen die wesentlichen theoretischen Grundlagen und die praktische Handhabung dieses Rechtsgebietes vermittelt werden. Aus diesem Grunde wurde zB auf eine detaillierte Darstellung der zahlreichen technischen Regeln der Immobiliarvollstreckung verzichtet. Darüber hinaus soll dieses Buch praktische Aspekte der Zwangsvollstreckung darstellen, da deren Erfolg vielfach davon abhängt, ob der Vollstreckungsgläubiger über hinreichende Informationen über das Schuldnervermögen verfügt, um so den Zugriff hierauf sinnvoll gestalten zu können. So eignet sich das Buch nicht nur für die Examensvorbereitung, sondern kann auch beim Einstieg in den Anwaltsberuf von Nutzen sein.

Herzlich danken möchte ich meinen wissenschaftlichen Mitarbeitern, Frau Agnieszka Okońska, Herrn Matthias Eiden und Herrn Daniel Rochol, sowie meiner Ehefrau Anke Lioba für wertvolle Anregungen und Diskussionen sowie die tatkräftige Unterstützung bei der Überarbeitung des Manuskriptes. Mein Dank gilt zudem meiner studentischen Hilfskraft, Frau Kim-Laura Linnenberg, für Korrekturen am Manuskript.

Bei aller Sorgfalt lassen sich Fehler nicht vermeiden. Entsprechende Hinweise nehme ich dankbar entgegen (E-Mail: LG.Sachsen-Gessaphe@FernUni-Hagen.de).

München und Hagen, im August 2014 — Karl August Prinz von Sachsen Gessaphe

Inhaltsverzeichnis

Abkürzungsverzeichnis

aA .... anderer Ansicht
Abs. .... Absatz
aE .... am Ende
aF .... alte Fassung
Alt. .... Alternative
AnfG .... Gesetz über die Anfechtung von Rechtshandlungen eines Schuldners außerhalb des Insolvenzverfahrens (Anfechtungsgesetz)
AO .... Abgabenordnung
ArbGG .... Arbeitsgerichtsgesetz
Art. .... Artikel
Aufl. .... Auflage
Az. .... Aktenzeichen

BAG .... Bundesarbeitsgericht
BayGVBl .... Bayerisches Gesetz- und Verordnungsblatt
Bd. .... Band
BeckRS .... Rechtsprechungssammlung, abrufbar in Beck-Online
BeurkG .... Beurkundungsgesetz
BGB .... Bürgerliches Gesetzbuch
BGBl .... Bundesgesetzblatt
BGH .... Bundesgerichtshof
BGHZ .... Entscheidungen des Bundesgerichtshofes in Zivilsachen
BKR .... Zeitschrift für Bank- und Kapitalmarktrecht
bspw. .... beispielsweise
BT-Drs .... Bundestags-Drucksache
BVerfG .... Bundesverfassungsgericht
BVerfGE .... Entscheidungen des Bundesverfassungsgerichts
BVerfGG .... Bundesverfassungsgerichtsgesetz
bzw. .... beziehungsweise

DAVorm .... Der Amtsvormund
ders. .... derselbe
DGVZ .... Deutsche Gerichtsvollzieher-Zeitung
dh .... das heißt

EG .... Europäische Gemeinschaften
EGMR .... Europäischer Gerichtshof für Menschenrechte
einschl. .... einschließlich
EMRK .... Europäische Konvention zum Schutz der Menschenrechte und Grundfreiheiten
etc .... et cetera
EU .... Europäische Union
eV .... eingetragener Verein
evtl. .... eventuell
EWiR .... Entscheidungen zum Wirtschaftsrecht

f. (ff.) .... folgene (mehrere folgende)
FamFG .... Gesetz über das Verfahren in Familiensachen und in den Angelegenheiten der freiwilligen Gerichtsbarkeit (Familienverfahrensgesetz)
FamRZ .... Zeitschrift für das gesamte Familienrecht
Fn. .... Fußnote(n)

GBO	Grundbuchordnung
gem.	gemäß
GG	Grundgesetz für die Bundesrepublik Deutschland
ggf.	gegebenenfalls
GR-Charta	Charta der Grundrechte der Europäischen Union
GV NRW	Gesetz- und Verordnungsblatt für das Land Nordrhein-Westfalen
GVG	Gerichtsverfassungsgesetz
GVGA	Geschäftsanweisung für Gerichtsvollzieher (in Kraft ab 1.9.2013)
GVO	Gerichtsvollzieherordnung, abgedruckt in Schönfelder Ergänzungsband Tz. 109a
HansOLG	Hanseatisches Oberlandesgericht
HGB	Handelsgesetzbuch
hL	herrschende Lehre
hM	herrschende Meinung
Hrsg.	Herausgeber
Hs.	Halbsatz
idR	in der Regel
ieS	im engeren Sinne
iHv	in Höhe von
incl.	inklusive
insb.	insbesondere
InsO	Insolvenzordnung
iRd	im Rahmen der / des
iSd	im Sinne der / des
iVm	in Verbindung mit
JA	Juristische Arbeitsblätter
JURA	Juristische Ausbildung
JuS	Juristische Schulung
JZ	Juristenzeitung
Kfz	Kraftfahrzeug
KG	Kommanditgesellschaft
KWG	Gesetz über das Kreditwesen
LG	Landgericht
Lit.	Literatur
lit.	litera (Buchstabe)
LMK	Lindenmaier-Möhring Kommentar
LPartG	Gesetz über die Eingetragene Lebenspartnerschaft
mAnm	mit Anmerkung
max.	maximal
MDR	Monatsschrift für Deutsches Recht
mwN	mit weiteren Nachweisen
NJOZ	Neue Juristische Online-Zeitschrift
NJW	Neue Juristische Wochenschrift
NJWE-FER	NJW-Entscheidungsdienst Familien- und Erbrecht
NJW-RR	NJW-Rechtsprechungs-Report Zivilrecht
Nr.	Nummer
NVwZ-RR	NVwZ-Rechtsprechungs-Report Verwaltungsrecht
NZI	Neue Zeitschrift für das Recht der Insolvenz und Sanierung
NZM	Neue Zeitschrift für Miet- und Wohnungsrecht
oHG	offene Handelsgesellschaft
OLG	Oberlandesgericht

PKW	Personenkraftwagen
RGZ	Entscheidungen des Reichsgerichts in Zivilsachen
Rn.	Randnummer
Rpfleger	Der Deutsche Rechtspfleger
RPflG	Rechtspflegergesetz
Rspr.	Rechtsprechung
S.	Satz, Seite(n)
s.	siehe
sa	siehe auch
SGB I	Sozialgesetzbuch Erstes Buch – Allgemeiner Teil
sog	so genannt(e, er, es)
StGB	Strafgesetzbuch
stRspr	ständige Rechtsprechung
Tz.	Textziffer(n)
ua	und andere, unter anderem
uÄ	und Ähnliche(s)
usw	und so weiter
uU	unter Umständen
v.	vom, von
vgl.	vergleiche
VU	Versäumnisurteil
WEG	Wohnungseigentumsgesetz
WM	Wertpapier-Mitteilungen
zB	zum Beispiel
ZIP	Zeitschrift für Wirtschaftsrecht
zit.	zitiert
ZJS	Zeitschrift für das Juristische Studium, online verfügbar unter zjs-online.com
ZPO	Zivilprozessordnung
ZVG	Gesetz über die Zwangsversteigerung und die Zwangsverwaltung
ZZP	Zeitschrift für Zivilprozess

Literaturverzeichnis

Ahrens, Martin .... Das neue Pfändungsschutzkonto, NJW 2010, 2001 ff.

Ahrens, Martin .... Gesetzliche Regelung des so genannten Monatsanfangsproblems beim Pfändungsschutzkonto, NZI 2011, 183 f.

Baur, Fritz/Stürner, Rolf/Bruns, Alexander Zwangsvollstreckungsrecht, 13. Aufl. 2006

Becker, Udo .... Zwangsvollstreckung in Wertpapiere, JuS 2005, 232 ff.

Becker, Udo .... Mängelbeseitigung beim Kontopfändungsschutz, NJW 2011, 1317 ff.

Beck'scher Online-Kommentar zum BGB Edition 31, Stand 1.5.2014, zit.: BeckOK BGB/*Bearbeiter*

Beck'scher Online-Kommentar zur ZPO Edition 13, Stand 15.6.2014, zit.: BeckOK ZPO/*Bearbeiter*

Behr, Johannes .... Effektive Sachpfändung durch den Gerichtsvollzieher, NJW 1992, 2738 ff.

Brox, Hans/Walker, Wolf-Dietrich .... Zwangsvollstreckungsrecht, 10. Aufl. 2014

Büchel, Andreas .... Das neue Pfändungsschutzkonto aus Sicht der Kreditwirtschaft, BKR 2009, 358 ff.

Dauner-Lieb, Barbara/ Langen, Werner (Hrsg.) .... NomosKommentar, BGB, Bd. 2: Schuldrecht, Teilband 2: §§ 611 bis 853 BGB, 2. Aufl. 2012, zit.: NK-BGB/*Bearbeiter*

Deubner, Karl G. ...... Aktuelles Zivilprozessrecht, JuS 2004, 31 ff.

Emmerich, Volker ..... Zulässigkeit und Wirkungsweise der Vollstreckungsverträge, ZZP 82 (1969) 413 ff.

Fischer, Nikolaj .... Auswirkungen der „Mietrechtsänderung" auf Räumungsverfahren und -vollstreckung, Kritische Anmerkungen aus Sicht von (Prozessrechts-)Wissenschaft und Praxis, NZM 2013, 249 ff.

Gaul, Hans-Friedhelm/ Schilken, Eberhard/ Becker-Eberhard, Ekkehard .... Zwangsvollstreckungsrecht, 12. Aufl. 2010

Gaul, Hans-Friedhelm .... Die Verfassungswidrigkeit der Härteentscheidung nach § 765a ZPO wegen Verstoßes gegen den Richtervorbehalt aus Art. 92 GG, JZ 2013, 1081 ff.

Gaul, Hans-Friedhelm .... Zur Struktur der Zwangsvollstreckung, Rpfleger 1971, 1 ff.

Goebel, Frank-Michael .... Die Reform der Sachaufklärung, 2012

Harnacke, Rainer ..... Das neue Vollstreckungsrecht, Die Modernisierung der Gerichtsvollzieherzwangsvollstreckung durch das Gesetz zur Reform der Sachaufklärung in der Zwangsvollstreckung, DGVZ 2012, 197 ff.

Harnacke, Rainer/ Bungardt, Hans-Peter .... Das neue Recht – Probleme über Probleme, Rechtliche Probleme bei der Umsetzung des Gesetzes zur Reform der Sachaufklärung in der Zwangsvollstreckung – dargestellt anhand von Beispielsfällen, DGVZ 2013, 1 ff.

Heiderhoff, Bettina/ Skamel, Frank .... Zwangsvollstreckungsrecht, 2. Aufl. 2013

Hennemann, Moritz .. Schwerpunktbereichsklausur Zivilverfahrensrecht: Verlorenes Auto, JURA 2011, 558 ff.

Hess, Burkhard .... Effektuierung der Forderungspfändung: Der BGH erleichtert „Verdachtspfändungen", NJW 2004, 2350 ff.

Hess, Burkhard .... Rechtspolitische Perspektiven der Zwangsvollstreckung, JZ 2009, 662 ff.

Hoeren, Thomas .... Der Pfändungs- und Überweisungsbeschluß: Praktikabilität vor Verfassungsrecht?, NJW 1991, 410 f.

Jarass, Hans D. .... Charta der Grundrechte der Europäischen Union, 2. Aufl. 2013

Jauernig, Othmar/ Berger, Christian ...... Zwangsvollstreckungs- und Insolvenzrecht, 23. Aufl. 2010

Jayme, Erik/ Hausmann, Rainer .... Internationales Privat- und Verfahrensrecht, 16. Aufl. 2012

Kaiser, Jan .... Die Abgrenzung der Vollstreckungsabwehrklage zur prozessualen Gestaltungsklage sui generis, NJW 2010, 2933 ff.

Kindl, Johann/ Meller-Hannich, Caroline/ Wolf, Hans-Joachim .. Gesamtes Recht der Zwangsvollstreckung, 2. Aufl. 2013, zit.: Kindl/ Meller-Hannich/Wolf/*Bearbeiter*

Knoche, Joachim/ Biersack, Cornelia ..... Das zwangsvollstreckungsrechtliche Prioritätsprinzip und seine Vereitelung in der Praxis, NJW 2003, 476 ff.

König, Günter .... Die vorläufige Vollstreckbarkeit im Zivilurteil, JuS 2004, 119 ff.

Kornol, Malte/ Wahlmann, Carsten .. Zwangsvollstreckungsrecht, 2011

Lackmann, Rolf .... Zwangsvollstreckungsrecht mit Grundzügen des Insolvenzrechts, 10. Aufl. 2013

Lippross, Otto-Gerd .. Vollstreckungsrecht, 11. Aufl. 2014

Lüke, Wolfgang .... Zivilprozessrecht, 10. Aufl. 2011

Lüke, Wolfgang .... Die Rechtsnatur des Pfändungspfandrechts, JZ 1957, 239 ff.

Medicus, Dieter/ Lorenz, Stephan .... Schuldrecht II – Besonderer Teil, 16. Aufl. 2012, zit.: *Medicus/Lorenz* SchR II

Musielak, Hans-Joachim (Hrsg.) .... Kommentar zur Zivilprozessordnung, 11. Aufl. 2014, zit.: Musielak/ *Bearbeiter*

Özen, Kasim/Hein, Georg .... Die prozessuale Gestaltungsklage analog § 767 ZPO, JuS 2010, 124 ff.

Prütting, Hanns .... Sachenrecht, 35. Aufl. 2014

Rauscher, Thomas/Wax Peter/Wenzel Joachim (Hrsg.) .... Münchener Kommentar zur Zivilprozessordnung mit Gerichtsverfassungsgesetz und Nebengesetzen, 4. Aufl. 2012 f., zit.: MüKoZPO/ *Bearbeiter*

Remmert, Andreas .... Das Gesetz über die Internetversteigerung in der Zwangsvollstreckung, NJW 2009, 2572 ff.

Rosenberg, Leo/ Schwab, Karl-Heinz/ Gottwald, Peter .... Zivilprozessrecht, 17. Aufl. 2010

Sachsen Gessaphe, von, Karl August/Neumaier, Markus .... Zwangsvollstreckungsrecht, 2006, zit.: *von Sachsen Gessaphe/Neumaier* ZwvR

Säcker, Franz-Jürgen/ Rixecker Roland (Hrsg.) .... Münchener Kommentar zum Bürgerlichen Gesetzbuch, 6. Aufl. 2012 f., zit.: MüKoBGB/*Bearbeiter*

Schmittmann, Jens M./ David, Peter .... Über den Umgang mit Schuldnern, 19. Aufl. 2013

Schuschke, Winfried/ Walker, Wolf-Dietrich Vollstreckung und Vorläufiger Rechtsschutz, 5. Aufl. 2011, zit.: Schuschke/Walker/*Bearbeiter*

Schwab, Martin .... Der verbraucherschützende Widerruf und die Grenzen der Rechtskraft, JZ 2006, 170 ff.

Staudinger, Julius von Kommentar zum Bürgerlichen Gesetzbuch, Neubearbeitung 2013, zit.: Staudinger/*Bearbeiter*

Stein, Friedrich/Jonas, Martin .... Kommentar zur Zivilprozessordnung, Bd. 7, §§ 704 bis 827, 22. Aufl. 2002, zit.: Stein/Jonas/*Bearbeiter*

Thomas, Heinz/Putzo, Hans .... Zivilprozessordnung, ZPO, 35. Aufl. 2014, zit.: Thomas/Putzo/*Bearbeiter*

Vollkommer, Gregor .. Die Reform der Sachaufklärung in der Zwangsvollstreckung – Ein Überblick, NJW 2012, 3681 ff.

Walter, Hans-Peter .... Vollstreckungsgegenklage, Abänderungsklage und Probleme der Rechtskraft, DAVorm 1993, 231 ff.

Wieser, Eberhard ...... Der Grundsatz der Erforderlichkeit in der Zwangsvollstreckung, ZZP 100 (1987) 146 ff.

Wieser, Eberhard ...... Die Dispositionsbefugnis des Vollstreckungsgläubigers, NJW 1988, 665 ff.

Würdinger, Markus ... Die Sachaufklärung in der Einzelzwangsvollstreckung, JZ 2011, 177 ff.

Zeising, Jörg .... Erinnerung versus sofortige Beschwerde in der Zwangsvollstreckung, JURA 2010, 93 ff.

Zöller, Richard .... Zivilprozessordnung, 30. Aufl. 2014, zit.: Zöller/*Bearbeiter*

Hinweise zum Arbeiten mit diesem Lehrbuch

A. Zur Didaktik

Die Lösung zwangsvollstreckungsrechtlicher Fragestellungen ist komplex und erfordert eine Reihe von Denkschritten. Zur besseren Einarbeitung und Veranschaulichung ist es daher unerlässlich, mit Beispielen und Fällen zu arbeiten. **Beispiele** sollen jeweils ein bestimmtes rechtliches Problem kurz veranschaulichen. Im Text werden sie als Beispiel mit durchlaufender Nummerierung sowie durch Einrückung und geringeren Zeilenabstand kenntlich gemacht. **Fälle** stehen jeweils zu Beginn des entsprechenden Abschnittes, werden ebenfalls fortlaufend nummeriert und eingerückt, aber sind ansonsten wie der laufende Text formatiert. Sie dienen der vertieften Darstellung rechtlicher Probleme, die im entsprechenden Abschnitt erörtert werden. Einige Fälle werden an mehreren Stellen des Buches wieder aufgegriffen, um unnötige Wiederholungen zu vermeiden und verschiedene Probleme anhand eines Ihnen bereits bekannten Sachverhalts darstellen zu können. Eine einheitliche Musterlösung gibt es bei diesen Fällen jedoch im Regelfall nicht, vielmehr werden die einzelnen Prüfungsschritte und rechtlichen Probleme, welche der jeweilige Fall aufwirft, sukzessive bei der Vermittlung des Stoffes angesprochen und gelöst. Nur vereinzelt gibt es eine genauere Lösung. Zum selbständigen Einüben des Stoffes und der Technik der Falllösung gibt es im Text bei besonders wichtigen Abschnitten drei **Selbsttestaufgaben**. Sinnvoll ist es, diese nach dem Studium des entsprechenden Abschnittes erst einmal selbständig zu lösen, bevor die **Musterlösungen** zu Rate gezogen werden. Daher befinden sich diese erst im Anhang zum Text.

Der Veranschaulichung dienen **Übersichtstabellen** und **Schemata**. Diese sind jeweils im Zusammenhang mit den dazugehörigen Ausführungen zu betrachten, da Tabellen und Schemata notgedrungen mit Verkürzungen und Vereinfachungen arbeiten müssen.

Zur Verdeutlichung des Lernstoffes und zu dessen besserer Wiederholung finden sich am Ende einzelner Abschnitte **Zusammenfassungen** und **Merksätze**, welche besonders wichtige Aussagen formulieren.

Verschiedentlich enthält dieses Buch **ergänzende und erläuternde Hinweise**, welche über den eigentlichen Lernstoff hinausgehen. Diese heben sich vom übrigen Text durch Einrückung und einzeiligen Druck ab. Dem/der interessierten Leser/in wird empfohlen, diese Hinweise sowie die darin enthaltenen Hinweise auf weiterführende Literatur ebenfalls zu berücksichtigen.

B. Literaturhinweise

Zum ergänzenden Selbststudium wird die den jeweiligen Abschnitten vorangestellte Literatur empfohlen. Für den Lernerfolg ist es unerlässlich, die komplexe Materie des Zwangsvollstreckungsrechts und insbesondere die examensrelevanten Rechtsbehelfe an Hand von Fällen einzuüben.

Allgemein hierfür eignet sich folgende Literatur:

Assmann, Fälle zum Zivilprozessrecht, 2. Aufl. 2013.

Zimmermann, ZPO-Fallrepetitorium, 9. Aufl. 2012.

Kliebisch, Zwangsvollstreckungsrechtliche Klausuren im Assessorexamen, JuS 2013, 316 ff.

Übungsfälle zu Spezialproblemen des Zwangsvollstreckungsrechts enthalten:

1. Zur Vollstreckungserinnerung, § 766 ZPO

Berger/Glas, Referendarexamensklausur – Bürgerliches Recht: Versäumnisurteil, Dritterinnerung, Drittwiderspruchsklage, JuS 2006, 425 ff.

Koch, „Der Gerichtsvollzieher ziert sich", JA 2011, 749 ff.

Lang/Rauch, Übungsfall: mein Grabstein, dein Grabstein?!, ZJS 2009, 154 ff.

2. Zur Vollstreckungsabwehrklage, § 767 ZPO

Lieder, JenTranslation, JURA 2010, 926 ff.

Lüke, Der praktische Fall: Bürgerliches Recht und Zwangsvollstreckungsrecht: Klippen bei Klauseln und Kautelen, JuS 1997, 142 ff.

Reiner, Vollstreckung aus einer Grundschuld, JA 2004, 617 ff.

Schilken, Der praktische Fall – Zwangsvollstreckungsrecht, JuS 1991, 50 ff.

Weber, Übungsfall: Immer Ärger mit dem Handy, ZJS 2009, 536 ff.

3. Zur Drittwiderspruchsklage, § 771 ZPO

Berger/Glas, Referendarexamensklausur – Bürgerliches Recht: Versäumnisurteil, Dritterinnerung, Drittwiderspruchsklage, JuS 2006, 425 ff.

Burbulla, Sicherungseigentum in der Zwangsvollstreckung, JURA 2007, 717 ff.

Gödicke, „Die gepfändete Stahlpresse", JA 2004, 370 ff.

Hennemann, Schwerpunktbereichsklausur Zivilverfahrensrecht: Verlorenes Auto, JURA 2011, 558 ff.

Wolf/Lange, Der praktische Fall – Bürgerliches Recht: Pfändung von Anwartschaftsrechten, JuS 2003, 1180 ff.

4. Zur Klage auf vorzugsweise Befriedigung, § 805 ZPO

Huber, Der praktische Fall – Vollstreckungsrecht: Vorrang des Vermieterpfandrechts?, JuS 2003, 568 ff.

Huber, Nochmals: Vorrang des Vermieterpfandrechts, JuS 2003, 596 ff.

§ 1 Einführung

A. Allgemeines

I. Begriff und Funktion der Zwangsvollstreckung

Lit.: Brox/Walker Rn. 1 ff.; Lüke § 53.

Fall 1:

G leiht seinem Freund S eine wertvolle Erstausgabe von Dostojewskijs „Schuld und Sühne". Als S dem G dieses Buch trotz mehrfacher Aufforderung nicht zurückgibt, verklagt ihn dieser vor dem zuständigen Gericht auf Herausgabe des Buches. G erwirkt ein entsprechendes Urteil gegen S. Dieser weigert sich jedoch selbst auf das Urteil hin, das Buch dem G herauszugeben. Kann G sich jetzt gewaltsam Zutritt zur Wohnung des S verschaffen, um sich dort sein Buch abzuholen? 1

→ Rn. 2, 3, 4, 14, 59

Der Zivilprozess zerfällt in zwei Teile: Das **Erkenntnisverfahren**, dessen primärer Zweck in der Feststellung oder Gestaltung subjektiver Rechte oder Rechtsverhältnisse zivilrechtlicher Natur liegt, und das **Zwangsvollstreckungsverfahren**, in welchem die im Erkenntnisverfahren festgestellten Leistungsansprüche notfalls zwangsweise durchgesetzt werden. Die Zwangsvollstreckung ist also die letzte Stufe auf dem Weg zur Verwirklichung eines materiellrechtlichen Anspruchs des Gläubigers gegen seinen Schuldner.

Daraus ergeben sich zahlreiche **Schnittstellen** zwischen materiellem Recht und der Zwangsvollstreckung.

Beispiel 1: B ist fälschlicherweise als Eigentümer des dem A gehörenden Grundstücks im Grundbuch eingetragen. A hat gegen B daher einen Anspruch auf Erteilung der Zustimmung zur Grundbuchberichtigung gem. § 894 BGB. Erteilt B diese Zustimmung nicht freiwillig, so kann A ihn auf deren Erteilung verklagen und im Erfolgsfalle aus dem Urteil vollstrecken. Die Besonderheit liegt hier darin, dass die Vollstreckung ohne weiteres mit Rechtskraft des stattgebenden Urteils eintritt, § 894 ZPO (→ Rn. 484).

Nachfolgend wollen wir die einzelnen Elemente des Begriffs des Zwangsvollstreckungsverfahrens untersuchen.

1. Staatliches Verfahren

Die Verwirklichung seiner Ansprüche ist primär Sache des Gläubigers. Hierzu kann er sich verschiedener privatrechtlicher Mittel ohne Einschaltung staatlicher Gerichte bedienen. Bleibt die Leistung des Schuldners aus, so kann der Gläubiger unmittelbar oder erst nach dem Scheitern außergerichtlicher Eintreibungsversuche gerichtlich gegen ihn vorgehen. Gibt das angerufene Gericht dem Antrag des zum Kläger gewordenen Gläubigers statt, so kann der zum Beklagten gewordene Schuldner 2 freiwillig leisten. Tut er auch das nicht, darf der Gläubiger sich sein Recht grds. nicht im Wege der Selbsthilfe verschaffen, vielmehr steht dem Staat regelmäßig das **Zwangsmonopol** zu. Dem entspricht ein Anspruch des Gläubigers gegen den Staat auf Vollstreckung seines titulierten Anspruches (**Vollstreckungsanspruch**, → Rn. 48).

In **Fall 1** (→ Rn. 1) hat G seinen Herausgabeanspruch gegen S aus §§ 604, 286 BGB im Klagewege vor einem Zivilgericht geltend gemacht und ein stattgebendes Urteil erlangt. Weigert S sich, das Urteil zu erfüllen und das Buch an G herauszugeben, so kann G wegen des Zwangsmonopoles des Staates nicht einfach bei S eindringen und sich das Buch gewaltsam selbst verschaffen. Vielmehr kann er auf der Grundlage des Urteils die Zwangsvollstreckung gegen S durch den Gerichtsvollzieher im Wege der Herausgabevollstreckung (§ 883 ZPO) beantragen.

2. Privatrechtlicher Leistungsanspruch

3 Die Zwangsvollstreckung ist nur möglich hinsichtlich von **Leistungsansprüchen**, die also auf ein **Tun** (zB Herausgabe des Buches, Zahlung einer Geldsumme), **Unterlassen** (zB von Emissionen auf ein Nachbargrundstück) oder **Dulden** (zB Verpflichtung, das Betreten eines Grundstückes zu dulden) gerichtet sind, vgl. § 194 I 1 BGB.

Nicht vollstreckungsfähig sind dagegen **Feststellungs-** und **Gestaltungsurteile**; bei diesen ist nur die Kostenentscheidung vollstreckbar, vgl. § 794 I Nr. 2 ZPO.

Das Urteil, § 704 ZPO, oder der sonstige Vollstreckungstitel iSd § 794 ZPO muss einen **privatrechtlichen Anspruch** zum Gegenstand haben, was bei einem Urteil eines Zivilgerichts problemlos der Fall sein wird.

Die Zwangsvollstreckung kann der **Durchsetzung** eines solchen Leistungsanspruchs dienen, wenn ein entsprechender Vollstreckungstitel vorliegt. Der Vollstreckungstitel ist in **Fall 1** (→ Rn. 1) das Leistungsurteil gegen S. Muss G befürchten, dass S das Buch noch vor Erlass eines Leistungsurteils auf Herausgabe und der Vollstreckung hieraus an die D veräußert, so kann er bei Gericht die **Sicherung** seines Herausgabeanspruchs erwirken. Diese wäre möglich durch Antrag auf Erlass einer einstweiligen Verfügung gegen S mit dem Inhalt, dass S das Buch bis zur Entscheidung über den Rechtsstreit zu verwahren habe (§§ 935 ff. ZPO, → Rn. 610 ff.). Möglich ist auch die Beantragung eines Veräußerungsverbots (§ 938 ZPO iVm §§ 136, 135 BGB). Bei Geldforderungen ist Sicherungsmittel der Arrest (§§ 916 ff. ZPO, → Rn. 601 ff.).

3. Gegenstand

4 Historisch stand am Anfang des Zwangsvollstreckungsrechts die **Personalexekution**: Der Schuldner unterlag sowohl im römischen als auch im frühmittelalterlichen deutschen Recht der persönlichen Haftung durch Verkauf als Sklave, durch Schuldknechtschaft oder Schuldhaft (Schuldturm). Aus dieser konnte er sich im Laufe der Zeit durch Geldzahlung freikaufen, woraus sich die Vermögenshaftung (**Realexekution**) entwickelte. Diese stellt heute den Regelfall dar. Relikte einer persönlichen Haftung finden sich noch in den Beuge- und Ordnungsmitteln, so bei Erzwingung der Vermögensauskunft (§ 802g ZPO, → Rn. 164) und bei der Erwirkung von nicht vertretbaren Handlungen (§ 888 I ZPO) und Unterlassungen (§ 890 I ZPO) (→ Rn. 482 f.).

Grundsätzlich ist Gegenstand der Zwangsvollstreckung das **Vermögen des Schuldners.** Die konkrete Vollstreckung richtet sich aber stets auf diejenigen Bestandteile des Vermögens, auf die sich der jeweilige Vollstreckungsantrag richtet. Beantragt der Gläubiger G also in **Fall 1** (→ Rn. 1) die Pfändung des bestimmten Buches, so unterliegt nur dieses der Zwangsvollstreckung und nicht das sonstige Vermögen des S. Soll die Zwangsvollstreckung in das unbewegliche Vermögen des Schuldners betrieben werden, so ist das Grundstück, in welches die Vollstreckung erfolgen soll, im Antrag genau zu bezeichnen.

In das Vermögen eines Dritten (**schuldnerfremdes Vermögen**) kann auf Grund einer Gläubigeranfechtung nach dem AnfG vollstreckt werden, § 11 I AnfG iVm §§ 819 I, 818 IV BGB.

4. Wesen

Die Zwangsvollstreckung ist ein selbständiger Teil des Zivilprozesses, der jedoch weithin anderen Regeln unterliegt als das Erkenntnisverfahren. Das Erkenntnisverfahren ist auf Erlass eines Urteils gerichtet, welches den Rechtsstreit der Parteien über ein Recht oder Rechtsverhältnis entscheidet und dadurch Rechtsfrieden schaffen soll. Die Zwangsvollstreckung hingegen hat den Erlass eines Vollstreckungsaktes zur zwangsweisen Verwirklichung des Urteils oder eines anderen Titels zum Ziel. Es geht hier um den **Zugriff auf das Schuldnervermögen**, nicht mehr um die Entscheidung in der Sache. 5

Wesensmerkmale des Vollstreckungsverfahrens sind:
- Die Einleitung und der Gegenstand (bewegliche Sache, Forderung, Immobilie) des Vollstreckungsverfahrens werden durch den **Vollstreckungsantrag** des Gläubigers bestimmt. Insoweit gilt wie im Erkenntnisverfahren die **Dispositionsmaxime**.
- In diesem Verfahren gibt es **eigene Organe**, wie den Gerichtsvollzieher und das Vollstreckungsgericht.
- Das Verfahren ist **einseitig**: Es geht nicht um die Rechtsfindung, sondern um den Zugriff auf das Schuldnervermögen zur Durchsetzung bereits gefundenen Rechts. Daher findet regelmäßig **keine obligatorische mündliche Verhandlung** statt.
- **Formalisierung** des Verfahrens: Da es nur mehr um den Zugriff, nicht hingegen um die Rechtsfindung geht, findet grundsätzlich **keine erneute Prüfung materiellrechtlicher Aspekte** statt.

5. Spannungsverhältnis

Die Zwangsvollstreckung bezweckt die **Befriedigung des Gläubigers** durch den Zugriff auf das Vermögen des Schuldners. Demgemäß überlässt die ZPO die Vollstreckung weitgehend der Initiative des Gläubigers, der über deren Einleitung, Gegenstand und Fortgang entscheidet (**Dispositionsmaxime**). Diese Grundtendenz des **Parteibetriebes** ist jedoch durch spätere Reformen etwas abgeschwächt worden. Ein rein an den Zugriffsinteressen des Gläubigers orientiertes Vollstreckungsrecht läuft nämlich Gefahr, den Schuldner in seiner wirtschaftlichen und sozialen Existenz schwer zu treffen oder gar zu vernichten. Es besteht also ein **Spannungsfeld** zwischen dem Interesse des Gläubigers an seiner Befriedigung (Vollstreckungsinteresse) und dem Schutzbedürfnis des Schuldners. 6

Tendenzen zu einem verstärkten **Schuldnerschutz** zeichnen sich ab. So gibt es zahlreiche Normen, die dem Schuldner Vollstreckungsschutz gewähren: Gesetzlich ist dieser etwa bei den Pfändungsverboten der §§ 811, 811c I ZPO (→ Rn. 245 f.) oder den Pfändungsfreigrenzen der §§ 850 ff. ZPO (→ Rn. 355 ff.). Dem Schuldnerschutz dient die Befugnis des Gerichtsvollziehers, mit dem Schuldner in jeder Lage des Verfahrens Zahlungsvereinbarungen zu schließen, welche einen Vollstreckungsaufschub bewirken (§ 802b II 2 ZPO). Daneben kann der Schuldner einen Vollstreckungsschutzantrag an das Vollstreckungsgericht nach § 765a ZPO richten; man spricht hier von gerichtlichem Vollstreckungsschutz.

Bei der Austarierung dieses Spannungsverhältnisses muss der Gesetzgeber sich vor Augen halten, dass es bei der Zwangsvollstreckung um die verfassungsrechtlich abgesicherte Effektivierung des Rechtsschutzes geht (→ Rn. 48): der Gläubiger kann sich immerhin auf einen titulierten Anspruch stützen. Dieser Rechtsschutz würde durch einen zu weitgehenden Schuldnerschutz konterkariert.

II. Gesetzliche Regelung der Zwangsvollstreckung

1. Quellen

7 Die Zwangsvollstreckung ist weithin im 8. Buch der ZPO (§§ 704 bis 945 ZPO) geregelt; andere Gesetze erklären diese Normen vielfach für die von ihnen geregelten Gegenstände für anwendbar, bspw. §§ 95 I, 120 I FamFG. Daneben gibt es Sonderregeln für die Zwangsvollstreckung wegen Geldforderungen in das **unbewegliche Vermögen** im Gesetz über die Zwangsversteigerung und Zwangsverwaltung (ZVG) sowie für die Gläubigeranfechtung im Anfechtungsgesetz (→ Rn. 585).

Die Vorschriften des 8. Buches der ZPO sind seit deren Erlass weithin statisch geblieben, Änderungen hatte es in Einzelfragen gegeben, vor allem beim Schuldnerschutz (→ Rn. 6). Dagegen hat das Gesetz zur Reform der Sachaufklärung,[1] welches zum 1.1.2013 in Kraft getreten ist, erstmals eine strukturelle Änderung des Vollstreckungsverfahrens mit sich gebracht, welche zu einem Paradigmenwechsel in der Vollstreckungspraxis führen dürfte (→ Rn. 152 ff.).[2]

2. Systematik

8 Ebenso wie das BGB kennt auch das 8. Buch der ZPO in seinem ersten Abschnitt einen **Allgemeinen Teil** mit Normen, welche für alle Vollstreckungsarten, die Organisation der Zwangsvollstreckung und die Rechtsbehelfe gegen Vollstreckungsmaßnahmen gelten (§§ 704 bis 802 ZPO). Dieser Allgemeine Teil ist auch für das ZVG maßgeblich, welches als Unterabschnitt des 8. Buches der ZPO anzusehen ist, §§ 866 I, 869 ZPO.

Die nächsten Abschnitte enthalten den **Besonderen Teil:** Die Abschnitte 2 und 3 behandeln die **Arten der Zwangsvollstreckung**. Zunächst befasst sich der 2. Abschnitt mit der praktisch bedeutsamsten Art, nämlich der Zwangsvollstreckung wegen Geldforderungen (§§ 802a bis 882h ZPO); im Zuge der Reform der Sachaufklärung hat dieser Abschnitt einen neuen ersten Titel erhalten, welcher die allgemeinen Vorschriften mit den neuen Instrumenten der Sachaufklärung vor die Klammer zieht (§§ 802a bis 802l ZPO). Der 3. Abschnitt behandelt die Zwangsvollstreckung wegen anderer Ansprüche als Geldforderungen (§§ 883 bis 898 ZPO). Der 4. Abschnitt ist durch die Reform der Sachaufklärung entfallen.[3] Abschnitt 5 schließlich regelt mit dem Arrest und der einstweiligen Verfügung die Sicherungsmaßnahmen des **einstweiligen Rechtsschutzes** (§§ 916 bis 945 ZPO).

---

[1] BGBl. 2009 I 2258.

[2] Dazu und zur Entwicklung des 8. Buches der ZPO: *Hess* JZ 2009, 662 (663 f.).

[3] Dieser behandelte vormals die eidesstattliche Versicherung des Schuldners (§§ 899 bis 915 ZPO aF); an deren Stelle ist die Vermögensauskunft des Schuldners getreten (§§ 802c, 802d ZPO), welche entsprechend der neuen Zielsetzung an den Anfang des Vollstreckungsverfahrens gerückt ist, näher dazu → Rn. 154 ff.

Hinweis:
Schauen Sie sich hierzu bitte die Inhaltsübersicht in der ZPO an!

III. Abgrenzung

Lit.: Brox/Walker Rn. 5 f.

1. Verhältnis zum Erkenntnisverfahren

Regelmäßig ist ein Urteil im Erkenntnisverfahren Grundlage für die nachfolgende Zwangsvollstreckung. Es gibt indes **keinen zwingenden Zusammenhang** zwischen beiden Verfahren: 9

- So kann ein **Erkenntnisverfahren**, das mit einem Endurteil endet, **ohne** nachfolgende **Zwangsvollstreckung** bleiben, weil entweder der Schuldner freiwillig das Urteil befolgt oder eine Zwangsvollstreckung aus dem Urteil (Feststellungs- oder Gestaltungsurteil) nicht möglich ist.
- Umgekehrt kann ein **Vollstreckungsverfahren ohne vorheriges Erkenntnisverfahren** durchgeführt werden, da es gem. § 794 ZPO noch andere Vollstreckungstitel als das Urteil gibt, zB einen Vollstreckungsbescheid.
- Schließlich können **beide** Verfahren **gleichzeitig** laufen, wenn die Zwangsvollstreckung aus einem noch nicht rechtskräftigen Urteil erster Instanz, welches vorläufig vollstreckbar ist, erfolgt und das Erkenntnisverfahren in zweiter Instanz fortgesetzt wird.

2. Verhältnis zum Insolvenzrecht

Die Zwangsvollstreckung dient der Befriedigung eines Anspruches eines einzelnen Gläubigers aus dem Vermögen seines Schuldners. Sie ist **Einzelvollstreckung**. Probleme entstehen dann, wenn mehrere Gläubiger auf das Vermögen des gleichen Schuldners zugreifen wollen. Im Verhältnis der Gläubiger zueinander gilt der **Prioritätsgrundsatz**: Die zeitlich frühere Pfändung von Vermögensgegenständen des Schuldners setzt sich gem. § 804 III ZPO gegenüber späteren durch; der zuerst pfändende Gläubiger wird also vorrangig befriedigt (→ Rn. 45 und → Rn. 275). Dies führt zu einem **Wettlauf der Gläubiger**, die im Vorfeld einer möglichen Zwangsvollstreckung versuchen, ihre Forderungen dinglich zu sichern, zB durch Sicherungsübereignung, verlängerten Eigentumsvorbehalt etc. 10

Reicht das Schuldnervermögen nicht zur Befriedigung sämtlicher Gläubiger aus, so muss das Insolvenzverfahren eingeleitet werden, um deren gleichmäßige Befriedigung zu erreichen; Ziel des **Insolvenzverfahrens** ist demnach die **Gleichbehandlung aller Gläubiger** eines Schuldners (*par conditio creditorum*, § 1 InsO). Führt das Insolvenzverfahren zur zwangsweisen Liquidierung des Schuldnervermögens, so spricht man von **Gesamtvollstreckung**.

3. Verhältnis zum Verwaltungsvollstreckungsrecht

Staatliche Behörden vollstrecken ihre Ansprüche nicht nach den Vorschriften der ZPO: Die Vollstreckung von **öffentlichrechtlichen** Leistungsansprüchen erfolgt aufgrund der einschlägigen Verwaltungsvollstreckungsgesetze durch die Verwaltung, die dazu eigene Vollstreckungsbeamte einsetzt (Privileg der Selbstvollstreckung). Die 11

Verwaltung verschafft sich auch die Titel, die die Grundlage der Vollstreckung bilden, selbst (Privileg der Selbsttitulierung): Es handelt sich um Verwaltungsakte. Gegen diese kann sich der Schuldner, soweit statthaft, vorher im Verwaltungsverfahren – durch Einlegung eines Widerspruchs – und, wenn diesem nicht abgeholfen wurde oder ein Widerspruchsverfahren gesetzlich nicht vorgesehen ist, durch Einleitung eines verwaltungsgerichtlichen Verfahrens, wehren.

Merke:

1. Zwangsvollstreckung ist das staatliche Verfahren zur zwangsweisen Durchsetzung oder Sicherung privater Leistungsansprüche des Gläubigers gegen den Schuldner.
2. Der zu vollstreckende Leistungsanspruch ist meist zuvor auf Grund eines Erkenntnisverfahrens durch Urteil festgestellt worden; die Zwangsvollstreckung kann aber auch aus anderen Titeln als Urteilen stattfinden (§ 794), denen dann kein Erkenntnisverfahren vorausgegangen sein muss.

B. Arten der Zwangsvollstreckung

Lit.: Brox/Walker Rn. 7 f.

12 Da nur Leistungsurteile vollstreckbar und diese auf ein **Tun**, **Dulden** oder **Unterlassen** gerichtet sind, ist die Zwangsvollstreckung je nach der Art des zu vollstreckenden Anspruchs unterschiedlich geregelt. Bei der Verurteilung zu einem Tun hebt das Gesetz den praktisch wichtigsten Fall der Verurteilung zur **Zahlung** von Geld in Abschnitt 2 des 8. Buches eigens hervor. Daraus ergibt sich die grundlegende Unterscheidung zwischen der Vollstreckung wegen Geldforderungen und derjenigen wegen Ansprüchen, die nicht auf eine Geldleistung gerichtet sind.

I. Wegen Geldforderungen

13 Hat der Gläubiger einen titulierten Leistungsanspruch auf Zahlung einer Geldsumme (zB ein Urteil auf Zahlung von 6.000 EUR), den der Schuldner nicht befriedigt, so kann der Gläubiger die Zwangsvollstreckung wegen einer Geldforderung nach §§ 802a bis 882h ZPO betreiben. Dabei differenziert das Gesetz nach dem Gegenstand aus dem Schuldnervermögen, in welchen vollstreckt werden soll, also nach dem **Vollstreckungsobjekt**: soll in bewegliches oder unbewegliches Vermögen des Schuldners vollstreckt werden? Im ersten Fall ist weiter danach zu unterscheiden, ob körperliche Sachen oder Forderungen und sonstige Rechte der Vollstreckung unterliegen sollen.

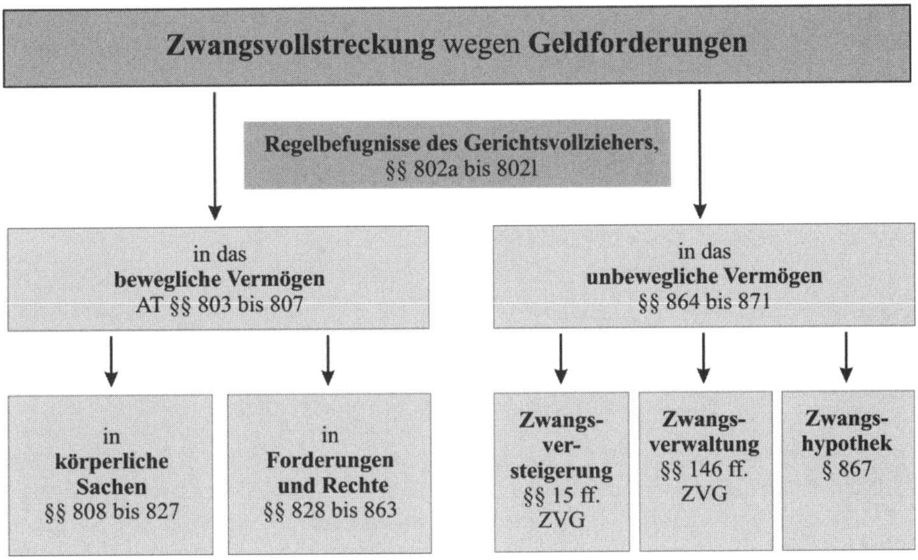

Abb. 1: Zwangsvollstreckung wegen Geldforderungen

II. Wegen anderer Ansprüche als Geldforderungen

14 Die Vollstreckung wegen anderer Ansprüche als Geldforderungen wird auch **Individualvollstreckung** genannt. Bei ihr ist nach dem **Leistungsinhalt** des Vollstreckungstitels zu differenzieren: So kann ein Urteil auf Herausgabe einer Sache oder auf Erwirkung einer Handlung, eines Duldens oder Unterlassens lauten. Geht es um eine vertretbare Handlung, dann findet § 887 ZPO Anwendung, während für unvertretbare Handlungen § 888 ZPO und für Duldungen und Unterlassungen § 890 ZPO einschlägig ist.

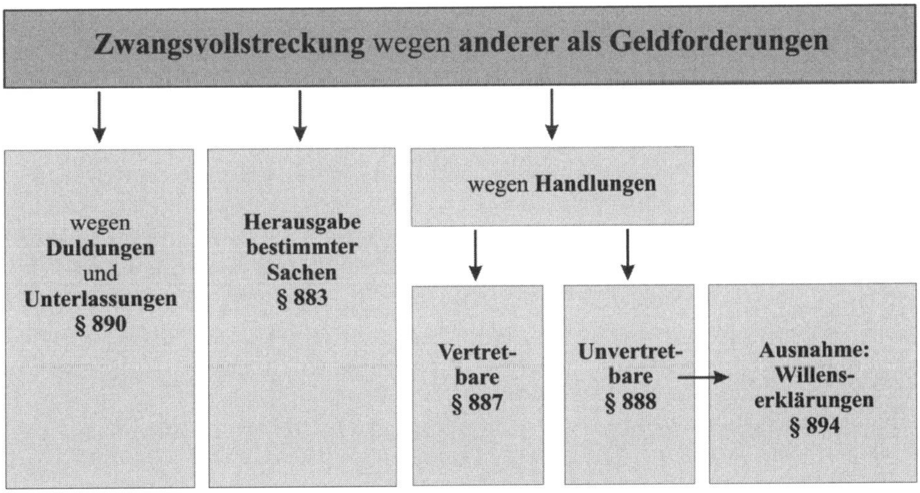

Abb. 2: Zwangsvollstreckung wegen anderer als Geldforderungen

Hinweis:

Die einschlägige Vollstreckungsart ergibt sich aus dem zu vollstreckenden Anspruch (Geldforderungen oder sonstige Ansprüche, zB auf Herausgabe, Abgabe einer Willenserklärung, etc) und dem Vollstreckungsobjekt (zB wegen Geldforderungen in körperliche Sachen oder ein bestimmtes Grundstück). In **Fall 1** (→ Rn. 1) würde die Zwangsvollstreckung wegen einer anderen als einer Geldforderung erfolgen, nämlich zur Erwirkung der Herausgabe (§ 883 ZPO) des im Vollstreckungstitel genau bezeichneten Buches.

C. Beteiligte der Zwangsvollstreckung

Lit.: Brox/Walker Rn. 9 f.

15 Beteiligte sind der Gläubiger, der die Zwangsvollstreckung betreibt, der Schuldner, gegen den sich diese richtet, sowie das staatliche Organ, welches die Zwangsvollstreckung durchführt. Daneben können durch die Vollstreckung auch Dritte betroffen sein, ohne Beteiligte ieS zu sein.

I. Gläubiger und Schuldner

16 Die Zwangsvollstreckung ist ein Verfahren zwischen zwei Parteien, dem Gläubiger und dem Schuldner eines zu vollstreckenden Leistungsanspruches. Diese treten aber nicht notwendig in den gleichen Rollen wie in dem dem Vollstreckungstitel zu Grunde liegenden Schuldverhältnis (§ 241 BGB) auf. Regelmäßig wird der Gläubiger des Schuldverhältnisses iSd § 241 BGB zugleich Gläubiger der Zwangsvollstreckung sein, wenn er nämlich aus einem obsiegenden Urteil gegen seinen Schuldner vollstreckt. Umgekehrt kann aber auch der vermeintliche Schuldner des ursprünglichen Schuldverhältnisses die Zwangsvollstreckung betreiben, wenn der vermeintliche Gläubiger mit seiner Leistungsklage unterliegt; dann wird der vermeintliche Schuldner, der Beklagter im Erkenntnisverfahren war, zum Gläubiger der Zwangsvollstreckung: Aufgrund des die Klage gegen ihn abweisenden Urteils kann er einen Kostenfestsetzungsbeschluss (§§ 103 ff. ZPO) erwirken, aus dem er gegen den Gläubiger vollstreckt (§ 794 I Nr. 2 ZPO). Da also die Parteirollen im Erkenntnis- und im Vollstreckungsverfahren variieren können, spricht man iRd Zwangsvollstreckung präziser von **Vollstreckungsgläubiger** und **Vollstreckungsschuldner**. Zur Vereinfachung wird in diesem Buch für die Antipoden des Vollstreckungsverfahrens gleichwohl die Kurzbezeichnung Gläubiger und Schuldner verwendet.

Für die Festlegung der Parteirollen im Vollstreckungsverfahren kommt es weder auf die Rollenverteilung im materiellrechtlichen Schuldverhältnis, welches Grundlage des zu vollstreckenden Titels ist, noch auf diejenige im Erkenntnisverfahren an; vielmehr ist allein maßgeblich, wer den **Vollstreckungsantrag** stellt. Vollstreckungsgläubiger ist der Antragsteller, der gegen den Vollstreckungsschuldner und Antragsgegner die Zwangsvollstreckung betreibt.

II. Vollstreckungsorgane

Lit.: Lüke §§ 55 bis 57.

Der Gläubiger wendet sich mit der vollstreckbaren Ausfertigung seines Vollstreckungstitels (meist ein Urteil, ein Vollstreckungsbescheid oder eine notarielle Urkunde) an das Vollstreckungsorgan, damit dieses kraft seiner hoheitlichen Befugnisse das titulierte Recht des Gläubigers gegen den Schuldner durchsetzt. Es entsteht ein **Dreiecksverhältnis** zwischen Gläubiger, Vollstreckungsorgan und Schuldner, vergleichbar dem Prozessrechtsverhältnis des Erkenntnisverfahrens. 17

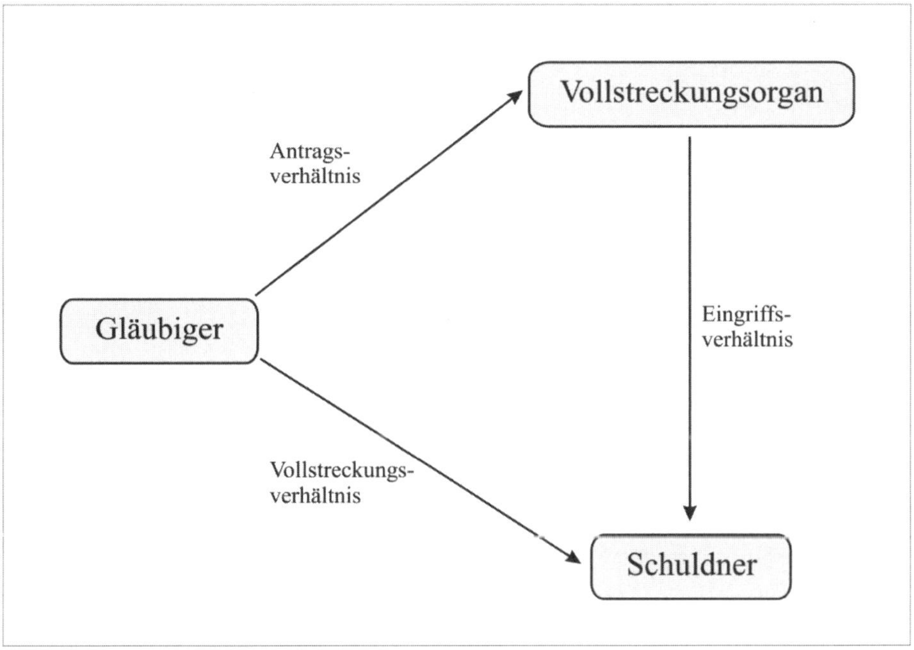

Abb. 3: Beteiligte der Zwangsvollstreckung

Durch den Antrag des Gläubigers an das Vollstreckungsorgan kommt das **Antragsverhältnis** zustande. Wegen des staatlichen Zwangsmonopols hat der Gläubiger gegen das Vollstreckungsorgan einen Vollstreckungsanspruch (→ Rn. 48); in diesem Verhältnis beurteilt sich die Frage, ob und unter welchen Voraussetzungen dem Antrag des Gläubigers stattzugeben ist.

Zugleich entsteht zwischen dem Vollstreckungsorgan und dem Schuldner das **Eingriffsverhältnis**, nach welchem sich die Zulässigkeit und die Voraussetzungen von Vollstreckungsmaßnahmen gegen den Schuldner beurteilen. Da hier hoheitliche Eingriffe in Freiheitsrechte und das Eigentum des Schuldners in Frage stehen, gilt der Grundsatz der **Gesetzmäßigkeit**; demgemäß sieht die ZPO Rechtsbehelfe des Schuldners gegen Vollstreckungsmaßnahmen vor, wie die Erinnerung nach § 766 ZPO. Wegen dieses Eingriffscharakters findet zudem eine gewisse Berücksichtigung des **Schuldnerschutzes** statt (→ Rn. 6).

Zwischen Gläubiger und Schuldner schließlich entsteht das **Vollstreckungsverhältnis**, welches durch den im Titel formalisierten Anspruch bestimmt wird.

III. Dritte

18 Dritte können auf verschiedene Weise durch Zwangsvollstreckungsmaßnahmen in ihren Rechten betroffen sein. Ob dies der Fall ist, prüft das Vollstreckungsorgan nicht eingehend, sondern lediglich **formalisiert** (→ Rn. 31 ff.).

Beispiel 2: Bei der Mobiliarpfändung wegen Geldforderungen nach § 808 I ZPO wird nicht das eventuelle Eigentum Dritter am Pfandgegenstand, sondern lediglich der Gewahrsam des Vollstreckungsschuldners geprüft (→ Rn. 224).

Soweit Dritte durch die Vollstreckung in ihren Rechten berührt werden, stehen ihnen vollstreckungsrechtliche Rechtsbehelfe zu (§§ 766, 793, 771 ZPO, → Rn. 485 ff.): Bei Pfändung einer einem Dritten gehörenden Sache kann dieser die Drittwiderspruchsklage des § 771 ZPO erheben.

Merke:

1. Die Parteirollen in der Zwangsvollstreckung werden allein dadurch bestimmt, wer den Vollstreckungsantrag stellt:
   – (Vollstreckungs-)Gläubiger ist der Antragssteller,
   – (Vollstreckungs-)Schuldner ist der Antragsgegner.
2. Dritte sind andere Personen als der Gläubiger, der Schuldner oder die Vollstreckungsorgane, die durch Vollstreckungsmaßnahmen betroffen sind.

D. Organe der Zwangsvollstreckung

Lit.: Brox/Walker Rn. 11 ff.

19 Die ZPO betraut verschiedene Organe mit den Aufgaben der Zwangsvollstreckung.

I. Der Gerichtsvollzieher

Lit.: Lippross § 1; Lüke § 55.

20 Er ist grundsätzlich das **funktionell zuständige** Organ (→ Rn. 66), sofern das Gesetz nicht ausdrücklich die Zuständigkeit der Gerichte vorschreibt, § 753 I ZPO. Die Reform der Sachaufklärung hat die Befugnisse des Gerichtsvollziehers wesentlich erweitert, obgleich der Wortlaut des § 753 I ZPO unverändert geblieben ist. So kann der Gerichtsvollzieher auf Antrag des Gläubigers bei unbekanntem Aufenthalt des Schuldners dessen Anschrift ermitteln, § 755 ZPO (→ Rn. 188). Darüber hinaus obliegt ihm nun die gesamte **Sachaufklärung** bei der Zwangsvollstreckung wegen Geldforderungen. Dadurch soll der Gläubiger Informationen zu pfändbaren Vermögenswerten des Schuldners erlangen. Zu diesem Zwecke definiert § 802a ZPO die Befugnisse des Gerichtsvollziehers neu (bitte lesen!): Er wirkt auf eine zügige, vollständige und Kosten sparende Beitreibung von Geldforderungen hin (§ 802a I ZPO); hierzu soll er in jeder Lage des Verfahrens auf eine gütliche Erledigung bedacht sein (§ 802b I ZPO) und kann eine Vermögensauskunft des Schuldners (§ 802c ZPO) oder Auskünfte Dritter hierüber (§ 802l ZPO) einholen. Daneben hat er, wie bislang, die Befugnisse, die Pfändung und Verwertung körperlicher Sachen zu betreiben (§ 802a II 1 Nr. 4 ZPO) und im Rahmen der Forderungspfändung eine Vorpfändung

nach § 845 ZPO durchzuführen; für die Forderungspfändung ist er hingegen nach wie vor nicht zuständig.[4] Bei der Befugnis zur Pfändung und Verwertung körperlicher Sachen kann er Maßnahmen treffen, die körperlichen Einsatz verlangen, weshalb er die **Befugnis zu unmittelbarem Zwang** hat: Typische Vollstreckungsmaßnahmen des Gerichtsvollziehers sind die Wegnahme von Sachen (Sachpfändung gem. § 808 I ZPO oder Erwirkung der Sachherausgabe gem. § 883 ZPO) oder das Anbringen von Pfandsiegeln (sog Kuckuck, § 808 II 2 ZPO), da er hierfür die Wohnung oder den Betrieb des Schuldners aufsuchen muss. Die funktionelle Zuständigkeit des Gerichtsvollziehers beruht somit auf Zweckmäßigkeitserwägungen.

Rechtsstellung: Der Gerichtsvollzieher ist Landesbeamter des mittleren Dienstes und erhält als solcher eine feste Besoldung (A 8). Daneben wird er nach seinen übernommenen Aufgaben bezahlt.[5] Er übt seine Tätigkeit als selbständiges Organ der Rechtspflege unter Fachaufsicht des Vollstreckungsgerichts und prinzipiell weisungsfrei in eigener Verantwortung nach Maßgabe der Gerichtsvollzieherordnung (GVO) sowie der Geschäftsanweisung für Gerichtsvollzieher (GVGA) aus; bei letzterer handelt es sich um eine verwaltungsinterne Anweisung, die zwar den Gerichtsvollzieher bindet, aber keine unmittelbare Außenwirkung entfaltet (vgl. § 1 GVGA). Ihm ist ein bestimmter Bezirk zugewiesen. Bei der Geschäftsstelle des Amtsgerichts ist eine Gerichtsvollzieherverteilungsstelle eingerichtet, von der er seine Aufträge erhält. Gegen seine Maßnahmen können die Parteien oder betroffene Dritte Rechtsbehelfe einlegen, vor allem die Erinnerung aus § 766 ZPO.

Das **Rechtsverhältnis zum Gläubiger** ist öffentlichrechtlicher Natur, obgleich das Gesetz von einem Auftrag spricht (§§ 753, 766 II ZPO). Gemeint ist damit der **Vollstreckungsantrag**, durch welchen der Gläubiger das Verfahren in Gang setzt (→ Rn. 54). Der Gläubiger kann den Gerichtsvollzieher weder auswählen noch hat er einen privatrechtlichen Anspruch auf dessen Tätigwerden; bei dessen Untätigkeit kann er nur das Vollstreckungsgericht nach § 766 II ZPO anrufen. Der Gerichtsvollzieher ist auch weder Stellvertreter des Gläubigers (iSd § 164 BGB) noch dessen Gehilfe (iSd §§ 278, 831 BGB). Bei schuldhaftem Verhalten des Gerichtsvollziehers steht der geschädigten Person vielmehr ein Anspruch aus Amtshaftung zu, Art. 34 GG iVm § 839 BGB.[6]

II. Gerichte

1. Vollstreckungsgericht

Den Vollstreckungsgerichten obliegen zahlreiche Aufgaben in der Zwangsvollstreckung, nämlich die „den Gerichten zugewiesene Anordnung von Vollstreckungshandlungen und Mitwirkung bei solchen" (§ 764 I ZPO). Von besonderer Bedeutung ist die Zwangsvollstreckung wegen Geldforderungen in Forderungen und andere Vermögensrechte (§ 828 ZPO). Funktionell zuständig ist das Amtsgericht als Vollstreckungsgericht, örtlich dasjenige des Vollstreckungsbezirks, dh des Bezirks, in dem die Vollstreckungsmaßnahme stattfinden soll (§ 764 II ZPO). 21

---

[4] Kritisch dazu *Hess* JZ 2009, 662 (665); *Würdinger* JZ 2011, 177 (185 f.).

[5] Die Gebühren für Vollstreckungsaufträge richten sich nach dem Gesetz über Kosten der Gerichtsvollzieher; welchen Anteil daraus der Gerichtsvollzieher erhält, regelt das jeweilige Landesrecht. Zur Verpflichtung des Gerichtsvollziehers zur Leistung von Mehrarbeit bei dauerhafter Geschäftsüberlastung s. BVerfG NVwZ-RR 2008, 505.

[6] BGH NZM 2009, 275 Rn. 14.

Das Vollstreckungsgericht ist nicht zu verwechseln mit dem **Prozessgericht**. So kann ein und dasselbe Amtsgericht einmal als Prozessgericht im Erkenntnisverfahren ein Urteil erlassen haben und zugleich als Vollstreckungsgericht für die Zwangsvollstreckung aus diesem Urteil tätig werden. Es handelt sich aber um eine abweichende **funktionelle** Zuständigkeit des Amtsgerichts, die streng von derjenigen als Prozessgericht zu unterscheiden ist.

Auf Grund seiner zahlreichen Befugnisse ist das Vollstreckungsgericht neben dem Gerichtsvollzieher das wichtigste Vollstreckungsorgan. Es wird wegen seiner räumlichen Nähe zum Vollstreckungsgegenstand tätig, woraus seine gegenüber dem Prozessgericht idR größere Vertrautheit mit den lokalen Verhältnissen herrührt. Dies soll eine bessere Sachaufklärung und die leichtere Gewährung rechtlichen Gehörs für die Parteien ermöglichen. In Abgrenzung zum Gerichtsvollzieher wird das Vollstreckungsgericht immer dann tätig, wenn eine gerichtliche Entscheidung erforderlich ist; so kann zB die Pfändung eines Gehaltskontos gerade nicht durch den Gerichtsvollzieher bewirkt werden.

Innerhalb des Vollstreckungsgerichts ist funktionell weiter zu unterscheiden zwischen dem **Richter** und dem **Rechtspfleger**. In der Zwangsvollstreckung wird weitgehend letzterer tätig (§ 3 Nr. 1 lit. i, § 20 I Nr. 12 bis 17 RPflG). Der Richter ist dagegen vor allem für Erinnerungen gegen die Art und Weise der Zwangsvollstreckung durch den Gerichtsvollzieher (§ 766 ZPO) sowie für Rechtsbehelfe gegen Maßnahmen und Entscheidungen des Rechtspflegers zuständig (→ Rn. 124 und → Rn. 489). Hier fungiert das Vollstreckungsgericht als Kontrollorgan der Zwangsvollstreckung.

Durch das Gesetz zur Reform der Sachaufklärung ist eine weitere Zuständigkeit hinzugekommen: für jedes Land werden von je einem **zentralen Vollstreckungsgericht** die elektronischen Vermögensverzeichnisse verwaltet (§ 802k ZPO) und die Schuldnerverzeichnisse geführt (§ 882h ZPO).[7]

2. Prozessgericht erster Instanz

22 Im Vollstreckungsverfahren ist dieses nur für die Vollstreckung zur Erwirkung von Handlungen, Unterlassungen und Duldungen zuständig (§§ 887, 888, 890, 893 ZPO). Es entscheidet der Richter, welcher bereits im Erkenntnisverfahren über die Sache entschieden hat. Die Einschaltung des Prozessgerichts soll gewährleisten, dass die Entscheidung über die Vollstreckung im Einklang mit der Hauptsacheentscheidung ergeht, da sie mit dieser in einem engen Zusammenhang steht.

3. Grundbuchamt

23 Für die Eintragung einer Zwangshypothek ist das Amtsgericht – Grundbuchamt – zuständig, § 867 ZPO. Bei Eintragungen iRd Zwangsvollstreckung handelt es in einer Doppelfunktion als Vollstreckungsorgan und Grundbuchamt: Zusätzlich zu den Vollstreckungsvoraussetzungen prüft es die Grundbuchvoraussetzungen.

---

[7] Eine Übersicht über die zentralen Vollstreckungsgerichte der Länder ist abrufbar unter: http://www.justiz.de/onlinedienste/vollstreckungsportal/zwtxt_zenvg/Die_Zentralen_Vollstreckungsgerichte_der_L__nder.pdf (Stand: 23.2.2014).

E. Überblick über den Ablauf des Vollstreckungsverfahrens

Ein einheitliches Vollstreckungsverfahren – vergleichbar dem Erkenntnisverfahren – gibt es im Grunde genommen nicht. Das liegt daran, dass für jede Vollstreckungsart unterschiedliche Zuständigkeiten begründet werden, unterschiedliche Verfahrensvorschriften gelten und unterschiedliche Vollstreckungsakte erwirkt werden. 24

Gemeinsam ist den Vollstreckungsarten jedoch, dass jeweils die **allgemeinen Verfahrensvoraussetzungen** vorliegen müssen. Außerdem muss der Gläubiger die **allgemeinen Vollstreckungsvoraussetzungen** schaffen, nämlich Titel, Klausel und Zustellung. 25

- **Titel** (→ Rn. 80 ff.) können Urteile (§ 704 ZPO) oder Vollstreckungsbescheide sein. Es kann sich aber auch um eine vollstreckbare notarielle oder gerichtliche Urkunde oder um einen durch das Gericht protokollierten Prozessvergleich handeln, vgl. § 794 ZPO.
- Bei der **Klausel** handelt es sich um den Vermerk auf einer Ausfertigung des Titels, der diesen für vollstreckbar erklärt. Nach § 725 ZPO lautet dieser Vermerk: „Vorstehende Ausfertigung wird dem usw (Bezeichnung der Partei) zum Zwecke der Zwangsvollstreckung erteilt." Hierfür ist das eigenständige Klauselerteilungsverfahren vorgesehen.
- Schließlich darf die Zwangsvollstreckung grundsätzlich nur beginnen, wenn das Urteil bzw. der Titel dem Schuldner **zugestellt** ist, § 750 ZPO; er soll also Kenntnis von der Grundlage der eventuell bevorstehenden Zwangsvollstreckung erlangen können.

Das Vorliegen der allgemeinen Vollstreckungsvoraussetzungen lässt das Vollstreckungsverfahren jedoch nicht von Amts wegen beginnen: Vielmehr muss der Gläubiger einen **konkreten Antrag** bei dem zuständigen Vollstreckungsorgan stellen.

Auf entsprechenden Antrag des Gläubigers ist der Gerichtsvollzieher bei der Zwangsvollstreckung wegen Geldforderungen zu verschiedenen Maßnahmen der **Sachaufklärung** befugt, die schon vor Beginn der Vollstreckung eingeleitet werden können (§ 802a bis 802l ZPO). Dabei hat der Gerichtsvollzieher neben den zuvor geschilderten allgemeinen das Vorliegen der für die jeweils beantragte Maßnahme einschlägigen besonderen Voraussetzungen zu prüfen. 26

Bevor der Vollstreckungsakt beginnen kann, muss das Vollstreckungsorgan noch positiv überprüfen, ob **besondere Vollstreckungsvoraussetzungen** (wie zB der Ablauf eines bestimmten Kalendertages, nach dem erst vollstreckt werden darf) vorliegen und ob negativ keine **Vollstreckungshindernisse**, die von Amts wegen zu beachten sind, gegeben sind. 27

Liegen diese in § 2 dieses Lehrbuchs beschriebenen Voraussetzungen der Zwangsvollstreckung vor, darf das zuständige Organ mit der Vornahme der eigentlichen Vollstreckungsmaßnahmen beginnen; bei der Vollstreckung wegen Geldforderungen spricht man vom **Zugriff**. Mit dem Vollstreckungsakt beginnt die Zwangsvollstreckung. 28

Der Vollstreckungsakt besteht je nach Vollstreckungsart in einer anderen Maßnahme:

- Bei der Forderungspfändung ist Vollstreckungsakt der Erlass des Pfändungsbeschlusses bezüglich einer Forderung des Schuldners gegen einen Drittschuldner durch das Vollstreckungsgericht (§ 829 ZPO).

- Verpflichtet der Titel den Schuldner zu einer vertretbaren Handlung, wird das Prozessgericht als Vollstreckungsorgan den Gläubiger ermächtigen, eine vertretbare Handlung selbst vorzunehmen oder vornehmen zu lassen (§ 887 ZPO).
- Bei der Vollstreckung wegen Geldforderungen in bewegliche körperliche Gegenstände ist der Zugriff die Pfändung durch Inbesitznahme (§ 808 I, II ZPO: Der Gerichtsvollzieher bringt das Pfandsiegel an oder nimmt die Sache weg).
- Bei der Vollstreckung wegen Geldforderungen in das unbewegliche Vermögen kann es sich um die Beschlagnahme eines Grundstücks durch Beschluss handeln. In diesem wird die Zwangsversteigerung angeordnet und das Grundbuchamt um die Eintragung des Versteigerungsvermerks ersucht (§§ 19, 20 ZVG).

29 Bei der Vollstreckung **wegen Geldforderungen** hat der Gläubiger durch den erfolgreichen Zugriff allein noch nichts erreicht. Deshalb schließt sich der **Verwertungsakt** an, der bezweckt, das Pfändungsgut – gleich, ob es sich um eine Forderung, eine bewegliche Sache oder um ein Grundstück handelt – zu liquidieren. Das Pfändungsgut muss „zu Geld gemacht" werden, da der Gläubiger nur durch Zahlung befriedigt wird; hierauf war schließlich sein Titel gerichtet. Die Verwertung ermöglicht die **Auskehr des Erlöses an den Gläubiger**. Soweit der Gläubiger durch diese befriedigt wird, erlischt seine Forderung; das Vollstreckungsverfahren ist damit beendet.

Bei der Vollstreckung **wegen anderer als Geldforderungen** ist dagegen ein Verwertungsakt nicht erforderlich:

- Bei der **Herausgabevollstreckung** (§ 883 ZPO) ist lediglich die Übergabe der herauszugebenden Sache durch den Gerichtsvollzieher nötig, da der Gläubiger aufgrund des Titels berechtigt ist, genau diesen Gegenstand zu erhalten. Eine Verwertung iSd Liquidierung ist dies nicht.
- Bei der Vollstreckung der Verurteilung zu einer **vertretbaren Handlung** besteht der Vollstreckungsakt bereits darin, dass der Gläubiger zur **Ersatzvornahme** der Handlung ermächtigt wird (§ 887 ZPO). Fallen durch die Ersatzvornahme Kosten an, sind dies Vollstreckungskosten iSd § 788 ZPO.
- Bei einer **unvertretbaren** Handlung besteht der Vollstreckungsakt in der Anordnung von **Zwangsmitteln**, dem Verhängen eines Zwangsgeldes oder der Zwangshaft (§ 888 ZPO). Die eigentliche Vornahme der Handlung, die dadurch erreicht werden soll, kann aber nicht als Verwertungsakt bezeichnet werden. Wird das Zwangsgeld beigetrieben, erfolgt dies iRd Handlungsvollstreckung.
- Vergleichbar ist die Lage bei der Verurteilung zu einer **Duldung** oder **Unterlassung** (§ 890 ZPO), bei welcher der Vollstreckungsakt in der Anordnung von **Ordnungsmitteln** liegt.
- Bei der Verurteilung zur **Abgabe einer Willenserklärung** bewirkt die Rechtskraft des Urteils infolge der Abgabefiktion die Vollstreckung (§ 894 ZPO).

30 Ab Beginn bis zum Ende der Vollstreckung, teilweise auch schon vor ihrem Beginn, stehen dem Schuldner, Gläubiger sowie von der Zwangsvollstreckung betroffenen Dritten **Rechtsbehelfe** zur Verfügung. Zu diesen zählen nicht die eigenständigen Rechtsbehelfe im Klauselerteilungsverfahren. Die wichtigsten Vollstreckungsrechtsbehelfe sind:

- Die **Vollstreckungserinnerung** nach § 766 ZPO (→ Rn. 494 ff.) als der wichtigste vollstreckungsinterne Rechtsbehelf. Damit wehrt sich der Schuldner gegen die Art und Weise der Zwangsvollstreckung. Gegenstand der Überprüfung ist also immer eine bestimmte Vollstreckungsmaßnahme, die auf ihre Vereinbarkeit mit vollstreckungsrechtlichen Verfahrensvorschriften hin überprüft wird.
- Die **Vollstreckungsabwehrklage**, mit welcher der Schuldner materielle Einwendungen gegen den titulierten Anspruch geltend machen kann, § 767 I ZPO

(→ Rn. 515 ff.). Da der Bestand des Titels und seine Rechtskraft geschützt werden sollen, können zulässigerweise aber nur solche Einwendungen geltend gemacht werden, die nach dem Schluss der letzten mündlichen Verhandlung entstanden sind, § 767 II ZPO. Im Erfolgsfalle beseitigt die Vollstreckungsgegenklage nicht den Titel, sondern lediglich dessen Vollstreckbarkeit.

- Die **Drittwiderspruchsklage** aus § 771 ZPO, mit welcher Dritte sich gegen eine Verletzung ihrer Rechte (zB das Eigentum an gepfändeten Gegenständen) durch die Zwangsvollstreckung wehren können, um eine Überprüfung der materiellen Rechtslage zu erreichen (→ Rn. 567 ff.). Wegen des **Formalisierungsgrundsatzes** (→ Rn. 31 ff.) prüft der Gerichtsvollzieher nämlich nicht, ob die Gegenstände, die er pfändet, im Eigentum des Schuldners stehen.

→ 788 Kosten der ZV werden gleich mit vollstreckt

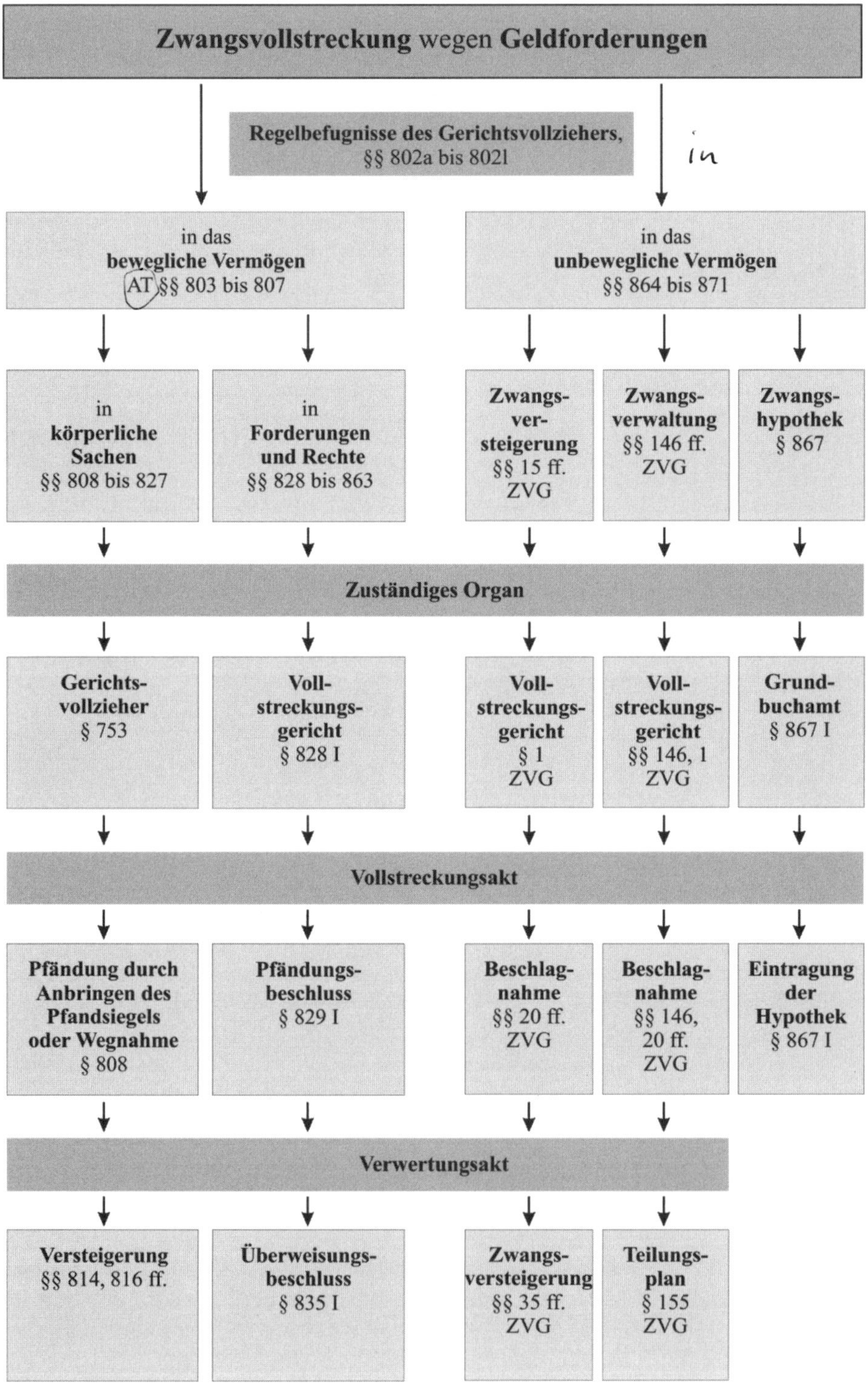

Abb. 4: Zwangsvollstreckung wegen Geldforderungen

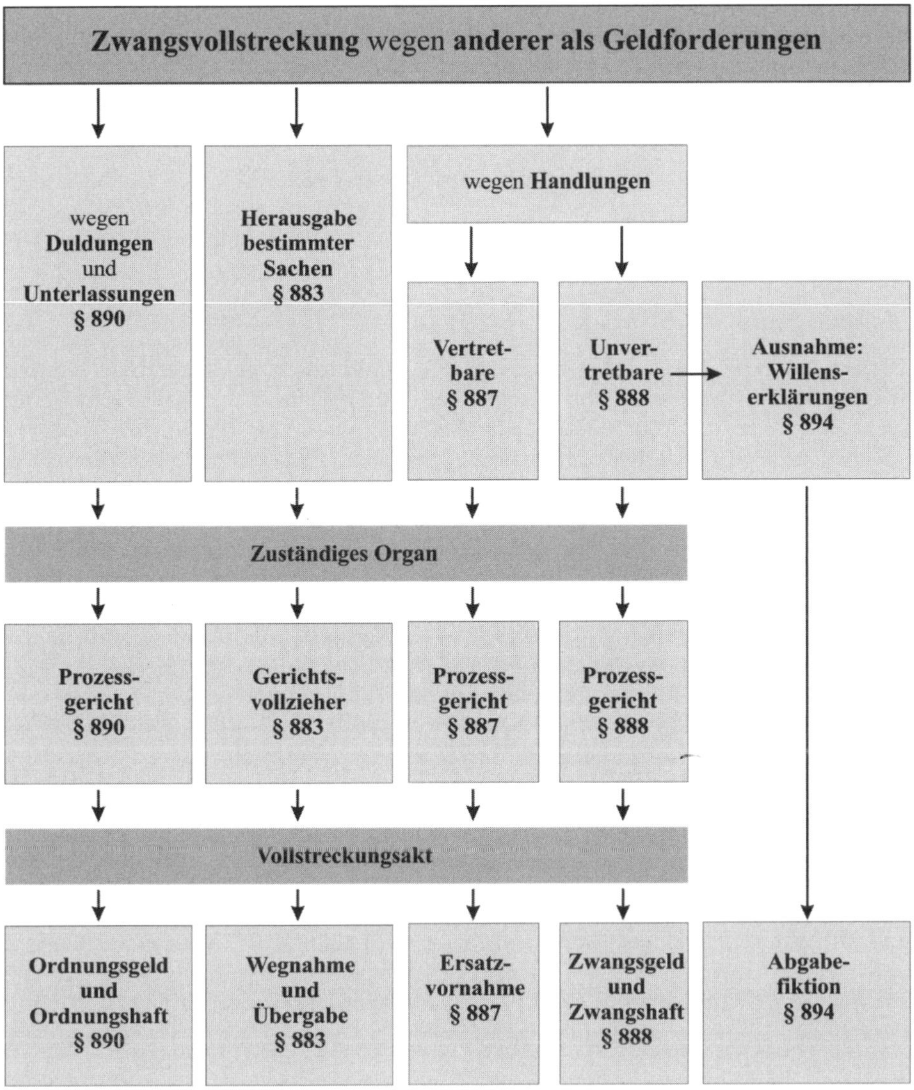

Abb. 5: Zwangsvollstreckung wegen anderer als Geldforderungen

F. Verfahrensgrundsätze

Lit.: Baur/Stürner/Bruns § 6; Gaul/Schilken/Becker-Eberhard § 5.

I. Formalisierungsgrundsatz

Lit.: Baur/Stürner/Bruns Rn. 6.53 ff.; Gaul/Schilken/Becker-Eberhard § 5 Rn. 39 bis 54; Gaul Rpfleger 1971, 1 (90 ff.).

1. Hintergrund

31 Eine Besonderheit des Zwangsvollstreckungsverfahrens ist der Grundsatz der **Formalisierung** des Verfahrens. Im gesetzlichen Regelfall, dass der Vollstreckungstitel ein Urteil ist, hat die Rechtsfindung bereits stattgefunden; bei der Vollstreckung geht es hingegen um die möglichst effiziente und schnelle Durchsetzung des gefundenen Rechts, wie es im Titel seinen Ausdruck findet. Da es nurmehr um den Zugriff, nicht hingegen um die Rechtsfindung geht, findet grundsätzlich **keine Prüfung materiellrechtlicher Aspekte** statt.[8] Dies zeigt sich auch in der funktionellen Aufteilung zwischen dem Erkenntnisverfahren, welches den Prozessgerichten zugewiesen ist, und dem Vollstreckungsverfahren, welches in die Zuständigkeit besonderer Vollstreckungsorgane fällt. Zudem liegt das Vollstreckungsverfahren überwiegend nicht in richterlichen Händen: im Regelfall ist der Gerichtsvollzieher funktional zuständig (§ 753 I ZPO), und selbst bei Zuständigkeit des Vollstreckungsgerichts handelt meist der Rechtspfleger (§ 20 I Nr. 17 RPflG). Gerichtsvollziehern und Rechtspflegern soll aber die Nachprüfung materiellrechtlicher Fragen erspart werden.

32 Diese Formalisierung erscheint zunächst jeglichem **Schuldnerschutz** zuwiderzulaufen. Man muss jedoch in Betracht ziehen, dass das Erfordernis eines Titels und einer Klausel bereits den Schuldner schützen und damit den Missbrauch des Vollstreckungsverfahrens erschweren sollen; überdies wird der Schuldnerschutz nochmals iRd Vollstreckungsverfahrens durch Vollstreckungsschutz seitens des Gesetzes (zB §§ 811 ff., 850 ff. ZPO), des Gerichtsvollziehers (§ 802b II ZPO) oder des Gerichts (§ 765a ZPO) berücksichtigt (→ Rn. 6). Nicht zu vergessen ist dabei, dass das Vollstreckungsverfahren grundsätzlich in Verwirklichung des Gläubigerinteresses durchzuführen ist.

2. Ausprägungen

33 Die Formalisierung besteht zum einen darin, dass das zuständige Vollstreckungsorgan die Zwangsvollstreckung durchzuführen hat, wenn deren **formelle Voraussetzungen** vorliegen. Neben einem ordnungsgemäßen Vollstreckungsantrag setzt der Zugriff auf das Schuldnervermögen einen vollstreckbaren **Titel** voraus. Dieser belegt das Bestehen des darin verbrieften Anspruchs und dessen Vollstreckbarkeit und legt bindend den Inhalt und Umfang der Vollstreckung fest. Infolge der Formalisierung prüft das Vollstreckungsorgan weder die materielle Richtigkeit des Titels noch dessen Wirksamkeit und Vollstreckbarkeit, da letzteres im Klauselerteilungsverfahren erfolgt. Die einmal erteilte **Vollstreckungsklausel** bescheinigt amtlich die Vollstreckungsreife des Titels (§§ 724 ff. ZPO, vgl. → Rn. 107). Das Klauselerteilungsverfah-

[8] Für das Klauselerteilungsverfahren zB BGH NJW 2011, 2803 Rn. 23; für das Vollstreckungsverfahren zB BGH NJOZ 2005, 3395 (3396).

ren ist ebenfalls formalisiert; die Prüfungskompetenz bei der Klauselerinnerung beschränkt sich daher grundsätzlich auf formelle Mängel des Titels (→ Rn. 126 ff.). Insgesamt hat das Vollstreckungsorgan vor einem Tätigwerden daher nur die formellen Voraussetzungen der Zwangsvollstreckung zu prüfen, nicht aber das Bestehen oder Fortbestehen des titulierten Anspruchs oder die materielle Wirksamkeit des Titels. Eine vermeintliche Einbruchstelle stellt es dar, dass die materiellen Einwendungen der nachträglichen Erfüllung oder Stundung ein Vollstreckungshindernis begründen können, wegen des Formalisierungsgrundsatzes jedoch nur bei Vorlage förmlicher Beweismittel und lediglich mit aufschiebender Wirkung (§§ 775 Nr. 4, 5, 776 S. 2 ZPO, → Rn. 139 ff.).

Die Formalisierung erfasst zudem die **Zugriffstatbestände**. Dem Zugriff unterliegt an sich nur das Vermögen des Schuldners. Ob ein Gegenstand im Einzelfall dazu gehört, hat das Vollstreckungsorgan aber grundsätzlich nicht zu prüfen. Der BGH drückt dies so aus:[9] „Im Interesse eines zügigen und unkomplizierten Vollstreckungsverfahrens knüpft das Gesetz an leicht überschaubare Merkmale an, die den Vollstreckungsorganen eine Prüfung tunlichst ohne materiellrechtliche Erwägungen ermöglichen sollen." Paradigmatisch hierfür ist die Sachpfändung durch den Gerichtsvollzieher: Nach § 808 ZPO ist nicht das Eigentum des Schuldners oder Dritter an der Pfandsache zu prüfen, sondern lediglich der leichter zu erkennende Gewahrsam (vgl. → Rn. 224). Bei der Forderungspfändung pfändet das Vollstreckungsgericht die „angebliche" Forderung des Gläubigers; eine Überprüfung des Bestandes der Forderung und ihrer Inhaberschaft durch den Schuldner erfolgt hingegen nicht (→ Rn. 340).

Infolge des Formalisierungsgrundsatzes hat das Vollstreckungsorgan im Vollstre- 34
ckungsverfahren **materiellrechtliche Einwendungen** des Schuldners oder Dritter, deren Rechte durch die Vollstreckung betroffen sind, grundsätzlich nicht zu beachten. Vielmehr sind diese mit den einschlägigen **Rechtsbehelfen** geltend zu machen. Wendet sich der Schuldner gegen die materielle Berechtigung des titulierten Anspruchs, so kann er dies nur mit der Vollstreckungsgegenklage nach § 767 geltend machen (→ Rn. 515 ff.). Behauptet er hingegen, der Titel sei materiell unwirksam, so fehlt es in der ZPO an einem einschlägigen Rechtsbehelf. Mit der Klauselerinnerung des § 732 ZPO kann nur die Verletzung formeller Voraussetzungen der Klauselerteilung gerügt werden; und mit der Klage nach § 768 ZPO kann nur das Fehlen der materiellen Erfordernisse der Erteilung einer qualifizierten Klausel geltend gemacht werden (→ Rn. 126 ff.). Die Rspr. hat hierfür die Titelgegenklage in analoger Anwendung des § 767 I ZPO entwickelt (→ Rn. 549 ff.). Dritte können der Vollstreckung entgegenstehende Rechte lediglich mit der Drittwiderspruchsklage des § 771 ZPO oder der Klage auf vorzugsweise Befriedigung nach § 805 ZPO geltend machen (→ Rn. 567 ff., → Rn. 595 ff.). Eine darüber hinausgehende erneute Überprüfung materiellrechtlicher Aspekte ist auf besonders krasse Ausnahmefälle beschränkt. Zunächst ermöglicht die Klage gem. § 826 BGB analog eine ausnahmsweise Durchbrechung der Rechtskraft (→ Rn. 542 ff.). Zudem ist die Vollstreckung aus einer unanfechtbaren Entscheidung analog § 79 II 2, 3 BVerfGG unzulässig, wenn diese auf einer Auslegung oder Anwendung des materiellen Rechts beruht, welche das BVerfG für unvereinbar mit dem GG erklärt hat, wie zB bei Vollstreckung aus Urteilen über Bürgschaftsansprüche, welche nach Maßgabe der später ergangenen Rspr. des BVerfG[10] als sittenwidrig einzustufen sind.[11]

---

9 BGH NJW-RR 2010, 16 Rn. 6.
10 BVerfGE 89, 214 ff.
11 BVerfG ZIP 2006, 60 ff.

3. Ausnahmsweise materiellrechtliche Evidenzkontrolle

35 Strittig ist, ob das Vollstreckungsorgan wenigstens evidente materiellrechtliche Aspekte zu berücksichtigen hat.[12] Die Rspr. hat eine solche Evidenzkontrolle in einigen Fällen angesprochen oder gar bejaht. Diskutiert werden vor allem folgende Konstellationen:

- Der Schuldner erhebt Klauselerinnerung nach § 732 ZPO, um evidente materielle Mängel des Titels zu rügen; praktisch wird dies vor allem bei notariellen Urkunden mit Unterwerfungserklärung iSd § 794 I Nr. 5 ZPO (→ Rn. 129).
- Bei offensichtlicher Diskrepanz von Gewahrsam und Eigentum hat der Gerichtsvollzieher die Eigentumsverhältnisse an der zu pfändenden Sache zu beachten (→ Rn. 225).
- Die zu pfändende angebliche Forderung des Schuldners ist nach keiner vertretenen Rechtsauffassung denkbar (→ Rn. 367).

II. Dispositionsmaxime

Lit.: Gaul/Schilken/Becker-Eberhard § 5 Rn. 74 bis 76; Wieser NJW 1988, 665 ff.

1. Allgemein

36 Als Ausfluss der Privatautonomie haben die Parteien im Erkenntnisverfahren die Disposition über Beginn, Gegenstand, Fortgang und Ende des Verfahrens. Im Zwangsvollstreckungsverfahren besteht demgegenüber eine weitgehende **Dispositionsmacht des Gläubigers**, weil er als Inhaber des titulierten Anspruchs selbst darüber bestimmen soll, ob und wie der Anspruch durchgesetzt wird:[13]

Stets setzt die Einleitung des Vollstreckungsverfahrens einen entsprechenden Antrag des **Gläubigers** voraus (→ Rn. 54). Durch diesen bestimmt der Gläubiger über die **Einleitung des Vollstreckungsverfahrens**, aber zugleich über die Art der Zwangsvollstreckung (in bewegliche Sachen, Forderungen oder Immobilien) sowie den konkreten Gegenstand, in den vollstreckt werden soll.

Der Gläubiger hat die Möglichkeit, auf die **Art und Weise**, wie der Gerichtsvollzieher gegen den Schuldner vorgeht, Einfluss zu nehmen: Er kann diesem **Weisungen** erteilen (§ 58 II GVGA), zB bestimmte Sachen des Schuldners zu pfänden oder nicht zu pfänden.

Er hat auch Einfluss auf den **Fortgang des Verfahrens**: Er kann anweisen, dieses ruhen zu lassen, oder die Aufhebung bereits erfolgter Vollstreckungsmaßnahmen bewirken, zB durch die Freigabe gepfändeter Gegenstände.

Er bestimmt über das **Ende des Verfahrens** durch Rücknahme des Vollstreckungsantrages, welche die Aufhebung bereits erfolgter Maßnahmen bewirkt; möglich ist auch der Verzicht auf die Pfändung, § 843 ZPO.

Aus alledem ergibt sich die weitgehende Herrschaft des Gläubigers über das Verfahren. Allerdings gibt es vereinzelte Einbruchstellen der Offizialmaxime, wenn Vollstreckungsorgane von Amts wegen Maßnahmen treffen können.[14]

So kann das Vollstreckungsgericht nach § 721 ZPO bei der Verurteilung zur Räumung von Wohnraum auf Antrag oder von Amts wegen dem Schuldner eine den Umständen nach angemessene Räumungsfrist gewähren.

---

[12] Ablehnend *Baur/Stürner/Bruns* Rn. 6.58 f.; *Stürner* ZZP 99 (1986) 291 (315 ff.).
[13] *Wieser* NJW 1988, 665 (668 f.).
[14] Dazu *Baur/Stürner/Bruns* Rn. 6.11.

Begrenzt wird die Herrschaft des Gläubigers durch zwingende Vorschriften. So ist er an die vom Gesetz vorgegebenen Vollstreckungsarten gebunden; zwingende Normen dienen vor allem dem Schutze des Schuldners (zB Pfändungsverbote, § 811 ZPO) oder Dritter. Ein Antrag auf Pfändung einer unpfändbaren Sache ist daher unzulässig. 37

Beschränkte Einflussmöglichkeiten stehen aber auch dem **Schuldner** zu: 38

- Er kann den titulierten Anspruch bereits vor der Vollstreckung erfüllen.
- Er kann mit dem Gerichtsvollzieher eine Zahlungsvereinbarung treffen, was zu einem zeitlichen Vollstreckungsaufschub führt (§ 802b II 2 ZPO).
- Er kann über den konkreten Vollstreckungsgegenstand disponieren, was das Gesetz vereinzelt zulässt (zB § 850f ZPO), oder die weitere Eingrenzung seines pfändbaren Einkommens beantragen.
- Er kann einen Antrag auf Vollstreckungsschutz nach § 765a ZPO oder einen sonstigen Antrag auf Aufschub, Beschränkung, Einstellung oder Beendigung der Zwangsvollstreckung stellen (zB §§ 769 f., 775 f. ZPO).

Eine gewisse **Auflockerung** des Parteibetriebes bedeutet es, dass der allgemeine Teil der ZPO und damit § 139 ZPO iRd Zwangsvollstreckung gilt. § 139 ZPO verpflichtet den Richter, auf die sachdienliche Antragstellung hinzuwirken;[15] droht der Rechtsinhaber andernfalls mit seinem Recht völlig auszufallen, ist ein rechtzeitiger Hinweis sogar verfassungsrechtlich geboten.[16] Im Übrigen verlangt die Hinweispflicht „nicht allgemeine Ausführungen über die Rechte der Beteiligten, sondern kommt in erster Linie zum Tragen, wenn das Gericht Anlass zu der Annahme hat, dass ein Beteiligter die Rechtslage falsch einschätzt und ihm deshalb ein Rechtsnachteil droht".[17] 39

2. Vollstreckungsverträge

Lit.: Emmerich ZZP 82 (1969) 413 ff.

Das formalisierte Vollstreckungsverfahren selbst ist als zwingendes Recht weitgehend der Parteidisposition entzogen. Der Schuldner kann sich zB nicht einverstanden erklären, dass ohne Titel und/oder Klausel gegen ihn vollstreckt wird.[18] Durch Abrede kann die Vollstreckung also **nicht** zu Lasten des Schuldners über die gesetzlichen Möglichkeiten hinaus **erweitert** werden. 40

Zulässig sind jedoch Vereinbarungen zwischen Gläubiger und Schuldner über die Durchführung der Zwangsvollstreckung, durch welche diese beschränkt wird (sog **vollstreckungsbeschränkende Abreden**): Das ist etwa der Fall, wenn vereinbart wird, dass die Vollstreckung nicht vor einem bestimmten Zeitpunkt beginnen darf, bestimmte Pfändungsarten (zB Rechtspfändung) oder bestimmte Gegenstände nicht erfassen soll.[19]

In diesem Umfang können die Parteien **einvernehmlich** auf das Verfahren einwirken.

---

15 Dazu *Baur/Stürner/Bruns* Rn. 6.12.
16 BVerfG NJW-RR 2012, 302 Rn. 28.
17 Zur Geltung des § 139 ZPO BGH NZI 2013, 1048.
18 OLG Hamm MDR 1968, 333 f.
19 Weitere Beispiele bei Zöller/*Stöber* Vor § 704 Rn. 25.

III. Einseitigkeit

41 Das **Erkenntnisverfahren**, in dem der Gläubiger idR seinen Titel erlangt hat, ist ein **kontradiktorisches** Verfahren. Beide Parteien, Kläger und Beklagter, werden gleichermaßen am Verfahren beteiligt.

42 Dagegen ist das **Vollstreckungsverfahren einseitig**, „denn es soll gehandelt und nicht verhandelt werden".[20] Es geht nicht um die Rechtsfindung, sondern lediglich um die Durchsetzung bereits gefundenen Rechts, nämlich eines titulierten Anspruchs. Deshalb gibt es regelmäßig keine obligatorische mündliche Verhandlung und kein kontradiktorisches Verfahren.[21] Eine Anhörung des Schuldners ist teilweise sogar ausdrücklich untersagt (§ 834 ZPO). Ausnahmsweise findet eine obligatorische und kontradiktorische Verhandlung statt, vor allem bei klageförmigen Rechtsbehelfen, die im Erkenntnisverfahren ergehen. Ein Beispiel hierfür liefert die Vollstreckungsabwehrklage nach § 767 ZPO (→ Rn. 515 ff.). Diese dient der Durchsetzung der Rechte des Schuldners und setzt daher die Klageerhebung durch ihn voraus.

IV. Beibringungsgrundsatz

43 Der Beibringungsgrundsatz gilt in der Zwangsvollstreckung außerhalb der klageförmigen Rechtsbehelfsverfahren nur in sehr **begrenztem** Maße.[22] Jedenfalls ist der Gläubiger dafür verantwortlich, dem Vollstreckungsorgan die tatsächlichen Voraussetzungen für die Zwangsvollstreckung darzutun, der Schuldner diejenigen für deren Einstellung (vgl. § 775 ZPO): so muss der Gläubiger bei der Sachpfändung benennen, wo die Pfändung zu erfolgen habe (regelmäßig am Wohn- oder Geschäftssitz des Schuldners), bei der Pfändung von Forderungen die angebliche Forderung des Schuldners gegen den Drittschuldner konkretisieren und bei der Immobiliarvollstreckung das zu versteigernde Grundstück individualisieren etc (→ Rn. 60).

44 Allerdings erfährt der Beibringungsgrundsatz zahlreiche **Durchbrechungen**, wobei strittig ist, ob diese als Ausdruck des Amtsermittlungsgrundsatzes bzw. Inquisitionsmaxime zu werten sind:[23] Bei der Sachpfändung sucht der Gerichtsvollzieher pfändungstaugliche Stücke beim Schuldner aus; freilich kann der Gläubiger ihm hierfür gewisse Weisungen erteilen (→ Rn. 62). Ist dem Gläubiger der Aufenthaltsort des Schuldners, an welchem die Sachpfändung erfolgen soll, unbekannt, so kann der Gerichtsvollzieher diesen auf Antrag des Gläubigers nach § 755 ZPO ermitteln (→ Rn. 188). Kenntnisse, die der Gerichtsvollzieher im Rahmen einer Sachpfändung nach § 806a ZPO über Forderungen des Schuldners erlangt, kann der Gläubiger für Vollstreckungszwecke nutzen (→ Rn. 252). Fehlen dem Gläubiger Informationen zu pfändbaren Forderungen des Schuldners, so kann er den Gerichtsvollzieher beauftragen, vor Beginn von Vollstreckungsmaßnahmen dem Schuldner eine Vermögensauskunft abzunehmen (§§ 802a II 1 Nr. 2, 802c ZPO, → Rn. 154 ff.) oder, wenn diese ausbleibt oder für Vollstreckungszwecke unzureichend ist, bei Dritten entsprechende Auskünfte einzuholen (§§ 802a II 1 Nr. 3, 802l ZPO, → Rn. 167 ff.).

---

[20] *Gaul/Schilken/Becker-Eberhard* § 5 Rn. 17.
[21] Wie hier *Gaul/Schilken/Becker-Eberhard* § 5 Rn. 17; insoweit unzutreffend *Lackmann* Rn. 5.
[22] Dazu *Gaul/Schilken/Becker-Eberhard* § 5 Rn. 18.
[23] Befürwortend *Baur/Stürner/Bruns* Rn. 6.24; ablehnend *Gaul/Schilken/Becker-Eberhard* § 5 Rn. 65.

V. Prioritätsgrundsatz

In der Rechtswirklichkeit ist es geradezu der Regelfall, dass ein zahlungsunwilliger oder -unfähiger Schuldner nicht einem Gläubiger allein gegenüber steht. Versuchen aber mehrere Gläubiger, ihre titulierten Ansprüche gegen einen solchen Schuldner zu vollstrecken, so kann es sein, dass dessen Vermögen hierzu nicht ausreicht. Sofern es dann nicht zur Eröffnung eines Insolvenzverfahrens kommt, stellt sich die Frage, in welchem Verhältnis die Vollstreckungsversuche der einzelnen Gläubiger zueinander stehen. Soweit es um die **Vollstreckung in ein und denselben Gegenstand durch mehrere Gläubiger** geht, regelt das Prioritätsprinzip dieses Verhältnis. Es ist vor allem in § 804 III ZPO verankert (→ Rn. 275), daneben in §§ 827 II, 854 II ZPO. Es besagt, dass es für den Rang von Pfändungspfandrechten verschiedener Gläubiger und für deren Beteiligung am Erlös aus der Verwertung der Pfandsache auf den **Zeitpunkt der Entstehung** ihres jeweiligen **Pfandrechts** ankommt. Derjenige Gläubiger, der zeitlich **zuerst** ein Pfändungspfandrecht an einem bestimmten Vollstreckungsobjekt erworben hat, darf auch als erster hierauf zugreifen und sich notfalls durch dessen Verwertung hieraus befriedigen. Reicht der Erlös nicht zur Befriedigung sämtlicher Pfandgläubiger aus, so wird der zuerst pfändende Gläubiger **vorrangig befriedigt**, danach kommen die weiteren Gläubiger in der Rangfolge der zeitlichen Entstehung ihrer Pfandrechte. Nachrangigen Pfandgläubigern droht damit der Ausfall ihrer Forderung. Reicht der Verwertungserlös nicht aus und streiten die Gläubiger über die Rangordnung ihrer Pfändungspfandrechte, so findet das Verteilungsverfahren der §§ 872 ff. ZPO statt (→ Rn. 430). 45

Das Prioritätsprinzip in der Zwangsvollstreckung entspricht dem gleichnamigen Grundsatz des materiellen Rechts für Verfügungen, der vor allem im Sachenrecht begegnet. Es bewirkt Rechtssicherheit und -klarheit. Es ist kein Verfahrens-, sondern ein **Verteilungsprinzip**. Den Gegensatz hierzu bildet das insolvenzrechtliche Ausgleichsprinzip, welches die möglichst gleichmäßige Behandlung aller Gläubiger beim Zugriff auf das Vermögen des Schuldners sicherstellen soll. Mit der Geltung des Prioritätsprinzips in der Einzelzwangsvollstreckung wird dem „wachsamen" Gläubiger, der seine Rechte frühzeitig wahrnimmt, der Vorrang eingeräumt, solange der Schuldner nicht insolvent ist. 46

Eine gewisse **Durchbrechung** des Prioritätsgrundsatzes bedeutet allerdings die Praxis, wonach Gerichtsvollzieher, denen vor der Vornahme einer Sachpfändung Vollstreckungsanträge mehrerer Gläubiger gegen denselben Schuldner vorliegen, diese als **gleichzeitig** zu behandeln haben. Dies schreibt der zu § 827 III ZPO erlassene § 117 I 1 GVGA vor. Gesetzeskonform ist dies jedoch nur, wenn man für die Gleichzeitigkeit nicht auf den Eingang der Pfändungsanträge beim Gerichtsvollzieher, sondern auf die Vornahme der Pfändung abstellt, wie dies die wohl noch hM[24] und auch § 117 I 2 GVGA tun. Die Pfändung wird dann unabhängig vom zeitlichen Eingang der jeweiligen Anträge für sämtliche beteiligten Gläubiger zugleich bewirkt, mit der grundsätzlichen Folge der Gleichrangigkeit (§ 117 I GVGA). Die Aufteilung des Verwertungserlöses erfolgt im Verhältnis der verschiedenen Forderungen der Gläubiger. Gegen diese Praxis werden berechtigte Bedenken geäußert.[25] 47

---

[24] So Musielak/*Becker* § 827 Rn. 5 mwN; Zöller/*Stöber* § 808 Rn. 25; BeckOK ZPO/*Forbriger* § 827 Rn. 11; aA *Knoche/Biersack* NJW 2003, 476 ff.; MüKoZPO/*Gruber* § 827 Rn. 9, § 804 Rn. 33; Kindl/Meller-Hannich/Wolf/*Kindl* § 827 ZPO Rn. 6.

[25] Eingehend dazu *Knoche/Biersack* NJW 2003, 476 ff. mwN zum Streitstand.

VI. Verfassungsrechtliche Grundsätze

1. Vollstreckungsanspruch des Gläubigers

48 Aufgrund des Gewaltmonopols des Staates kann der Gläubiger grundsätzlich nicht im Wege der Selbsthilfe gegen den Schuldner vollstrecken. Damit der Gläubiger aber, wenn der Schuldner nicht leistet, seine Rechte durchsetzen kann, muss ihm zum Ausgleich staatlicherseits ein entsprechendes Verfahren zur Verfügung gestellt werden. Dies ist „weder Willkür gegen den Schuldner noch Gnade gegen den Gläubiger".[26] Ergänzend zu dem öffentlichrechtlichen Anspruch des Bürgers auf effektiven Rechtsschutz besteht also ein ebensolcher Anspruch des Bürgers gegen den Staat, seinen titulierten Anspruch notfalls zwangsweise durchzusetzen. Man spricht vom **öffentlichrechtlichen Vollstreckungsanspruch**. Dieser ist von dem ihm zu Grunde liegenden titulierten materiellrechtlichen Anspruch selbst zu unterscheiden. Der Vollstreckungsanspruch ist gleichfalls Ausfluss des verfassungsrechtlichen **Justizgewährungsanspruches**[27] und des Rechts auf Zugang zu einem Gericht aus Art. 6 I EMRK[28] und neuerdings aus Art. 47 GR-Charta.[29] Die Zwangsvollstreckung sichert zudem die Befriedigung der Forderungen des Gläubigers, die im Rahmen der Zwangsvollstreckung ebenfalls als private vermögenswerte Rechte von der **Eigentumsgarantie** des Art. 14 I GG, Art. 1 Zusatzprotokoll zur EMRK und Art. 17 GR-Charta geschützt sind.[30] Den Anspruch auf effektive Verwirklichung titulierter Ansprüche hebt § 802a I ZPO für die Zwangsvollstreckung wegen Geldforderungen ausdrücklich hervor, indem er für das Handeln des Gerichtsvollziehers den Grundsatz der **effektiven Vollstreckung** aufstellt. Hierzu gehört es, Transparenz über das Schuldnervermögen zu erlangen.[31] Dem dienen die Befugnisse des Gerichtsvollziehers zur Sachaufklärung (→ Rn. 153).

2. Grundrechte des Schuldners

a) Vollstreckungszugriff als Grundrechtseingriff

49 Demgegenüber sind die schutzwürdigen Interessen des Schuldners zu beachten, zumal der Vollstreckungszugriff dessen Eigentumsrecht aus Art. 14 I GG und – im Falle der Zwangshaft (§ 888 ZPO) – dessen Grundrecht auf persönliche Freiheit (Art. 2 II 2, 104 II GG) ebenfalls tangiert. Die Zwangsvollstreckung darf den Schuldner nicht seines Existenzminimums berauben. Aus dem **Sozialstaatsprinzip** (Art. 20, 28 GG) folgt, dass der Staat zu einem gewissen Mindestschutz des Schuldners verpflichtet ist. Jedenfalls verbietet das Menschenbild des Grundgesetzes (Art. 1 GG) eine schonungslose und einseitige Durchsetzung der Gläubigerinteressen. Hieraus werden das Verbot der Kahlpfändung, die Grenzen bei der Lohnpfändung sowie die allgemeine Härteklausel in § 765a ZPO abgeleitet (→ Rn. 492). Je nach Vollstreckungsmaßnahme können weitere Rechtspositionen des Schuldners tangiert sein.[32] So greifen die Befugnisse des Gerichtsvollziehers zur Durchsuchung der Wohnung des Schuldners aus § 758 ZPO in dessen Grundrecht auf **Unverletzlichkeit der Woh-**

---

[26] Vgl. *Gaul/Schilken/Becker-Eberhard* § 6 Rn. 1.
[27] BVerfG NJW 1988, 3141.
[28] EGMR NJW 2004, 273.
[29] *Jarass* Art. 47 GR-Charta Rn. 47.
[30] Zu Art. 14 I GG: BVerfGE 116, 1 = NJW 2006, 2613 Rn. 34; zu Art. 1 Zusatzprotokoll EMRK: EGMR NJW 2004, 273.
[31] *Würdinger* JZ 2011, 177 (178).
[32] Eingehend dazu *Gaul/Schilken/Becker-Eberhard* § 3 Rn. 1 ff.

nung aus Art. 13 GG ein; dem soll der Richtervorbehalt des § 758a I ZPO Rechnung tragen (→ Rn. 207 ff.).

Durch die reformierte Sachaufklärung erhält der Gerichtsvollzieher zahlreiche Befugnisse, Informationen zur Person (§ 755 ZPO) und zum Vermögen des Schuldners (§ 802a II 1 Nr. 2, §§ 802c ff. ZPO), selbst von Dritten (§ 802a II 1 Nr. 3, § 802l ZPO), einzuholen. Die Informationen zum Vermögen fließen in ein Vermögensverzeichnis ein, in welches lediglich bestimmte amtliche Stellen Einsicht nehmen können, während der Gläubiger nur mittelbar über den Gerichtsvollzieher informiert wird (§ 802f VI, § 802k II ZPO). Diese Befugnisse zur Datenerhebung und -übermittlung sowie zur Einsicht hierein berühren den Schuldner in seinem **informationellen Selbstbestimmungsrecht** (Art. 2 I iVm 1 I GG). Das gilt mehr noch für das weitergehende Recht zur Einsichtnahme in die zentral geführten Schuldnerverzeichnisse (§ 882f ZPO).

b) Rechtliches Gehör

Die Garantie des Art. 103 I GG ist auch im Vollstreckungsverfahren zu beachten, 50
doch ist dabei auf dessen Besonderheiten Rücksicht zu nehmen. Die Zwangsvollstreckung dient dem Zugriffsinteresse des Gläubigers. Erfährt der Schuldner durch vorherige Anhörung von einer geplanten Vollstreckungsmaßnahme, so kann der Zugriff daran scheitern, dass der Schuldner Vermögen verschiebt oder sonst die Vollstreckung vereitelt. Es ist daher mit Art. 103 I GG vereinbar, dass regelmäßig **keine Anhörung** des Schuldners erfolgt und dieser auf die Möglichkeit nachträglicher Anhörung durch Einlegung von Rechtsbehelfen verwiesen wird.[33] Diese Möglichkeit eröffnen ihm die Rechtsbehelfe der Erinnerung (§ 766 ZPO), der Vollstreckungsgegenklage (§ 767 ZPO) und der Titelgegenklage (§ 767 I ZPO analog). Wegen der besonderen Vereitelungsgefahr ist die Gewährung vorherigen Gehörs bei der Forderungspfändung nach § 834 ZPO sogar ausdrücklich untersagt.

Dagegen ist die vorherige **Anhörung** gem. § 891 ZPO **vorgeschrieben** für die gerichtlichen Entscheidungen, welche die Erwirkung vertretbarer oder nicht vertretbarer Handlungen und die Erzwingung von Unterlassungen oder Duldungen anordnen (§§ 887, 888, 890 ZPO). Grund hierfür sind zum einen, dass bei diesen Vollstreckungsarten keine Vermögensverschiebung zu Lasten des Vollstreckungsgläubigers droht, vor allem aber, dass die nach diesen Vorschriften mögliche Anordnung von Zwangs- oder Ordnungshaft einen besonders schwerwiegenden Eingriff in die Freiheitsrechte des Schuldners mit sich bringt.[34]

3. Spannungsverhältnis

Es besteht also ein Spannungsverhältnis zwischen dem Vollstreckungsanspruch des 51
Gläubigers (→ Rn. 48) einerseits, und dem grundrechtlichen Schutz des Schuldners andererseits (→ Rn. 6 und → Rn. 242 ff.). Dabei ist aber stets der **Vorrang des Zugriffsinteresses des Gläubigers** zu beachten: Da der Staat ihm die Selbsthilfe verweigert, muss er ein effizientes Verfahren zur zwangsweisen Durchsetzung rechtlich anerkannter Ansprüche zur Verfügung stellen. Im Falle eines Urteils ist über den Anspruch des Gläubigers bereits in einem förmlichen Verfahren unter Beachtung der Einwendungen des Schuldners befunden worden. Zu einem effizienten Vollstreckungsverfahren gehört notwendigerweise, dass der Gläubiger hinreichende Informationen zum Vermögen des Schuldners erlangen kann. Zudem muss der Gesetzgeber

[33] BVerfGE 57, 346 (358 f.).
[34] OLG Bremen NJW-RR 2007, 662.

wirksame Vorkehrungen gegen einen Missbrauch des Verfahrens durch den Schuldner schaffen; gerade zahlungsunwillige oder -unfähige Schuldner versuchen oftmals, die Vollstreckung zu verzögern oder zu vereiteln. Das Spannungsverhältnis zum grundrechtlichen Schutz des Schuldners versuchen die gesetzlichen Regelungen des Zwangsvollstreckungsrechts auf vielfache Weise auszutarieren. Gerade für die neu geschaffenen Datenerhebungs-, Übermittlungs- und Einsichtnahmebefugnisse hat der Gesetzgeber sich eingehend mit der Spannung zwischen dem Gläubigerinteresse und dem Recht des Schuldners auf informationelle Selbstbestimmung auseinandergesetzt.[35]

Zusammenfassung:

1. Formalisiertes Vollstreckungsverfahren: bei Vorliegen der formellen Voraussetzungen (Antrag, Titel, Klausel, Zustellung) ist Zwangsvollstreckung durchzuführen; grundsätzlich keine Prüfung der Rechtmäßigkeit des Titels oder sonstiger materiellrechtlicher Aspekte.
2. Weithin Herrschaft des Gläubigers über Beginn, Gegenstand und Ende des Verfahrens (Dispositionsmaxime).
3. Dagegen gilt der Beibringungsgrundsatz nur sehr begrenzt.
4. Bei mehreren Pfändungen ist die zeitlich frühere vorrangig (Prioritätsgrundsatz).
5. Gläubiger hat Anspruch gegen Staat auf zwangsweise Durchsetzung seines titulierten Anspruches; um dessen Vereitelung durch den Schuldner zu vermeiden, ist dieser auf die Möglichkeit nachträglichen rechtlichen Gehörs durch Rechtsbehelfseinlegung verwiesen.
6. Spannungsverhältnis zwischen öffentlichrechtlichem Vollstreckungsanspruch des Gläubigers und notwendigem Schuldnerschutz.

[35] Beschlussempfehlung des Rechtsausschusses, BT-Drs. 16/13432, 40 ff.

§ 2 Die Voraussetzungen der Zwangsvollstreckung

Lit.: Brox/Walker §§ 1 ff.

Die Zwangsvollstreckung darf erst eingeleitet werden, wenn deren allgemeine und besondere Voraussetzungen vorliegen. Sie beginnt mit der ersten Maßnahme des funktionell zuständigen Vollstreckungsorgans, welche sich gegen den Schuldner richtet und die Ausführung des Titels bezweckt. Das ist zB die Pfändung einer beweglichen Sache im Gewahrsam des Schuldners durch den Gerichtsvollzieher. Vor der Einleitung von Vollstreckungsmaßnahmen hat das Vollstreckungsorgan die **Zulässigkeit der Zwangsvollstreckung** zu prüfen; bei negativer Prüfung ist der Vollstreckungsantrag abzulehnen. Folgende positive und negative Zulässigkeitsvoraussetzungen sind zu unterscheiden (s. Schema bei → Rn. 149): 52

- Vorliegen eines ordnungsgemäßen Vollstreckungsantrages
- Zuständigkeit des angerufenen Vollstreckungsorgans
- Allgemeine Verfahrensvoraussetzungen
- Allgemeine Vollstreckungsvoraussetzungen
- Besondere Vollstreckungsvoraussetzungen
- Fehlen von Vollstreckungshindernissen
- Vollstreckung in die richtige Vermögensmasse

A. Ordnungsgemäßer Antrag

Fall 2:

Rechtsanwalt Runkel ruft Gerichtsvollzieher Gierig an und bittet ihn namens und im Auftrag seiner Mandantin Manuela, beim Säumig zu pfänden; er verweist den Gierig dabei auf das diesem vorliegende Urteil des Amtsgerichts Frankfurt, wonach Säumig der Manuela 2.500 EUR zu zahlen habe. Muss Gierig dem Folge leisten? 53

→ Rn. 75.

I. Vollstreckungsantrag

Lit.: Brox/Walker Rn. 19; Lippross § 3.

1. Allgemeines

Das Vollstreckungsverfahren ist ein **Antragsverfahren**, es wird nicht von Amts wegen eingeleitet (→ Rn. 2 und → Rn. 25 aE). Der Antrag ist an das zuständige Vollstreckungsorgan zu richten (→ Rn. 64 ff.). Angesichts der unterschiedlichen Arten der Zwangsvollstreckung und der verschiedenen hierfür funktionell zuständigen Organe gibt es keinen einheitlichen Vollstreckungsantrag, vielmehr hängt es davon ab, weswegen und worein der Gläubiger vollstrecken möchte. Es ist daher nach der 54 jeweils zu beantragenden Vollstreckungsmaßnahme und dem hierfür funktionell zuständigen Organ (→ Rn. 65 ff.) zu differenzieren:[36]

a) Antragsadressaten

55 Da nach der gesetzlichen Konzeption der Gerichtsvollzieher im Regelfall funktionell zuständig ist (§ 753 I ZPO), beschränkt sich die allgemeine Vorschrift des § 753 ZPO darauf, den Vollstreckungsantrag für die Vollstreckung durch den **Gerichtsvollzieher** zu normieren. Diese Regelung gilt für sämtliche Vollstreckungsmaßnahmen des Gerichtsvollziehers. Der Begriff des **Auftrags** in § 753 ZPO (bitte lesen!) ist ein Ausdruck der veralteten Auffassung, das Vollstreckungsverhältnis sei privatrechtlicher Natur. Inzwischen ist allgemein anerkannt, dass der Vollstreckungsantrag staatliches Handeln auf Grund eines **öffentlichrechtlichen** Verhältnisses in Gang setzt.

Eine § 753 ZPO vergleichbare Regelung für Vollstreckungsmaßnahmen der anderen Vollstreckungsorgane fehlt. Für Maßnahmen des **Vollstreckungsgerichts** wird das Antragserfordernis angesprochen für die Pfändung von Forderungen (§§ 829 IV, 829a ZPO) und anderen Vermögensrechten (§ 857 I iVm § 829 IV ZPO) sowie für die Zwangsverwaltung und -versteigerung bei der Immobiliarvollstreckung (§ 866 I ZPO iVm §§ 15, 146 ZVG). Für Maßnahmen des **Prozessgerichts** richtet sich das Antragserfordernis nach §§ 887, 888, 890 ZPO, für solche des **Grundbuchamtes** nach § 867 ZPO.

b) Form und Vertretung

56 Der Antrag kann **formlos**, also auch mündlich oder telefonisch gestellt werden, wenngleich die schriftliche Form in der Praxis die Regel darstellt. Für elektronisch eingereichte Aufträge können besondere Formulare vorgesehen werden, § 753 III 2 ZPO. Für Anträge, die gem. § 753 II ZPO an die Geschäftsstelle des Amtsgerichts (Gerichtsvollzieherverteilerstelle) gerichtet werden (→ Rn. 72), ermächtigt § 753 III ZPO das Bundesministerium der Justiz, durch Rechtsverordnung mit Zustimmung des Bundesrates verbindliche Formulare für eine Antragstellung nach § 753 II ZPO einzuführen. Bislang hat es hiervon jedoch nicht Gebrauch gemacht. Sobald solche verbindlichen Formulare eingeführt worden sein werden, werden diese verpflichtend zu verwenden sein, so dass ein Antrag in anderer Form als unzulässig zurückzuweisen sein wird. Für den Antrag auf Erlass eines Pfändungs- und Überweisungsbeschlusses gibt es dagegen solche verpflichtenden Formulare (→ Rn. 332).

57 **Anwaltliche Vertretung** ist möglich, regelmäßig aber nicht nötig. Zwingend ist diese gem. § 78 ZPO ausnahmsweise, wenn für die Vollstreckungsmaßnahme das Prozessgericht funktionell (→ Rn. 22) und als solches sachlich das LG zuständig ist.

2. Bezeichnung des Vollstreckungsgegenstandes

58 **Inhalt** und **Umfang** der Vollstreckung ergeben sich aus der vollstreckbaren Ausfertigung des Titels. Dieser bestimmt, wozu der Vollstreckungsschuldner verpflichtet ist, ob zur Herausgabe einer Sache, Zahlung einer Geldsumme oder zu einer sonstigen Handlung, Duldung oder Unterlassung (→ Rn. 12). Durch den Titel wird also die Grundrichtung der Vollstreckung vorgegeben, ob es sich um eine solche wegen

---

[36] Ein Musterantrag für die Vollstreckung durch einen Gerichtsvollzieher findet sich bspw. auf der Internetseite http://www.justiz.bayern.de/imperia/md/content/stmj_internet/gerichte/amtsgerichte/augsburg/zwangsvollstreckungsauftrag_2013.pdf (Stand: 23.2.2014), für einen Pfändungs- und Überweisungsbeschluss ist ein Vordruck abrufbar auf http://www.bmj.de/SharedDocs/Downloads/DE/pdfs/Antrag_Erlass_Pfaendungs_Ueberweisungsbeschluss_insbes_gewoehnl_Geldforderungen.pdf?__blob=publicationFile (Stand: 23.2.2014).

Geldforderungen oder wegen anderer als Geldforderungen handeln soll. Hinsichtlich der weiteren Anforderungen an die Bezeichnung des **„Wie"** der Vollstreckung ist zwischen diesen beiden Grundarten der Vollstreckung weiter zu differenzieren.

a) Zwangsvollstreckung wegen anderer als Geldforderungen

Lautet der Titel **nicht** auf Zahlung einer bestimmten Geldsumme, so sind die genaue Bezeichnung der Vollstreckungsart und die Vollstreckungsmaßnahme bereits vorgegeben, einer Konkretisierung des Vollstreckungsobjekts im Vollstreckungsantrag bedarf es daher nicht: Lautet der Titel zB auf Verurteilung zur Vornahme einer Reparatur, so geht es um die Erwirkung einer vertretbaren Handlung, welche durch richterliche Ermächtigung zur Ersatzvornahme auf Kosten des Schuldners erfolgt (§ 887 ZPO). Die Verurteilung zur Unterlassung einer rufschädigenden Publikation wird bei Zuwiderhandlungen hiergegen durch Verurteilung zu einem Ordnungsgeld gem. § 890 ZPO vollstreckt. Die Verurteilung zur Erteilung der Einwilligung zur Grundbuchberichtigung nach § 894 BGB wird durch die Fiktion der Abgabe dieser Willenserklärung nach § 894 ZPO vollstreckt. Ein Titel auf Herausgabe einer bestimmten Sache zieht die Vollstreckung wegen Sachherausgabe nach sich, § 883 ZPO; vgl. **Fall 1** (→ Rn. 1). 59

b) Zwangsvollstreckung wegen Geldforderungen

Anders ist die Lage bei einem auf Zahlung einer Geldsumme lautenden Titel, weil das Gesetz für die Vollstreckung wegen Geldforderungen je nach dem Objekt des Zugriffs verschiedene Vollstreckungsmöglichkeiten vorsieht: Der Gläubiger kann in **bewegliches** Vermögen des Schuldners vollstrecken, sei es in **körperliche Sachen** (→ Rn. 216 ff.), sei es in **Forderungen** oder sonstige Rechte, oder auf **unbewegliches** Vermögen zugreifen. Er kann hier nicht einen allgemeinen Auftrag zur Vollstreckung in das Gesamtvermögen des Schuldners zur Befriedigung seines Zahlungsanspruches erteilen, vielmehr hat er die einschlägige Vollstreckungsart im Hinblick auf das anvisierte Zugriffsobjekt auszuwählen und dieses genau zu bezeichnen, vorbehaltlich der Besonderheiten bei der Sachpfändung durch den Gerichtsvollzieher. Positiv gewendet steht ihm die **Wahl der Vollstreckungsart** und des **konkreten Vollstreckungsobjektes** zu. Dies ist Ausdruck seiner **Dispositionsbefugnis**. 60

Die effiziente Ausübung dieser Dispositionsbefugnis setzt voraus, dass der Gläubiger **Informationen über vollstreckbares Vermögen** des Schuldners besitzt: ob sich in dessen Wohnung oder Büro pfändbare bewegliche Sachen befinden, er pfändbare Forderungen gegen andere hat (Arbeitslohn, Bankguthaben etc) oder Immobilien besitzt, auf die ein Zugriff lohnt. Darüber hinaus muss der Gläubiger Tatsachen beibringen, aus denen sich die Pfändungsvoraussetzungen ergeben. Er hat also zB den Ort zu bezeichnen, an welchem auf bewegliche Sachen zugegriffen werden kann, oder das zu versteigernde Grundstück zu individualisieren. Bei einer Forderungspfändung hat er die zu pfändende Forderung nach deren Gläubiger (= der Vollstreckungsschuldner) und deren Schuldner (= Drittschuldner), dem Forderungsgrund und ihrer Höhe zu spezifizieren. Dies ist Ausdruck des **Beibringungsgrundsatzes** (vgl. → Rn. 43 f.). Vor der Reform der Sachaufklärung sah sich der Gläubiger in der Praxis erheblichen Schwierigkeiten ausgesetzt, die Vollstreckungsart im Hinblick auf mögliche Zugriffsobjekte auswählen und letztere konkretisieren zu müssen. Dem sollen die durch diese Reform eingeführten Befugnisse des Gerichtsvollziehers zur Sachaufklärung im Vorfeld der Vollstreckung abhelfen (→ Rn. 152 ff.). 61

Erleichtert wird dem Gläubiger die Konkretisierungspflicht bei der **Pfändung beweglicher Sachen** durch den Gerichtsvollzieher nach den §§ 808 ff. ZPO. Der Gläu- 62 biger braucht die zu pfändenden Gegenstände nicht zu bezeichnen, vielmehr sucht der Gerichtsvollzieher selbst beim Schuldner nach pfändbaren Vermögensgegenständen, welche unter den Anwendungsbereich der §§ 808 ff. ZPO fallen. Ist die Anschrift des Schuldners unbekannt, so hat der Gerichtsvollzieher diese auf Antrag des Gläubigers nach § 755 ZPO zu ermitteln (→ Rn. 188). Für die Ausführung der Sachpfändung kann der Gläubiger dem Gerichtsvollzieher iRd Gesetzes und der in der GVGA enthaltenen Dienstanweisungen **Weisungen** erteilen.[37] Unstreitig ist dies für Weisungen, bestimmte im Gewahrsam des Schuldners befindliche Gegenstände von der Pfändung auszunehmen (zB Sachen im Sicherungseigentum des Gläubigers). Nach hM kann der Gläubiger den Gerichtsvollzieher auch umgekehrt anweisen, gerade bestimmte Sachen beim Schuldner zu pfänden, sofern dadurch nicht berechtigte Interessen des Schuldners verletzt oder zusätzliche Kosten verursacht werden.[38]

63 Die Verpflichtung zur Konkretisierung des Vollstreckungsobjektes hat Auswirkungen für den Fall, dass die beantragte Vollstreckungsmaßnahme in das bezeichnete Zugriffsobjekt scheitert, etwa weil keine pfändbaren Sachen beim Schuldner auffindbar sind, die Forderung unpfändbar oder das zu verwertende Grundstück bereits übermäßig belastet ist etc. Eine Fortsetzung der Vollstreckung setzt dann regelmäßig einen **erneuten** Antrag voraus. Durch geschickte Antragstellung lassen sich derartige Probleme freilich minimieren (→ Rn. 153).

II. Zuständigkeit

Lit.: Brox/Walker Rn. 18; Lippross § 2.

64 Der Antrag muss bei dem zuständigen Vollstreckungsorgan gestellt werden. Zu unterscheiden ist die funktionelle, sachliche und örtliche Zuständigkeit. Soweit diese Zuständigkeiten im 8. Buch der ZPO definiert sind, handelt es sich gem. § 802 ZPO um **ausschließliche** Zuständigkeiten.

1. Funktionelle

Lit.: Lippross Rn. 26.

65 Welches von mehreren Rechtspflegeorganen eines Gerichts zuständig ist, bestimmt die funktionelle Zuständigkeit. Sie verteilt die verschiedenen Rechtspflegeaufgaben in ein und derselben Sache auf unterschiedliche Rechtsorgane. Es geht also um die Funktion, in welcher das Gericht tätig wird. In der Zwangsvollstreckung hängt die funktionelle Zuständigkeit davon ab, welche **Zwangsvollstreckungsmaßnahme** und damit welche **Vollstreckungsart** der Gläubiger im Vollstreckungsantrag begehrt (→ Rn. 12 ff., → Rn. 20 ff.); sie ist in den entsprechenden Vorschriften speziell geregelt.

Beispiel 3: Der Gläubiger hat einen titulierten Anspruch gegen den Schuldner auf Zahlung einer bestimmten Geldsumme. Stellt er an den Gerichtsvollzieher den Antrag, in das Grundstück des Schuldners zu vollstrecken, so ist dieser mangels Zuständigkeit unzulässig. Hierfür ist das Amtsgericht als Vollstreckungsgericht zuständig, sofern die Verwertung im Wege der Zwangsversteigerung erfolgen soll, §§ 866 I, 869 ZPO iVm § 1 I ZVG. Soll hingegen eine Zwangshypothek in das Grundbuch eingetragen werden, so ist das Grundbuchamt zuständig (§ 867 ZPO). Begehrt der Gläubiger Pfändung des Lohnes des Schuldners, so ist der Gerichtsvollzieher nach § 828 I ZPO ebenfalls unzuständig. Zuständig ist hier vielmehr das Vollstreckungsgericht. Möchte der Gläubiger schließlich seinen Titel durch Sachpfändung realisieren (zB durch Pfändung von Möbeln), so ist der Gerichtsvollzieher das zuständige Organ, §§ 808 I, 753 I ZPO.

---

[37] *Wieser* NJW 1988, 665 (668).

[38] *Brox/Walker* Rn. 213 mwN; Thomas/Putzo/*Seiler* § 753 Rn. 15.

Diese Beispiele zeigen, dass es Gründe der **Praktikabilität** sind, wonach das Gesetz den Vollstreckungsorganen die verschiedenen Vollstreckungsarten zuweist (→ Rn. 19 ff.). Im Einzelnen haben die verschiedenen Vollstreckungsorgane folgende funktionelle Zuständigkeiten:

a) Gerichtsvollzieher

Die ZPO geht von der **Regelkompetenz** des Gerichtsvollziehers aus, wie § 753 I ZPO klarstellt. Danach ist dieser grundsätzlich zuständig, sofern das Gesetz die Zwangsvollstreckung nicht den Gerichten zuweist. In § 802a II 1 ZPO werden die Regelbefugnisse des Gerichtsvollziehers aufgeführt.[39] Die Aufzählung ist allerdings nicht abschließend, wie die Vorschrift selbst klarstellt („unbeschadet weiterer Zuständigkeiten“). Der Gerichtsvollzieher ist funktionell zuständig für: 66

- die Ermittlung des Aufenthaltsortes des Schuldners (§ 755 ZPO);
- das Verfahren auf Abgabe der Vermögensauskunft (§§ 802a bis 802l, 807 ZPO) sowie weitere Maßnahmen der Sachaufklärung (§ 802a ZPO);
- die Zwangsvollstreckung wegen Geldforderungen in körperliche Sachen (§§ 808 bis 827 ZPO, → Rn. 216 ff.) einschließlich Wertpapieren (→ Rn. 221) sowie die Durchführung der Vorpfändung (§ 845 ZPO);
- die Zwangsvollstreckung wegen anderer als Geldforderungen zur Erwirkung der Herausgabe beweglicher (§§ 883 f. ZPO) und unbeweglicher Sachen (§ 885 ZPO);
- Hilfstätigkeiten für andere Vollstreckungsorgane (zB §§ 830 I 2, 836 III 2 bis 5 ZPO; § 150 II ZVG).

b) Vollstreckungsgericht

Dieses ist zuständig für: 67

- die Zwangsvollstreckung wegen Geldforderungen in Forderungen und andere Vermögensrechte (§§ 828 bis 863 ZPO, außer § 845 ZPO, → Rn. 329 ff.) ausschließlich Wertpapieren (→ Rn. 221);
- die Abnahme der eidesstattlichen Versicherung nach bürgerlichem Recht (§ 889 ZPO);
- die Zwangsverwaltung und -versteigerung, § 869 ZPO iVm ZVG;
- für Rechtsbehelfe nach § 766 ZPO und die Klage auf vorzugsweise Befriedigung nach Maßgabe des § 805 II ZPO.

c) Prozessgericht

Es ist zuständig für die Zwangsvollstreckung wegen anderer als Geldforderungen: 68

- zur Erwirkung vertretbarer (§ 887 ZPO) und unvertretbarer (§ 888 ZPO) Handlungen;
- zur Erzwingung von Duldungen und Unterlassungen (§ 890 ZPO);
- für die Fiktion der Abgabe einer Willenserklärung bei Rechtskraft einer entsprechenden Verurteilung (§ 894 ZPO).

Daneben ist das Prozessgericht für Klagen zur Geltendmachung materiellrechtlicher Einwendungen (Vollstreckungsgegenklage, § 767 ZPO; Titelgegenklage, § 767 I ZPO analog; Drittwiderspruchsklage, § 771 ZPO) zuständig.

---

[39] Dazu näher *Goebel* § 8.

d) Grundbuchamt

69 Es ist zuständig für die Eintragung von Zwangshypotheken bei der Zwangsvollstreckung wegen Geldforderungen in das unbewegliche Vermögen, § 867 ZPO, daneben für Hilfstätigkeiten für andere Vollstreckungsorgane.

Merke:

1. Organe der Zwangsvollstreckung sind der Gerichtsvollzieher sowie das Gericht als Vollstreckungsgericht, Prozessgericht oder Grundbuchamt.
2. Deren funktionelle Zuständigkeit hängt von der vom Gläubiger beantragten Art der Vollstreckung im Hinblick auf den zu vollstreckenden Anspruch und das Objekt der Vollstreckung ab.

2. Sachliche

70 Die sachliche Zuständigkeit betrifft die Frage nach der Eingangszuständigkeit mehrerer erstinstanzlicher Gerichte. Für die Zwangsvollstreckung spielt diese nur eine beschränkte Rolle, wenn es nämlich bei dem funktional zuständigen Gericht mehrere Eingangsinstanzen gibt. Das ist zum einen der Fall, wenn das **Prozessgericht** Vollstreckungsorgan ist oder für die Klagen nach §§ 767, 771 ZPO zuständig ist; nach den allgemeinen Regeln (§§ 23, 23a, 71 GVG) kann dies das AG oder das LG sein. Allerdings gibt es auch bei der Klage auf vorzugsweise Befriedigung gem. § 805 II ZPO eine gespaltene Eingangsinstanz: zuständig ist das **Vollstreckungsgericht**, sofern der Streitgegenstand nicht nach den allgemeinen Regeln zur Zuständigkeit der Landgerichte gehört.

3. Örtliche

71 Regelmäßig sind die Vollstreckungsorgane des Amtsgerichtsbezirks örtlich zuständig, in welchem die Vollstreckung durchgeführt werden soll, dh in welchem der Gegenstand der Vollstreckungsmaßnahme liegt: Für das **Vollstreckungsgericht** folgt dies grundsätzlich aus § 764 II ZPO; sa § 805 II ZPO.

72 Danach bestimmt sich auch die Zuständigkeit für Handlungen des **Gerichtsvollziehers**; das Nähere regeln §§ 16 bis 18 GVO.[40] Regelmäßig kommt es dabei auf den Wohnsitz des Schuldners an. Ist dieser unbekannt, kann der Gerichtsvollzieher ihn auf Antrag des Gläubigers nach § 755 ZPO ermitteln (→ Rn. 188). Örtlich zuständig hierfür ist der Gerichtsvollzieher am Ort der letzten bekannten Anschrift des Schuldners; ergibt sich aus der Aufenthaltsermittlung die Zuständigkeit eines anderen Gerichtsvollziehers, ist der Vollstreckungsvorgang an diesen von Amts wegen abzugeben.[41] Ist der Gerichtsvollzieher funktionell zuständig, so muss der Gläubiger den örtlich zuständigen Gerichtsvollzieher nicht selbst ermitteln, sondern kann sich mit seinem Antrag an die Geschäftsstelle des Amtsgerichts (Gerichtsvollzieherverteilerstelle) wenden, welche diesen an den örtlich zuständigen Gerichtsvollzieher weiterleitet, § 753 II ZPO.

73 Es können aber **Sonderregelungen** bestehen, wie zB für die Lohnpfändung nach § 828 II ZPO, für die als Vollstreckungsgericht das Amtsgericht örtlich zuständig ist,

---

[40] Bundeseinheitliche Neufassung der Gerichtsvollzieherordnung (GVO), von den einzelnen Landesjustizverwaltungen beschlossen, idF des Landes NRW abgedr. in Kindl/Meller-Hannich/Wolf.

[41] BT-Drs. 16/10069, 23.

in dessen Bezirk der Wohnsitz des Vollstreckungsschuldners liegt. Soweit das Prozessgericht Vollstreckungsorgan ist, bleibt die einmal begründete Zuständigkeit bestehen.

4. Rechtsfolgen bei Verstoß

Die im 8. Buch geregelten Zuständigkeiten sind **ausschließliche,** § 802 ZPO. Bei Verstößen ist zu differenzieren: 74

- Bei Verstößen gegen die **funktionelle Zuständigkeit** ist die Vollstreckungsmaßnahme regelmäßig **nichtig;**
- Verstöße gegen die **örtliche Zuständigkeit** haben lediglich die **Anfechtbarkeit** der Vollstreckungsmaßnahme gem. §§ 766, 793 ZPO zur Folge.

Lösung Fall 2 (→ Rn. 53):

Rechtsanwalt Runkel hat im Namen von Manuela einen Antrag an den Gerichtsvollzieher Gierig gem. § 753 ZPO gestellt. Da der Titel auf Geldzahlung lautet, ist jedenfalls nicht das Prozessgericht zuständig, so dass kein Anwaltszwang besteht; eine anwaltliche Vertretung durch Runkel ist freilich möglich. Die funktionelle Zuständigkeit des Gerichtsvollziehers hängt davon ab, welche Vollstreckungsmaßnahme begehrt wird. Der Inhalt und Umfang der Zwangsvollstreckung ergibt sich aus dem Urteil (Geldzahlung iHv 2.500 EUR). Mangels Bezeichnung des Vollstreckungsobjekts und wegen der Antragsstellung beim Gerichtsvollzieher ist davon auszugehen, dass eine Pfändung in bewegliche Sachen erfolgen soll; hierfür ist der Gerichtsvollzieher funktionell zuständig. Beim Vorliegen der übrigen Vollstreckungsvoraussetzungen hat Gierig daher zu vollstrecken. 75

B. Allgemeine Verfahrensvoraussetzungen

Lit.: Lippross § 4.

Auch für die Zwangsvollstreckung gelten die **allgemeinen Verfahrensvoraussetzungen** der ZPO. Unproblematisch davon ist die Rechtswegzuständigkeit, weil ein Vollstreckungstitel iSd §§ 704, 794 vorliegen muss. Bei einem Urteil als Vollstreckungstitel trifft dies meist auch auf die Partei- und Prozessfähigkeit zu, weil diese bei einem Sachurteil im Erkenntnisverfahren bereits inzident bejaht worden ist; treten jedoch später neue Umstände ein, die zu einer veränderten Beurteilung dieser Fähigkeiten Anlass geben, so hat das Vollstreckungsorgan deren Vorliegen selbständig zu prüfen.[42] 76

Stets zu prüfen ist dagegen das **Rechtsschutzbedürfnis.**[43] Wegen des Vollstreckungsanspruchs des Gläubigers gegen den Staat (→ Rn. 48) ist dieses bei Vorliegen eines Vollstreckungstitels regelmäßig zu bejahen. Aus § 803 II ZPO wird jedoch ein allgemeiner Rechtsgedanke abgeleitet, nach dem offensichtlich zwecklose Vollstreckungsmaßnahmen unzulässig sind. 77

---

[42] Dazu *Brox/Walker* Rn. 22 ff.
[43] Dazu *Brox/Walker* Rn. 28.

Beispiel 4: Der Gläubiger kann sein Befriedigungsziel durch die Vollstreckungsmaßnahme überhaupt nicht erreichen; diese wird nur als Druckmittel eingesetzt; der Gläubiger kann auch auf anderem Wege und billiger zu seinem Ziel gelangen.

78 Strittig ist, ob das Rechtsschutzbedürfnis bei der Vollstreckung wegen **Minimalforderungen** fehlt, bei denen die Vollstreckungskosten höher sind als die zu vollstreckende Forderung. Die einen lehnen hier das Bestehen eines Rechtsschutzbedürfnisses wegen Unverhältnismäßigkeit bzw. missbräuchlicher Rechtsausübung ab.[44] Überwiegend wird jedoch auch in diesen Fällen ein Rechtsschutzinteresse angenommen, und zwar unter Berufung auf den Vollstreckungsanspruch des Gläubigers und die Formalisierung des Zwangsvollstreckungsverfahrens. Es soll schließlich gerade keine erneute Prüfung materiellrechtlicher Aspekte stattfinden.[45]

C. Allgemeine Vollstreckungsvoraussetzungen

Lit.: Brox/Walker §§ 2 ff.; Lippross § 5.

79 Allgemeine Voraussetzungen jeder Zwangsvollstreckung sind Titel (§§ 704, 794), Klausel (§§ 724 bis 729) und Zustellung (§ 750).

I. Vollstreckungstitel

Lit.: Brox/Walker § 2 ff.; Lippross Rn. 55 ff.

Fall 3:

80 Wie **Fall 2** (→ Rn. 53). Als Gerichtsvollzieher Gierig bei Säumig ein antikes Gemälde pfänden möchte, wendet dieser ein, er habe der Manuela bereits gestern die 2.500 EUR überwiesen und legt einen Überweisungsbeleg vor. Hat Gierig von der Pfändung Abstand zu nehmen?

→ Rn. 83.

1. Allgemein

81 Wichtigste Voraussetzung der Zwangsvollstreckung ist ein **Vollstreckungstitel**. Das ist eine öffentliche Urkunde, aus der sich ergibt, dass der zu verwirklichende Anspruch vollstreckbar ist. Der Titel legt Inhalt und Umfang der Zwangsvollstreckung sowie die Parteien des Verfahrens fest.

82 Keine Voraussetzung der Zwangsvollstreckung ist das Bestehen des im Titel verbrieften Anspruches. Die materiellrechtliche Richtigkeit des Urteils wird nicht überprüft. Es genügt, dass der Anspruch im Titel **verbrieft** ist. Dies folgt aus dem **Grundsatz der Formalisierung** (→ Rn. 31 ff.). Solange der Titel besteht, bleibt die Zwangsvollstreckung aus ihm zulässig, selbst wenn der darin verbriefte Anspruch inzwischen erloschen ist, etwa durch Erfüllung. Das Nichtbestehen des Anspruches ist bei einem für vorläufig vollstreckbar erklärten Titel durch Rechtsmittel im Ausgangsverfahren,

---

[44] Vgl. LG Köln DGVZ 1991, 75; *Wieser* ZZP 100 (1987) 146 ff.

[45] Dazu MüKoZPO/*Heßler* § 753 Rn. 51 mwN; *Jauernig/Berger* § 1 Rn. 42; *Brox/Walker* Rn. 28; *Lippross* Rn. 54.

bei einem rechtskräftigen Titel mit der Vollstreckungsabwehrklage (§ 767 ZPO) geltend zu machen.

Lösung Fall 3 (→ Rn. 80):

Grundsätzlich sind zwar dem Schuldner materielle Einwendungen wegen des Formalisierungsgrundsatzes abgeschnitten. Nachträglich entstandene materielle Einwendungen können aber mit der Klage nach § 767 ZPO geltend gemacht werden. Da hierfür jedoch ein erneuter Prozess im Erkenntnisverfahren nötig ist, welcher ohne Einfluss auf den Fortgang der Vollstreckung ist (**keine Hemmungswirkung**), könnte die Vollstreckung inzwischen weitergehen. Daher sieht § 775 ZPO Tatbestände vor, in denen die Vollstreckung **von Amts wegen einzustellen** ist, ua wenn der Schuldner nach Erlass des Titels den Gläubiger befriedigt hat und dies dem Vollstreckungsorgan gegenüber nachweist, so indem er – wie Säumig in **Fall 3** – einen Überweisungsbeleg vorlegt, § 775 Nr. 5 ZPO (**Vollstreckungshindernisse** → Rn. 134 ff., → Rn. 140). Die Einstellung erfolgt aber nur, wenn die Erfüllung der titulierten Forderung vom Gläubiger nicht bestritten wird. 83

2. Endurteile

Lit.: Brox/Walker § 3; Lippross Rn. 56; Lüke § 60.

Fall 4:

Malermeister Müller hat sich in einem Vergleich vor dem Arbeitsgericht verpflichtet, an seinen ausgeschiedenen Gesellen Gustav noch einen Restlohn von 2.000 EUR zu zahlen. Gustav reicht bei der Geschäftsstelle des zuständigen Amtsgerichts Frankfurt unter Vorlage einer vollstreckbaren Ausfertigung des Vergleiches einen Antrag auf Pfändung in bewegliche Sachen des Müller wegen der Forderung von 2.000 EUR brutto ein. Ist diesem Antrag zu folgen? 84

→ Rn. 91, 139.

a) Begriff

Bedeutsamster Vollstreckungstitel ist das Endurteil. § 704 ZPO nimmt es als gesetzlichen Ausgangspunkt für das Vollstreckungsrecht. Die für das Urteil aufgestellten Regelungen gelten für die in § 794 ZPO aufgeführten sonstigen Vollstreckungstitel nach Maßgabe des § 795 ZPO entsprechend (bitte lesen!). 85

Endurteile iSd § 704 ZPO sind solche, die die Instanz, in welcher der Prozess schwebt, ganz oder zum Teil (Teilurteil, § 301 ZPO) beenden, einschl. Versäumnis- (§§ 330 f. ZPO) und Anerkenntnisurteil (§ 307 ZPO). Gleichgestellt sind Vorbehaltsurteile (§§ 302 III, 599 III ZPO).

b) Vollstreckungsfähige Urteile

Lit.: Brox/Walker Rn. 47 ff.; Lippross Rn. 60 ff.

aa) Vollstreckbarkeit

Zunächst muss das Urteil seinem **Inhalte** nach vollstreckbar sein; das ist der Fall bei **Leistungsurteilen** incl. Duldungsurteilen (zB der Zwangsvollstreckung in ein 86

Grundstück, → Rn. 435, allgemein dazu → Rn. 3, → Rn. 12). Nicht vollstreckbar ieS ist jedoch die Verurteilung zur Erbringung von Diensten aus einem Dienstverhältnis, § 888 III ZPO (bitte lesen!), da hier zu einer nicht vertretbaren Handlung verurteilt wird. Andere Urteile, deren Hauptsacheentscheidung nicht vollstreckungsfähig ist, wie Feststellungs- und Gestaltungsurteile, sowie jedes klageabweisende Urteil, sind jedenfalls hinsichtlich der **Kostenentscheidung** vollstreckbar (§§ 103 ff., 794 I Nr. 2 ZPO) und können Grundlage für weitere Verfahrensakte sein, zB nach § 775 Nr. 1 f., § 776 ZPO.

87 **Vollstreckungsfähig** sind gem. § 704 ZPO **rechtskräftige** Endurteile und solche, die für **vorläufig vollstreckbar** erklärt wurden. Die Vollstreckbarkeit kann also nicht mit der formellen Rechtskraft gleichgesetzt werden. Letztere tritt ein, wenn gerichtliche Entscheidungen nicht mehr mit Rechtsmitteln angegriffen werden können, dh wenn die Rechtsmittelfrist abgelaufen ist oder die Parteien einen Rechtsmittelverzicht erklärt haben.

bb) Bestimmtheit des Titels

88 Weitere wichtige Voraussetzung ist, dass die Parteien des Verfahrens sowie der Inhalt und Umfang der Vollstreckung in dem Titel hinreichend bestimmt sind.

89 **Partei** ist nur, wer im Titel benannt wird. Bei Kaufleuten kann auch statt des Namens die Firma benannt sein, § 17 II HGB. Die Vollstreckung darf nur beginnen, wenn die Parteien eindeutig feststehen, also in Titel und Klausel namentlich benannt sind, § 750 ZPO. Ist dies nicht der Fall, so ist der Titel nicht vollstreckungsfähig.

90 **Inhalt und Umfang** der Vollstreckung müssen sich mit hinreichender Bestimmtheit aus dem Titel ergeben oder **hinreichend bestimmbar** sein. Der Titel muss diesbezüglich so bestimmt sein, dass das Vollstreckungsorgan allein auf dieser Grundlage die Vollstreckung betreiben kann, ohne Gerichtsakten oder sonstige, außerhalb des Urteils liegende Urkunden hinzuziehen zu müssen.[46] Notfalls hat das Vollstreckungsorgan den Titel **auszulegen**, ausgehend vom Tenor; ist dieser nicht aussagekräftig genug, sind der Tatbestand und die Entscheidungsgründe zur Hilfe zu nehmen (vgl. → Rn. 559).[47]

Beispiel 5: Nicht hinreichend bestimmt und damit nicht vollstreckungsfähig ist die Verurteilung zu Schadensersatz in einer vom Sachverständigen zu bestimmenden Höhe sowie die Verurteilung zur Herausgabe einer Zahnarztpraxis. **Hinreichend bestimmt** ist hingegen die Verurteilung zur Zahlung einer Rente in Höhe der Grundvergütung eines Bundesbeamten einer bestimmten Besoldungsgruppe, weil hier die Geldsumme zwar im Titel nicht hinreichend bezeichnet, aber mit Hilfe offenkundiger Umstände berechenbar ist;[48] oder die Verpflichtung zur Zahlung einer in ihrer Höhe von der Entwicklung des vom statistischen Bundesamt festgestellten Preisindexes für die Lebenshaltungskosten aller privaten Haushalte abhängigen Rente.[49]

Notfalls kann der Gläubiger auf Feststellung des Leistungsinhalts klagen. Bei verbleibender Unklarheit ist das Urteil nicht vollstreckungsfähig und der Vollstreckungsantrag unzulässig.

Lösung Fall 4 (→ Rn. 84):

91 Ein arbeitsgerichtlicher Vergleich ist ein Titel iSd §§ 794 I Nr. 1, 795 ZPO. Es liegt auch ein ordnungsgemäßer Antrag des Gläubigers Gustav vor, der über die Ge-

[46] BGH NJW 1986, 1440.
[47] BGHZ 122, 16 = NJW 1993, 1801 (1802).
[48] Vgl. BGH NJW 1995, 1162.
[49] BGH FamRZ 2005, 437.

schäftsstelle an den funktionell zuständigen Gerichtsvollzieher (§ 803 iVm § 753 II ZPO) zu leiten ist. Die Parteien und der Inhalt der Vollstreckung (Zahlung einer Geldsumme) sind bestimmt. Fraglich ist aber der Umfang der Vollstreckung (brutto) wegen eventueller vom Arbeitgeber und Schuldner bereits entrichteter Steuer- und Sozialabgaben. Die hM[50] bejaht die Vollstreckbarkeit solcher Titel, deren Auslegung ergibt, dass zum vollen angegebenen Betrag verurteilt ist. Hat der Arbeitgeber für den ausgeurteilten Betrag bereits Abgaben entrichtet, liegt ein Vollstreckungshindernis (→ Rn. 134 ff.) vor. Er kann insoweit die Einstellung der Zwangsvollstreckung gem. § 775 Nr. 4 oder 5 ZPO durch Vorlage der entsprechenden Belege erwirken. Gustav müsste dann seinen Vollstreckungsantrag umstellen. Hier müsste der Gerichtsvollzieher also die Zwangsvollstreckung wegen der titulierten Forderung von 2.000 EUR bei Müller betreiben, sofern dieser nicht die hierauf erfolgte Zahlung von Abgaben nachweist.

c) Vorläufige Vollstreckbarkeit

Lit.: Brox/Walker Rn. 53 ff.; Deubner JuS 2004, 31 ff.; König JuS 2004, 119 ff.

aa) Hintergrund

Die Zulassung der Zwangsvollstreckung **vor Eintritt der Rechtskraft** bei einem für vorläufig vollstreckbar erklärten Urteil erscheint zunächst befremdlich, da der Titel als Grundlage der Zwangsvollstreckung ja noch aufgehoben werden kann. Würde man eine Vollstreckung aus vorläufig vollstreckbaren Urteilen ausschließen, so könnte dies den Schuldner dazu verleiten, **leichtfertig** sogar unbegründete **Rechtsmittel** einzulegen, um den Eintritt der Rechtskraft und damit die Vollstreckbarkeit hinauszögern. Dieser Anreiz soll ihm durch die Zulassung der vorläufigen Vollstreckbarkeit genommen werden. Darüber hinaus soll dadurch eine **Verfahrenskonzentration** in dem Sinne erreicht werden, dass der Schuldner alle Verteidigungsmittel möglichst in einer Instanz vorbringen soll. Dieses Ziel wird allerdings wohl stärker dadurch bewirkt, dass in der Berufungsinstanz gem. §§ 513 I, 529 ZPO neue Tatsachen nur noch eingeschränkt vorgetragen werden können. 92

Die vorläufige Vollstreckung schützt das **Zugriffsinteresse des Gläubigers** auf Kosten des Schuldners. Dadurch wird das **Schuldnerinteresse gefährdet**: Das Urteil, auf dessen Grundlage die Zwangsvollstreckung erfolgt, kann schließlich noch aufgehoben werden. Hat aber die Vollstreckung inzwischen stattgefunden, so erleidet der Schuldner dadurch Schäden. Aus diesem Grunde findet die vorläufige Vollstreckung auf **Risiko des Gläubigers** statt: Nach dem gesetzlichen Regelfall des § 709 ZPO hat der Gläubiger dem Schuldner **Sicherheit zu leisten** für den Fall, dass die Vollstreckung sich später als ungerechtfertigt erweist, weil der Vollstreckungstitel nach der Vollstreckung aufgehoben oder abgeändert wird. Für diesen Fall stehen dem Schuldner nämlich gem. § 717 II, III ZPO Ersatzansprüche gegen den Gläubiger zu, welche verschuldensunabhängig ausgestaltet sind. Der Schuldner wird des Weiteren dadurch geschützt, dass die Vollstreckung in den Fällen des § 709 ZPO grundsätzlich nicht beginnen darf, bevor der Gläubiger die gebotene Sicherheit geleistet hat (§ 751 II ZPO; Ausnahmen hiervon nach § 710 ZPO und § 720a ZPO). 93

Ohne Sicherheitsleistung kann der Gläubiger jedoch vorläufig vollstrecken, wenn einer der im Katalog des § 708 ZPO geregelten Sachverhalte vorliegt (lies zB § 708 Nr. 11 ZPO). 94

---

[50] BAG NJW 1985, 646; MüKoZPO/*Becker-Eberhard* § 253 Rn. 102 f.; Musielak/*Foerste* § 253 Rn. 30; *Gaul/Schilken/Becker-Eberhard* § 10 Rn. 28.

95 Die Entscheidung über die vorläufige Vollstreckbarkeit kann durch Anträge der Parteien nach §§ 710 bis 712 ZPO jeweils zu ihren Gunsten **modifiziert** werden: So kann der Schuldner in den Fällen der § 708 Nr. 4 bis 11 ZPO die Vollstreckung seinerseits durch Sicherheitsleistung abwenden, der Gläubiger umgekehrt die Befreiung von der sonst nach § 709 ZPO erforderlichen Sicherheitsleistung beantragen. Darüber hinaus kann der Schuldner durch einen Antrag nach § 712 ZPO die Vollstreckung abwenden, wenn ihm sonst ein nicht zu ersetzender Nachteil droht, ohne Rücksicht auf eine etwaige Sicherheitsleistung des Gläubigers (selten).

bb) Anordnung

96 Eine Anordnung der vorläufigen Vollstreckbarkeit findet grundsätzlich nur bei **Urteilen** statt. Demgegenüber sind die Urteile, die einen Arrest oder eine einstweilige Verfügung anordnen oder bestätigen,[51] sowie diejenigen der Arbeitsgerichte (§ 62 ArbGG) kraft Gesetzes und damit ohne besondere Anordnung vorläufig vollstreckbar. Ebenfalls regelmäßig ohne weiteres vollstreckbar sind die **sonstigen Vollstreckungstitel** iSd § 794. Ausnahmen hiervon sind Schieds- (§ 794 I Nr. 4a ZPO) und Anwaltsvergleiche (§ 796a bis 796c ZPO).

Soweit eine Anordnung der vorläufigen Vollstreckbarkeit nötig ist, erfolgt sie **von Amts wegen** durch besonderen Ausspruch im Urteil; sie ergeht gem. §§ 708 bis 711 ZPO entweder **gegen** oder **ohne** Sicherheitsleistung. Im **Tenor** heißt es dann:

Das Urteil ist (gegen Sicherheitsleistung iHv ...) vorläufig vollstreckbar.

Trotz der systematischen Stellung der Vorschriften zur vorläufigen Vollstreckbarkeit im 8. Buch (§§ 708 ff. ZPO) handelt es sich um einen **Teil des Erkenntnisverfahrens**, da die Anordnung in dem das Erkenntnisverfahren abschließenden Urteil erfolgt.

cc) Vollstreckungswirkung

97 Die Vollstreckungswirkung tritt grundsätzlich in gleicher Weise ein wie bei der Vollstreckung aus einem rechtskräftigen Urteil: Sie führt zur **Befriedigung** des Gläubigers. Bis zum Eintritt der Rechtskraft des Urteils ist diese aber nur vorläufig. Das bedeutet, dass die materiellrechtliche, titulierte Forderung bis dahin bestehen bleibt: Der Gläubiger hat den Vollstreckungsgegenstand bis dahin sicherungshalber und aufschiebend bedingt durch die Rechtskraft des Titels (→ Rn. 191) erfüllungshalber inne.

Die Einlegung von Rechtsmitteln gegen ein für vorläufig vollstreckbar erklärtes Urteil beseitigt dessen Vollstreckbarkeit nicht, da dadurch gerade Verzögerungen der Vollstreckung durch Rechtsmitteleinlegung entgegengewirkt werden soll. Auf Antrag des Gläubigers oder des Schuldners kann das Rechtsmittelgericht aber einstweilige Anordnungen zur Erleichterung oder Erschwerung der Zwangsvollstreckung treffen. Am wichtigsten ist in diesem Stadium die **einstweilige Einstellung** der Zwangsvollstreckung auf Antrag des Schuldners gegen oder ohne Sicherheitsleistung, §§ 719 iVm 707 ZPO (bitte lesen!).[52]

---

[51] Dies folgt aus § 929 I ZPO, wonach der Arrestbefehl grundsätzlich keiner Vollstreckungsklausel bedarf, was wegen § 936 ZPO für die einstweilige Verfügung entsprechend gilt, Zöller/*Vollkommer* § 929 Rn. 1 mwN.

[52] Zur Zulässigkeit der Vollstreckungseinstellung im Revisionsverfahren auch ohne Sicherheitsleistung s. BGH NJW 2010, 1081.

dd) Ende der vorläufigen Vollstreckbarkeit

Mit Eintritt der Rechtskraft des Urteils entfallen die Vorläufigkeit der Vollstreckbarkeit und damit alle Beschränkungen, welche mit der Vorläufigkeit verbunden sind; erbrachte Sicherheitsleistungen sind gem. § 715 ZPO zurückzugeben. In Bezug auf Urteile wird dies in § 717 I ZPO gesondert angeordnet. 98

3. Ausländische Urteile

Lit.: Brox/Walker Rn. 50 ff.; Lippross Rn. 59.

a) Autonomes Recht

Ausländische Urteile sind keine Titel iSd § 704 ZPO, da sie wegen des **Territorialitätsgrundsatzes** nur im Urteilsstaat wirken. Ihre Wirkung erstreckt sich aber auch auf das Inland, wenn und soweit der deutsche Gesetzgeber dies zulässt. Die Anerkennung erfolgt nach § 328 ZPO grundsätzlich inzident oder durch Feststellungsurteil; es ist kein förmliches Verfahren hierfür vorgesehen. 99

Etwas anderes gilt für die Anerkennung ausländischer Entscheidungen in Ehesachen, für die § 107 FamFG ein förmliches Verfahren vorschreibt.

Für die Vollstreckung ist aber eine Klage des Gläubigers gegen den Schuldner vor einem deutschem Gericht nötig mit dem Antrag, das ausländische Urteil für vollstreckbar zu erklären (**Erlass eines Vollstreckungsurteils**), §§ 722 f. ZPO. Es handelt sich um das sog **Exequaturverfahren**. Streitgegenstand ist nicht der Inhalt des ausländischen Urteils, sondern die Zulässigkeit der Vollstreckung hieraus im Inland. Dieses Verfahren ist umständlich und zeitaufwendig.

b) Vorrang von Staatsverträgen und Europarecht

Die Bedeutung des autonomen deutschen Anerkennungs- und Vollstreckungsrechts wird zunehmend zurückgedrängt, da auf europäischer Ebene unmittelbar geltende Verordnungen auf diesem Gebiet bestehen. Für die Praxis besonders bedeutsam sind die Verordnung (EG) Nr. 44/2001 über die gerichtliche Zuständigkeit und die Anerkennung und Vollstreckung von Entscheidungen in Zivil- und Handelssachen (**EuGVO**)[53] und die Verordnung (EG) Nr. 2201/2003 über die Zuständigkeit und die Anerkennung und Vollstreckung von Entscheidungen in Ehesachen und in Verfahren betreffend die elterliche Verantwortung (**EuEheGVO**)[54]. Von diesen Verordnungen erfasste Titel können in einem erleichterten Verfahren im Inland für vollstreckbar erklärt werden. Einen Schritt weiter gehen drei europäische Verordnungen, welche die Vollstreckung aus einer Entscheidung eines mitgliedsstaatlichen Gerichts in einem anderen Mitgliedsstaat ohne Verfahren der Vollstreckbarerklärung im Vollstreckungsstaat ermöglichen. Das sind die Verordnung (EU) Nr. 805/2004 zur Einführung eines europäischen Vollstreckungstitels (**EuVTVO**)[55], die Verordnung (EG) Nr. 1896/2006 zur Einführung eines europäischen Mahnverfahrens (**EuMVVO**)[56] und die Verordnung (EG) Nr. 861/2007 zur Einführung eines europäischen Verfahrens für geringfügige Forderungen (**EuGFVO**)[57]. Schließlich wird ab 10.1.2015 die Neufassung der EuGVO (Verordnung 1215/2010) gelten, nach der ebenfalls keine Vollstreckbarerklärung erforderlich sein wird. 100

---

[53] *Jayme/Hausmann* Tz. 160.
[54] *Jayme/Hausmann* Tz. 162.
[55] *Jayme/Hausmann* Tz. 184.
[56] *Jayme/Hausmann* Tz. 185.
[57] *Jayme/Hausmann* Tz. 186.

Außerdem gibt es bilaterale Anerkennungs- und Vollstreckungsverträge sowie Regeln in Spezialverträgen, zB dem Haager Übereinkommen über die Anerkennung und Vollstreckung von Unterhaltsentscheidungen v. 2.10.1973.[58]

4. Sonstige Vollstreckungstitel

Lit.: Brox/Walker § 4; Lippross Rn. 57 f.; Lüke § 61.

101 Diese sind teils in der ZPO, teils in anderen Gesetzen geregelt.

a) Prozessvergleich, § 794 I Nr. 1 ZPO

102 Der Prozessvergleich, der aufgrund seiner Doppelnatur sowohl materiellrechtlicher Vergleich iSd § 779 BGB als auch Prozesshandlung ist, hat eine große praktische Bedeutung. Für die Parteien ist er gerade deshalb attraktiv, weil er gem. § 794 I Nr. 1 ZPO Vollstreckungstitel ist, während aus einem außergerichtlichen Vergleich grundsätzlich geklagt werden muss, um dann aus dem stattgebenden Urteil zu vollstrecken. Etwas anderes gilt für den für vollstreckbar erklärten Anwaltsvergleich.

b) Für vollstreckbar erklärter Anwaltsvergleich, § 796a ZPO

103 Ein Anwaltsvergleich kann auch ohne vorherige Klage hieraus nach Maßgabe des § 796a ZPO für vorläufig vollstreckbar erklärt werden, doch muss sich der Schuldner darin der sofortigen Zwangsvollstreckung unterworfen haben und der Vergleich bei einem Amtsgericht niedergelegt worden sein. Die Vollstreckbarerklärung kann durch das Prozessgericht (§ 796b ZPO) oder einen Notar (§ 796c ZPO) erfolgen. Der Beschluss, welcher den Anwaltsvergleich für vollstreckbar erklärt, stellt dann einen Vollstreckungstitel nach § 794 I Nr. 4b ZPO dar.

c) Vollstreckbare Urkunde, § 794 I Nr. 5 ZPO

104 Der Schuldner kann sich in einer vollstreckbaren Urkunde der sofortigen Vollstreckung unterwerfen. Derartige Urkunden mit **Unterwerfungserklärung** sind ebenfalls von großer praktischer Bedeutung und für den Gläubiger sehr vorteilhaft, denn sie ermöglichen die Vollstreckung ohne vorgängigen Prozess und Urteil. Zur Sicherheit des Schuldners ist aber eine Klausel nötig, die durch das Gericht (§ 797 I, III ZPO) oder einen Notar (§ 797 II ZPO iVm § 52 BeurkG) erteilt werden muss.

Für die Vollstreckung in bestimmte Sondervermögen kann die Urkunde nach Maßgabe des § 794 II ZPO auf Duldung der Zwangsvollstreckung lauten.

Voraussetzungen sind:

- die gerichtliche oder notarielle Urkunde muss einen vollstreckbaren Anspruch beinhalten, also auf Leistung gerichtet sein;
- sie muss die Unterwerfungserklärung des Schuldners unter die sofortige Vollstreckung enthalten und
- die Klausel muss von dem Notar oder Gericht erteilt werden.

Vollstreckbare Urkunden können nicht auf die Abgabe von Willenserklärungen gerichtet sein, denn der Schuldner könnte diese schließlich selbst abgeben; sie dürfen auch keine Räumungsansprüche etc bei Mietwohnraum beinhalten.

---

[58] BGBl. 1986 II 825, elektronisch verfügbar unter http://www.datenbanken.justiz.nrw.de/ir_htm/unterhalt_02101973.html (Stand: 23.2.2014).

d) Gerichtliche Entscheidungen

Vollstreckbar sind auch: 105

- **Kostenfestsetzungsbeschlüsse**, § 794 I Nr. 2 iVm §§ 103 ff. ZPO. Im Kostenfestsetzungsverfahren wird der prozessuale Kostenerstattungsanspruch festgesetzt. Sa §§ 795a und 798 ZPO.
- Entscheidungen, welche grundsätzlich mit der Beschwerde gem. § 567 ZPO anfechtbar sind, unabhängig davon, ob sie tatsächlich angefochten wurden, § 794 I Nr. 3 ZPO, sofern sie einen vollstreckungsfähigen Inhalt haben.
- **Vollstreckungsbescheide,** die im Mahnverfahren ergehen, § 794 I Nr. 4 iVm § 699 ZPO und die nicht mit dem Einspruch angefochten worden sind.
- **Schiedssprüche und Schiedsvergleiche**, wenn diese durch Entscheidung eines staatlichen Gerichts für vollstreckbar erklärt worden sind; die Entscheidung stellt den Vollstreckungstitel dar, § 794 I Nr. 4a ZPO.
- **Anwaltsvergleiche**, die nach §§ 794 I Nr. 4b, 796a, 796b oder 796c ZPO für vollstreckbar erklärt worden sind (→ Rn. 103).
- **Europäische Zahlungsbefehle**, die nach Art. 18 Verordnung (EG) Nr. 1896/2006 für vollstreckbar erklärt worden sind, § 794 I Nr. 6 ZPO; sie sind in allen Mitgliedsstaaten der EU, außer Dänemark, ohne ein weiteres Verfahren vollstreckbar.
- Gerichtliche Beschlüsse nach dem **FamFG**, § 86 I Nr. 1 FamFG, sowie gerichtlich gebilligte Vergleiche nach § 156 II FamFG, § 86 I Nr. 2 FamFG.
- **Arrestbefehle** und **einstweilige Verfügungen**, § 929 bzw. § 936 ZPO (→ Rn. 96).

e) Titel außerhalb der ZPO

Lit.: Brox/Walker Rn. 99 f.

Vollstreckungstitel sind zB auch der Auszug aus der Insolvenztabelle, § 201 InsO, der rechtskräftig bestätigte Insolvenzplan, § 257 InsO und der Zuschlag in der Zwangsversteigerung, §§ 93, 132, 162, 180 I ZVG. 106

Zusammenfassung:

1. Wichtigster Vollstreckungstitel ist das rechtskräftige oder für vorläufig vollstreckbar erklärte Endurteil, § 704 ZPO. Weitere Vollstreckungstitel in § 794 ZPO.
2. Im Zugriffsinteresse des Gläubigers vorläufige Vollstreckung aus Endurteilen zugelassen, zum Schutz des Schuldners im Regelfall nur gegen Sicherheitsleistung (§ 709 ZPO), zudem Ersatzansprüche bei ungerechtfertigter Vollstreckung, § 717 ZPO.

II. Vollstreckungsklausel

Lit.: Brox/Walker §§ 5 ff.; Lippross Rn. 66 ff.

1. Begriff, Erforderlichkeit und Funktion

a) Begriff

Die Vollstreckungsklausel ist das amtliche Zeugnis darüber, dass der Titel vollstreckbar ist. Da die Urschrift des Urteils oder sonstigen Titels bei dem Gericht oder Notar verbleibt, benötigt der Gläubiger eine **Ausfertigung** des Titels. Es handelt sich um eine amtliche Abschrift, welche im Rechtsverkehr die Urschrift vertritt (vgl. § 47 107

BeurkG) und die mit der Klausel versehen ist. Der Wortlaut der Klausel ist in § 725 ZPO festgelegt (bitte lesen!).

b) Erforderlichkeit

108 Die Klausel ist regelmäßig unentbehrliche Voraussetzung der Vollstreckung. Ohne Klausel ist ein Vollstreckungsantrag grundsätzlich unzulässig. Erfolgt die Vollstreckung dennoch, so ist sie zwar wirksam, aber mit der Erinnerung nach § 766 ZPO angreifbar; es entsteht jedoch kein Pfändungspfandrecht (→ Rn. 273 ff.).

109 **Entbehrlich** ist sie beim Kostenfestsetzungsbeschluss, der auf das Urteil gesetzt ist (§ 795a ZPO), beim Vollstreckungsbescheid (§ 796 I ZPO), bei Arrestbefehlen und einstweiligen Verfügungen (§§ 929, 936 ZPO) wegen des besonderen Eilbedürfnisses, sofern nicht gegen andere als im Titel bezeichnete Personen vollstreckt werden soll. Vollstreckungstitel nach dem FamFG bedürfen der Vollstreckungsklausel nur dann, wenn die Vollstreckung nicht durch das Gericht erfolgt, das den Titel erlassen hat, § 86 III FamFG.

c) Funktion

110 Die Klausel stellt zunächst eine **Arbeitserleichterung** für das **Vollstreckungsorgan** dar, da dieses die Wirksamkeit und Vollstreckbarkeit des Titels nicht mehr nachzuprüfen braucht und auch nicht darf, da es an die Klausel gebunden ist. Liegen die sonstigen Voraussetzungen der Vollstreckung vor, ist das Vollstreckungsorgan auf Grund der Klausel verpflichtet, die beantragte Vollstreckungsmaßnahme zu treffen. Es hat jedoch eine selbständige **Prüfungskompetenz**, ob der Titel vollstreckungsfähig ist (→ Rn. 86 ff.). Seiner Nachprüfung unterliegt es, ob eine Klausel vorhanden ist und ob sie ordnungsgemäß erteilt wurde, nicht hingegen, ob sie erteilt werden durfte. Insb. kann das Vollstreckungsorgan nicht die Wirksamkeit der Klausel am Inhalt des Titels messen oder die Abgrenzung vornehmen, ob ein unbedingt (§ 725 ZPO) oder nur bedingt (§ 726 ZPO) vollstreckbarer Titel vorliegt. Diese Fragen können allein mit den Klauselrechtsbehelfen geltend gemacht und von dem hierfür zuständigen Organ geprüft werden (→ Rn. 114).[59]

Die Klausel dient des Weiteren dem **Schuldnerschutz**. Die Prüfung der Wirksamkeit und Vollstreckbarkeit des Titels erfolgt durch ein kompetentes Organ. Der Schuldner kann an den Gerichtsvollzieher, der durch den Besitz der vollstreckbaren Ausfertigung legitimiert ist, mit befreiender Wirkung leisten, § 754 II ZPO (→ Rn. 191).

Außerdem wird eine **mehrfache Vollstreckung** aus einem Titel **vermieden**, da das für die Klauselerteilung zuständige Organ idR nur eine einzige erteilen wird. Ausnahmsweise ist eine Mehrfacherteilung bei entsprechendem Rechtsschutzbedürfnis möglich (zB bei Gesamtschuldnern); dies ist jedoch ausdrücklich auf der Ausfertigung zu vermerken, § 733 ZPO.

2. Erteilungsverfahren

111 Das Klauselerteilungsverfahren ist eine Folge der Trennung von Erkenntnis- und Vollstreckungsverfahren. Es gehört nicht zum Vollstreckungsverfahren, vielmehr handelt es sich um ein **eigenständiges Verfahren** mit eigener Zuständigkeitsordnung und eigenen Rechtsbehelfen. Es stellt die **Brücke** zwischen Erkenntnis- und Vollstreckungsverfahren dar. Die Erteilung einer Klausel setzt stets einen Antrag voraus.

---

[59] BGH NJW-RR 2012, 1146 Rn. 15; NJW-RR 2012, 1148 Rn. 12.

Erkenntnisverf. → Klauselerteilungsverf. → Vollstreckungsverf
Rechtsbehelf 511 · Rechtsbehelf 732 · Rechtsbehelf

Hinsichtlich der Zuständigkeit für die Klauselerteilung und der hiergegen statthaften Rechtsbehelfe ist hingegen nach der Klauselart zu differenzieren.

3. Klauselarten

Das Gesetz unterscheidet zwischen dem Regelfall der **einfachen** Klausel und den Tatbeständen einer **qualifizierten** Klausel, bei denen der Titel gem. § 726 ZPO zu ergänzen oder nach §§ 727 bis 729 ZPO zu übertragen ist. 112

a) Einfache Klausel

Wirft die Erteilung keine größeren Probleme auf, weil weder eine bedingte Leistung für vollstreckbar erklärt (§ 726 ZPO) noch eine titelübertragende Klausel (§§ 727 ff. ZPO) nötig ist, so handelt es sich um eine einfache Klausel. Diese ist im Gesetz nicht eigens geregelt und hat rein **deklaratorischen Charakter**. 113

Zuständig zur Erteilung ist grundsätzlich der Urkundsbeamte der Geschäftsstelle, §§ 724 II, 795 ZPO; besondere Zuständigkeiten bestehen nach § 797 I bis III ZPO für Urkunden iSd § 794 I Nr. 5 ZPO (Gericht oder Notar) und § 797a IV ZPO.

Antrag
Anschein

Voraussetzungen der Klauselerteilung sind:

- ein formloser Antrag derjenigen Person, die aus dem Titel zur Vollstreckung berechtigt ist;
- ein nach dem äußeren Anschein formell wirksamer Titel, weil das Klauselerteilungsorgan wegen des Formalisierungsgrundsatzes keine eingehende Prüfung der Wirksamkeit des Titels vorzunehmen hat;[60]
- ein vollstreckungsfähiger Inhalt dieses Titels (hinreichend bestimmter Leistungstitel); sowie
- die **Vollstreckungsreife**, also bei einem Urteil als Titel dessen Rechtskraft oder vorläufige Vollstreckbarkeit.

Ob eine einfache oder qualifizierte Klausel zu erteilen ist, prüft das für die Klauselerteilung zuständige Organ, regelmäßig also der Urkundsbeamte der Geschäftsstelle des Prozessgerichts (§ 724 II ZPO), bei welcher der Antrag auf Klauselerteilung eingeht. Hierfür ist der Titel auszulegen. Gelangt der Urkundsbeamte zum objektiv falschen Ergebnis und erteilt er zu Unrecht eine einfache Vollstreckungsklausel, so handelt dann zwar das funktionell unzuständige Organ, nämlich der Urkundsbeamte anstelle des für die Erteilung einer qualifizierten Klausel zuständigen Rechtspflegers (→ Rn. 113, → Rn. 115). Es liegt aber ein materieller Fehler der Klauselerteilung vor, der nicht als so schwerwiegend anzusehen ist, dass die Klauselerteilung als unwirksam anzusehen wäre. Dieser Fehler ist mit der Klauselerinnerung nach § 732 ZPO angreifbar.[61] 114

b) Titelergänzende Klausel

Wenn die Zwangsvollstreckung aufgrund einer **Bedingung** oder **Befristung** vom Eintritt einer künftigen Tatsache abhängig ist, soll das Vollstreckungsorgan deren Eintritt nicht prüfen müssen. Daher erfolgt eine Klauselerteilung regelmäßig gem. § 726 ZPO erst, wenn der Gläubiger den von ihm zu beweisenden Bedingungseintritt nachweist. **Beispiel** ist ein Titel, wonach der beklagte Schuldner dazu verurteilt wird, den Werklohn nach Mängelbeseitigung und Abnahme zu zahlen. Es handelt sich um eine Klausel mit **konstitutivem** Charakter. 115

---

[60] StRspr BGH NJW-RR 2004, 1718 (1719); NJOZ 2005, 3298 (3299); NJW 2009, 1887 Rn. 13.

[61] BGH NJW-RR 2012, 1146 Rn. 12 ff.

Zuständig für die Klauselerteilung ist hier gem. § 20 I Nr. 12 RPflG der **Rechtspfleger**. Bei Unerweislichkeit des Bedingungseintritts kann der Gläubiger die Erteilung nur mit erfolgreicher Klage auf Klauselerteilung nach § 731 ZPO erreichen.

116 **Unnötig** ist aber eine solche Klausel für die folgenden einfachen Fälle, in denen der Bedingungseintritt durch das Vollstreckungsorgan als besondere Vollstreckungsvoraussetzung geprüft wird; es genügt dann eine einfache Klausel:

- wenn eine **Sicherheitsleistung** Bedingung der **vorläufigen** Vollstreckung ist, §§ 726 I, 751 II ZPO;
- bei Abhängigkeit von einem **bestimmten Kalendertag,** § 751 I ZPO;
- grundsätzlich bei der **Verurteilung zur Leistung Zug-um-Zug** wegen § 726 II ZPO e contrario. Die Nachweispflicht des § 726 II ZPO würde sonst im Regelfall zu einer Vorleistungspflicht des Gläubigers führen. Dieser kann daher zB für seinen titulierten Anspruch auf Kaufpreiszahlung eine Vollstreckungsklausel beantragen, selbst wenn er seinerseits noch nicht geleistet hat. Die Zug-um-Zug-Verurteilung ist aber gem. § 756 ZPO derart zu berücksichtigen, dass der Gerichtsvollzieher in dem Beispielsfall dem Schuldner die Kaufsache bei der Vollstreckung anbieten muss.

117 § 726 II ZPO enthält eine Sonderregelung für den Fall, dass der Schuldner eine Willenserklärung abzugeben hat. Ein besonders praxisrelevantes **Beispiel** hierfür ist die Verpflichtung des Verkäufers eines Grundstückes, die Auflassung zu erklären. Ist er zu dieser Erklärung Zug-um-Zug gegen Zahlung des Restkaufpreises verurteilt, so hat der Käufer als Gläubiger abweichend vom Regelfall zuerst nachzuweisen, dass er den Verkäufer befriedigt hat oder dieser sich im Annahmeverzug befindet. Ansonsten würde die Fiktion des § 894 S. 1 ZPO zu Ungunsten des Schuldners wirken, §§ 894 S. 2 iVm 726 II ZPO.

c) Titelübertragende (= titelumschreibende) Klausel

118 Wenn die Zulässigkeit der Zwangsvollstreckung für oder gegen andere Personen als die im Titel benannten ausgesprochen werden soll, muss eine titelübertragende Klausel gem. §§ 727 bis 729 ZPO erteilt werden. Es handelt sich um Fälle einer **Rechtsnachfolge**, die auf Gläubiger- oder Schuldnerseite erfolgen kann. Sie kann auf beiden Seiten als Gesamt- (zB durch Erbschaft) oder als Einzelrechtsnachfolge (zB durch Veräußerung der streitbefangenen Sache, §§ 265, 325 ZPO) eintreten. Die titelübertragende Klausel ist nötig, da es sonst eines erneuten Rechtsstreites zwischen dem einen Beteiligten und dem Rechtsnachfolger des anderen bedürfte, weil der vorhandene Titel nur zwischen den darin benannten Parteien zur Grundlage der Vollstreckung werden kann.

Beispiele: Gläubiger A beabsichtigt, aus einem auf Geldzahlung gerichteten Urteil gegen B die Pfändung in den GmbH-Anteil des B zu betreiben. Bevor er jedoch einen diesbezüglichen Antrag stellen kann, stirbt B. Dessen Alleinerbe ist C. A kann nicht allein aus dem Urteil gegen B die Vollstreckung gegen C betreiben, da C im Titel nicht erscheint und daher gegen ihn kein Titel vorliegt. A muss also noch die Umschreibung der Klausel gegen den C als Rechtsnachfolger des B nach § 727 ZPO beantragen.

Stirbt dagegen Gläubiger A vor der Vollstreckung aus dem Titel gegen B, so kann dessen Alleinerbe D nicht die Zwangsvollstreckung gegen B betreiben, da D nicht im Titel genannt wird. D muss daher eine titelübertragende Klausel für sich beantragen.

Die Klausel hat hier **konstitutive Wirkung**, da sie den neuen Gläubiger bzw. Schuldner der Zwangsvollstreckung benennt, der nicht im Titel aufgeführt ist. **Zuständig** für die Klauselerteilung ist wie im Falle der titelergänzenden Klausel gem. § 20 I Nr. 12 RPflG der **Rechtspfleger**.

Im praktisch wichtigsten Fall des § 727 ZPO wird die Klausel unter folgenden **Voraussetzungen** erteilt:

- Bei Urteilen muss die Rechtsnachfolge **nach Rechtshängigkeit** des Prozesses eingetreten sein, bei sonstigen Titeln kommt es auf den Zeitpunkt der Titelentstehung an.
- Der **Nachweis** der Rechtsnachfolge muss **durch öffentliche Urkunden** erbracht werden, sofern die Rechtsnachfolge nicht gerichtskundig ist, § 727 I ZPO. Bei der Nachfolge auf Gläubigerseite ist ein Nachweis meist leicht, zB durch Erbschein zu erbringen. Anders ist dies bei der Nachfolge auf Schuldnerseite: Hier genügt es, wenn der neue Schuldner die maßgeblichen Tatsachen bei seiner Anhörung (§ 730 ZPO) zugesteht. Tut er dies nicht und gelingt dem Gläubiger der Nachweis der Rechtsnachfolge auch nicht auf andere Weise, so muss der Gläubiger gem. § 731 ZPO auf Erteilung der Vollstreckungsklausel klagen.

4. Rechtsbehelfe

Lit.: Brox/Walker § 7; Lippross Rn. 85 ff.

Das Klauselerteilungsverfahren kennt seine eigenen Rechtsbehelfe. Es sind also nicht 119
die Rechtsbehelfe der Zwangsvollstreckung einschlägig. Diese im Klauselverfahren anzuwenden, wäre ein **schwerer Fehler**!

a) Des Gläubigers

Der Gläubiger kann sich folgender Rechtsbehelfe entweder bei Verweigerung der 120
Klauselerteilung oder bei Nachweisproblemen iRd §§ 726 ff. ZPO bedienen:

aa) Verweigerung der Klauselerteilung

Wird die Erteilung einer einfachen Klausel durch den Urkundsbeamten verweigert, 121
steht dem Gläubiger die **Erinnerung nach § 573 I ZPO** zur Verfügung. Mit ihr wird Abhilfe begehrt oder, wenn nicht abgeholfen wird, die Vorlage an den Richter. Gegen die Entscheidung des Richters ist dann die sofortige Beschwerde nach § 573 II ZPO möglich.

Bei der Verweigerung der Erteilung einer titelergänzenden oder übertragenden Klausel durch den Rechtspfleger muss hingegen sofortige Beschwerde gem. §§ 11 I RPflG iVm § 567 I ZPO eingelegt werden.

bb) Klage auf Klauselerteilung

Kann der Gläubiger den Urkundenbeweis bei beantragter titelergänzender oder 122
-übertragender Klausel gem. §§ 726 ff. ZPO nicht erbringen, so hat er **Klage gem.** § 731 ZPO auf Klauselerteilung gegen den Schuldner zu erheben. Der Schuldner kann sich mit Einwendungen gegen die Zulässigkeit der Vollstreckung und nach Maßgabe des § 767 II ZPO auch mit materiellen Einwendungen gegen den titulierten Anspruch selbst wehren; soweit er Einwendungen nicht vorbringt, werden sie durch ein stattgebendes Urteil präkludiert!

Wird der Klage stattgegeben, lautet der **Tenor**:

> Die Erteilung der Vollstreckungsklausel zum Urteil … des Klägers gegen den Beklagten ist zulässig.

Gegen die Klageabweisung ist die **Berufung nach** §§ 511 ff. ZPO statthaft.

b) Des Schuldners

123 Ist die Vollstreckungsklausel erteilt, stehen dem Schuldner zwei Rechtsbehelfe hiergegen zur Verfügung:

aa) Klauselerinnerung, § 732 ZPO

124 Bei Mängeln der Klauselerteilung kann der Schuldner oder der Rechtsnachfolger, gegen den die Klausel erteilt worden ist, Erinnerung nach § 732 ZPO einlegen.

Die Erinnerung muss **zulässig** sein. Hierfür ist zunächst ein Antrag des Schuldners an die zuständige Stelle erforderlich. Ausschließlich (§ 802 ZPO) zuständig ist bei Urteilen das Gericht, dessen Urkundsbeamter (einfache Klausel) oder Rechtspfleger (qualifizierte Klausel)[62] die Klausel erteilt hat (§ 732 I ZPO), bei vollstreckbaren Urkunden iSd § 794 I Nr. 5 ZPO die nach § 797 III ZPO zuständige Stelle, bei Vergleichen der Gütestelle das zuständige Gericht nach § 797a IV 3, I ZPO. Der Schuldner muss zudem ein Rechtsschutzbedürfnis haben; dieses fehlt, wenn die Klausel noch nicht erteilt, die Zulässigkeit ihrer Erteilung nach § 731 ZPO rechtskräftig festgestellt oder die Vollstreckung bereits beendet ist.

125 Problematisch kann die **Statthaftigkeit** der Klauselerinnerung werden. Es treten hier vielfältige Abgrenzungsprobleme zu vollstreckungsrechtlichen Rechtsbehelfen auf, welche diese Frage ziemlich kompliziert machen. Auf Grund zahlreicher BGH-Entscheidungen aus letzter Zeit können diese Abgrenzungsfragen **examensrelevant** werden.

126 Grundsätzlich können mit der Erinnerung nach § 732 ZPO nur **formelle Fehler der Klauselerteilung** gerügt werden.[63] Dies ist eine Folge des Formalisierungsgrundsatzes, der bereits im Klauselverfahren gilt (→ Rn. 31 ff.). Die Klauselerinnerung setzt das Klauselverfahren fort. Die Prüfung erfolgt daher nach denselben Vorschriften, welche die erteilende Stelle (Urkundsbeamter, Rechtspfleger, Notar) bei der Klauselerteilung zu beachten hatte. Bei der Erteilung ist zu prüfen, ob ein formell wirksamer Titel mit vollstreckungsfähigem Inhalt vorliegt. Soweit die formelle Unwirksamkeit des Titels geltend gemacht wird, kann es zu Überschneidungen mit der Titelgegenklage analog § 767 I ZPO kommen (→ Rn. 549 ff.).

Beispiele für rügefähige formelle Mängel sind:[64]

- inexistenter Titel, wenn zB das Urteil nicht wirksam geworden ist, weil ein VU entgegen § 310 III ZPO nicht wirksam zugestellt worden ist;[65]
- formell unwirksamer Titel, weil zB die notarielle Unterwerfungserklärung nicht vorgelesen, unterschrieben oder aus sonstigen Gründen nicht ordnungsgemäß nach §§ 9, 13, 13a BeurkG beurkundet wurde;[66] oder, weil bei Abgabe der Unterwerfungserklärung durch einen Bevollmächtigten die Vollmacht nicht in öffentlicher oder öffentlich beglaubigter Urkunde nachgewiesen wurde;[67]
- nicht vollstreckbarer Titel, weil zB das Endurteil weder rechtskräftig geworden noch für vorläufig vollstreckbar erklärt worden ist;

---

[62] Als besonderer Rechtsbehelf verdrängt die Klauselerinnerung nach § 732 ZPO die Rechtspflegererinnerung nach § 11 II RPflG.

[63] StRspr BGH NJW-RR 2004, 1718; NJOZ 2005, 3298 (3299); NJW 2009, 1887 Rn. 12.

[64] Näher dazu Stein/Jonas/*Münzberg* § 732 Rn. 2; Zöller/*Stöber* § 732 Rn. 5 ff., jeweils mit weiteren Beispielen.

[65] BGH NJW 2002, 1728 (1729).

[66] BGH NJW-RR 1987, 1149; bestätigend BGH NJW-RR 2004, 1718.

[67] BGH NJW-RR 2004, 1718 (1719).

- Unwirksamkeit des Titels, wenn die Person des Vollstreckungsgläubigers oder -schuldners nicht hinreichend bestimmbar ist;[68]
- erforderliche Urkunden iSd §§ 726 ff. ZPO nicht formgerecht vorgelegt worden sind (→ Rn. 128).

Erteilt das Klauselerteilungsorgan fälschlicherweise eine einfache anstelle einer an sich angezeigten qualifizierten Klausel, so liegt darin nach dem BGH zwar ein materieller Fehler der Klauselerteilung. Gleichwohl soll dieser mit der Klauselerinnerung angreifbar sein (→ Rn. 114).[69] Dies ist konsequent, weil die Frage, ob eine einfache oder eine qualifizierte Klausel zu erteilen war, vom Klauselerteilungsorgan bereits im Erteilungsverfahren zu prüfen war. Die Sachlage entspricht also derjenigen bei Geltendmachung formeller Mängel der Klauselerteilung.

Problematisch ist es, wenn der Schuldner **materiellrechtliche Einwendungen** geltend 127
machen möchte. Hier gilt es zu unterscheiden, ob diese sich gegen die Klauselerteilung oder den titulierten Anspruch selbst wenden:

Macht der Schuldner materielle Einwendungen gegen den **titulierten Anspruch** (zB Erfüllung, Aufrechnung) geltend, so scheidet eine Erinnerung nach § 732 ZPO aus, da hierfür ausschließlich die **Vollstreckungsgegenklage** nach § 767 ZPO statthaft ist (vgl. → Rn. 499, → Rn. 518). Freilich kann es zu einem Nebeneinander von Klauselerinnerung und Vollstreckungsgegenklage kommen, wenn der Schuldner die Zulässigkeit der Zwangsvollstreckung sowohl wegen materiellrechtlicher Einwendungen gegen den titulierten Anspruch als auch wegen formeller Mängel der Klauselerteilung angreift.

Rügt der Schuldner dagegen materiellrechtliche Mängel der **Klauselerteilung**, so ist 128
weiter zu differenzieren: Behauptet er, dass die materiellen Voraussetzungen für die Erteilung einer qualifizierten Klausel iSd §§ 726 bis 727 ZPO fehlen, so ist die **Klage gegen die Vollstreckungsklausel** aus § 768 ZPO (→ Rn. 131) einschlägig. Im Verfahren nach § 732 ZPO kann der Schuldner lediglich rügen, dass die bei Erteilung vorgelegten Nachweise (zB für den Bedingungseintritt nach § 726 I ZPO) den formellen Anforderungen nicht genügen oder den erforderlichen Nachweis nicht erbringen, weil sich die nachzuweisenden Tatsachen (zB der Bedingungseintritt) nicht hieraus ergeben.[70] Hat der Gläubiger indes den Nachweis der Tatsache durch öffentliche Urkunde erbracht, so kann der Schuldner einen Gegenbeweis nur durch Klage nach § 768 ZPO antreten.[71] Trotz des Verweises in § 768 ZPO auf § 732 ZPO kann der Schuldner beide Rechtsbehelfe nur dann nebeneinander einlegen, wenn er sich sowohl gegen formelle (§ 732 ZPO) als auch materielle Mängel der Klausel iSd § 768 ZPO wendet.

Wird hingegen nicht das Fehlen der besonderen Voraussetzungen für die Erteilung 129
einer qualifizierten Klausel behauptet, sondern die **Unwirksamkeit** des **Titels** aus materiellrechtlichen Gründen, so sieht die ZPO hierfür keinen ausdrücklichen Rechtsbehelf vor.[72] Auf Grund des Formalisierungsgrundsatzes sollen im Klauselverfahren komplexe materiellrechtliche Prüfungen vermieden werden.[73] Daher scheidet insoweit auch die Klauselerinnerung als Rechtsbehelf aus. Für solche Einwendungen hat die Rspr. vielmehr die **Titelgegenklage analog § 767 I ZPO** entwickelt (→ Rn. 549 ff.). Praktisch relevant wird dies vor allem bei Erteilung einer vollstreck-

---

[68] Zu ersterem BGH NJW-RR 2004, 1135 (1136); NJW 2010, 2041 Rn. 18; zu letzterem *Kaiser* NJW 2010, 2933 (2935).

[69] BGH NJW-RR 2012, 1146 Rn. 12 ff., 15.

[70] Zöller/*Stöber* § 732 Rn. 12.

[71] Missverständlich *Brox/Walker* Rn. 139.

[72] In diese Richtung auch BGH NJW 1994, 460 (461).

[73] StRspr BGH NJW-RR 2004, 1718 (1719); NJOZ 2005, 3298 (3299); NJW 2009, 1887 Rn. 13.

baren Ausfertigung einer **notariellen Urkunde mit Unterwerfungserklärung** iSd § 794 I Nr. 5 ZPO. Dem Notar kommt hier keine weitergehende Prüfungsbefugnis zu als einem Urkundsbeamten der Geschäftsstelle.[74] Daher kann der Schuldner nicht die Unwirksamkeit der notariellen Urkunde mit der Begründung einwenden, die Unterwerfungserklärung sei von einem Geschäftsbesorger erklärt worden, dessen Vollmacht aus materiellrechtlichen Gründen nichtig sei, wenn diese dem Notar durch entsprechende Urkunden nachgewiesen worden war.[75] Ebenso wenig kann ein Schuldner geltend machen, die notarielle Unterwerfungserklärung sei wegen Verstoßes gegen § 307 I BGB unwirksam.[76]

Ob bei **evidenten** materiellen Mängeln des Titels gleichwohl die Klauselerinnerung in Betracht kommt, wird teilweise befürwortet;[77] der BGH hat die Frage bislang offengelassen.[78]

130 **Begründet** ist die Erinnerung, wenn die in den maßgeblichen Vorschriften (vor allem §§ 724, 726 bis 729 ZPO) genannten Voraussetzungen für die Erteilung der Klausel nicht vorgelegen haben, diese also nicht hätte erteilt werden dürfen.[79]

Die Entscheidung des Gerichts über die Erinnerung ergeht durch **Beschluss**; eine mündliche Verhandlung ist nur fakultativ. Einstweilige Anordnungen sind nach § 732 II ZPO möglich, da die Erinnerung **keine aufschiebende Wirkung** hat. Bei Zurückweisung der Erinnerung kann einfache Beschwerde nach § 567 eingelegt werden. Wird der Erinnerung hingegen stattgegeben, so wird **tenoriert**:

> Die Zwangsvollstreckung aus der vollstreckbaren Ausfertigung (Titel) ist unzulässig.

bb) Klage gegen die Erteilung der Klausel

131 Macht der Schuldner geltend, die **materiellen Voraussetzungen** der Erteilung einer titelergänzenden oder -übertragenden Klausel haben nicht vorgelegen, so ist die Klage nach § 768 statthaft. Relevante Einwendungen sind zB der Nichteintritt der vom Gläubiger behaupteten Bedingung im Falle des § 726 ZPO oder einer der in §§ 727 bis 729 ZPO normierten besonderen Voraussetzungen (zu Überschneidungen mit § 732 ZPO → Rn. 128). Materielle Einwendungen gegen den titulierten Anspruch selbst kann der Schuldner selbständig hingegen nur durch die Vollstreckungsgegenklage des § 767 ZPO geltend machen sowie unselbständig als Einwendung gegen eine Klauselerteilungsklage des Gläubigers (→ Rn. 127).

III. Zustellung

Lit.: Brox/Walker § 8; Lippross Rn. 102 ff.

132 Weitere allgemeine Vollstreckungsvoraussetzung ist, dass der Vollstreckungstitel dem Schuldner bereits zugestellt ist oder gleichzeitig mit Beginn der Vollstreckung (mit Vornahme einer Handlung des Vollstreckungsorgans) zugestellt wird, § 750 I 1 ZPO.

---

[74] StRspr BGH NJW-RR 2004, 1718 (1719); NJOZ 2005, 3298 (3299); NJW 2009, 1887 Rn. 13.
[75] BGH NJOZ 2005, 3298 (3299); ähnlich NJW-RR 2004, 1718 (1719).
[76] BGH NJW 2009, 1887.
[77] So Musielak/*Lackmann* § 797 Rn. 4; weitere Nachweise bei Zöller/*Stöber* § 797 Rn. 7.
[78] BGH NJW 2009, 1887 Rn. 15 mwN.
[79] Näher Musielak/*Lackmann* § 732 Rn. 8.

Zweck des förmlichen Zustellungserfordernisses ist es, dass der Schuldner Kenntnis von dem Titel erlangt und dem Gläubiger der Nachweis der Titelübergabe und ihres Zeitpunktes ermöglicht wird. Die Zustellung erfolgt bei Urteilen von Amts wegen (§§ 317 I 1, 166 II ZPO) oder zur Beschleunigung durch den Gläubiger selbst (§ 750 I 2 ZPO), was regelmäßig Zustellung durch den Gerichtsvollzieher bedeutet (§ 192 I ZPO).

Merke:

1. Gemeinsame Voraussetzungen jeder Zwangsvollstreckung sind Titel, Klausel und Zustellung sowie ein Vollstreckungsantrag.
2. Die Klauselerteilung erfolgt in einem eigenständigen „Zwischenverfahren“ zwischen Erkenntnis- und Vollstreckungsverfahren mit eigenen Rechtsbehelfen, welches die Brücke zwischen beiden bildet.

D. Besondere Vollstreckungsvoraussetzungen

Lit.: Brox/Walker § 9; Lippross § 6.

Besondere Vollstreckungsvoraussetzungen sind idR in Fällen zu beachten, in denen die Vollstreckbarkeit außer an die allgemeinen Vollstreckungsvoraussetzungen noch an den **Eintritt weiterer Bedingungen** geknüpft ist, wie den Eintritt eines bestimmten Kalendertages (§ 751 I ZPO), den Nachweis einer vom Gläubiger zu erbringenden Sicherheitsleistung durch diesen (§ 751 II ZPO, dazu → Rn. 93 aE) oder der Abgabe einer Willenserklärung in den Fällen des § 726 II ZPO. Da in diesen Fällen die Klauselerteilung ohne Prüfung der genannten Umstände erfolgt ist, ist deren Eintritt bzw. Nachweis erst durch das Vollstreckungsorgan als besondere Vollstreckungsvoraussetzung zu prüfen. 133

E. Vollstreckungshindernisse

Lit.: Brox/Walker § 10; Lippross § 7.

I. Überblick

Von den positiven allgemeinen und besonderen Voraussetzungen der Zwangsvollstreckung sind Umstände zu unterscheiden, die einer bevorstehenden oder bereits eingeleiteten Zwangsvollstreckung entgegenstehen, die sog **Vollstreckungshindernisse.** Es handelt sich also um **negative Voraussetzungen** der Zwangsvollstreckung. Wichtige Anwendungsfälle sind in § 775 ZPO normiert (→ Rn. 135 ff.); daneben gibt es weitere Vollstreckungshindernisse (→ Rn. 143 ff.). Die Vollstreckungshindernisse sind **von Amts wegen** zu berücksichtigen, doch hat das zuständige Vollstreckungsorgan sie nur dann zu prüfen, wenn **konkrete Anhaltspunkte** für ihr Vorliegen gegeben sind. Dies ist dann der Fall, wenn einer der Beteiligten sich auf sie beruft oder das Vollstreckungsorgan auf andere Weise Kenntnis von ihrem möglichen Vorliegen erlangt. 134

Funktionell zuständig für die Einstellung oder Aufhebung ist idR das für die betroffene Vollstreckungsmaßnahme zuständige Vollstreckungsorgan.

Wird trotz Vorliegens eines Vollstreckungshindernisses eine Vollstreckungshandlung vorgenommen, so ist diese nicht nichtig, sondern nur mit der Erinnerung nach § 766 ZPO anfechtbar. Die Erinnerung hat bei Vorliegen von Vollstreckungshindernissen die wichtige Funktion der Ergänzung des Rechtsschutzes des Schuldners.

II. Tatbestände des § 775 ZPO

Fall 5:

135 Herr Glarus (G) hat gegen Frau Sonnenschein (S) ein Urteil auf Zahlung von 4.000 EUR aus Darlehensvertrag erwirkt. Auf seinen Antrag hin will Gerichtsvollzieher Völler (V) bei S eine Pfändung vornehmen. Sie legt ihm jedoch einen aktuellen Auszug ihres Kontos bei der Sparkasse vor, aus dem hervorgeht, sie habe an G bereits 3.000 EUR überwiesen. Den Restbetrag iHv 1.000 EUR nebst Zinsen sowie Gerichts- und Vollstreckungskosten zahlt sie dem V freiwillig und bittet um Aushändigung der vollstreckbaren Ausfertigung des Urteils nebst Quittung. Daraufhin sieht V davon ab, bei S eine Pfändung durchzuführen, übergibt ihr aber die Ausfertigung nicht. Diese sendet er vielmehr dem G mitsamt seinem Pfändungsprotokoll. G ruft daraufhin den V an und weist ihn an, die Vollstreckung fortzusetzen, denn die eingezahlten 3.000 EUR habe er auf eine alte Schuld der S angerechnet. Wie ist die Rechtslage?

→ Rn. 140, 142.

1. Anwendungsfälle

136 **Nr. 1** (bitte lesen!) behandelt vollstreckungshindernde Entscheidungen (Urteile, Beschlüsse, nicht aber Vergleiche) mit dem Inhalt, dass der Schuldtitel oder seine Vollstreckbarkeit aufgehoben sind, die Zwangsvollstreckung für unzulässig erklärt oder ihre Einstellung angeordnet wird. Das ist etwa der Fall, wenn der Schuldner die Ausfertigung eines Urteils iSd § 717 I ZPO vorlegt, zB eines Berufungsurteils des OLG, das ein früheres Urteil des LG aufhebt, aufgrund dessen vollstreckt wurde.

137 **Nr. 2** (bitte lesen!) betrifft gerichtliche Entscheidungen, die eine einstweilige Einstellung der Vollstreckung anordnen oder eine Fortsetzung der Vollstreckung nur gegen Sicherheitsleistung erlauben. Ein Beispiel ist die einstweilige Einstellung einer Vollstreckungsmaßnahme auf Antrag des Schuldners durch Beschluss des Vollstreckungsgerichts wegen besonderer Härte gem. § 765a I ZPO.

138 **Nr. 3**: Weist der Schuldner durch öffentliche Urkunde nach, die ihm zur Abwendung der vorläufigen Vollstreckung auferlegte Sicherheitsleistung erbracht zu haben (§ 711 ZPO), so sind bereits durchgeführte Vollstreckungsmaßnahmen nach § 776 S. 1 ZPO aufzuheben.

139 **Nr. 4** (bitte lesen!) ist anwendbar, wenn durch eine öffentliche Urkunde oder eine Privaturkunde des Gläubigers der Nachweis erbracht wird, dieser sei nach Erlass des zu vollstreckenden Urteils befriedigt oder habe Stundung bewilligt. So genügt bspw. die Vorlage einer Quittung des Sozialversicherungsträgers als Nachweis dafür, dass der Arbeitgeber Sozialabgaben entrichtet hat (**Fall 4,** → Rn. 84), wenn dieser zur Zahlung von Bruttoarbeitslohn verurteilt worden war, die Sozialabgaben aber bereits entrichtet hatte.

Nr. 5 (bitte lesen!) normiert ein Vollstreckungshindernis, sofern ein Einzahlungs- oder Überweisungsnachweis einer Bank oder Sparkasse beigebracht wird, der belegt, dass die zur Befriedigung des Gläubigers erforderliche Summe diesem ausbezahlt oder überwiesen worden ist. Hier kann zB ein Überweisungsbeleg vorgelegt werden, aus dem sich ergibt, dass eine bestimmte Summe auf den titulierten Betrag bereits geleistet wurde, wie in **Fall 5** (→ Rn. 135). 140

2. Rechtsfolgen

Liegt eines der Vollstreckungshindernisse aus § 775 ZPO vor, so ist die Zwangsvollstreckung zunächst einzustellen oder einzuschränken. **Eingeschränkt** wird die Vollstreckung, wenn einzelne von mehreren Maßnahmen eingestellt oder die Vollstreckung quantitativ beschränkt wird. **Einstellung** bedeutet, dass schon eingeleitete Maßnahmen nicht fortgesetzt werden dürfen und eine Vornahme noch nicht eingeleiteter unzulässig ist; die Zwangsvollstreckung ruht also. Ob bereits getroffene Maßnahmen aufzuheben sind, beurteilt sich dann nach der etwas unübersichtlichen Vorschrift des § 776 ZPO. Die Zwangsvollstreckung ist erst fortzusetzen, wenn die Einstellung befristet war (§ 769 II ZPO), ansonsten nur auf **Antrag** des Gläubigers. Dieser hat grundsätzlich den Wegfall des Hindernisses zu belegen. 141

Eine **Aufhebung** hat stets zu erfolgen in den Fällen des § 775 Nr. 1 und 3 ZPO (§ 776 S. 1 ZPO). In den Fällen der Nr. 2 bleibt die Maßnahme hingegen grundsätzlich bestehen, sofern nicht deren Aufhebung ausdrücklich in der maßgeblichen Entscheidung angeordnet wird (vgl. § 776 S. 2 Hs. 2 ZPO).

Besonderheiten gelten gem. § 776 S. 2 Hs. 1 ZPO für die Einwendungen der (teilweisen) Befriedigung oder Stundung nach § 775 **Nr. 4** und **5** ZPO. Es handelt sich dabei lediglich um **vorläufige Vollstreckungshindernisse**: Die Vollstreckung ist solange einzustellen, bis der Gläubiger eine anders lautende Weisung erteilt, indem er ausdrücklich oder konkludent die Befriedigung oder Stundung bestreitet.[80] Bereits getroffene Vollstreckungsmaßnahmen werden jedoch nicht aufgehoben, zB das angebrachte Pfandsiegel nicht entfernt. Dies ist Ausdruck des **Formalisierungsgrundsatzes**: zum einen berücksichtigt das Vollstreckungsorgan die einschlägigen materiellrechtlichen Einwendungen nur auf Grund förmlicher Beweise; zum anderen wird die drohende oder eingeleitete Vollstreckung lediglich eingestellt oder eingeschränkt, bereits getätigte Maßnahmen dagegen nicht aufgehoben (§ 776 S. 2 ZPO). Die endgültige Entscheidung über das Vorliegen des Vollstreckungshindernisses bleibt daher dem Prozessgericht vorbehalten. Gibt der Gläubiger die Pfandsache nicht frei, so kann der Schuldner seine Einwendungen iSd § 775 Nr. 4 oder 5 ZPO nur mit der Vollstreckungsgegenklage nach § 767 ZPO geltend machen.

Lösung Fall 5 (→ Rn. 135)

Zunächst ist hier der Gerichtsvollzieher zuständig, da eine Pfändung in körperliche Sachen wegen einer Geldforderung gem. §§ 808 I iVm 753 I ZPO beantragt ist. Der Gerichtsvollzieher hat die Vollstreckungsmaßnahme zu Recht wegen § 775 Nr. 5 ZPO eingestellt; die Vorlage eines Kontoauszuges genügt, wenn daraus die Überweisung und deren Empfänger hervorgehen. Die Ablehnung und Aushändigung der vollstreckbaren Ausfertigung an G ist ebenfalls rechtens, da bei einer Teilzahlung an den Gerichtsvollzieher diese nur auf der vollstreckbaren Ausfertigung zu vermerken 142

80 MüKoZPO/*K. Schmidt/Brinkmann* § 775 Rn. 28 mwN.

ist, § 757 I Hs. 2 ZPO; über die Teilzahlung stellt der Gerichtsvollzieher auch eine Quittung aus.

Da G aber die Befriedigungswirkung der Zahlung iHv 3.000 EUR bestreitet, hat der Gerichtsvollzieher dessen Weisung zu befolgen und die Pfändung bei S fortzusetzen. Allerdings wird S sich hiergegen erfolgreich mit der Vollstreckungsabwehrklage (§ 767 ZPO) wehren können, da sie den materiellen Einwand der Gläubigerbefriedigung gem. §§ 362 I, 366 I BGB erheben kann, sofern bei der Überweisung der Zahlungsgrund klar genug dargetan wurde (etwa durch genaue Bezugnahme auf den Titel im Verwendungszweck). Zugleich mit der Klage kann S die einstweilige Einstellung der Zwangsvollstreckung nach § 769 ZPO beantragen. Erlässt das Gericht diese Anordnung, dann hat S einen Titel iSd § 775 Nr. 1 ZPO, auf Grund dessen der Gerichtsvollzieher gem. § 776 ZPO eine eventuell von ihm bereits vorgenommene Pfändung wieder aufheben muss.

III. Weitere Tatbestände

143 Ein weiteres Vollstreckungshindernis stellt die **Eröffnung des Insolvenzverfahrens** über das Vermögen des Schuldners dar (§§ 88, 89 InsO). Es ist von Amts wegen zu beachten und führt dazu, dass keine Zwangsvollstreckung mehr eingeleitet werden darf. Eine begonnene Zwangsvollstreckung muss eingestellt werden, da sie das im Insolvenzrecht geltende Prinzip der Gleichbehandlung aller Gläubiger zu Gunsten des betreibenden Einzelgläubigers beeinträchtigen könnte.

144 Auch **vor Erbschaftsannahme** ist eine Vollstreckung nur in den Nachlass möglich, nicht aber in das gesamte Vermögen des Erben. Es liegt ein Vollstreckungshindernis nach § 778 ZPO vor.

145 Vollstreckungshindernisse können sich zudem aus zwischen den Parteien geschlossenen **Vollstreckungsverträgen** ergeben, sofern diese zulässigerweise die Zwangsvollstreckung beschränken (→ Rn. 40). Wie Vollstreckungshindernisse aus solchen Verträgen geltend gemacht werden müssen, ist strittig. In Betracht kommt eine Geltendmachung mit der Erinnerung analog § 766 ZPO oder mit der Vollstreckungsabwehrklage analog § 767 ZPO (dazu → Rn. 499).

F. Zwangsvollstreckung in besondere Vermögensmassen

Lit.: Lippross § 8; Lüke § 65.

146 Regelmäßig wird in das Vermögen des Schuldners vollstreckt. Gehört das Vermögen mehreren Personen oder steht es der Verwaltung oder Nutzung einer anderen Person zu, hat das Vollstreckungsorgan zu prüfen, ob die Vollstreckung in das richtige Vermögen erfolgt und das Zugriffsobjekt zum haftenden Vermögen des Schuldners gehört.[81]

I. Vermögen nichtrechtsfähiger Personenvereinigungen

147 Bei Vollstreckung in das Vermögen eines **nichtrechtsfähigen Vereins** ist gem. § 735 ZPO ein Titel gegen diesen erforderlich.

---

[81] *Lackmann* Rn. 110.

Nach der BGH-Rspr. ist eine BGB-Gesellschaft aktiv und passiv parteifähig.[82] Daher genügt entgegen dem Wortlaut des § 736 ZPO ein **Titel gegen die Gesellschaft**, um in das Gesellschaftsvermögen zu vollstrecken. Nicht nötig ist also ein einheitlicher oder gleichlautender Titel gegen alle BGB-Gesellschafter. Der Titel muss dem Geschäftsführer oder, wenn ein solcher nicht bestellt ist, einem der Gesellschafter zugestellt werden.[83]

Bei **oHG** und **KG** muss gem. §§ 124 II, 161 II HGB ein Titel gegen die Gesellschaft vorliegen.

II. Nachlass

Ist ein Titel gegen den Erblasser vorhanden und hat die Vollstreckung bereits zu 148
dessen **Lebzeiten begonnen**, so kann diese nach dessen Tod in den Nachlass fortgesetzt werden, § 779 ZPO. In das Eigenvermögen des Erben kann hingegen nur nach Titelumschreibung nach § 727 ZPO vollstreckt werden.

Hatte die Vollstreckung beim Tode des Schuldners dagegen noch **nicht begonnen**, so ist sowohl für die Vollstreckung in den Nachlass als auch in das Eigenvermögen des Erben eine Titelumschreibung nach § 727 ZPO erforderlich; dann erst kann eine Vollstreckung in das Gesamtvermögen des/der Erben vorgenommen werden. Ansonsten liegt ein Vollstreckungshindernis gem. § 778 ZPO vor (→ Rn. 144). Gegen die Vollstreckung können die Erben materielle Einwendungen wie den Umstand der beschränkten Erbenhaftung (§§ 1990 f. BGB) im Wege der Vollstreckungsabwehrklage geltend machen, §§ 781 ff., 785 iVm 767 ZPO.

III. Vermögen von Eheleuten

Bei der Vollstreckung gegen **Eheleute** sehen §§ 739 bis 745 ZPO Sondervorschriften 149
vor; in der Praxis besonders wichtig ist die Gewahrsamsvermutung des § 739 ZPO (→ Rn. 239).

---

82 BGH NJW 2001, 1056; NJW 2002, 1207.
83 BGH NJW 2006, 2191 f.

G. Schema zu den Voraussetzungen der Zwangsvollstreckung

Abb. 6: Voraussetzungen der Zwangsvollstreckung

§ 3 Zwangsvollstreckung wegen Geldforderungen

Lit.: Brox/Walker §§ 11 ff.

Bei der Zwangsvollstreckung wegen Geldforderungen (§§ 802a bis 882h ZPO) ist der Schuldner laut Titel zur Zahlung einer bestimmten Geldsumme oder zur Duldung der Zwangsvollstreckung wegen einer solchen Summe verpflichtet. Da es für den Erfolg der Zwangsvollstreckung entscheidend darauf ankommt, dass der Gläubiger über hinreichende Informationen zum Schuldnervermögen verfügt, werden die Maßnahmen der Sachaufklärung im ersten Titel (§§ 802a bis 802l ZPO) vorweg für alle Arten der Vollstreckung wegen Geldforderungen geregelt. Sie kann in das bewegliche (Titel 2: §§ 803 bis 863 ZPO) oder das unbewegliche (Titel 3: §§ 864 bis 871 ZPO) Vermögen des Schuldners erfolgen. Bei ersterer ist weiter zu unterscheiden zwischen der Vollstreckung in körperliche Sachen (Untertitel 2: §§ 808 bis 827 ZPO) oder in Forderungen und sonstige Rechte (Untertitel 3: §§ 828 bis 863 ZPO); für beide gemeinsame allgemeine Vorschriften finden sich im ersten Untertitel (§§ 803 bis 807 ZPO). Daneben regelt dieser Abschnitt des 8. Buches der ZPO noch das Verteilungsverfahren (Titel 4: §§ 872 bis 882 ZPO), die Zwangsvollstreckung gegen juristische Personen des öffentlichen Rechts (Titel 5: § 882a ZPO) sowie das Schuldnerverzeichnis (Titel 6: §§ 882b bis 882h ZPO). 150

A. Sachaufklärung

I. Einführung

Möchte der Gläubiger einen auf Zahlung einer Geldsumme lautenden Titel vollstrecken, hat er die Wahl, auf welche Art und Weise dies geschehen soll. Um zu entscheiden, ob er den Gerichtsvollzieher mit einer Sachpfändung beauftragen, beim Vollstreckungsgericht die Pfändung und Überweisung einer Forderung des Schuldners gegen einen Dritten oder die Vollstreckung in Immobilien des Schuldners beantragen soll, muss er Informationen über das vorhandene und pfändbare Vermögen des Schuldners, dessen genauen Bestand und Lage haben. 151

1. Frühere Rechtslage

Bis zum Inkrafttreten des Gesetzes zur Reform der Sachaufklärung am 1.1.2013 stellte die Beschaffung solcher Informationen für den Gläubiger ein großes Problem dar, sofern er nicht den Schuldner persönlich kannte oder mit ihm in Geschäftsbeziehung stand. Das lag vor allem daran, dass das deutsche Recht im Gegensatz etwa zum US-amerikanischen **keinen allgemeinen** materiellen **Auskunftsanspruch** des Gläubigers gegen den Schuldner kennt und auch im Zivilprozessrecht bis zu besagter Reform nicht kannte. Daher hing der Erfolg von Vollstreckungsmaßnahmen in großem Maße von der Schnelligkeit und dem Geschick des Gläubigers ab, die ihm iRd Zwangsvollstreckung eröffneten Möglichkeiten der Informationsbeschaffung zu nutzen oder sich anderer Quellen zu bedienen. Die Sachaufklärung iRd Zwangsvoll- 152 streckungsrechts erwies sich jedoch weithin als stumpfes Schwert.[84] Dies hing mit der gesetzlichen Konzeption zusammen: Leitbild des Gesetzes war die Fahrnispfändung durch den Gerichtsvollzieher. Nach dieser Konzeption konnte der Gläubiger weithin nur dann an Informationen über das Vermögen des Schuldners gelangen, wenn er den Gerichtsvollzieher mit einer Sachpfändung beauftragte. Dieser konnte dann beim Schuldner nach pfändbaren Gegenständen suchen. Dabei eingeholte Informationen über weiteres Vermögen des Schuldners konnte er aber nur bei erfolgloser oder aussichtsloser Sachpfändung an den Gläubiger geben (§ 806a ZPO). Diese Voraussetzung galt ebenso für die eidesstattliche Versicherung des Schuldners (§ 807 ZPO aF), über die der Gläubiger die Vorlage eines Vermögensverzeichnisses des Schuldners erzwingen konnte. Dies hatte erhebliche Nachteile für den Gläubiger, denn die Sachpfändung ist besonders langsam und ineffizient, so dass sich die Informationsgewinnung für den Gläubiger als zeit- und kostenaufwendig erwies; zudem war er weitgehend auf Informationen des Schuldners selbst angewiesen, deren Wahrheitsgehalt oftmals fraglich war. Infolge der mangelnden Effizienz der Sachaufklärung im Vollstreckungsverfahren griffen Gläubiger in der Praxis daher zunehmend auf alternative Informationsquellen zurück, vor allem auf private Auskunfteien, Inkassounternehmen oder Privatdetekteien.[85]

2. Neukonzeption der Informationsgewinnung

153 Mit diesen Missständen möchte das Gesetz zur **Reform der Sachaufklärung** in der Zwangsvollstreckung v. 29.7.2009 aufräumen. Es bringt eine grundlegende Neukonzeption der Informationsgewinnung in der Zwangsvollstreckung. Der Gesetzgeber definiert als Zielsetzung der Reform:[86] „Die Möglichkeiten der Informationsbeschaffung für den Gläubiger im einzelnen Vollstreckungsverfahren sollen schon zu Vollstreckungsbeginn einsetzen und durch ergänzende Fremdauskünfte wirkungsvoll gestärkt werden. Außerdem werden die durch die moderne Informationstechnologie eröffneten Möglichkeiten zur Modernisierung des Verfahrens und zu einer Neugestaltung des Schuldnerverzeichnisses unter Wahrung datenschutzrechtlicher Belange ausgeschöpft, um die Justiz zu entlasten und den Schutz des Rechtsverkehrs weiter zu verbessern." Wesentliche Neuerungen sind demnach:[87]

- Die Sachaufklärung wird grundsätzlich an den **Beginn** der Vollstreckung, also zeitlich vor die ersten Vollstreckungsmaßnahmen, vorverlagert und der Gerichtsvollzieher hierfür mit umfassenden Befugnissen ausgestattet.
- Ziel ist die **effiziente Vollstreckung** (§ 802a I ZPO), wozu auch der Versuch einer gütlichen Erledigung der Sache gehört (§ 802a II 1 Nr. 1, 802b ZPO).
- Die eidesstattliche Versicherung (§ 807 ZPO aF), die erst nach erfolgloser oder aussichtsloser Sachpfändung möglich und *ultima ratio* zur Informationsbeschaffung war, wird durch eine anfängliche Pflicht zur umfassenden **Vermögensauskunft** des Schuldners (§ 802c ZPO) ersetzt. Damit wird eine begrenzte Auskunftspflicht des Schuldners geschaffen, welche es dem Gläubiger ermöglichen soll, frühzeitig Informationen zum Vermögen des Schuldners zu erlangen. Gleichzeitig wird das Verfahren zur Abgabe der Vermögensauskunft modernisiert.
- Der Gerichtsvollzieher ist nicht auf Auskünfte des Schuldners beschränkt, sondern kann diese sogar von **Dritten** einholen (§ 802l ZPO), nämlich von Trägern der gesetzlichen Rentenversicherungen, dem Bundeszentralamt für Steuern oder dem

---

[84] So auch *Würdinger* JZ 2011, 177 (180).
[85] Zur früheren Rechtslage *von Sachsen Gessaphe/Neumaier* ZwvR § 3 Rn. 2 ff.
[86] BT-Drs. 16/10069, 20.
[87] Dazu BT-Drs. 16/10069, 21; sa auch *Würdinger* JZ 2011, 177 (181 ff.).

Kraftfahrt-Bundesamt, um die praktisch besonders bedeutsamen Pfändungen des Arbeitslohnes, von Konten oder einem Fahrzeug des Schuldners zu ermöglichen.
- Das **Schuldnerverzeichnis** wird grundlegend reformiert. Diente es zusammen mit der eidesstaatlichen Versicherung früher (§ 915 ZPO aF) eher der Stigmatisierung des Schuldners („schwarze Liste") und dem Druck auf diesen, doch noch seine Schuld zu begleichen, so rückt jetzt (§§ 882b ff. ZPO) die Funktion in den Vordergrund, Auskunft über die bestehende oder fehlende Kreditwürdigkeit des Schuldners zu geben.

Die Maßnahmen der vorgeschalteten Sachaufklärung setzen voraus, dass der Gläubiger für die einzelnen Maßnahmen oder eine Kombination hieraus entsprechende Anträge stellt, wie der Einleitungssatz in § 802a II 1 ZPO klarstellt. Für den Erfolg der Zwangsvollstreckung wird es daher entscheidend darauf ankommen, dass der Gläubiger die **richtigen Anträge** stellt (vgl. → Rn. 175 ff.), um an Informationen über das relevante Vermögen seines Schuldners zu gelangen, und dies hängt von den jeweiligen Umständen des Einzelfalles ab.

Der Gläubiger kann sich aber auch dafür entscheiden, wie bislang gleich einen Antrag auf **Sachpfändung** durch den Gerichtsvollzieher zu stellen und erst bei deren Scheitern die Abnahme der Vermögensauskunft zu beantragen (§ 807 ZPO, → Rn. 166).

In Bezug auf die Informationsbeschaffung sieht das Gesetz also eine **Zweigleisigkeit** vor: der Gläubiger kann sich dafür entscheiden, der Vollstreckung vorgelagerte Maßnahmen der Sachaufklärung zu beantragen oder stattdessen gleich einen Antrag auf Sachpfändung zu stellen. Im letzteren Falle kann er weiterführende Informationen allerdings erst nach Scheitern der Sachpfändung erlangen (→ Rn. 166).

II. Vermögensauskunft des Schuldners

1. Einführung

Das Herzstück der Reform der Sachaufklärung ist die Vermögensauskunft.[88] Damit 154
wird eine umfassende Auskunftspflicht des Schuldners über sein Vermögen begründet. Es handelt sich um eine **zentrale vollstreckungsrechtliche Mitwirkungspflicht** des Schuldners; sie findet ihre Rechtfertigung darin, dass der Schuldner trotz Vorliegens einer titulierten Forderung und der allgemeinen Vollstreckungsvoraussetzungen bisher nicht geleistet hat.[89] Die Vermögensauskunft und das auf deren Grundlage zu erstellende Vermögensverzeichnis dienen der Sachaufklärung über vorhandenes Vermögen des Schuldners. Davon zu unterscheiden ist das **Schuldnerverzeichnis**. In dieses wird der Schuldner nur unter den Voraussetzungen des § 882c I ZPO eingetragen. Dessen Zweck besteht darin, Auskünfte über die Kredit(un)würdigkeit des Schuldners zu geben (→ Rn. 474).

Das Gesetz sieht **zwei Wege** zur Abnahme der Vermögensauskunft vor, je nach dem, 155
was der Gläubiger beantragt:
- Er kann sie gem. § 802a II 1 Nr. 2 ZPO bereits **vor Beginn** der Vollstreckung beantragen, ohne dass zuvor erfolglose oder aussichtslose Vollstreckungsmaßnahmen durchgeführt worden sein müssen. Dies ist Ausdruck des Grundsatzes effizienter Vollstreckung (§ 802a I ZPO). Dadurch soll erreicht werden, dass der Gläubiger frühzeitig die nötigen Informationen zum Vermögen des Schuldners erhält, um die weiteren Vollstreckungsschritte mit dem Gerichtsvollzieher abspre-

---

[88] *Vollkommer* NJW 2012, 3681 (3684).
[89] BT-Drs. 16/10069, 25.

chen[90] und schnell und gezielt auf Vermögensobjekte des Schuldners zugreifen zu können. Zugleich sollen dadurch unnötige Vollstreckungsmaßnahmen, wie eine erfolg- oder aussichtslose Sachpfändung, und damit verbundene Kosten vermieden werden.[91]

- Der Gläubiger kann sich aber auch dafür entscheiden, zunächst eine **Sachpfändung** zu beantragen. Die Informationserlangung über das Vermögen des Schuldners setzt dann aber voraus, dass die Sachpfändung (teilweise) erfolg- oder aussichtslos war. Unter diesen Voraussetzungen kann der Gerichtsvollzieher beim Pfändungsversuch erlangte Informationen gem. § 806a ZPO an den Gläubiger weiterleiten (→ Rn. 252); zudem kann dieser gem. § 807 ZPO den Gerichtsvollzieher mit der Abnahme der Vermögensauskunft beauftragen.

Die Weichenstellung liegt somit in den Händen des Gläubigers, und hierin manifestiert sich dessen Dispositionsbefugnis (→ Rn. 36 ff., → Rn. 60 f.). Nachfolgend ist daher zu unterscheiden zwischen der vom Gesetz als Regelfall konzipierten vorgeschalteten Vermögensauskunft und ihrer Abnahme erst nach gescheiterter Sachpfändung.

2. Vorgeschaltete Vermögensauskunft

a) Voraussetzungen

156 Der Gläubiger muss einen Vollstreckungsantrag auf Einholung der Vermögensauskunft stellen und dem Gerichtsvollzieher eine vollstreckbare Ausfertigung des Titels übergeben, § 802a II 1 ZPO. Dieser muss auf eine Geldzahlung gerichtet sein.[92] Zudem müssen die allgemeinen Vollstreckungsvoraussetzungen (→ Rn. 79 ff.)[93] und die besonderen Voraussetzungen für die Abnahme der Vermögensauskunft vorliegen. Hat der Schuldner innerhalb der letzten zwei Jahre bereits eine Vermögensauskunft erteilt, so ist eine erneute Auskunft nur nach Maßgabe des § 802d ZPO erlaubt (→ Rn. 160). Örtlich zuständig ist nach § 802e ZPO der Gerichtsvollzieher bei dem Amtsgericht des Wohnsitzes oder Aufenthaltsortes des Schuldners; bei unbekanntem Aufenthalt gilt § 755 ZPO (→ Rn. 188).

b) Inhalt und Umfang

157 Der Schuldner hat nach § 802c II 1 ZPO alle ihm gehörenden **Vermögensgegenstände** anzugeben. Hierunter fallen sämtliche beweglichen und unbeweglichen Vermögenswerte; anzuführen sind zudem Gegenstände, die gepfändet, versetzt, dh ins Leihhaus gebracht und verpfändet, oder sicherungsübereignet sind.[94] Bei Forderungen sind überdies der Grund des Anspruchs und die Beweismittel zu bezeichnen (§ 802c II 2 ZPO). Um dem Gläubiger eine Pfändung dieser Forderungen zu ermöglichen, hat der Schuldner den Drittschuldner (zB Arbeitgeber oder kontoführende Bank) mit Namen und Anschrift anzugeben. Die Auskunftspflicht beschränkt sich nicht auf aktuell werthaltige Forderungen, sondern erfasst ebenso unsichere oder erst künftig entstehende.

---

[90] BT-Drs. 16/10069, 25.

[91] *Vollkommer* NJW 2012, 3681 (3683).

[92] Ausreichend ist eine Sicherungsvollstreckung nach § 720a ZPO.

[93] Eingehend zu den Voraussetzungen Kindl/Meller-Hannich/Wolf/*Sternal* § 802c ZPO Rn. 3 ff.

[94] Dazu und zum Folgenden BT-Drs. 16/10069, 25; näher zu den erfassten Vermögenswerten Musielak/*Voit* § 802c Rn. 9 ff.

Nach § 802c II 3 ZPO umfasst die Auskunftspflicht solche Angaben, die es dem Gläubiger ermöglichen sollen, von einem **Anfechtungsrecht nach dem AnfG** (dazu → Rn. 585) Gebrauch zu machen. 158

Zusätzlich zu diesen vermögensbezogenen Daten hat der Schuldner die von § 802c I ZPO geforderten **personenbezogenen** Angaben zu tätigen: den Geburtsnamen, das Geburtsdatum und den Geburtsort; dadurch soll eine eindeutige Zuordnung der Vermögensangaben gewährleistet werden. 159

c) Verfahren

aa) Prüfung der Abnahmevoraussetzungen

Im Gegensatz zum früheren Recht muss der Gerichtsvollzieher bei der vorgeschalteten Abnahme der Vermögensauskunft nicht erst den Schuldner aufsuchen, sondern kann gewissermaßen von seinem Schreibtisch aus agieren. Zunächst hat er von Amts wegen das Vorliegen der allgemeinen und besonderen Voraussetzungen zu prüfen (→ Rn. 79 ff.). Insb. hat er vor Einholung der Vermögensauskunft von Amts wegen durch Einsichtnahme in die von den zentralen Vollstreckungsgerichten der Länder verwalteten Vermögensverzeichnisse zu prüfen, ob der Schuldner innerhalb der **zweijährigen Sperrfrist** des § 802d I ZPO bereits eine anderweitige Vermögensauskunft erteilt hat. Ist das der Fall, kann der Gerichtsvollzieher eine erneute Abgabe nur verlangen, wenn der Gläubiger Tatsachen glaubhaft macht, die auf eine wesentliche Veränderung der Vermögensverhältnisse des Schuldners schließen lassen. Ansonsten erhält der Gläubiger nach Maßgabe des § 802d I 2 f., II ZPO lediglich einen Ausdruck des zuletzt abgegebenen Vermögensverzeichnisses. 160

bb) Terminsbestimmung

Ist die Einholung einer Vermögensauskunft danach möglich, bestimmt sich das weitere Verfahren nach § 802f ZPO: 161

Zunächst setzt der Gerichtsvollzieher dem Schuldner eine (letzte) **zweiwöchige Frist** zur Begleichung der titulierten Forderung (§ 802f I 1 ZPO) und bestimmt für den Fall, dass die Forderung nach Fristablauf nicht vollständig beglichen wird, einen **Termin zur Abgabe** der Vermögensauskunft alsbald nach Fristablauf (§ 802f I 2 ZPO). Hierzu lädt er den Schuldner in sein Büro oder bestimmt nach Maßgabe des § 802f II ZPO die Abnahme in den Räumen des Schuldners. Zugleich fordert er den Schuldner dazu auf, die erforderlichen Unterlagen mitzubringen (§ 802f I 3 ZPO) und erteilt ihm die vorgeschriebenen Belehrungen (§ 802f III ZPO). In diesem Stadium wird das Gebot des § 802b I ZPO, auf eine gütliche Erledigung des Verfahrens hinzuwirken (→ Rn. 184), besonders akut: Der Schuldner kann die Forderung innerhalb der gesetzten Frist **freiwillig** begleichen (→ Rn. 190),[95] so dass sich eine Vermögensauskunft erübrigt. Der Gerichtsvollzieher kann mit dem Schuldner aber auch eine **Zahlungsvereinbarung** nach § 802b II f. ZPO treffen (→ Rn. 193 ff.). Hat der Gläubiger diese Möglichkeit in seinem Auftrag nicht ausgeschlossen oder der getroffenen Vereinbarung nicht unverzüglich nach § 802b III ZPO widersprochen, so bewirkt sie einen Vollstreckungsaufschub, so dass der Gerichtsvollzieher den Termin zur Abnahme der Vermögensauskunft regelmäßig auf einen Zeitpunkt nach dem nächsten Zahlungstermin zu verlegen hat.[96]

Leistet der Schuldner nicht und wird auch keine wirksame Zahlungsvereinbarung mit ihm geschlossen, so hat er die Vermögensauskunft abzugeben.

---

[95] Bei Zahlung nach Fristablauf, aber vor dem Termin zur Abgabe der Vermögensauskunft wird der Gerichtsvollzieher beim Gläubiger eine Rücknahme des entsprechenden Antrages anzuregen haben, BeckOK ZPO/*Utermark/Fleck* § 802f Rn. 2.

[96] BT-Drs. 16/10069, 24 f.

cc) Vermögensverzeichnis

162 Auf Grund der Angaben des Schuldners errichtet der Gerichtsvollzieher ein **Vermögensverzeichnis** als elektronisches Dokument, in welches dem Schuldner vor Abgabe der eidesstattlichen Versicherung Einsicht zu gewähren ist, § 802f V ZPO. Einsichtsberechtigt sind Gerichtsvollzieher und sonstige Behörden und Gerichte (§ 802k II ZPO), nicht aber der die Vollstreckung betreibende Gläubiger; dieser erhält Ausdrucke lediglich über den Gerichtsvollzieher (§§ 802f VI, 802d I 2 ff. ZPO).

Der Gerichtsvollzieher hinterlegt das Vermögensverzeichnis beim zentralen Vollstreckungsgericht des betreffenden Landes (→ Rn. 21) und leitet dem Gläubiger unverzüglich einen Ausdruck zu, § 802f VI ZPO. Die Vermögensverzeichnisse werden in den Ländern von den hierfür zuständigen zentralen Vollstreckungsgerichten (§ 802k I, III ZPO)[97] in elektronischer Form in einem Vermögensverzeichnisregister verwaltet. Das Nähere regelt die nach § 802k IV ZPO erlassene Verordnung über das Vermögensverzeichnis (VermVV).[98] Die eingetragenen Vermögensverzeichnisse werden gem. § 6 VermVV entweder nach Ablauf von zwei Jahren ab Abgabe der Auskunft oder wenn ein neues Vermögensverzeichnis desselben Schuldners hinterlegt wird, gelöscht. Die Einsichtsberechtigten können über das gemeinsame Vollstreckungsportal der Länder[99] Einblick in die Vermögensverzeichnisse nehmen.

dd) Eidesstattliche Versicherung

163 Nach Erteilung der Auskunft und Unterrichtung über deren Inhalt (§ 802f V 2 f. ZPO) hat der Schuldner zu Protokoll des Gerichtsvollziehers an Eides statt zu versichern, dass er die Angaben nach bestem Wissen und Gewissen richtig und vollständig gemacht habe, § 802c III ZPO. Der Gerichtsvollzieher hat den Schuldner über die Bedeutung der Versicherung zu belehren (§ 802c III 2, § 480 ZPO).[100] Die Strafbewehrung nach §§ 156, 161 StGB soll abschreckende Wirkung haben, hat allerdings schon bislang Schuldner kaum davon abgehalten, unwahre Angaben zu machen.

ee) Folgen des Unterbleibens der Vermögensauskunft

164 Bleibt der Schuldner dem anberaumten Termin unentschuldigt fern oder weigert er sich grundlos, die Vermögensauskunft abzugeben, so hat dies verschiedene Konsequenzen:

- Der Gläubiger kann beim gem. § 802g ZPO zuständigen Vollstreckungsgericht den Erlass eines Haftbefehls gegen den Schuldner beantragen. Diese einmalige **Erzwingungshaft** ist nach sechs Monaten zu beenden, § 802j I ZPO. Das Nähere ist in §§ 802g bis 802j ZPO geregelt.
- Der Gerichtsvollzieher kann auf Antrag des Gläubigers nach Maßgabe des § 802l ZPO eine **Auskunft Dritter** einholen (→ Rn. 167 ff.).
- Zugleich hat der Gerichtsvollzieher den Schuldner von Amts wegen in das **Schuldnerverzeichnis** einzutragen, § 882c I Nr. 1 ZPO (→ Rn. 474).

ff) Rechtsbehelfe

165 Gegen die Verpflichtung zur Abgabe der Vermögensauskunft oder sonstige damit zusammenhängende Maßnahmen des Gerichtsvollziehers kann sich der Schuldner

---

[97] Übersicht über die zentralen Vollstreckungsgerichte in den 16 Ländern bei Kindl/Meller-Hannich/Wolf/*Sternal* § 802k ZPO Rn. 3.

[98] BGBl. 2012 I 1663.

[99] https://www.vollstreckungsportal.de/zponf/allg/willkommen.jsf (Stand: 23.2.2014).

[100] Die vom Gerichtsvollzieher abzunehmende eidesstaatliche Versicherung begegnet auch bei der Überweisung gepfändeter Forderungen (§ 836 III 2 ff. ZPO) und der Herausgabevollstreckung (§ 883 II ZPO).

mit der **Erinnerung** nach § 766 ZPO zur Wehr setzen (→ Rn. 494). Der Einwand der Erfüllung seitens des Schuldners stellt ein vorläufiges Vollstreckungshindernis nach § 775 Nr. 4, 5 iVm § 776 S. 2 ZPO dar (→ Rn. 139 f.).

3. Vermögensauskunft nach erfolglosem Pfändungsversuch

Statt des eben aufgezeigten Weges, über eine vorgeschaltete Abgabe der Vermögensauskunft an Informationen über das Schuldnervermögen zu gelangen, kann der Gläubiger gleich den Gerichtsvollzieher mit einer Sachpfändung beim Schuldner beauftragen. Er kann dies mit dem Antrag kombinieren, unter den Voraussetzungen des § 807 ZPO diese Auskunft einzuholen (**Kombiantrag**) oder einen solchen Antrag erst bei Vorliegen dieser Voraussetzungen stellen. Das vorstehend zur vorgeschalteten Vermögensauskunft Gesagte gilt entsprechend. Folgende Abweichungen ergeben sich jedoch: 166

- Voraussetzung für die Einholung der Vermögensauskunft ist ein erfolgloser oder aussichtsloser Versuch der Sachpfändung, weil entweder der Schuldner die Durchsuchung der Wohnung verweigert oder keine vollständige Befriedigung des Gläubigers zu erwarten ist, § 807 I ZPO.
- Dann kann der Gerichtsvollzieher ohne Einhaltung der Erfordernisse aus § 802f I bis IV ZPO, insb. der letzten Fristsetzung zur Zahlung und Terminsbestimmung, die Vermögensauskunft abnehmen. Der Schuldner kann dem jedoch widersprechen, und dann richtet sich das Verfahren nach § 802f ZPO (→ Rn. 161), doch hat der Gerichtsvollzieher dem Schuldner keine Zahlungsfrist mehr zu setzen, § 807 II ZPO.

Der Weg über § 807 ZPO hat für den Gläubiger den Vorteil, dass der Gerichtsvollzieher dem Schuldner sofort die Vermögensauskunft abnehmen kann, ohne ihm erst eine zweiwöchige Zahlungsfrist setzen und einen nachfolgenden Termin samt Ladung bestimmen zu müssen.

III. Auskünfte Dritter über das Schuldnervermögen

§ 802l ZPO erlaubt dem Gerichtsvollzieher, von bestimmten Stellen – Rentenversicherungsträgern, Bundeszentralamt für Steuern und Kraftfahrt-Bundesamt – vermögensrelevante Auskünfte zum Schuldner einzuholen. Dies dient zum einen dem Interesse des Gläubigers an einer zügigen und erfolgreichen Vollstreckung seines titulierten Anspruches; zum anderen ist das Recht des Schuldners auf informationelle Selbstbestimmung tangiert (→ Rn. 170). Diese **Spannungslage** versucht der Gesetzgeber dadurch auszugleichen, dass die Einholung von Drittauskünften subsidiär gegenüber der Selbstauskunft des Schuldners ist, wie der Einleitungsteil von § 802l I 1 ZPO klarstellt. Zum Schutz des informationellen Selbstbestimmungsrechts des Schuldners beschränkt die Norm zudem die Auskunftsmöglichkeit auf Bereiche, die typischerweise für die Vollstreckung von Bedeutung sind, und versucht dabei die Vorgaben des BVerfG zu wahren.[101] Des Weiteren muss die Erhebung oder das Ersuchen der Auskunft zur Vollstreckung erforderlich sein und der zu vollstreckende Anspruch einen Mindestbetrag (500 EUR) übersteigen (§ 802l I 2 ZPO, → Rn. 171). Daten dürfen nur für Vollstreckungszwecke verwendet werden und sind nach Zweckerreichung oder bei Irrelevanz zu löschen, § 802l II, III 2 ZPO. 167

[101] Zu dieser Spannungslage BT-Drs. 16/10069, 31 ff.; dazu auch MüKoZPO/*Wagner* § 802l Rn. 6 ff.

1. Voraussetzungen

168 Der Gläubiger muss einen **Vollstreckungsantrag** auf Einholung der Drittauskunft stellen, § 802a II 1 Nr. 3 ZPO. Im Übrigen sind die allgemeinen Voraussetzungen für die Selbstauskunft des Schuldners sinngemäß anwendbar (→ Rn. 156 ff.). Allerdings gilt die Sperrwirkung des § 802d I 1 ZPO nur für Selbstauskünfte des Schuldners (→ Rn. 160), nicht aber für frühere Auskünfte Dritter nach § 802l ZPO, wie aus der Verweisung des § 802l III 2 ZPO allein auf § 802d I 3, II ZPO folgt.[102]

169 Besondere Voraussetzung ist, dass der Schuldner seiner Pflicht zur Abgabe der Vermögensauskunft nicht nachgekommen oder eine Vollstreckung in die darin angegebenen Vermögensgegenstände voraussichtlich zur vollständigen Befriedigung des Gläubigers nicht ausreichend ist. Hierin manifestiert sich die **Subsidiarität** der Drittauskünfte gegenüber einer Selbstauskunft des Schuldners. In der zweiten Variante soll die Drittauskunft es dem Gläubiger ermöglichen, die Vermögenssituation des Schuldners anhand objektiver Informationsquellen zu überprüfen, um geeignete Vollstreckungsobjekte aufzufinden. Zudem lassen sich so die Angaben des Schuldners in seiner Vermögensauskunft überprüfen, so dass dadurch „die Bereitschaft des Schuldners zu wahrheitsgemäßen Angaben gefördert und der Strafandrohung der §§ 156, 163 StGB [§ 161 StGB nF] Nachdruck verliehen werden“ soll.[103]

170 Die Drittauskunft muss überdies zur Vollstreckung **erforderlich** sein, § 802l I 2 Hs. 1 ZPO. Im Hinblick auf die mit Drittauskünften verbundene Einschränkung des Rechts auf informationelle Selbstbestimmung des Schuldners ist diese Voraussetzung als Ausdruck des verfassungsrechtlichen **Verhältnismäßigkeitsgrundsatzes** zu sehen.[104] Im Hinblick auf den Formalisierungsgrundsatz dürfte es aber zu weit gehen, vom Gerichtsvollzieher vor einem Auskunftsersuchen in jedem Einzelfall eine Abwägung zwischen dem Zugriffsinteresse des Gläubigers und dem Grundrecht des Schuldners auf informationelle Selbstbestimmung zu verlangen.[105] Erforderlich kann eine Drittauskunft etwa sein, wenn eine Schuldnerin in der Vermögensauskunft ein Bankkonto angegeben hat, welches aber eine zur Befriedigung des Gläubigers unzureichende Deckung aufweist; über eine Abfrage nach § 802l I 1 Nr. 2 ZPO kann der Gerichtsvollzieher nach weiteren Konten oder Depots suchen.[106] Dagegen ist ein Auskunftsersuchen schon nicht geeignet, wenn davon keine weiteren Informationen zu verwertbarem Vermögen des Schuldners zu erwarten sind.[107]

171 Der oder die zu vollstreckenden Ansprüche des Gläubigers müssen exclusive der Kosten und Nebenforderungen **mindestens 500 EUR** betragen, § 802l I 2 ZPO. Im Spannungsverhältnis zwischen dem Zugriffsinteresse des Gläubigers und dem Interesse des Schuldners am Schutz seiner Sozial-, Konten- und anderen Daten vermutet das Gesetz, das letzteres ersteres überwiegt.[108] Diese Regelung ist auf Kritik gestoßen, da sie Kleingläubiger von einer effektiven Durchsetzung ihrer Ansprüche ausschließe.[109]

---

[102] Im Ergebnis auch BT-Drs. 16/10069, 26.

[103] BT-Drs. 16/10069, 32.

[104] MüKoZPO/*Wagner* § 802l Rn. 25.

[105] So aber MüKoZPO/*Wagner* § 802l Rn. 25.

[106] Nach Fall 30 in *Harnacke/Bungardt* DGVZ 2013, 1 (8).

[107] BeckOK ZPO/*Fleck* § 802l Rn. 4; zum Erfordernis der Geeignetheit von Vollstreckungsmaßnahmen BVerfGE 61, 126 = NJW 1983, 559.

[108] BT-Drs. 16/10069, 33.

[109] *Würdinger* JZ 2011, 177 (184); Kindl/Meller-Hannich/Wolf/*Sternal* § 802l ZPO Rn. 6; dagegen Musielak/*Voit* § 802l Rn. 7.

2. Auskunftsbefugnisse

Liegen die genannten Voraussetzungen vor, so hat der Gerichtsvollzieher die Auskünfte einzuholen. Drei Möglichkeiten stehen ihm dabei zur Verfügung: 172

- Er kann bei den Trägern der gesetzlichen **Rentenversicherung** Angaben zu einer rentenversicherungsrechtlichen Beschäftigung des Schuldners einholen, § 802l I 1 Nr. 1 ZPO. Der Gläubiger kann so die nötigen Informationen für eine **Lohnpfändung** erlangen, welche ein relativ schnelles und effizientes Mittel zur Verwirklichung seiner Forderung darstellt.
- Er kann beim Bundeszentralamt für Steuern ersuchen, bei den Kreditinstituten **Kontendaten** abzurufen. Die Kreditinstitute sind durch § 24c I KWG verpflichtet, Dateien mit der Nummer von Konten bzw. Depots sowie dem Namen des Inhabers und des Verfügungsberechtigten zu führen. Über § 802l I 1 Nr. 2 ZPO kann der Gerichtsvollzieher auf diese Daten zugreifen. Damit ermöglicht diese Vorschrift dem Gläubiger den Zugriff auf Konten und Depots des Schuldners im Wege der Pfändung (→ Rn. 330 ff.).
- Er kann schließlich beim Kraftfahrt-Bundesamt ermitteln, ob auf den Schuldner als Halter ein **Fahrzeug** zugelassen ist. Dadurch erlangt der Gläubiger Informationen für einen möglichen Zugriff im Wege der Sachpfändung.

Über die Ergebnisse seiner Auskünfte nach § 802l I 1 ZPO setzt der Gerichtsvollzieher den Gläubiger unverzüglich und den Schuldner innerhalb von vier Wochen nach Erhalt in Kenntnis, § 802l III ZPO. Daher empfiehlt es sich für den Gläubiger, umgehend nachdem er vom Gerichtsvollzieher über die erzielten Ergebnisse informiert worden ist und bevor diese an den Schuldner gelangen, weitere Vollstreckungsschritte zu beantragen, wie zB einen Pfändungs- und Überweisungsbeschluss in Bezug auf die Lohnforderung des Schuldners gegen seinen Arbeitgeber, eine Pfändung der ermittelten Bankkonten oder -depots des Schuldners oder seines Fahrzeugs. Die erzielten Ergebnisse darf der Gerichtsvollzieher nicht für andere Vollstreckungsverfahren verwenden. 173

B. Strategien des Gläubigers zur Verwirklichung seiner Forderung

Wer eine Forderung im Wege der Zwangsvollstreckung verwirklichen möchte, hat es mit einem zahlungsunwilligen oder -unfähigen Schuldner zu tun. Er muss zum einen damit rechnen, dass der Schuldner mögliche Vermögenswerte verheimlichen oder verschieben möchte, um dem Vollstreckungszugriff zu entgehen, zum anderen, dass noch weitere Gläubiger gegen diesen Schuldner vorgehen werden. Der Gläubiger muss also danach trachten, entweder den Schuldner alsbald zu einer freiwilligen Leistung zu veranlassen oder rasch und effizient im Wege der Zwangsvollstreckung auf dessen Vermögenswerte zuzugreifen. Die Befugnisse des Gerichtsvollziehers zur vorgeschalteten Sachaufklärung nach §§ 802a bis 802l ZPO geben ihm dazu geeignete Mittel an die Hand. Für eine erfolgreiche Forderungsverwirklichung wird es entscheidend darauf ankommen, dass der Gläubiger die **richtigen Anträge** stellt. 174

Sofern die Unwilligkeit oder Unfähigkeit des Schuldners zur Zahlung nicht evident ist, sollte der Gläubiger die Möglichkeit von **Zahlungsvereinbarungen** des Gerichtsvollziehers mit dem Schuldner nicht ausschließen. Der dadurch für den Schuldner bewirkte Vollstreckungsaufschub (§ 802b II 2 ZPO) wird nämlich vielfach einen Anreiz zur freiwilligen Leistung bieten. Zudem kann durch eine Sachpfändung zunächst Druck auf den Schuldner ausgeübt werden, da Zahlungsvereinbarungen als 175

Form der gütlichen Erledigung in jeder Lage des Verfahrens möglich sind (§ 802b I ZPO). Konkret zu beantragen hat der Gläubiger dies gem. § 802a II 2 ZPO regelmäßig nicht.

176 Soweit der Schuldner keine freiwilligen Leistungen auf die Forderung des Gläubigers erbringt, muss dieser versuchen, **schnelle** und **effiziente** Vollstreckungsmaßnahmen zu beantragen. Die Effizienz bemisst sich danach, inwieweit dadurch die Verwirklichung seiner Forderung erreicht werden kann. Entscheidend für die Strategie des Gläubigers ist zunächst einmal, alsbald in Erfahrung zu bringen, welche **Vermögenswerte** der Schuldner hat. Sofern der Gläubiger noch nicht über Informationen hierüber verfügt, kann er sich die Befugnisse des Gerichtsvollziehers zur **vorgeschalteten Sachaufklärung** (§§ 802a bis 802l ZPO, vgl. → Rn. 156 ff.) zunutze machen. Daher sollte er sofort den Gerichtsvollzieher mit der Einholung einer **Vermögensauskunft** des Schuldners (§ 802c ZPO) beauftragen. Scheitert diese oder lässt eine Vollstreckung in die darin angegebenen Vermögenswerte eine vollständige Befriedigung des Gläubigers nicht erwarten, so kann er den Gerichtsvollzieher mit der Einholung von **Auskünften Dritter** gem. § 802l ZPO beauftragen. Der Gläubiger sollte dies in seinem ursprünglichen Vollstreckungsauftrag hilfsweise gleich mit beantragen.

177 Hat der Gläubiger auf diesem Wege Informationen über das Vermögen des Schuldners erlangt, kann er die **Auswahl** treffen, in welche Vermögenswerte er vollstrecken möchte; dadurch entscheidet er implizit, welche der verschiedenen **Arten der Zwangsvollstreckung** wegen Geldforderungen zum Einsatz kommen sollen. Sofern der Zugriff auf **Forderungen** des Schuldners gegen Dritte möglich ist, sollte dieser Weg als besonders schnell und effizient gegangen werden. Die hierzu nötigen Informationen erhält der Gläubiger durch die Vermögensauskunft des Schuldners, notfalls kann er sie für die besonders wichtigen Fälle des Arbeitseinkommens und von Forderungen gegen Kreditinstitute nach Maßgabe des § 802l I 1 Nr. 1, 2 ZPO erlangen. Freilich scheiden die genannten Mittel der Fremdauskunft bei **Bagatellforderungen** bis 500 EUR gem. § 802l I 2 Hs. 1 ZPO aus, so dass zur Ermittlung von Arbeitseinkommen oder Konten die bislang üblichen Praktiken einzusetzen sind: Der eine Weg führt über die Sachpfändung und wird nachfolgend beschrieben (→ Rn. 178). Ansonsten bleibt dem Gläubiger nur der Weg, auf eigene Faust Konten des Schuldners bei Kreditinstituten auszukundschaften: zum einen kann er mehreren Kreditinstituten am Wohnsitz des Schuldners einen Pfändungs- und Überweisungsbeschluss über den Saldo des Kontos zustellen lassen, selbst auf die Gefahr hin, dass diese ganz oder teilweise ins Leere laufen;[110] zum anderen kann er bei sämtlichen Kreditinstituten in der Nähe des Wohn- oder Geschäftssitzes des Schuldners kleinere Beträge auf dessen Namen einzahlen, um herauszufinden, ob dieser bei einem von ihnen ein Konto unterhält.[111]

178 Demgegenüber ist die **Sachpfändung** langwierig und oft wenig erfolgversprechend. Lassen sich auf Grund der Vermögensauskunft oder von Drittauskünften keine relevanten Forderungen des Schuldners gegen Dritte aufspüren, so bleibt ein Antrag auf Sachpfändung gleichwohl angezeigt. Den Zugriff auf Fahrzeuge des Schuldners erleichtert die Auskunftsmöglichkeit beim Kraftfahrt-Bundesamt (§ 802l I 1 Nr. 3 ZPO). Allerdings kann der Gläubiger ein Interesse daran haben, an Stelle einer vorgeschalteten Sachaufklärung sofort eine Sachpfändung zu beantragen. Er kann den Schuldner so ohne das Erfordernis einer zweiwöchigen Fristsetzung (§ 802f I 1

---

110 Dies ist grundsätzlich zulässig, BGH NJW 2004, 2096 f.
111 Dazu *Schmittmann/David* Rn. 36, 338.

ZPO) zur sofortigen Abgabe der Vermögensauskunft veranlassen, wenn der Schuldner die Durchsuchung verweigert oder der Pfändungsversuch aussichtslos sein wird (§ 807 ZPO). Dieser Weg empfiehlt sich, wenn der Verdacht besteht, dass der Schuldner Vermögenswerte dem Zugriff entziehen möchte und daher nichts Pfändbares in seiner Wohnung haben wird. Anlässlich der Sachpfändung erlangte Informationen zu Forderungen des Schuldners gegen Dritte leitet der Gerichtsvollzieher nach Maßgabe des § 806a ZPO an den Gläubiger weiter. Es empfiehlt sich daher, zusammen mit der Sachpfändung einen Antrag auf Vorpfändung nach § 845 I 2 ZPO und auf Hilfspfändung von Legitimationspapieren (Sparbuch) zu stellen.

Die Vollstreckung in **Immobilien** empfiehlt sich dann, wenn der Gläubiger Inhaber 179 eines Grundpfandrechts ist und daher aus einem **dinglichen Titel** vollstrecken kann. Dagegen ist dieser Weg bei einem reinen Leistungstitel auf Geldzahlung wenig lukrativ, da er einerseits langwierig und kostenintensiv ist,[112] andererseits der persönliche Gläubiger sämtlichen Grundpfandrechtsinhabern gegenüber nachrangig zum Zuge kommt (→ Rn. 435). Hat der Schuldner indes kein sonstiges verwertbares Vermögen, so bleibt selbst für geringfügige Forderungen ohne dingliche Absicherung nur der Weg der Immobiliarvollstreckung.

Je nach der ermittelten Vermögenslage des Schuldners kann es sich daher für den 180 Gläubiger empfehlen, **mehrspurig** zu verfahren. So kann er mit der kombinierten Sach- und Vorpfändung noch die Eintragung einer Zwangshypothek bezüglich einer Immobilie des Schuldners beantragen,[113] benötigt aber für letzteres eine weitere vollstreckbare Ausfertigung (§ 733 ZPO) zur Vorlage beim Grundbuchamt. Nur bei intelligenter Stellung des Vollstreckungsantrages und der Nutzung kombinierter Strategien kann es der Gläubiger wirksam vermeiden, mit seinem Antrag zu scheitern und im Wettlauf mit anderen Gläubigern (§ 804 III ZPO!) wertvolle Zeit mit der Stellung neuer Anträge zu verlieren.

C. Verfahren bei der Vollstreckung durch den Gerichtsvollzieher

Soweit die Vollstreckung dem Gerichtsvollzieher obliegt, ist das Verfahren an verstreu- 181 ten Stellen im 8. Buch der ZPO geregelt. Verfahrensgrundsätze normieren §§ 802a I, 802b I ZPO; allgemeine Verfahrensregeln enthalten §§ 753 bis 763 ZPO sowie speziell für die Zwangsvollstreckung wegen Geldforderungen §§ 802a bis 802l ZPO; § 802a II ZPO führt die Regelbefugnisse des Gerichtsvollziehers auf; weitere Befugnisse und Verfahrensregeln finden sich in §§ 806a, 807 ZPO für die Zwangsvollstreckung wegen Geldforderungen in das bewegliche Vermögen. Nachfolgend sollen diejenigen Verfahrensregeln erörtert werden, welche unabhängig von der Vollstreckungsart (§§ 753 bis 763 ZPO) oder allgemein für die hier zu behandelnde Zwangsvollstreckung wegen Geldforderungen gelten, soweit dies nicht bereits in dem vorherigen Abschnitt über die Sachaufklärung geschehen ist. Auf die besonderen Regeln für die Vollstreckung in körperliche Sachen ist am dortigen Ort einzugehen (→ Rn. 216 ff.).

I. Grundsätze

§ 802a ZPO normiert neben den Regelbefugnissen des Gerichtsvollziehers ausweis- 182 lich seiner Überschrift auch Grundsätze der Vollstreckung. Bei näherer Betrachtung

[112] *Schmittmann/David* Rn. 493.
[113] *Schmittmann/David* Rn. 186.

bringt lediglich Absatz 1 einen solchen Grundsatz zum Ausdruck, nämlich den der effizienten Vollstreckung.[114] Durch die Verzahnung in §§ 802a II 1 Nr. 1 und 802b I ZPO wird deutlich, dass das darin enthaltene Gebot, auf eine gütliche Erledigung hinzuwirken, im Zusammenhang mit dem Grundsatz der effizienten Vollstreckung zu sehen ist und ihm ebenfalls Leitfunktion zukommt.[115] Nach der systematischen Stellung gelten diese Grundsätze indes nur für die Vollstreckung durch den Gerichtsvollzieher im Rahmen der Zwangsvollstreckung wegen Geldforderungen; sie betreffen also überwiegend die Pfändung körperlicher Sachen.

1. Effiziente Vollstreckung

183 Gem. § 802a I ZPO wirkt der Gerichtsvollzieher „auf eine zügige, vollständige und Kosten sparende Beitreibung von Geldforderungen hin." Damit wird erstmals der Grundsatz der effizienten Vollstreckung ausdrücklich normiert.[116] Nach Ansicht des Gesetzgebers ist „Richtschnur der Vorgehensweise des Gerichtsvollziehers (...) danach die möglichst zeitnahe und vollständige Befriedigung des Gläubigers, bei der jeder überflüssige Aufwand vermieden werden soll."[117] Es soll sich dabei lediglich um einen Programmsatz als Leitlinie für die Rechtsanwendung des Gerichtsvollziehers handeln, aus der alleine jedoch keine konkreten Folgen abzuleiten seien. Es bleibt abzuwarten, ob die Rspr. daraus nicht doch konkrete Pflichten des Gerichtsvollziehers folgern wird.[118]

Ausdruck des Wunsches, die Effizienz der Vollstreckung zu steigern, sind die Befugnisse des Gerichtsvollziehers, durch eine vorgelagerte Sachaufklärung die für den Gläubiger relevanten Informationen zu beschaffen, sowie die Modernisierung des Vermögensverzeichnisses und des Schuldnerverzeichnisses.[119]

2. Gütliche Erledigung

184 Im Zusammenhang mit dem Grundsatz effizienter Vollstreckung steht das Gebot an den Gerichtsvollzieher, in jeder Lage des Verfahrens auf eine gütliche Einigung bedacht zu sein, § 802b I ZPO. Die Vorschrift gilt für alle Abschnitte der Zwangsvollstreckung, mithin von der Beantragung der Abnahme der Vermögensauskunft bis zur Eintragung des Schuldners in das Schuldnerverzeichnis, soll aber lediglich eine Leitlinie darstellen.[120] Kommt der Gerichtsvollzieher dem Gebot des § 802b I ZPO nicht nach, so können der Gläubiger oder Schuldner dies lediglich mit dem Rechtsbehelf der Erinnerung aus § 766 ZPO angreifen. Ausprägungen dieses Gebotes sind das Erfordernis, vor Durchführung einer Vollstreckung den Schuldner zur Leistung aufzufordern (→ Rn. 190), sowie die Befugnis des Gerichtsvollziehers aus § 802b II und III ZPO, Zahlungsvereinbarungen mit dem Schuldner zu treffen, sofern der Gläubiger diese Möglichkeit nicht ausschließt (→ Rn. 193 ff.).

Die Norm erstreckt das an den Richter im Erkenntnisverfahren gerichtete Gebot des § 278 I ZPO auf den Gerichtsvollzieher in der Zwangsvollstreckung und erscheint

---

[114] Dies entspricht der Sichtweise des Gesetzgebers, BT-Drs. 16/10069, 24.
[115] BT-Drs. 16/10069, 24 zu § 802a I ZPO, einerseits, und zu § 802b I ZPO, andererseits.
[116] Zuvor war in § 806b S. 1 ZPO aF lediglich ein Gebot zur zügigen Erledigung enthalten gewesen.
[117] BT-Drs. 16/10069, 24.
[118] In diesem Sinne BeckOK ZPO/*Fleck* § 802a Rn. 3; weitergehend Musielak/*Voit* § 802a Rn. 2 (Auslegung zur Konkretisierung der Amtspflichten); *Goebel* S. 55 (§ 802a enthalte bereits gesetzliche Amtspflichten).
[119] In diesem Sinne auch *Gaul/Schilken/Becker-Eberhard* § 5 Rn. 81.
[120] BT-Drs. 16/10069, 24.

daher bedenklich, weil damit eine Übertragung eigentlich richterlicher Aufgaben auf den Gerichtsvollzieher einhergeht.[121] Immerhin wird dem Gerichtsvollzieher ein erheblicher Beurteilungs- und Ermessensspielraum eingeräumt. Er kann jedoch nicht eigenmächtig Vereinbarungen mit dem Schuldner treffen, so dass die notwendige Mitwirkung des Gläubigers zu einer gewissen Kontrolle führt. Da getroffene Abreden jederzeit mit der Erinnerung angegriffen werden können, ist überdies jedenfalls eine nachträgliche Kontrolle gewährleistet.

II. Verfahrensregeln

Das Tätigwerden des Gerichtsvollziehers setzt voraus, dass er für die erstrebten Voll- 185 streckungshandlungen zuständig ist (→ Rn. 64 ff.) und der Gläubiger einen ordnungsgemäßen Vollstreckungsantrag (→ Rn. 54 ff.) gestellt hat.

1. Legitimationsgrundlagen

Grundlagen für die Vornahme der Zwangsvollstreckung und die weiteren Befugnisse 186 des Gerichtsvollziehers sind der Vollstreckungsauftrag des Gläubigers und die Übergabe der vollstreckbaren Ausfertigung des Vollstreckungstitels (→ Rn. 107 ff.) durch den Gläubiger an den Gerichtsvollzieher. § 802a II 1 ZPO stellt dies für die **Regelbefugnisse** des Gerichtsvollziehers im Vollstreckungsverfahren klar (→ Rn. 20, → Rn. 156). Allerdings genügt es nicht, wenn der Gläubiger dem Gerichtsvollzieher nur einen allgemeinen **Vollstreckungsauftrag** erteilt, vielmehr verlangt § 802a II 2 ZPO, dass die nach S. 1 dieser Vorschrift zu treffenden Maßnahmen darin bezeichnet werden. Der Auftrag, eine gütliche Erledigung der Sache zu versuchen, muss jedoch nicht eigens aufgeführt werden, sofern sich der Auftrag nicht hierin erschöpfen soll, § 802a II 2 Hs. 2 ZPO. Der Gläubiger ist frei, nur eine einzelne Maßnahme zu beauftragen oder mehrere, eine Reihenfolge für deren Vornahme vorzusehen, die Maßnahmen einzuschränken oder von Bedingungen abhängig zu machen, so etwa, dass ein Vermögensverzeichnis nur zuzuleiten sei, wenn es nicht älter als sechs Monate ist.[122]

Im Verhältnis zum **Gläubiger** und unabhängig von dessen Willen ist der Gerichts- 187 vollzieher ermächtigt, Zahlungen des Schuldners anzunehmen und zu quittieren, § 754 I ZPO. Soweit der Gläubiger dies nicht ausgeschlossen hat, kann der Gerichtsvollzieher Zahlungsvereinbarungen mit dem Schuldner mit Wirkung für den Gläubiger treffen, § 754 I iVm § 802b ZPO.

Früher oblag es dem Gläubiger, bei **unbekanntem Wohnsitz** oder gewöhnlichem 188 Aufenthaltsort des **Schuldners** diesen zu ermitteln. Zur Zeitersparnis überträgt § 755 ZPO dem Gerichtsvollzieher die Befugnis, bei der Meldebehörde oder hilfsweise bei anderen Behörden Auskünfte über den Aufenthalt des Schuldners einzuholen, sofern der Gläubiger ihn damit beauftragt.[123]

Im Verhältnis zum **Schuldner** und zu **Dritten** wird der Gerichtsvollzieher durch den 189 Besitz der vollstreckbaren Ausfertigung des Titels zur Empfangnahme von Zahlungen und deren Quittierung sowie zur Vornahme der Zwangsvollstreckung legitimiert, § 754 II 1 ZPO.

---

[121] MüKoZPO/*Wagner* § 802b Rn. 2 ff.

[122] Insgesamt dazu *Harnacke/Bungardt* DGVZ 2013, 1 ff. mit zahlreichen Beispielen; zu der im Text aufgeführten Bedingung s. Beispiel 17 bei *Harnacke/Bungardt* DGVZ 2013, 1 (4).

[123] Näher dazu *Harnacke* DGVZ 2012, 197 (198 f.); *Goebel* S. 47 ff.; Beispiele bei *Harnacke/Bungardt* DGVZ 2013, 1 (2 f.).

2. Freiwillige Leistungen des Schuldners

Lit.: Brox/Walker Rn. 310 ff.; Lippross Rn. 194 ff.

190 Bevor der Gerichtsvollzieher mit dem eigentlichen Vollstreckungsakt der Pfändung beginnt, muss er den Schuldner ein letztes Mal dazu **auffordern**, die Leistung freiwillig zu erbringen. Indirekt folgt dies aus der Ermächtigung des § 754 I ZPO und dem Gebot des § 802b I ZPO zur gütlichen Erledigung des Verfahrens, ausdrücklich aus § 802f I 1 ZPO für die vorgeschaltete Abnahme der Vermögensauskunft und allgemein aus § 59 I 3, II GVGA. Pfändet der Gerichtsvollzieher ohne eine derartige Aufforderung, so kann der Schuldner hiergegen Erinnerung nach § 766 ZPO einlegen. Ist diese begründet, muss der Gläubiger sogar die Vollstreckungskosten tragen (§ 788 I 1 ZPO), kann aber selbst wegen der Amtspflichtverletzung des Gerichtsvollziehers Regress gegen den Staat nehmen, da ihm ein Amtshaftungsanspruch nach § 839 BGB iVm Art. 34 S. 1 GG zusteht.

191 Geht der Schuldner auf die Aufforderung ein, so erlangt der Gerichtsvollzieher ihm gegenüber nach § 754 II ZPO, dem Gläubiger gegenüber nach § 754 I ZPO die **Annahmeermächtigung** für Zahlungen. Leistungen des Schuldners an den Gerichtsvollzieher haben verfahrens- und materiellrechtliche Wirkungen, die davon abhängen, ob die Leistung vollständig oder nur zum Teil erfolgt. Für die **materiellrechtlichen** Wirkungen des § 362 BGB kommt es nur darauf an, inwieweit der Schuldner seine Verbindlichkeit gegenüber dem Gläubiger erfüllt. Bei vollständiger Zahlung an den Gerichtsvollzieher wird er von seiner Leistungspflicht gem. § 362 BGB frei. Die befreiende Wirkung tritt selbst dann ein, wenn der Gläubiger dem Gerichtsvollzieher gar keinen oder einen nur beschränkten Vollstreckungsauftrag erteilt hat oder diesen später zurückgenommen hat, § 754 II 2 ZPO. Selbst wenn das Geld nicht bei dem Gläubiger ankommt, weil es dem Gerichtsvollzieher abhandengekommen ist, tritt die Erfüllungswirkung mit der Leistung an den Gerichtsvollzieher analog § 815 III ZPO ein. Bei der freiwilligen Leistung auf ein **vorläufig vollstreckbares Urteil** soll im Zweifel lediglich die Zwangsvollstreckung abgewandt werden. Sie erfolgt unter der aufschiebenden Bedingung, dass der Titel rechtskräftig wird, und hat daher davor noch keine Erfüllungswirkung iSd § 362 BGB (→ Rn. 97).[124]

192 **Verfahrensrechtlich** kommt es wegen § 788 I darauf an, ob der Schuldner neben der Hauptforderung und den Zinsen auch die notwendigen Kosten der Zwangsvollstreckung beglichen hat. Nur dann kann von einer vollständigen Leistung des Schuldners die Rede sein. Für diesen Fall erhält er gem. § 757 ZPO die vollstreckbare Ausfertigung und eine Quittung. Deren Vorteil besteht darin, dass der Schuldner sie einem erneuten Vollstreckungsversuch gem. § 775 Nr. 4 ZPO entgegenhalten kann. Dagegen sind **Teilzahlungen** vom Gerichtsvollzieher lediglich auf der vollstreckbaren Ausfertigung zu vermerken und eine Quittung über die Teilzahlung auszustellen, § 757 I Hs. 2 ZPO. Der Schutz vor nochmaliger Inanspruchnahme, den § 757 ZPO dem Schuldner einräumt, greift übrigens nicht nur bei freiwilligen Leistungen, sondern auch bei **zwangsweiser Eintreibung**.

3. Zahlungsvereinbarungen mit dem Schuldner

193 Zu den Regelbefugnissen des Gerichtsvollziehers gehört es, im Interesse einer gütlichen Erledigung des Verfahrens eine Zahlungsvereinbarung mit dem Schuldner zu schließen, §§ 802a II 1 Nr. 1 iVm 802b II, III ZPO. Im Hinblick auf § 802b I ZPO besteht diese Möglichkeit grundsätzlich in jedem Stadium des Verfahrens bis zur

---

[124] BGH NJW 1981, 2244.

Eintragung des Schuldners im Schuldnerverzeichnis. Praktisch wird eine solche Vereinbarung wohl am häufigsten vor Beginn der Vollstreckung getroffen werden, doch macht sie durchaus sogar nach Abgabe des Vermögensverzeichnisses Sinn, weil dadurch die Anordnung der Eintragung des Schuldners in das Schuldnerverzeichnis (§ 882c ZPO) hinausgeschoben werden kann.[125] In der Praxis ist die Zahlungsvereinbarung von großer Bedeutung.

a) Voraussetzungen

194 Der Abschluss einer Zahlungsvereinbarung durch den Gerichtsvollzieher setzt das **Einverständnis** des **Gläubigers** voraus. Allerdings wird dessen Vorliegen von § 802b II 1 ZPO widerleglich **vermutet**, so dass der Gerichtsvollzieher im Regelfall zu dieser Maßnahme befugt ist. Der Gläubiger kann aber als Ausdruck seiner Dispositionsmacht (→ Rn. 36) diese Befugnis im Vollstreckungsauftrag ausdrücklich ausschließen, einschränken oder erweitern. So kann er eine Zahlungsvereinbarung von einer bestimmten Mindesthöhe der Raten oder einer bestimmten Höchstdauer der Tilgungsfrist abhängig machen, umgekehrt aber die in § 802b II 3 ZPO vorgesehene Tilgungsdauer von zwölf Monaten verlängern.[126] Nach § 802b II 3 ZPO soll die Tilgung binnen zwölf Monaten abgeschlossen sein. Da es sich um eine Sollvorschrift handelt, kann der Gläubiger im Vollstreckungsauftrag eine kürzere oder längere **Tilgungsfrist** vorgeben; ohne Vorgaben des Gläubigers ist der Gerichtsvollzieher befugt, ausnahmsweise eine längere Frist zu gewähren.

Der **Schuldner** muss glaubhaft darlegen und ggf. belegen, dass er die nach Höhe und Zeitpunkt vereinbarten Raten erbringen können wird, § 802b II 1 ZPO. Maßgeblich ist die titulierte Forderung des Gläubigers samt Zinsen und notwendigen Kosten der Vollstreckung (§ 788 I ZPO). Die Darlegung des Schuldners hat der Gerichtsvollzieher frei zu würdigen, ohne an die Beweisregeln insb. des § 294 ZPO gebunden zu sein; ihm steht dabei ein weites Ermessen zu.[127]

b) Ausgestaltung

195 Die Vereinbarung kann dem Schuldner entweder eine Zahlungsfrist einräumen oder eine Ratenzahlung gestatten. Der Gerichtsvollzieher kann beide Varianten miteinander kombinieren. Die genauen Modalitäten der Vereinbarung (Zeitpunkt der Zahlung oder Termine und Höhe der Raten, Art der Zahlung und deren Adressat etc) hat der Gerichtsvollzieher in einem **Zahlungsplan** (§ 802b II 2 ZPO) festzuhalten und zu protokollieren (§ 762 ZPO). Für geleistete Beträge erteilt er dem Schuldner eine Quittung nach § 757 ZPO (→ Rn. 192).

c) Wirkungen, vor allem Vollstreckungsaufschub

196 Der Gesetzgeber hat mit der Wahl des Wortes Zahlungsvereinbarung ausdrücklich klargestellt, dass es sich nicht um eine Stundung der titulierten Forderung handelt. Daher knüpfen sich an eine Zahlungsvereinbarung **keine materiellrechtlichen** Folgen: sie hat keinen Einfluss auf die Fälligkeit und den Verzug der Forderung; Zinsen laufen trotzdem grundsätzlich weiter.[128]

197 Die Wirkungen eines Zahlungsplans beschränken sich demnach auf das Vollstreckungsrecht. Zunächst bewirkt die Aufstellung eines Zahlungsplanes zu Gunsten des Schuldners einen **Vollstreckungsaufschub** (§ 802b II 2 ZPO). Solange dieser gilt,

---

125 *Harnacke* DGVZ 2012, 197 (199).
126 Dazu BT-Drs. 16/10069, 24.
127 Näher dazu Kindl/Meller-Hannich/Wolf/*Sternal* § 802b ZPO Rn. 10 f.
128 BT-Drs. 16/13432, 42.

darf die Vollstreckung weder durch den Gerichtsvollzieher noch durch andere Vollstreckungsorgane fortgesetzt werden, bereits getroffene Maßnahmen bleiben jedoch bestehen. Einen bereits bestimmten Termin zur Abnahme der Vermögensauskunft oder zur Verwertung gepfändeter Sachen hat der Gerichtsvollzieher auf einen Zeitpunkt nach dem nächsten Zahlungstermin zu verlegen.

d) Wegfall des Vollstreckungsaufschubes

198 Die Herrschaft des Gläubigers über das Verfahren manifestiert sich darin, dass der Gerichtsvollzieher ihn unverzüglich (§ 121 I 1 BGB) über einen festgesetzten Zahlungsplan und den dadurch bewirkten Vollstreckungsaufschub zu unterrichten hat. Dadurch soll der Gläubiger die Möglichkeit erhalten, hierzu Stellung zu nehmen (§ 802b III 1 ZPO). **Widerspricht** der **Gläubiger** unverzüglich, so wird der Zahlungsplan hinfällig und endet der Vollstreckungsaufschub, sobald der Schuldner von dem Widerspruch unterrichtet worden ist, § 802b III 2 ZPO. Ein verspäteter Widerruf bleibt hingegen folgenlos.

199 Die gleiche Wirkung hat es, wenn der **Schuldner** mit einer festgesetzten Zahlung ganz oder teilweise länger als zwei Wochen in **Rückstand** gerät, § 802b III 3 ZPO. Ob der Schuldner dadurch in Verzug gerät, ist unerheblich, so dass es auf ein Verschulden des Schuldners nicht ankommt. Möchte der Schuldner diese Wirkungen vermeiden, so kann er mit dem Gläubiger Kontakt aufnehmen, um eine Abänderung des Zahlungsplanes auszuhandeln.[129]

4. Durchführung der Vollstreckung

200 Hier sollen die allgemeinen Vorschriften zur Durchführung der Vollstreckung durch den Gerichtsvollzieher nach §§ 753 bis 763 ZPO erörtert werden. Die speziellen Bestimmungen zur Durchführung einzelner Vollstreckungsmaßnahmen werden bei diesen behandelt. Regelungen gibt es zum Zeitpunkt und zum Ort der Vollstreckung sowie zu den Zwangsbefugnissen des Gerichtsvollziehers.

a) Vollstreckungszeitpunkt

Lit.: Brox/Walker Rn. 306 ff.; Lippross Rn. 191 f.

201 Eine Pfändung soll gem. § 758a IV ZPO nicht zur Unzeit stattfinden, dh nicht an Sonn- und Feiertagen oder zur Nachtzeit. Die Nachtzeit umfasst die Stunden von 21 bis 6 Uhr. Der Gerichtsvollzieher entscheidet innerhalb dieser Grenzen jedoch in eigener Verantwortung über den Zeitpunkt der Pfändung. Diesbezüglich hat der Gläubiger kein Weisungsrecht.

202 Eine Pfändung zur Unzeit in der **Schuldnerwohnung** (auch in Arbeits- und Betriebsstätten) kann dagegen nur durch **richterliche Anordnung** zugelassen werden, § 758a IV 1 ZPO aE. Wegen des Verhältnismäßigkeitsgrundsatzes soll der Gerichtsvollzieher im Regelfall aber zunächst einen erfolglosen Vollstreckungsversuch zur normalen Zeit unternommen haben. Denkbar ist die Anordnung bspw. bei einer ständigen Abwesenheit des Schuldners tagsüber oder wenn nur die Pfändung zur Unzeit Erfolg verspricht, zB bei einer Kassenpfändung in einem Nachtlokal. Ist eine Pfändung nach der Anordnung zunächst zulässig, müssen dennoch unbillige Härten berücksichtigt werden, die ggf. zum Absehen von Vollstreckungsmaßnahmen führen können und müssen.

---

[129] BT-Drs. 16/10069, 25.

So können sich Einschränkungen aus übergeordneten Rechten des Schuldners ergeben, zB soll keine Pfändung während dessen Hochzeitsfeierlichkeiten stattfinden. Die Anordnung ist jedoch bei Gefahr im Verzug oder Einwilligung des Schuldners entbehrlich, § 758a I ZPO.

b) Vollstreckungsort

Hierzu trifft das Gesetz keine Aussage. Vollstreckt werden kann überall dort, wo sich 203
für den Vollstreckungszugriff geeignetes Vermögen des Schuldners befindet: in der Wohnung des Schuldners oder seinen Geschäftsräumen, auf der Straße etc. Für den Gerichtsvollzieher ergeben sich Grenzen aus seiner örtlichen Zuständigkeit. Für die Vollstreckung in der Wohnung des Schuldners sind gesetzliche Beschränkungen (§§ 758 f. ZPO) sowie das Grundrecht der Unverletzlichkeit der Wohnung aus Art. 13 GG zu beachten.

c) Zwangsbefugnisse des Gerichtsvollziehers

Lit.: Brox/Walker Rn. 318 ff.

Fall 6:

Der Gerichtsvollzieher Unwirsch möchte einen Titel der Frau Grau bei Herrn Simpel voll- 204
strecken. Als er bei Simpel an der Wohnungstür klingelt, um in der Wohnung eine Pfändung durchzuführen, weigert sich dieser, zu öffnen. Kann Unwirsch die Wohnung sofort von einem Schlosser öffnen lassen? Kann er dies später um 23 Uhr? Darf Unwirsch dem Simpel, den er anderntags auf der Straße trifft, Geld aus dessen Geldbeutel nehmen?

→ Rn. 214.

Die Zwangsbefugnisse des Gerichtsvollziehers sind in §§ 758 ff. ZPO geregelt. Bei 205
Durchsuchungsmaßnahmen in der Wohnung des Schuldners ist § 758a ZPO zu beachten, der eine richterliche Durchsuchungsanordnung voraussetzt. Diese Vorschrift stellt eine Reaktion auf ein Urteil des BVerfG[130] dar, welches den besonderen verfassungsrechtlichen Schutz der Wohnung iSd Art. 13 GG auch bei der Sachpfändung angemahnt hatte. Es ist daher zwischen allgemeinen Zwangsbefugnissen des Gerichtsvollziehers und dem Sonderfall der Wohnungsdurchsuchung zu differenzieren.

aa) Allgemeine Befugnisse des § 758 ZPO

Nach § 758 I ZPO ist das **Durchsuchen** zum **Zwecke des Auffindens pfändbarer** 206
Sachen durch den Gerichtsvollzieher möglich. Dabei können Behältnisse bzw. alles, was dem Schuldner zur Aufbewahrung von Sachen dient, durchsucht werden. Werden Taschen in Kleidungsstücken durchsucht, handelt es sich um die sog Taschenpfändung. Durchsuchen definiert sich als ziel- und zweckgerichtetes Suchen nach Personen, insb. nach dem Schuldner, und nach (pfändbaren) beweglichen Sachen.

Nach § 758 II ZPO hat der Gerichtsvollzieher die Möglichkeit, eine Wohnung zu öffnen, sofern dies sachgerecht ist.

---

130 BVerfGE 51, 97 = NJW 1979, 1539.

§ 758 III ZPO rechtfertigt sogar Gewaltanwendung bei Widerstand gegen eine Durchsuchung oder Öffnung, entweder durch eigene Anwendung unmittelbarer Gewalt oder seitens der **herbeigerufenen Polizei**. Wendet der **Gerichtsvollzieher selbst Gewalt** an oder wird in Abwesenheit des Schuldners dessen Wohnung nach Absatz 2 aufgebrochen, so bestimmt § 759 ZPO, dass dies nur unter Hinzuziehung von **Zeugen** geschehen kann.

bb) Der Richtervorbehalt des § 758a I ZPO

207 Nach §§ 758 I, 758a ZPO darf die **Wohnung** des Schuldners nur auf Grund einer Anordnung des Vollstreckungsgerichts durchsucht werden. Dies ist zugleich unmittelbarer Ausfluss des Grundrechts des Vollstreckungsschuldners auf Unverletzlichkeit der Wohnung gem. Art. 13 II GG.[131]

Da Pfändungsakte des Gerichtsvollziehers außer in Geschäftsräumen meistens in den Wohnräumen des Schuldners stattfinden, ist § 758 ZPO fast immer iVm § 758a ZPO zu sehen. Das Öffnen von Türen und eine Gewaltanwendung gehen einer nicht durch den Schuldner gestatteten Wohnungsdurchsuchung denklogisch voraus und stehen deshalb ebenfalls unter dem Anordnungsvorbehalt des § 758a ZPO.

208 Das Schutzobjekt ist die **Wohnung** des Schuldners, und dieser Begriff ist wegen des grundrechtlichen Schutzes durch Art. 13 I, II GG weit auszulegen: so werden auch ein dazugehöriger Hof, Garten und Garage einbezogen; daneben sind Arbeits-, Betriebs-, Büro- und Geschäftsräume umfasst.

Wegen des Schutzzwecks des Art. 13 GG ist § 758a ZPO ebenfalls anwendbar, wenn Pfändungsobjekte **nicht ziel- und zweckgerichtet** gesucht werden müssen, weil sie offen zu Tage liegen.

209 Die Anordnungspflicht entfällt, wenn der Schuldner in die Durchsuchung wirksam **einwilligt**, sowie bei **Gefahr im Verzug** (§ 758a I 2 ZPO, Art. 13 II GG). Zur Annahme von Gefahr im Verzug sind konkrete, verdachtsbegründende Umstände dafür erforderlich, dass der Schuldner die Vollstreckung vereiteln möchte, zB durch Verschieben oder Wegschaffen von Sachen.

210 Entbehrlich ist eine Anordnung gem. § 758a II ZPO bei der Räumungsvollstreckung (§ 885 ZPO) und der Verhaftung des Schuldners (§ 802g ZPO), da hierfür ein Titel erforderlich ist, welcher bereits die Durchsuchungsanordnung in sich trägt. § 758a III ZPO normiert eine Duldungspflicht von Mitgewahrsamsinhabern der Wohnung (zB bei Wohngemeinschaften).

cc) Erteilung der Anordnung

211 Der Antrag des Gläubigers ist beim zuständigen Amtsrichter zu stellen. Hierfür gibt es ein verbindlich zu verwendendes Formular nach § 758a VI ZPO.[132] Dem Antrag wird stattgegeben, wenn die **Erforderlichkeit der Durchsuchung** zu bejahen ist. Dies ist der Fall, wenn der Schuldner sich erkennbar der Durchsuchung widersetzen wird oder dies bereits getan hat.

Daneben ist natürlich auch hier der **verfassungsrechtliche Verhältnismäßigkeitsgrundsatz** zu beachten, der beispielsweise eine Genehmigung, wenn schwer erkrankte Familienangehörige in der Wohnung leben, ausschließt.

212 Die hM folgert aus der Voraussetzung der Erforderlichkeit des § 758 I ZPO, dass ein Rechtsschutzbedürfnis nur dann bestehe, wenn der zuvor angehörte Schuldner die

---

[131] BVerfGE 51, 97 = NJW 1979, 1539.

[132] Das Formular ist unter http://www.bmj.de/SharedDocs/Downloads/DE/pdfs/Antrag_Erlass_richterliche_Durchsuchungsanordnung.html?nn=1512734 abrufbar (Stand: 23.2.2014).

Einwilligung verweigert habe. Daher wird für eine Anordnung gefordert, dass der Gerichtsvollzieher **mindestens einen erfolglosen Versuch** zur Wohnungsdurchsuchung unternommen hat. Wenn dieser gescheitert ist, weil niemand angetroffen wurde, so muss er einen erneuten Versuch nach Vorankündigung oder zu Zeiten unternehmen, zu denen mit der Anwesenheit des Schuldners oder Angehöriger zu rechnen ist. Dies kann aber leicht zu vollstreckungsvereitelnden Manipulationen des Schuldners verleiten. Auch eine vorsorgliche Anordnung lehnt die hM grundsätzlich ab, nur ausnahmsweise soll sie möglich sein, wenn auf Grund konkreter Anhaltspunkte ersichtlich ist, dass der Schuldner die Einwilligung in die Durchsuchung verweigern wird.

Die Anordnung ist **nicht erforderlich**, insb. besteht für sie kein Rechtsschutzbedürfnis des Gläubigers, wenn der Schuldner nach vorheriger Information über seine Rechte in die Durchsuchung eingewilligt hat (§ 758a I 1 ZPO) oder bei Gefahr im Verzug (§ 758 I 2 ZPO).

Statthafter **Rechtsbehelf** für den Schuldner gegen eine Wohnungsdurchsuchung ohne richterliche Anordnung ist die Erinnerung nach § 766 ZPO. Dagegen kann er gegen die Erteilung der Durchsuchungsanordnung nicht mit der Erinnerung vorgehen, zumal es sich nur um eine die Zwangsvollstreckung vorbereitende Maßnahme handelt. Richtiger Rechtsbehelf gegen die Erteilung der Anordnung ebenso wie umgekehrt für den Gläubiger gegen deren Nichterteilung ist die sofortige Beschwerde gem. § 793 ZPO. 213

Lösung Fall 6 (→ Rn. 204)

Für ein sofortiges Öffnen durch den Schlosser ist eine vorherige richterliche Anordnung nach § 758a I ZPO erforderlich; hier ist der erste Vollstreckungsversuch an der Weigerung des Simpels gescheitert. Unwirsch wird also Frau Grau verständigen, und diese muss einen Antrag auf Anordnung nach § 758a I ZPO beim Amtsrichter stellen. Erforderlichkeit und Rechtsschutzbedürfnis sind hier zu bejahen, weil ein vergeblicher Vollstreckungsversuch vorliegt, sofern der Gerichtsvollzieher den S über sein Weigerungsrecht informiert hat. Wenn sonstige Umstände, die gegen die Verhältnismäßigkeit der Maßnahme sprechen, fehlen, hat der Richter die Durchsuchung anzuordnen. 214

Das Aufbrechen der Wohnung wäre mangels Anordnung wegen Verstoßes gegen § 758a I ZPO unzulässig, zudem läge in dem Zeitpunkt des Aufbrechens um 23.00 Uhr ein Verstoß gegen §§ 758a IV ZPO.

Die Taschenpfändung wäre jedoch nach § 758 I ZPO zulässig, da der Schutz des Art. 13 II GG nur greift, wenn diese in der Wohnung des Schuldners durchgeführt wird.

d) Vollstreckungsprotokoll

Über jede Vollstreckungshandlung sowie über Aufforderungen und Mitteilungen im Zusammenhang damit hat der Gerichtsvollzieher zu Beweiszwecken ein Protokoll nach Maßgabe der §§ 762 f. ZPO zu führen. Es stellt eine öffentliche Urkunde mit Beweiskraft nach §§ 415, 418 ZPO dar. 215

D. Zwangsvollstreckung wegen Geldforderungen in körperliche Sachen

216 Die Vollstreckung in körperliche Sachen ist in den §§ 808 bis 827 ZPO geregelt. Zusätzlich sind stets die in §§ 802a bis 802l ZPO enthaltenen allgemeinen Vorschriften zur Sachaufklärung für die Zwangsvollstreckung wegen Geldforderungen (→ Rn. 151 ff.) und die allgemeinen Vorschriften für die Zwangsvollstreckung wegen Geldforderungen in bewegliches Vermögen in §§ 803 bis 807 ZPO zu beachten. Nach diesen Vorschriften hat die Vollstreckung

- **zur rechten Zeit**, nämlich nicht zur Unzeit (→ Rn. 201 f.),
- **am rechten Ort**, dh grundsätzlich, wenn die Sache im Gewahrsam des Schuldners ist (→ Rn. 223 ff.),
- **in der rechten Art und Weise** (→ Rn. 217 ff., → Rn. 248 ff.) sowie
- **im rechten Umfang** (→ Rn. 244 ff., → Rn. 256 ff.)

zu erfolgen.

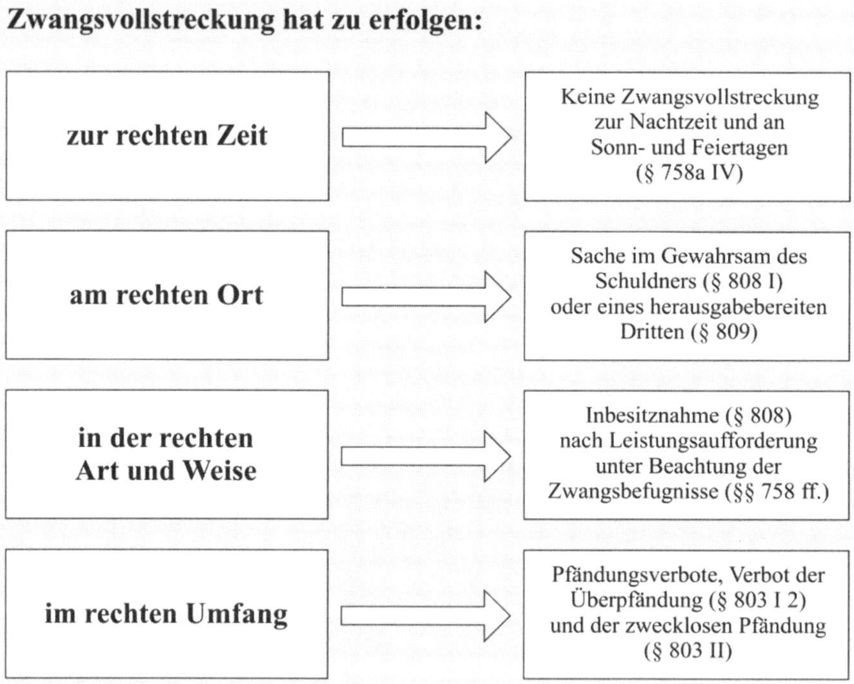

Abb. 7: Durchführung der Zwangsvollstreckung

I. Gegenstand

Lit.: Brox/Walker Rn. 214 ff.; Lippross § 9.

Fall 7:

G hat ein Urteil des Amtsgerichts Münster gegen S auf Zahlung von 4.000 EUR erwirkt. G beantragt beim Gericht, der Gerichtsvollzieher möge bei S pfänden. Wie läuft die Pfändung ab? 217

Als der Gerichtsvollzieher in der Wohnung des S dessen PC pfänden will, widerspricht dessen Ehefrau E, weil der PC ihr allein gehöre. Was macht der Gerichtsvollzieher?

Da der PC dem Gerichtsvollzieher nicht genügt, nimmt er noch einen goldenen Ring mit Rubin mit; auch hiergegen wehrt sich die E, da dieser Ring ihr von ihrer Mutter zum persönlichen Gebrauch geschenkt worden sei.

→ Rn. 240, 250.

1. Bewegliche Sachen

Der Gerichtsvollzieher ist gem. §§ 753 I, 808 ZPO für die Pfändung und anschließende Verwertung beweglicher Sachen zuständig, wobei Sachen gem. § 90 BGB nur körperliche Gegenstände sind. Forderungen und sonstige Rechte fallen somit nicht in seinen Zuständigkeitsbereich. Ist eine Sachpfändung beantragt, so wählt der Gerichtsvollzieher an der vom Gläubiger bezeichneten Anschrift des Schuldners pfändungstaugliche Stücke aus, sofern der Gläubiger ihm diesbezüglich keine Weisung erteilt hat (→ Rn. 62). Ist der **Wohnsitz** oder gewöhnliche Aufenthaltsort des Schuldners **unbekannt**, so darf der Gerichtsvollzieher diesen nach § 755 ZPO ermitteln (→ Rn. 188). 218

2. Abgrenzungsprobleme

Zu weiteren Sonderfällen sa *Lippross* Rn. 149 ff.; *Brox/Walker* Rn. 215 ff.

a) Zur Immobiliarvollstreckung

Lit.: Lackmann Rn. 237 bis 259.

Bei Pfändungen im Zusammenhang mit **Grundstücken** können Abgrenzungsprobleme auftreten. Die rechtliche Bewertung der Zugehörigkeit der Sache zu einem Grundstück ist grundsätzlich nach den §§ 94 ff. BGB zu treffen. **Wesentliche Bestandteile** von Grundstücken iSd § 94 BGB, die mit diesem fest verbunden sind, unterliegen stets der **Immobiliarvollstreckung**: Eine Zentralheizung zB könnte als wesentlicher Bestandteil eines Grundstücks nicht durch den Gerichtsvollzieher gepfändet werden. Dagegen gehören **Scheinbestandteile** nach § 95 BGB nicht zum Grundstück und unterfallen demgemäß der Kompetenz des Gerichtsvollziehers. Das sind solche Sachen, die nur zu einem vorübergehenden Zweck mit dem Grundstück verbunden sind. 219

Beispiel 6: Eine nur vorübergehende Verbindung ist gegeben, wenn ein Pächter auf dem Pachtgrundstück ein Gebäude, etwa eine Jagdhütte errichtet, welches nach seinem Willen und dem äußeren Erscheinungsbild (kein Keller) nur vorübergehend für die Pachtdauer mit dem Grundstück verbunden ist. Da der Bauherr bloß Pächter ist, spricht eine tatsächliche Vermutung für diesen Willen, wovon der Gerichtsvollzieher auszugehen hat. Ist der Bauherr Schuldner, kann der Gerichtsvollzieher daher die Jagdhütte nach § 808 ZPO pfänden. Leugnen der Bauherr oder der Grundstückseigentümer die Eigenschaft der Hütte als Scheinbestandteil, so haben sie dies gem. § 766 ZPO vorzubringen.

Dagegen folgt das Vollstreckungsrecht in zwei Fällen **nicht** der Einordnung des BGB:

- Eine Sonderbehandlung erfahren bei Grundstücken bestimmte bewegliche Sachen, sofern sie gem. § 865 I ZPO iVm § 1120 BGB der hypothekarischen Haftung unterliegen. Man spricht vom **Haftungsverband der Hypothek**. Entscheidend ist dabei nicht, ob tatsächlich eine Hypothek besteht und aus dieser vollstreckt wird, sondern nur, ob die Gegenstände **theoretisch**, für den Fall, dass eine Hypothek bestünde, von dieser erfasst würden. Alle beweglichen Gegenstände, auf die sich die Hypothek gem. § 1120 BGB erstreckt, können vom Gerichtsvollzieher gepfändet werden, solange das Vollstreckungsgericht nicht deren Beschlagnahme angeordnet hat, § 865 II 2 ZPO. Ein Beispiel hierfür ist geerntetes Getreide in der Scheune des Bauern, gegen den vollstreckt werden soll. Dagegen unterliegt **Zubehör** iSd §§ 97 f. BGB überhaupt nicht der Sachpfändung, sondern allein der Immobiliarvollstreckung, § 865 II 1, I ZPO.
- Die zweite Ausnahme gilt für **Früchte** eines Grundstücks, die noch nicht vom Boden getrennt sind. Sie sind zwar nach § 94 I 2 BGB wesentliche Bestandteile desselben, trotzdem ist eine Sachpfändung nach § 810 ZPO möglich (zB bei Obst von Obstbäumen).

b) Zur Rechtspfändung

aa) Anwartschaftsrecht

220 Umstritten ist, wie bewegliche Sachen im Gewahrsam des Schuldners gepfändet werden, welche dieser unter **Eigentumsvorbehalt** erworben oder auflösend bedingt zur **Sicherung übereignet** hat. In beiden Fällen hat der Schuldner ein Anwartschaftsrecht auf Erwerb des (Voll-)Eigentums erworben. Nach der Rspr. und der hM scheidet in diesen Fällen eine (reine) Sachpfändung aus, vielmehr hat eine kombinierte Rechts- und Sachpfändung stattzufinden (**Doppelpfändung** → Rn. 423 ff.).

bb) Wertpapiere und Sparbuch

Lit.: Becker JuS 2005, 232 ff.; Brox/Walker Rn. 233.

221 **Wertpapiere** sind Urkunden, die ein Recht in der Weise verkörpern, dass zu dessen Geltendmachung das Innehaben der Urkunde notwendig ist.[133] Auf die Einteilung der Wertpapiere im materiellen Recht[134] ist hier nur insoweit einzugehen, wie sie für die Zwecke der Zwangsvollstreckung von Bedeutung ist.

- Soweit die darin verbriefte Forderung dem jeweiligen Inhaber des Papiers zusteht, handelt es sich um **Inhaber- oder Orderpapiere**. Bei diesen folgt das **Recht aus dem Papier** (Forderung) dem **Recht am Papier** (Eigentum). Sie werden daher nach §§ 929 ff. BGB übertragen. Inhaberpapiere sind etwa Inhaberaktien, Orderpapiere sind etwa die Namensaktie sowie vor allem der **Wechsel** und der **Verrechnungsscheck**. Bei ihnen erfolgt der Zugriff im Wege der **Sachpfändung** durch Wegnahme nach § 808 II 1 ZPO; für Orderpapiere stellt dies § 831 ZPO klar. Zur Verwertung → Rn. 315.
- Davon zu unterscheiden sind die **qualifizierten Legitimationspapiere**, die nicht selbst Träger des verbrieften Rechts sind; das sind vor allem das **Sparbuch** und der

---

133 *Brox/Walker* Rn. 233.
134 Dazu *Medicus/Lorenz* SchR II Rn. 1052 ff.

Versicherungsschein (§ 808 BGB). Hier ist die Situation umgekehrt: das **Recht am Papier** folgt dem **Recht aus dem Papier,** § 952 BGB. Qualifizierte Legitimationspapiere werden durch Abtretung der darin verbrieften Forderung nach §§ 398 ff. BGB übertragen. Demgemäß erfolgt der Zugriff hier durch **Forderungspfändung** nach § 829 ZPO (→ Rn. 349).

cc) Software-Programme

Beim Zugriff auf Software-Programme gilt es zu differenzieren: Bei bloßen **Nutzern** erfolgt er im Wege der Sachpfändung in analoger Anwendung der §§ 808 ff. ZPO; dies ist bei der Pfändung von Datenträgern unproblematisch. Beim **Urheber** des Programms hingegen (zB bei einem Softwareunternehmen) ist eine Rechtspfändung nach § 857 ZPO vorzunehmen, wofür nicht der Gerichtsvollzieher, sondern das Vollstreckungsgericht zuständig ist (→ Rn. 429). 222

II. Gewahrsam

Lit.: Brox/Walker Rn. 234 ff.; Lippross § 10.

1. Bedeutung

Wesentliche Pfändungsvoraussetzung ist, dass sich die zu pfändenden Sachen im **Gewahrsam** des **Vollstreckungsschuldners** (§ 808 ZPO), des **Gläubigers** (§ 809 ZPO) oder eines **herausgabebereiten Dritten** (§ 809 ZPO) befinden. 223

Das Gesetz stellt nicht auf das Eigentum am Pfändungsobjekt ab. Infolge des Formalisierungsgrundsatzes prüft der Gerichtsvollzieher dieses nicht nach. Eine Überprüfung der Eigentumsverhältnisse würde die Vollstreckung uU erheblich aufhalten und zudem den Gerichtsvollzieher, der kein Jurist ist, überfordern. Stattdessen stellt das Gesetz aus Gründen der Praktikabilität auf die **tatsächlichen Besitzverhältnisse,** also den Gewahrsam, ab. Stimmt das Eigentum mit dem Gewahrsam nicht überein, so ist die Pfändung gleichwohl wirksam; der wahre Eigentümer muss sich dagegen mit der Drittwiderspruchsklage des § 771 ZPO, evtl. iVm einem Antrag auf Einstellung der Zwangsvollstreckung nach §§ 771 III, 769 ZPO, zur Wehr setzen. 224

Nur bei **offensichtlicher Diskrepanz** von Gewahrsam und Eigentum hat der Gerichtsvollzieher ganz ausnahmsweise die Eigentumsverhältnisse an der zu pfändenden Sache zu beachten. Dies erfordert der Schutz Dritter vor ungerechtfertigten Eingriffen in deren Eigentum.[135] Eine derartige offensichtlich abweichende Eigentumslage ist gegeben, wenn für den Gerichtsvollzieher „nach Lage der Dinge vernünftigerweise kein Zweifel daran bestehen kann, dass Rechte dritter Personen der Inanspruchnahme bestimmter Gegenstände entgegenstehen."[136] Wird beim Schuldner zB ein wertvolles Buch gefunden, das mit dem Stempel einer öffentlichen Bibliothek versehen ist, oder wird beim Schuldner, der Eigentümer einer Kfz-Reparaturwerkstatt ist, ein PKW mit den Papieren eines Dritten gefunden,[137] kann es nach den Einzelfallumständen offensichtlich sein, dass diese Gegenstände nicht im Eigentum des Schuldners stehen. In diesen Fällen kann dem Gerichtsvollzieher zugemutet werden, die Eigentumsverhältnisse zu beachten.[138] Allerdings sieht § 71 II 2 GVGA eine Ausnahme hiervon vor, 225

---

[135] *Gaul/Schilken/Becker-Eberhard* § 51 Rn. 17.
[136] BGH ZZP 70 (1957) 251 (252) = BeckRS 1957, 31205581.
[137] Im Grundsatz ebenso, wenngleich auf Grund der Einzelfallumstände im Ergebnis ablehnend LG Aschaffenburg DGVZ 1995, 57; LG München DGVZ 2000, 22 (23).
[138] Weitere Beispiele bei Zöller/*Stöber* § 808 Rn. 3; MüKoZPO/*Gruber* § 808 Rn. 22.

wenn der Gläubiger gleichwohl die Pfändung ausdrücklich verlangt. Dies ist jedoch abzulehnen, da eine Weisung des Gläubigers zu einem rechtswidrigen Verhalten des Gerichtsvollziehers nicht zu befolgen ist.[139]

2. Schuldnergewahrsam

226 Gewahrsam ist dann gegeben, wenn nach dem **äußeren Anschein** die **tatsächliche Zugriffsmöglichkeit** auf eine Sache besteht und auf Grund dieser Umstände nach der Verkehrsauffassung ein entsprechender **Gewahrsamswille** anzunehmen ist.[140] Es handelt sich also um die **rein tatsächliche Sachherrschaft**. In aller Regel deckt sich der Gewahrsamsbegriff mit dem des unmittelbaren Besitzes, wenngleich der Begriff des Besitzes stärker verrechtlicht und nicht identisch mit dem des Gewahrsams ist.

Für die Beurteilung des Gewahrsams kommt es auf den **Zeitpunkt der Pfändung** an (s. **Fall 10** [→ Rn. 261] und → Rn. 230, → Rn. 271).

227 Grundsätzlich ist für die Pfändung nach § 808 ZPO ein **Alleingewahrsam** des Schuldners erforderlich. Ob ein solcher Gewahrsam gegeben ist, kann in den folgenden Fällen problematisch sein:

- **Erbenbesitz** iSd § 857 BGB vermittelt nur dann Gewahrsam, wenn der Erbe die Sachen auch tatsächlich in Besitz hat; die bloße Besitzfiktion des § 857 BGB begründet also keinen Gewahrsam.
- **Besitzdiener** (§ 855 BGB) haben **keinen Gewahrsam**, sie üben den Gewahrsam für den Schuldner in dessen Haushalt, Erwerbsgeschäft oder ähnlichem Abhängigkeitsverhältnis aus.
- Der **mittelbare Besitzer** (§ 868 BGB) hat regelmäßig **keinen Gewahrsam**. Wird gegen den Mieter eines möblierten Zimmers als Schuldner vollstreckt, ist dieser Gewahrsamsinhaber des Mobiliars, so dass dieses gepfändet werden kann. Der Vermieter als mittelbarer Besitzer kann sich hiergegen nach § 771 ZPO wehren. Soll hingegen aus einem Titel gegen den Vermieter als Schuldner vollstreckt werden, so hat dieser keinen Gewahrsam an besagtem Mobiliar, sondern der Mieter; eine Pfändung ist also nur bei dessen Bereitschaft zur Herausgabe nach § 809 ZPO möglich.
- Bei **Mitgewahrsam** eines Dritten ist eine Pfändung nach § 808 ZPO unzulässig. Um zu beurteilen, ob ein Mitgewahrsam vorliegt, hat der Gerichtsvollzieher auf Grund des äußeren Erscheinungsbildes die Gewahrsamsverhältnisse zu beurteilen. Besteht danach der Mitgewahrsam eines Dritten, so setzt die Pfändung gem. § 809 ZPO dessen Zustimmung voraus (→ Rn. 230).

3. Gewahrsam des Gläubigers

Lit.: Brox/Walker Rn. 247.

228 Bei Sachen, die im Gewahrsam des Gläubigers stehen, kommt gem. § 809 ZPO eine Pfändung entsprechend § 808 ZPO in Betracht und zwar unabhängig davon, ob die Sachen des Schuldners sich rechtmäßig oder rechtswidrig im Gewahrsam des Gläubigers befinden. Letzteres kann der Gerichtsvollzieher nicht nachprüfen. **Umstritten** ist, ob es ebenso wie bei der Pfändung einer im Gewahrsam eines Dritten befindlichen Sache der **Herausgabebereitschaft** des Gläubigers bedarf. Zutreffenderweise kommt es nach ganz hM grundsätzlich nicht darauf an, da der Gläubiger aufgrund seines

[139] MüKoZPO/*Gruber* § 808 Rn. 23; aA Amtsgericht Kassel DGVZ 2006, 182; *Baur/Stürner/Bruns* Rn. 6.59; Zöller/*Stöber* § 808 Rn. 3; Schuschke/Walker/*Walker* § 808 ZPO Rn. 5.

[140] Vgl. *Lackmann* Rn. 122.

Antrags nicht geschützt werden muss. Erklärt der Gläubiger jedoch seine Herausgabebereitschaft nicht, ist nur eine Pfändung nach § 808 II 2 ZPO durch Anbringen des Pfandsiegels unter Belassung der Sache beim Gläubiger zulässig.[141]

4. Gewahrsam eines herausgabebereiten Dritten

Lit.: Brox/Walker Rn. 248 ff.

Fall 8:

A hat ein Urteil gegen B auf Zahlung von 50.000 EUR erwirkt. Bei einer Ausstellung im Kunstverein Krefeld eV entdeckt er ein wertvolles Gemälde, welches dem B gehört. Er möchte es durch den Gerichtsvollzieher pfänden lassen. 229

→ Rn. 234, 236, 238, 421, 422.

a) Gewahrsam des Dritten

Befindet sich das Pfändungsobjekt im Gewahrsam einer Person, die weder Gläubiger noch Schuldner der Vollstreckung ist, so ist die Pfändung nur mit deren Einwilligung möglich. Der Dritte muss also **herausgabebereit** sein, § 809 ZPO. Auf die Herausgabebereitschaft des Dritten kommt es gleichfalls an, wenn dieser zusammen mit dem Schuldner **Mitgewahrsam** am Pfandobjekt hat. Für die Anwendbarkeit des § 809 ZPO ist entscheidend, ob sich die Pfandsache im **Zeitpunkt** der **Pfändung** im (Mit-)Gewahrsam eines Dritten befindet (s. **Fall 10** [→ Rn. 261] und → Rn. 226, → Rn. 271). 230

Dritter ist nicht, wer Organ einer juristischen Person, die Schuldner ist, gesetzlicher Vertreter des Schuldners oder dessen Besitzdiener ist. 231

b) Herausgabebereitschaft

Herausgabebereitschaft ist das **Einverständnis** sowohl mit der **Pfändung** als auch mit der **Wegnahme der Sache zum Zwecke der Verwertung**. Das Einverständnis allein mit der Pfändung genügt nicht. 232

Liegt ein solches wirksames Einverständnis des Dritten vor, so verliert er dadurch das Recht, unter Berufung auf seinen Gewahrsam Erinnerung gegen die Vollstreckungshandlung des Gerichtsvollziehers einzulegen. Im Regelfall ist ihm auch die Drittwiderspruchsklage gem. § 771 ZPO verwehrt, sofern er in Kenntnis seines Widerspruchsrechts sein Einverständnis erklärt hat[142] und die Freigabe einer ihm gehörenden Sache nicht lediglich irrtümlich oder ihm nicht zurechenbar erfolgt ist. Letzteres ist der Fall, wenn das Einverständnis von einem Unbefugten (zB einem hierzu nicht befugten Angestellten des Dritten) erteilt wurde. In jedem Fall bleibt dem Dritten aber die Klage auf vorzugsweise Befriedigung nach § 805 ZPO (vgl. → Rn. 595 ff.). 233

In **Fall 8** (→ Rn. 229) hat der Kunstverein Gewahrsam am Gemälde des B, der durch dessen Organe ausgeübt wird, § 26 BGB. Eine Pfändung ist also nur möglich, wenn der Vorstand des Vereines seine Herausgabebereitschaft nach § 809 ZPO erklärt. 234

---

141 Dazu und zum Streitstand MüKoZPO/*Gruber* § 809 Rn. 4 mwN.

142 BGH WM 1978, 174; Zöller/*Stöber* § 809 Rn. 8; aA Stein/Jonas/*Münzberg* § 809 Rn. 10; MüKoZPO/*Gruber* § 809 Rn. 18 f.

c) Einfluss der materiellen Rechtslage

235 Unerheblich ist, ob der Dritte dem Vollstreckungsgläubiger oder -schuldner gegenüber materiellrechtlich zur Herausgabe verpflichtet ist.

236 In **Fall 8** (→ Rn. 229) ist der Kunstverein dem B nach § 604 I BGB zur Herausgabe verpflichtet, was der Gerichtsvollzieher aber nicht zu prüfen hat. Weigert sich der Verein durch seine Organe, die Sache herauszugeben, so kann keine Pfändung nach § 809 ZPO erfolgen. Selbst wenn B in **kollusivem Zusammenwirken** mit dem Kunstverein letzterem den Gewahrsam verschafft hätte, um die Zwangsvollstreckung durch A zu vereiteln, bleibt es bei § 809 ZPO. Die Begründung hierfür liegt in der Formalisierung der Zwangsvollstreckung, wonach der Gerichtsvollzieher gerade keine materielle Prüfungskompetenz hat. B macht sich allerdings nach § 288 StGB strafbar, wenn er in Absicht der Vollstreckungsvereitelung handelt.

d) Fehlende Herausgabebereitschaft des Dritten

237 Bei fehlender Herausgabebereitschaft des Dritten ist also keine Pfändung nach § 809 möglich. Einziger Ausweg für den Gläubiger ist, beim Vollstreckungsgericht einen Pfändungs- und Überweisungsbeschluss bezüglich des Herausgabeanspruchs des Schuldners gegen den Dritten nach §§ 829, 846, 847 ZPO zu erwirken (→ Rn. 421 f.). Das gilt auch bei kollusiver Gewahrsamsverschiebung (→ Rn. 236). Sollte der Dritte dann immer noch nicht zur Herausgabe der Sache bereit sein, muss auf **Herausgabe an den Gerichtsvollzieher** geklagt und dieses Urteil im Wege der Herausgabevollstreckung nach § 883 ZPO vollstreckt werden. Dann kann der Gläubiger die Sache zum Zwecke der Verwertung an den Gerichtsvollzieher übergeben. Dies ist allerdings ein umständlicher und langwieriger Weg.

Lösung Fall 8 (→ Rn. 229):

238 Ist der Kunstverein als Dritter nach der Pfändung des Anspruches nicht zur Herausgabe an den Gerichtsvollzieher bereit, so muss der Gläubiger A den Verein auf Herausgabe an den Gerichtsvollzieher verklagen und dieses Urteil nach § 883 ZPO vollstrecken lassen. Hat A auf diesem Wege schließlich das Bild des B erlangt, so ist es in seinem Gewahrsam. Möchte er es verwerten lassen, so kann er es dem Gerichtsvollzieher zu diesem Zweck übergeben.

e) Sonderfall: Gewahrsamsvermutung bei Ehegatten

239 Im materiellen Recht sieht § 1362 I BGB zu Gunsten der Gläubiger eines Ehegatten – unabhängig vom jeweiligen ehelichen Güterstand – eine widerlegliche Vermutung vor, wonach die im Besitz eines oder beider Ehegatten stehenden beweglichen Sachen dem Schuldner gehören. Damit soll verhindert werden, dass sich ein verheirateter Schuldner allzu einfach auf die Behauptung zurückziehen kann, sein Ehegatte sei Eigentümer des fraglichen Gegenstandes. Diese Eigentumsvermutung gilt allerdings nicht für Sachen, welche ausschließlich zum persönlichen Gebrauch eines der Ehegatten bestimmt sind (§ 1362 II BGB). § 8 LPartG übernimmt diese Regelung für gleichgeschlechtliche Lebenspartner.

In Ergänzung hierzu enthält § 739 I ZPO eine **Gewahrsamsvermutung** zu Gunsten der Gläubiger eines der Ehegatten (Lebenspartner, § 739 II ZPO) dahingehend, dass nur dieser Ehegatte, der Schuldner ist, Gewahrsamsinhaber an der zu pfändenden Sache ist. Die Vorschrift stellt das notwendige Korrelat zur Vermutungsregel des § 1362 BGB für die Zwecke der Zwangsvollstreckung dar. Dies wird dem Umstand gerecht, dass der Gerichtsvollzieher bei der Sachpfändung infolge des Formalisierungsgrundsatzes nicht die Eigentumsverhältnisse, sondern nur den Gewahrsam prüft. Bei Ehegatten beschränkt sich die Prüfung des Gerichtsvollziehers deshalb darauf, ob die Ehegatten zusammenleben (wegen § 1362 I 2 BGB) und ob einer der beiden Gewahrsam an der zu pfändenden Sache hat. Befindet sich die Sache im Gewahrsam des anderen Ehegatten, gegen den sich die Zwangsvollstreckung nicht richtet, so kann dieser nicht nach § 809 ZPO die Vollstreckung verhindern, denn der Ehegatte, der Vollstreckungsschuldner ist, wird ja gerade als Gewahrsamsinhaber vermutet. Die Vermutung des § 739 ZPO ist – anders als bei § 1362 I BGB – **unwiderleglich**.[143]

Da § 739 ZPO das Greifen der Eigentumsvermutung aus § 1362 BGB voraussetzt, erstreckt sich diese Gewahrsamsvermutung **nicht** auf Sachen iSd § 1362 II BGB. Es gelten dann wieder die allgemeinen Regeln der §§ 808 f. ZPO.

Ist der Ehegatte, der nicht Vollstreckungsschuldner ist, entgegen der Vermutung des § 1362 I BGB Eigentümer der zu pfändenden Sache, so kann er sich gegen die Vollstreckungsmaßnahme mit der Drittwiderspruchsklage des § 771 ZPO zur Wehr setzen.

Lösung Fall 7 (→ Rn. 217):

240 Hier ist im Hinblick auf § 1362 II BGB zwischen dem PC und dem Rubinring zu differenzieren: Pfändet der Gerichtsvollzieher den PC, der in Wahrheit der E gehört, so ist diese Pfändung wirksam, da zum einen die oben benannten Voraussetzungen vorliegen und zum anderen § 739 ZPO in Ergänzung zu § 1362 I BGB den Gewahrsam des Schuldners S vermutet. E kann lediglich Drittwiderspruchsklage iSd § 771 ZPO (mit §§ 771 III, 769, 775 Nr. 1, 776 ZPO) erheben und im Erkenntnisverfahren mit allen Beweismitteln ihr Eigentum nachweisen, um dadurch die Vermutung des § 1362 I BGB zu widerlegen. Die Gewahrsamsvermutung des § 739 ZPO scheitert aber hinsichtlich des Ringes, der im persönlichen Gebrauch der E ist, da hierfür keine Eigentumsvermutung zu Gunsten des S nach § 1362 II BGB vorliegt. Hier ist eine Pfändung nur nach § 809 ZPO möglich. Da E sich gegen die Pfändung des Ringes gegenüber dem Gerichtsvollzieher zur Wehr setzt, erklärt sie gerade nicht ihre Herausgabebereitschaft, so dass der Gerichtsvollzieher die Pfändung zu unterlassen hat; pfändet er den Ring gleichwohl, kann E hiergegen Erinnerung nach § 766 ZPO einlegen.

f) Rechtsbehelfe

241 Eine Pfändung ohne Einverständnis des Dritten als Gewahrsamsinhabers verstößt zwar gegen § 809 ZPO, dieser Verstoß macht sie aber ebenso wenig nichtig wie eine Verkennung des Gewahrsams iRd § 808 ZPO: Die Pfändung ist lediglich mit der Erinnerung des Dritten nach § 766 ZPO anfechtbar.

---

[143] Vgl. hingegen für den Sonderfall, ob § 1362 I 1 BGB auch bei nichtehelichen Lebensgemeinschaften gilt, den Übungsfall *Hennemann* JURA 2011, 558 ff.

Zusammenfassung:

1. Wegen des Formalisierungsgrundsatzes ist nicht das Eigentum an der Pfandsache maßgeblich, sondern der tatsächliche Gewahrsam im Zeitpunkt der Pfändung.
2. Bei (Mit-)Gewahrsam eines Dritten erfolgt die Pfändung nur, wenn dieser herausgabebereit ist, also mit Pfändung und Wegnahme der Sache zum Zwecke der Verwertung einverstanden ist.
3. Bei fehlender Herausgabebereitschaft des Dritten kann nur der mögliche Anspruch des Schuldners gegen ihn auf Herausgabe der Sache gepfändet werden; notfalls Klage des Gläubigers gegen den Dritten auf Herausgabe der Sache an den Gerichtsvollzieher und Herausgabevollstreckung nach § 883 ZPO.
4. Ist ein Ehegatte oder eingetragener Lebenspartner Schuldner, so sind die Vermutungsregeln aus § 1362 BGB/§ 8 LPartG und § 739 ZPO zu beachten.

III. Pfändungsbeschränkungen

Lit.: Brox/Walker Rn. 276 ff.; Lippross § 11.

1. Schuldnerschutz

Lit.: Lüke Rn. 614 ff.

242 Wie bei jeder Vollstreckungsmaßnahme stellt sich auch bei der Sachpfändung das Spannungsverhältnis zwischen dem Zugriffsinteresse des Gläubigers und dem notwendigen Schutz des Schuldners als eine **Kollision widerstreitender Grundrechte** dar (→ Rn. 48 ff.). Der Schuldnerschutz liegt nicht nur im Interesse des einzelnen Schuldners, sondern zugleich in demjenigen des Gläubigers und der Allgemeinheit: Ein Schuldner, der noch am Erwerbsleben teilnehmen kann, wird den Gläubiger letztendlich eher befriedigen können; darin zeigt sich auch der Widersinn der persönlichen Schuldhaft früherer Zeiten (dazu → Rn. 4). Dem Interesse der Allgemeinheit dient der Schuldnerschutz, weil ein in seiner wirtschaftlichen Existenz vernichteter Schuldner ihr über Sozialleistungen zur Last fallen würde.

243 Dennoch werden dem Schuldnerschutz Grenzen gesetzt: Primär geht es in der Zwangsvollstreckung um die **Verwirklichung des Zugriffsinteresses des Gläubigers** aus einem titulierten Anspruch, der im Falle eines Urteils bereits in einem streitigen Verfahren gerichtlich festgestellt worden ist; auf Seiten des Gläubigers steht dessen Vollstreckungsanspruch. Der **Schuldnerschutz** kann nur **Korrekturen** bieten, um unzumutbare Härten zu vermeiden, nämlich zur Sicherung des wirtschaftlichen und sozialen Existenzminimums. Umgekehrt böte ein zu großer Schuldnerschutz Anreiz, sich der Erfüllung von Verbindlichkeiten zu entziehen. Dies hätte auch negative volkswirtschaftliche Auswirkungen. In diesem Spannungsverhältnis ist eine gesetzgeberische Lösung zu suchen.

Nicht schützenswert sind deshalb Bestrebungen des Schuldners, den Gläubigerzugriff auf sein Vermögen durch **Manipulationen** zu vermeiden; hier bedarf es vielmehr eines Schutzes des Gläubigers.

Die Rechtsordnung stellt verschiedene Instrumente zur Verfügung, um dem Versuch des Schuldners, sein Vermögen ganz oder teilweise dem Gläubigerzugriff zu entziehen, entgegenzuwirken. Eines davon ist die **Gläubigeranfechtung** nach dem AnfG: In Vermögen eines Dritten (schuldnerfremdes Vermögen) kann auf Grund einer Gläubigeranfechtung nach § 11 I

AnfG vollstreckt werden; diese gestattet dem Gläubiger im Falle einer ihn benachteiligenden Handlung des Schuldners den Durchgriff auf Vermögen, welches dieser verschoben hatte. Bei erfolgreicher Anfechtung hat der Anfechtungsgegner (der Empfänger der Leistung aus dem anfechtbaren Rechtsgeschäft) dem Gläubiger die verschobenen Vermögenswerte zur Verfügung zu stellen (§§ 13, 11 AnfG) und die Zwangsvollstreckung in diese zu dulden, notfalls Wertersatz hierfür zu leisten (zum AnfG → Rn. 585). Bei der Forderungspfändung sieht das Gesetz weitere Mittel zum Schutze des Gläubigers gegen manipulative Vermögensverschiebungen des Schuldners vor (→ Rn. 361 ff.). Schließlich ist die absichtliche **Vollstreckungsvereitelung** gem. § 288 StGB strafbar; diese Vorschrift ist zudem Grundlage für Schadensersatzansprüche des Gläubigers gegen den Schuldner aus § 823 II BGB.

2. Pfändungsverbote des § 811 ZPO

Lit.: Lippross Rn. 176 ff.

Fall 9:

G erwirkt ein Urteil gegen S auf Leistung einer bestimmten Geldsumme und beauftragt den Gerichtsvollzieher V mit der Vollstreckung. Beim Pfändungsversuch findet V bei S folgende Gegenstände vor und fragt sich, ob er diese pfänden kann: 244

a) Ein besonders großes und teures Flachbild-Fernsehgerät, aber kein Radio.
b) Einen PKW.
c) Die wertvolle Perserkatze des S.
d) Mangels sonstiger Habe will V den Grabstein, den S seiner kürzlich verstorbenen Frau hat setzen lassen, pfänden.
e) Im Fall a) stellt G dem S als Austausch für das große Fernsehgerät ein billigeres zur Verfügung, welches dann aber nicht funktioniert.

Wie haben V, G und S vorzugehen?

→ Rn. 247.

Der Normzweck des § 811 ZPO ist die **Sicherung der wirtschaftlichen Existenz des Schuldners**. Die Bestimmung verwirklicht das Verbot der Kahlpfändung und soll eine bescheidene Lebensführung ermöglichen. Ihre Beschränkungen sind vom Vollstreckungsorgan, also dem Gerichtsvollzieher, **von Amts wegen** zu beachten. Ein Verzicht des Schuldners ist nach hM nichtig.[144] Maßgeblich für das Vorliegen der Verbotsvoraussetzungen ist wiederum der **Zeitpunkt** der Pfändung. Verstößt die Pfändung gegen § 811 ZPO, so ist sie wirksam, aber anfechtbar: Will der Schuldner sich dagegen wehren, muss er Erinnerung nach § 766 I ZPO einlegen. 245

§ 811 I ZPO enthält einen Katalog mit verschiedenen Schutzfällen:
- Haushalt und Familie, Nr. 1 bis 3, § 812 ZPO (Hausrat, zB Geschirrspülmaschine);
- Landwirtschaft, Nr. 4, 4a;
- persönliche Arbeitsleistung, Nr. 5,[145] ergänzt durch Nr. 6, 7;
- ausgezahltes Arbeitseinkommen Nr. 8 (ergänzend zum Pfändungsschutz bei Lohnpfändung nach § 850k ZPO, → Rn. 356 ff.);
- sonstige Einzelfälle, Nr. 9 bis 13, § 811c ZPO (zB Tiere).

---

[144] MüKoZPO/*Gruber* § 811 Rn. 13 ff. mwN, auch zu Gegenansichten.
[145] Nach der Rspr. des BGH (NJW-RR 2010, 642; ebenso MüKoZPO/*Gruber* § 811 Rn. 39 mwN) werden über den Wortlaut des § 811 I Nr. 5 ZPO hinaus auch solche Gegenstände erfasst, die der Ehegatte des Schuldners für die Fortsetzung seiner Erwerbstätigkeit benötigt.

246 Für die Pfändungsverbote des § 811 ZPO ist es **unerheblich**, ob die **Sache** dem **Schuldner** oder einem **Dritten gehört**. Gehört sie dem Gläubiger, so kann sich der Schuldner gleichwohl bei einem Vollstreckungsversuch auf § 811 ZPO berufen, da der Schutzzweck des § 811 ZPO die weitere Nutzung der vom Schuldner benötigten Sachen ist.[146] Für den Fall, dass der Gläubiger Vorbehaltseigentümer der Sache ist, regelt § 811 II ZPO jedoch, dass der Gläubiger wegen der Restkaufpreisforderung eine in seinem Vorbehaltseigentum befindliche Sache beim Schuldner pfänden kann, ohne dass dieser sich auf § 811 I ZPO berufen könnte.

Lösung Fall 9 (→ Rn. 244)

247 a) Bei Beurteilung der Voraussetzungen des § 811 ZPO ist der allgemein gestiegene Lebensstandard zu berücksichtigen: War früher ein Fernseher ein Luxusartikel, ist dies heute aber schon im Hinblick auf Art. 5 GG (bitte lesen!) anders zu beurteilen. Heute ist ein Fernseher, sogar bei vorhandenem Radio, kein Luxusgerät mehr und daher nach § 811 I Nr. 1 ZPO unpfändbar. Der Wert der Pfandsache ist für die Unpfändbarkeit irrelevant. Es spielt also keine Rolle, dass es sich in **Fall 9a** um einen besonders wertvollen Fernseher handelt. Um Nachteile für den Gläubiger auszugleichen, lässt aber § 811a ZPO in solchen Fällen eine **Austauschpfändung**[147] zu: Auf Antrag des Gläubigers wird diese durch das Vollstreckungsgericht nach § 811a ZPO zugelassen. G könnte dem S also einen funktionierenden billigeren Fernseher als Ersatz anbieten oder den hierfür nötigen Geldbetrag zur Verfügung stellen. Das Vollstreckungsgericht erlässt dann einen entsprechenden Beschluss, auf Grund dessen V bei S den Fernseher pfändet und den Austausch durchführt. Der Gerichtsvollzieher kann aber den Fernseher auch im Wege der **vorläufigen Austauschpfändung** (§ 811b I ZPO) pfänden und dann erst den G gem. § 811b II ZPO verständigen, welcher daraufhin einen Antrag auf Austauschpfändung beim Vollstreckungsgericht stellt. Nach Erlass des entsprechenden Beschlusses wird dann der Austausch vorgenommen.

b) Der PKW ist unpfändbar, wenn § 811 I Nr. 5 ZPO erfüllt ist, was vom Beruf und der Situation des S abhängt. Da die Vorschrift die Sicherung des Familienunterhalts bezweckt, wird nur die **persönliche** Tätigkeit des Schuldners geschützt, nicht aber die kapitalistische Arbeitsweise. Letzteres betrifft etwa Gegenstände juristischer Personen oder von Vollkaufleuten, die für die kapitalistische Erwerbstätigkeit eingesetzt werden, bspw. der Warenbestand eines Einzelhändlers, PKW einer Autovermietung. Dagegen werden Gegenstände von **Personen in abhängiger Tätigkeit** sowie in **freien Berufen** wie Architekten, Journalisten, Schriftsteller, Steuerberater **geschützt**.[148] Übt S also einen solchen freien Beruf aus, so könnte dessen PKW unter § 811 I Nr. 5 ZPO fallen. Dies hängt aber zusätzlich davon ab, ob der Schuldner für seine persönliche Erwerbstätigkeit auf die Nutzung des fraglichen PKW angewiesen ist, weil er seine Arbeitsstätte nicht in zumutbarer Weise auf anderem Wege (zu Fuß, per Fahrrad oder öffentlichen Verkehrsmitteln) erreichen kann.[149]

---

146 Vgl. MüKoZPO/*Gruber* § 811 Rn. 17.

147 S. zu den Anforderungen für das im Rahmen der Austauschpfändung eines Kfz zur Verfügung zu stellende Ersatzstück BGH NJW-RR 2011, 1366.

148 Vgl. im Einzelnen BeckOK ZPO/*Forbriger* § 811 Rn. 19.

149 BGH NJW-RR 2010, 642 (643); insgesamt dazu *Brox/Walker* Rn. 283 ff.

c) **Haustiere** sind gem. § 811c I ZPO **unpfändbar.** Die Perserkatze kann also nicht gepfändet werden. Bei besonderer Härte für den Gläubiger greift der Ausnahmetatbestand des Abs. 2, nach dem Haustiere von besonders hohem Wert gepfändet werden dürfen, wenn dies das Vollstreckungsgericht zulässt.

d) Strittig ist, ob ein Grabstein pfändbar ist. Nach dem BGH[150] scheidet eine Unpfändbarkeit nach § 811 I Nr. 13 ZPO aus. Er hat jedoch offengelassen, ob ein übergesetzliches Pfändungsverbot aus Pietätsgründen anzunehmen ist. Bejaht man die Pfändbarkeit, so ist die Pfändung – auch ohne Austauschpfändung – zulässig, § 811a I 1 ZPO; verneint man dies, so kommt immer noch eine Austauschpfändung in Betracht. Es besteht jedoch Gewahrsam der Friedhofsverwaltung am Stein nach § 809 ZPO (Die Sachpfändung ist einschlägig, da der Grabstein kein wesentlicher Bestandteil des Friedhofsgeländes iSd § 94 I BGB ist, → Rn. 219).

e) Das billigere Fernsehgerät ist ein geeignetes Austauschobjekt. Ist das Austauschobjekt – wie der Fernseher in **Fall 9e** (→ Rn. 244) – mangelhaft, so kann der Schuldner die Gewährleistungsrechte nach §§ 433, 434 ff. BGB analog geltend machen. Das Vollstreckungsgericht muss den Wert des Ersatzstückes im Beschluss gem. § 811a II 3 ZPO beziffern. S kann von G die Differenz des Istwertes vom bezifferten Sollwert als Minderung geltend machen und diesen Betrag vom Gläubiger verlangen. Der Rücktritt ist allerdings ausgeschlossen, der Schuldner kann sich von dem von G erlangten Minderungsbetrag ein Ersatzstück kaufen.

IV. Durchführung der Pfändung

Lit.: Brox/Walker § 12; Lippross § 12.

Für die Durchführung der Pfändung gelten zunächst die allgemeinen Ausführungen zum Verfahren bei der Vollstreckung durch den Gerichtsvollzieher, die oben dargestellt worden sind (→ Rn. 181 ff.). Daneben sind die allgemeinen Bestimmungen der §§ 803 bis 807 ZPO sowie die speziellen für die Pfändung körperlicher Sachen (§§ 808 ff. ZPO) zu beachten. **248**

1. Inbesitznahme

Grundsätzlich hat der Pfändung eine Aufforderung an den Schuldner voranzugehen, die Leistung freiwillig zu erbringen (→ Rn. 190). Leistet der Schuldner trotz Aufforderung nicht, beginnt der eigentliche Pfändungsakt. Die Pfändung wird durch **Inbesitznahme** bewirkt, nämlich entweder durch **Wegnahme (§ 808 I ZPO)** oder durch **Anbringen des Pfandsiegels (§ 808 II ZPO).** Erfolgt sie durch Wegnahme, nimmt der Gerichtsvollzieher die körperliche Sache (zB ein technisches Gerät) an sich. Dadurch wird er **unmittelbarer Fremdbesitzer**, § 808 I ZPO. Dies tut er aber nur ausnahmsweise bei Gläubigergefährdung. Im Regelfall belässt er die Sache beim Schuldner und bringt ein **Pfandsiegel** (den sog Kuckuck) an. Dadurch wird er **mittelbarer Fremdbesitzer**, § 808 II ZPO. **249**

Die Inbesitznahme muss durch eine der beiden Formen der Pfändung für Dritte kenntlich gemacht werden. **Ohne** eine solche **Kenntlichmachung** ist die **Pfändung unheilbar nichtig.** Das bloße Abfallen oder Entfernen des Pfandsiegels ist zwar unschädlich. Das Entfernen des Pfandsiegels ist jedoch nach § 136 StGB als Siegelbruch strafbar.

---

150 FamRZ 2006, 409.

250 In **Fall 7** (→ Rn. 217) könnte der Gerichtsvollzieher den PC dadurch pfänden, dass er ein Pfandsiegel anbringt; dadurch würde er mittelbarer Fremdbesitzer. Geld, Kostbarkeiten und Wertpapiere darf der Gerichtsvollzieher dagegen nicht beim Schuldner belassen, sondern hat diese an sich zu nehmen, um unmittelbaren Fremdbesitz daran zu begründen, § 808 II 1 ZPO e contrario. In **Fall 7** müsste der Gerichtsvollzieher den Ring daher an sich nehmen, sofern die E ihre Herausgabebereitschaft erklärte, was sie freilich in dem Fall nicht getan hat.

251 War der Schuldner bei der Pfändung abwesend, wird er nach den §§ 808 III, 763 ZPO **benachrichtigt**; eine Benachrichtigung des Gläubigers erfolgt dagegen nur auf sein Verlangen.

2. Befugnisse zur Sachaufklärung

252 §§ 802a ff. ZPO räumen dem Gerichtsvollzieher umfangreiche Befugnisse zur vorgeschalteten Sachaufklärung ein (→ Rn. 151 ff.). Entscheidet sich der Gläubiger nicht für diesen Weg, sondern möchte er gleich zur Sachpfändung schreiten, so eröffnet § 806a ZPO dem Gerichtsvollzieher Befugnisse, anlässlich einer Sachpfändung erlangte Informationen zum Vermögen des Schuldners an den Gläubiger weiterzuleiten. Allerdings setzt diese Vorschrift voraus, dass die Sachpfändung (teilweise) erfolg- oder aussichtslos war. Zudem erlegt die Vorschrift dem Gerichtsvollzieher zwar Befragungs- und Mitteilungspflichten auf; diesen stehen aber keine entsprechenden Mitwirkungspflichten des Schuldners und seiner Angehörigen gegenüber. Wählt der Gläubiger gleichwohl den Weg über die sofortige Sachpfändung, so sollte er in dem Antrag die Bitte aufnehmen, für den Fall, dass die Sachpfändung (teilweise) erfolglos bleiben oder aussichtslos sein sollte, gem. § 806a ZPO Informationen über Geldforderungen des Schuldners gegen Dritte und dessen Arbeitgeber einzuholen.[151] Schweigt der Schuldner bzw. dessen Angehörige und erlangt der Gerichtsvollzieher auch sonst keine nach § 806a ZPO relevanten Kenntnisse, so kann er auf Antrag des Gläubigers vom Schuldner nach § 807 ZPO **sofort** die Abgabe einer **Vermögensauskunft** verlangen. Diese Vorgehensweise kann trotz ihrer Unzulänglichkeiten gegenüber einer vorgeschalteten Sachaufklärung für den Gläubiger sinnvoll sein, da dem Schuldner dann keine Zweiwochenfrist zur Abgabe der Vermögenserklärung (§ 802f I 1 ZPO) zu setzen ist; zu strategischen Überlegungen des Gläubigers in diesem Zusammenhang → Rn. 155 ff., → Rn. 166.

Hat der Gläubiger den Weg über die sofortige Sachpfändung gewählt und erlangt der Gerichtsvollzieher anlässlich von deren Vornahme **Kenntnisse von Geldforderungen des Schuldners gegen Dritte**, so ist er verpflichtet, diese dem Gläubiger mitzuteilen. Aus den Worten „anlässlich der Vollstreckung“ folgt, dass die Vorschrift dem Gerichtsvollzieher keine gezielte Suche nach Informationsquellen gestattet. Die Vorschrift unterscheidet verschiedene Situationen: Ist beim Versuch der Sachpfändung der **Schuldner anwesend** (§ 806a I ZPO), so kann die Kenntnis des Gerichtsvollziehers auf einer **Befragung** des Schuldners oder auf der **Einsicht** in vorgefundene Schriftstücke beruhen; freilich ist der Schuldner nicht zur Erteilung solcher Informationen verpflichtet und kann daher schweigen, sofern ihn nicht nach allgemeinen Vorschriften dem Gläubiger gegenüber eine solche materiellrechtliche Pflicht trifft. Schriftstücke können ein Arbeitsvertrag mit dem Arbeitgeber, Versicherungspolicen, Kontoauszüge oder Sparbücher sein. Findet der Gerichtsvollzieher derartige Schriftstücke bei der Durchsuchung der Wohnung oder von darin befindlichen Behältnissen, so sind die Voraussetzungen der §§ 758 I, 758a ZPO zu beachten.[152]

---

151 *Schmittmann/David* Rn. 236.
152 Zöller/*Stöber* § 806a Rn. 6.

Trifft der Gerichtsvollzieher den Schuldner dagegen in seiner Wohnung nicht an, so kann der Gerichtsvollzieher die zum Hausstand des **abwesenden Schuldners** gehörenden erwachsenen Personen nach dem Arbeitgeber des Schuldners befragen; er hat sie dabei auf die Freiwilligkeit ihrer Angaben hinzuweisen, anders als dies beim Schuldner der Fall ist (§ 806a II ZPO).

3. Anschlusspfändung

Eine bereits gepfändete Sache kann zu Gunsten desselben oder eines anderen Gläubigers **erneut** gepfändet werden, § 826 ZPO. Eine solche Mehrfachpfändung hat Sinn, wenn der Verwertungserlös ausreicht, um mehrere Gläubiger zu befriedigen. 253

Diese sog Anschlusspfändung erfolgt dadurch, dass der Gerichtsvollzieher eine entsprechende Erklärung unter genauer Bezeichnung des Zeitpunktes in das **Pfändungsprotokoll** aufnimmt. Diese **Erklärung** ist Wirksamkeitsvoraussetzung für die Anschlusspfändung und hat also **konstitutiven Charakter**. Der Zeitpunkt ist wegen des Prioritätsgrundsatzes des § 804 III ZPO wichtig für das Rangverhältnis (→ Rn. 45 ff.). 254

Voraussetzungen der Anschlusspfändung sind, dass: 255

- sie gegen den Schuldner der Erstpfändung gerichtet ist;
- die Erstpfändung wirksam ist (bei Zweifeln hierüber erfolgt eine erneute Pfändung nach § 808 ZPO);
- entweder der Gerichtsvollzieher, der Schuldner oder ein herausgabebereiter Dritter die Sache in Gewahrsam hat.

4. Umfang der Pfändung

Lit.: Brox/Walker Rn. 346 ff.; Lippross Rn. 216.

Die Verwirklichung des titulierten Anspruches bestimmt den Umfang der Pfändung. 256

a) Verbot der Übersicherung

Als Ausprägung des Schuldnerschutzes darf die Pfändung nicht zu einer **Übersicherung** des Gläubigers führen, § 803 I 2 ZPO. Dies gilt dann nicht, wenn nur ein **einziger pfändbarer Gegenstand** vorhanden ist. Übersteigt der aus ihm zu erzielende Verwertungserlös erheblich die Forderung, derentwegen gepfändet wird, ist die Überpfändung dennoch zulässig. 257

Beispiel 7: Wird wegen einer titulierten Forderung von 200 EUR ein Motorrad gepfändet, das einen Wert von 30.000 EUR hat, führt dies zu einer Übersicherung des Gläubigers. Wegen Verstoßes gegen § 803 I 2 ZPO ist die Pfändung unzulässig. Zulässig ist die Pfändung aber, wenn das Motorrad der einzige pfändbare Gegenstand des Schuldners ist.

Stellt sich nach der Pfändung, aber vor der Verwertung heraus, dass die Schätzung des Erlöses durch den Gerichtsvollzieher falsch war, so hat er seine Pfändung zu korrigieren, entweder bei Überpfändung durch Freigabe der Pfandsache, oder bei Unterpfändung durch Nachpfändung.

Durch einen Verstoß gegen das Verbot der Überpfändung (§ 803 I 2 ZPO) wird die Pfändung aber nicht nichtig. Sie ist lediglich mit der Erinnerung gem. § 766 ZPO anfechtbar. Eine spätere Verwertung kann also selbst bei einer Überpfändung erfolgen, wenn die Pfändung nicht rechtzeitig angefochten wurde.

b) Pfändung trotz anderweitiger Sicherung

258 Hat der Gläubiger schon nach materiellem Recht eine hinreichende Sicherheit für seine titulierte Forderung, so greift § 803 I 2 ZPO nicht ein, sondern § 777 ZPO: Der Schuldner kann gegen die Pfändung Erinnerung nach § 766 ZPO einlegen. Voraussetzung ist, dass der Gläubiger **Sachen des Schuldners in Besitz** hat, an denen jenem **ein Pfandrecht oder ein Zurückbehaltungsrecht** für seine titulierte Forderung zusteht. § 777 ZPO wird analog angewandt, wenn der Gläubiger **Sicherungseigentum** an Sachen des Schuldners hat.[153]

c) Verbot zweckloser Pfändung

259 Ebenfalls verboten ist nach § 803 II ZPO eine zwecklose Pfändung, bei der die Verwertung der zu pfändenden Gegenstände keinen Überschuss über die Kosten der Vollstreckung erwarten lässt. Wird hiergegen verstoßen, ist die Pfändung anfechtbar: Dem Schuldner steht – wie bei einem Verstoß gegen das Verbot der Überpfändung – der Rechtsbehelf der Erinnerung gem. § 766 ZPO zur Verfügung.

V. Rechtswirkungen der Pfändung

Lit.: Brox/Walker § 13; Lippross § 13.

260 Die Pfändung ist ein Hoheitsakt. Sie beinhaltet die staatliche Beschlagnahme des Vollstreckungsgegenstandes. Sie zeitigt zwei Wirkungen: die Verstrickung und die Entstehung eines Pfändungspfandrechts.

1. Verstrickung

Lit.: Brox/Walker Rn. 361 ff.

Fall 10

261 G möchte seinen Titel gegen S auf Zahlung von 10.000 EUR durchsetzen und beauftragt den Gerichtsvollzieher damit. Dieser entdeckt bei S ein wertvolles Gemälde und pfändet es durch Anbringen eines Pfandsiegels. S entfernt dieses jedoch und veräußert das Gemälde an den gutgläubigen D. Kann der Gerichtsvollzieher das Bild jetzt bei D abholen, um es versteigern zu lassen?

→ Rn. 226, 230, 268, 270, 271, 272.

a) Begriff und Wesen

262 Durch die Verstrickung wird ein **öffentlichrechtliches Gewaltverhältnis** über die Sache begründet, indem diese zum Zwecke der Befriedigung des Gläubigers **sichergestellt** wird. Sie ist die Grundlage für alle nachfolgenden Vollstreckungsakte einschl. der Verwertung der Pfandsache.

Die Sicherstellung erfolgt dadurch, dass dem Schuldner die **Verfügungsbefugnis** über den Pfandgegenstand **entzogen** wird, §§ 136, 135 BGB (bitte lesen!). Sofern der Schuldner Eigentümer desselben ist, bleibt ihm zwar das Eigentum, er ist jedoch in seiner Verfügungsbefugnis beschränkt. Ausdrücklich geht dies aus § 829 I 2 ZPO (bitte lesen!) für die Forderungspfändung und aus § 857 I ZPO für die Pfändung in

---

[153] MüKoZPO/*K. Schmidt/Brinkmann* § 777 Rn. 10.

andere Vermögensrechte hervor; für die Sachpfändung folgt dies implizit aus § 808 I ZPO. Das durch die Verstrickung begründete Gewaltverhältnis ist zudem strafrechtlich durch den Tatbestand des Verstrickungs- und Siegelbruchs nach § 136 StGB geschützt.

Durch die Sicherstellung ändern sich auch die **Besitzverhältnisse** an der Pfandsache. **263**
Dabei muss allerdings zwischen der Pfändung durch Wegnahme der Sache und der Pfändung durch Anbringen eines Pfandsiegels unterschieden werden:

- Bei **Wegnahme der Sache** wird der Gerichtsvollzieher unmittelbarer Fremdbesitzer (§ 808 I ZPO). Der Gläubiger wird mittelbarer Fremdbesitzer erster Stufe, da der Gerichtsvollzieher den unmittelbaren Besitz an der Sache im Interesse des Gläubigers ausübt. Der Schuldner bleibt auch nach der Wegnahme der Sache durch den Gerichtsvollzieher Eigentümer der Sache. Der Besitz an der Sache wird dem Schuldner jedoch nach der Wegnahme durch den Gläubiger gemittelt. Der Schuldner ist daher mittelbarer Eigenbesitzer zweiter Stufe. Gläubiger und Schuldner haben bei einer Besitzstörung die Schutzansprüche aus §§ 869, 861 f. BGB auf Wiedereinräumung des Besitzes an den Gerichtsvollzieher.
- Wird ein **Pfandsiegel** angebracht, so wird der Gerichtsvollzieher wegen § 808 I ZPO zunächst unmittelbarer Besitzer. Er belässt durch das Anbringen des Pfandsiegels die Sache jedoch in dem Gewahrsam des Schuldners und räumt diesem damit den unmittelbaren Besitz an der Sache wieder ein. Da der Schuldner aber dem Gerichtsvollzieher und (über diesen) dem Gläubiger den Besitz mittelt, ist er unmittelbarer Fremdbesitzer. Der Gerichtsvollzieher wird mittelbarer Fremdbesitzer erster Stufe, der Gläubiger mittelbarer Fremdbesitzer zweiter Stufe. Der Schuldner hat gegenüber dem Gerichtsvollzieher allerdings keine Besitzschutzrechte, da dieser hoheitlich befugt ist, die Sache zu besitzen, § 858 I BGB iVm §§ 808 ff. ZPO. Zugleich ist der Schuldner mittelbarer Eigenbesitzer letzter Stufe, da der Gläubiger dem Schuldner, der nach wie vor Eigentümer der Sache ist, den Besitz vermittelt.

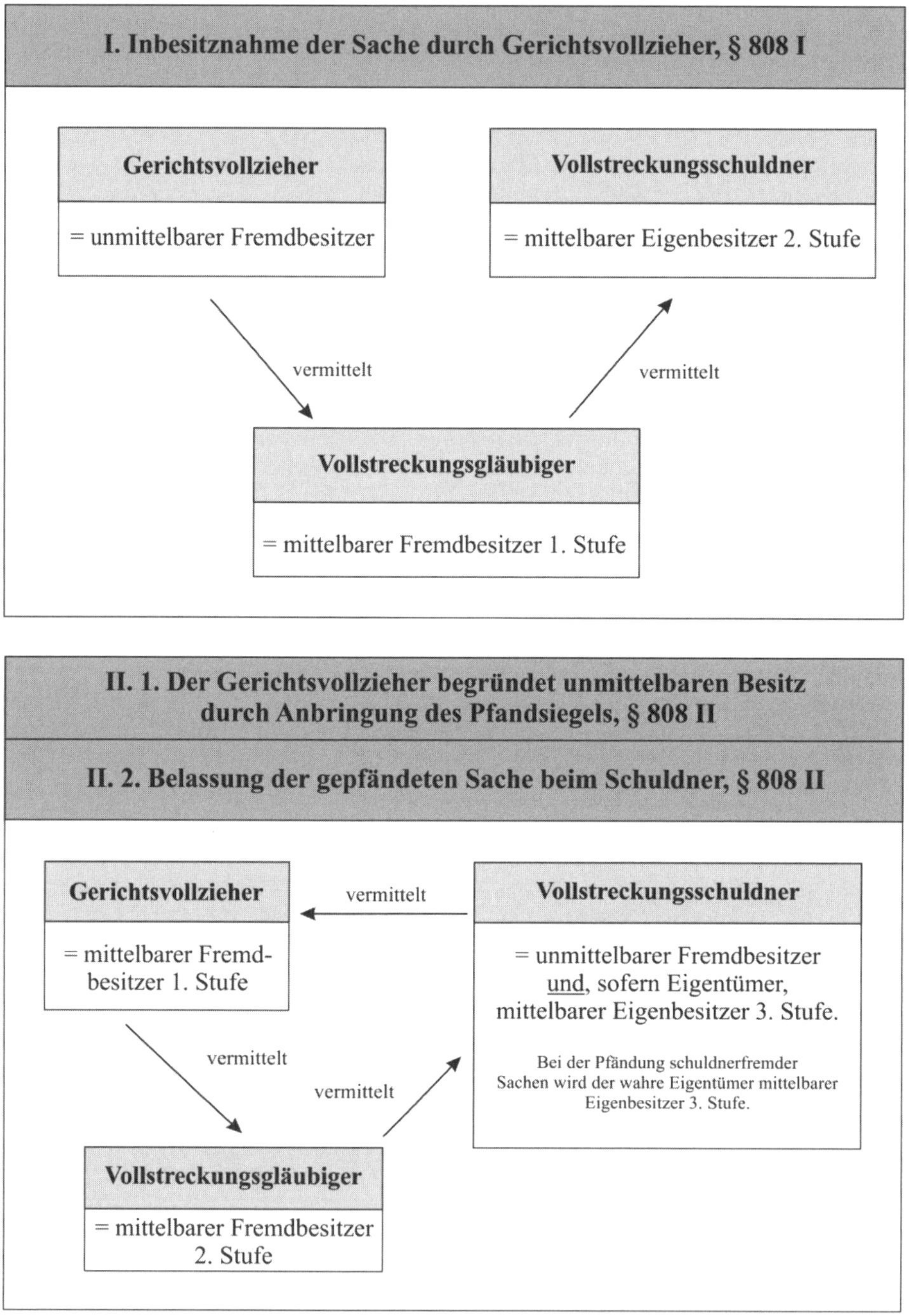

Abb. 8: Die Besitzverhältnisse bei der Sachpfändung

b) Entstehung

Die Verstrickung entsteht durch eine **wirksame Pfändung**, selbst wenn diese als fehlerhaft anfechtbar ist. Nur schwerwiegende Fehler lassen keine Verstrickung entstehen. Es ist daher zu differenzieren: 264

Keine Verstrickung entsteht nur bei **gravierenden Verfahrensfehlern** und bei **nichtiger Pfändung.**[154] Dies ist der Fall bei: 265
- der Pfändung durch ein funktionell unzuständiges Organ (wenn zB das Vollstreckungsgericht eine bewegliche Sache pfändet);
- der Pfändung trotz Fehlens eines Titels;
- der fehlenden Kenntlichmachung der Inbesitznahme, wenn also weder die Pfandsache weggeschafft noch an ihr ein Pfandsiegel angebracht wird (§ 808 ZPO);
- einer Anschlusspfändung ohne wirksame Erstpfändung oder ohne ordnungsgemäße Protokollierung, die bei der Anschlusspfändung konstitutiv ist.

Außerhalb dieser Fälle entsteht dagegen **trotz fehlerhafter Pfändung** eine Verstrickung,[155] wenn zB: 266
- die Pfandsache einem Dritten gehört (schuldnerfremde Sache);
- der Gewahrsam falsch beurteilt wird;
- der Dritte nicht herausgabebereit nach § 809 ZPO war;
- ein Verstoß gegen ein Pfändungsverbot aus § 811 ZPO vorliegt.

c) Wirkungen

Durch die Verstrickung wird dem Schuldner die Verfügungsbefugnis über die gepfändete Sache entzogen. Der Entzug der Verfügungsbefugnis des Schuldners erfolgt durch die Pfändung als **behördliches Veräußerungsverbot** mit den Wirkungen der §§ 136, 135 BGB. Dieses hat zur Folge, dass eine vom Schuldner getroffene Verfügung **relativ unwirksam** ist, dh sie wirkt nicht gegenüber dem Vollstreckungsgläubiger. Die Möglichkeit des gutgläubigen Erwerbs von Seiten Dritter bleibt gem. §§ 136, 135 II iVm 932, 936 BGB erhalten. 267

Lösung Fall 10 (→ Rn. 261):

S veräußert das Gemälde als nicht verfügungsbefugter Berechtigter, D erwirbt daran pfändungs- und verstrickungsfreies Eigentum nach §§ 929 S. 1, 136, 135 II, 936 I 1, II, 932 II BGB, da er hinsichtlich des Nichtbestehens des Veräußerungsverbots in gutem Glauben war. Der gutgläubige Erwerb scheitert auch nicht daran, dass die Pfandsache abhandengekommen wäre, da S im Falle des § 808 II 1 unmittelbarer Besitzer geblieben ist. 268

d) Beendigung

Mit der Beendigung der Verstrickung (**Entstrickung**) enden das öffentlichrechtliche Gewaltverhältnis sowie das Veräußerungsverbot, aber auch die Grundlage für die weitere Vollstreckung. Nach Entstrickung ist also eine erneute Pfändung der Sache nötig, wenn in sie vollstreckt werden soll. 269

---

[154] *Jauernig/Berger* § 16 Rn. 15; Zöller/*Stöber* § 804 Rn. 3.
[155] Thomas/Putzo/*Seiler* § 803 Rn. 9.

270 Der Regelfall der Entstrickung tritt nach dem regulären Verfahrensablauf durch die **Verwertung** der Pfandsache ein. An ihre Stelle tritt der Verwertungserlös.

Die Entstrickung wird auch durch die **Aufhebung der Pfändung** bewirkt. Dabei ist zu unterscheiden:

- Die Aufhebung kann durch das für die Vollstreckung zuständige Organ auf Weisung des Gläubigers erfolgen, wenn dieser eine Freigabeerklärung abgibt. Der Gerichtsvollzieher nimmt dann das Pfandsiegel ab; es genügt hier nicht, dass der Schuldner dies tut;
- Die Aufhebung kann aber ebenfalls auf Anweisung des Gerichts stattfinden, etwa wenn es der Erinnerung gegen eine unter Verstoß gegen § 809 ZPO bei einem Dritten vorgenommene Pfändung stattgibt oder in den Fällen des § 776 ZPO.

Schließlich kommt es bei **gutgläubigem Erwerb** der Pfandsache durch einen Dritten gleichfalls zur Entstrickung (**Fall 10,** → Rn. 261).

e) Verfolgungsrecht des Gerichtsvollziehers

271 Durch den **gutgläubigen Erwerb** der Pfandsache durch einen Dritten tritt die Entstrickung ein und die Wirkungen der Verstrickung werden rückgängig gemacht. Wegen des Formalisierungsgrundsatzes braucht der Gerichtsvollzieher dies jedoch nicht zu beachten und deshalb auch nicht von einer Fortsetzung der Vollstreckung abzusehen. Er könnte in **Fall 10** (→ Rn. 261) das Gemälde also wegschaffen, verwerten und den beim Erwerb gutgläubigen D auf die Drittwiderspruchsklage (§ 771 ZPO) verweisen. Erhöbe der D keine Drittwiderspruchsklage, so wäre die Vollstreckung wirksam. D kann sich der Wegnahme seitens des Gerichtsvollziehers auch nicht nach § 809 ZPO widersetzen, denn im Augenblick der Pfändung befand sich das Gemälde bei S und nicht bei D, so dass es auf dessen Herausgabebereitschaft überhaupt nicht ankam (→ Rn. 226, 230).

272 Es gibt in §§ 758, 758a ZPO keine Ermächtigungsgrundlage für einen **Zwang gegen Dritte**, da diese Vorschriften eine abschließende Sonderregelung der Zwangsbefugnisse des Gerichtsvollziehers enthalten.[156] Zu Recht beruft sich die Rspr[157] darauf, dass die Ausübung von Zwangsbefugnissen gegenüber einem Bürger einen grundrechtsintensiven Eingriff darstelle und mithin einer gesetzlichen Grundlage bedürfe. Ein Verfolgungsrecht des Gerichtsvollziehers ist daher abzulehnen. Im Ergebnis dürfte der Gerichtsvollzieher in **Fall 10** (→ Rn. 261) das Gemälde also dem D nicht gegen dessen Willen wegnehmen – und zwar nicht wegen eines Verstoßes gegen § 809 ZPO, sondern mangels Ermächtigungsgrundlage.

---

[156] Ebenso Zöller/*Stöber* § 809 Rn. 3.
[157] BGH NJW-RR 2004, 352 (353) mwN.

Merke:

1. Pfändung beweglicher Sachen wird durch Inbesitznahme (Wegnahme oder Anbringen eines Pfandsiegels) durch Gerichtsvollzieher bewirkt, § 808 ZPO. Wird diese nicht kenntlich gemacht, ist Pfändung nichtig.
2. Wirksame Pfändung hat Verstrickung der Pfandsache zur Folge, diese wird zum Zwecke der Befriedigung des Gläubigers sichergestellt.
3. Fehler des Verfahrens oder der Pfändung machen Verstrickung grundsätzlich nur anfechtbar, lediglich bei gravierenden Verfahrensmängeln oder nichtiger Pfändung entsteht diese nicht.
4. Durch wirksame Verstrickung wird dem Schuldner Verfügungsbefugnis über Pfandsache entzogen (§§ 136, 135 BGB); aber gutgläubiger lastenfreier Erwerb Dritter nach §§ 135 II, 932, 936 BGB möglich.
5. Entstrickung durch Verwertung der Pfandsache, auf Anweisung des Gläubigers oder Gerichts sowie bei gutgläubigem Erwerb durch Dritte.

2. Pfändungspfandrecht

Lit.: Brox/Walker Rn. 374 ff.; Lüke Rn. 610 ff.

Die Pfändung bewirkt – außer der Verstrickung – die Entstehung des Pfändungs- 273 pfandrechts. Gesetzlich ist es lediglich in § 804 ZPO geregelt, der nur iRd Mobiliarvollstreckung gilt. Dennoch ist es einhellige Auffassung, dass ein solches Pfändungspfandrecht auch bei der Zwangsvollstreckung wegen Geldforderungen in Immobilien entsteht. Über seine Rechtsnatur besteht Streit.

a) Bedeutung

aa) Schutz gegen Beeintrachtigungen

Mit dem Pfändungspfandrecht erlangt der Vollstreckungsgläubiger nach § 804 II 274 Hs. 1 ZPO dieselben Rechte, die der Inhaber eines Faustpfandrechts nach §§ 1207 ff. BGB hat. Insb. soll er gegen Beeinträchtigungen seines Pfandrechts geschützt werden:

- Die §§ 1227, 985 ff. BGB iVm § 804 II Hs. 1 ZPO geben dem wahren Vollstreckungsgläubiger als Pfandrechtsgläubiger einen **Herausgabeanspruch** gegen einen anderen Gläubiger des Vollstreckungsschuldners, der die durch Anbringen des Pfandsiegels gepfändete Sache in Besitz genommen hat. Gem. §§ 1227 iVm 986 I 2 BGB kann er jedoch nicht Herausgabe an sich selbst, sondern lediglich **an den Gerichtsvollzieher** verlangen, da der Gläubiger bei der Pfändung durch ein Pfandsiegel nur mittelbarer Besitzer zweiter Stufe wird, der seinen mittelbaren Besitz vom Gerichtsvollzieher als mittelbarem Besitzer erster Stufe ableitet, während der Schuldner unmittelbarer Fremdbesitzer ist (→ Rn. 263).
- Über § 1227 BGB stehen dem Gläubiger gleichfalls die **Eigentumsschutzrechte** des § 1004 BGB zu, und als mittelbarer Besitzer hat er zudem die **Besitzschutzrechte** aus §§ 859 ff. BGB, insb. § 869 BGB.
- Das Pfändungspfandrecht stellt ein sonstiges **absolutes Recht** iSd § 823 I BGB dar, dessen Verletzung einen Schadensersatzanspruch begründet.[158]

---

[158] MüKoBGB/*Wagner* § 823 Rn. 209.

bb) Rangfestlegung

275 § 804 III ZPO legt den **Prioritätsgrundsatz** fest (→ Rn. 45): Danach geht die zeitlich frühere Pfändung einer Pfandsache den ihr zeitlich nachfolgenden vor. Das Pfändungspfandrecht legt also nach seiner zeitlichen Entstehung das Rangverhältnis mehrerer Pfandrechte fest, welche an derselben Pfandsache bestehen. Das Rangverhältnis wird bei der Verwertung relevant, wenn der erzielte Erlös nicht zur Befriedigung aller Gläubiger, die an der verwerteten Sache ein Pfandrecht haben, ausreicht. So hat der Gläubiger der Anschlusspfändung das Nachsehen, wenn der Erlös die Forderungen, deretwegen gepfändet wurde, nicht abdeckt, weil die Anschlusspfändung zeitlich immer der ersten Pfändung nachfolgt (→ Rn. 253 ff.).

276 Zu einem **Gleichrang** von Pfändungspfandrechten kann es kommen, wenn der Gerichtsvollzieher eine Sache zeitgleich für mehrere Gläubiger pfändet; problematisch erscheint dies für den Fall nacheinander beim Gerichtsvollzieher eingehender Anträge, die aber nach § 117 I GVGA zu § 827 III ZPO als gleichzeitig behandelt werden (→ Rn. 47).

277 Es gibt freilich **Ausnahmen** vom Prioritätsgrundsatz. So geht ein zeitlich später entstandenes vertragliches Pfandrecht einem durch Pfändung erworbenen vor, wenn es nach § 1208 BGB gutgläubig erworben worden ist.

Komplexer ist das Verhältnis zu **anderen Pfand- und Vorzugsrechten**. Hier ist wegen § 804 II Hs. 2 ZPO zu differenzieren: Die Vorschrift bestimmt den Vorrang des Pfändungspfandrechts unabhängig vom Zeitpunkt seiner Begründung gegenüber solchen Pfand- und Vorzugsrechten, welche für den Fall eines Insolvenzverfahrens den Faustpfandrechten nicht gleichgestellt sind. Welche Pfand- und Vorzugsrechte für den Fall der Insolvenz einem durch Pfändung erworbenen Pfändungspfandrecht **gleichgestellt** sind, definieren §§ 50 f. InsO. Für diese gilt der Prioritätsgrundsatz uneingeschränkt, es kommt also allein darauf an, welches dieser Recht früher begründet worden ist.[159] Dazu gehören etwa die gesetzlichen Pfandrechte des Vermieters (§ 562 BGB) oder Werkunternehmers (§ 647 BGB). Gegenüber **nicht gleichgestellten** Pfand- und Vorzugsrechten besteht dagegen gem. § 804 II Hs. 2 ZPO stets ein Vorrang des Pfändungspfandrechts. Das sollen Zurückbehaltungsrechte iSd § 273 BGB sein, welche nicht unter § 51 Nr. 2, 3 InsO fallen.[160]

b) Theorienstreit über die rechtliche Einordnung

Lit.: Brox/Walker Rn. 379 ff.; sehr illustrativ dazu Lackmann Rn. 166 ff.

278 In Schrifttum und Rspr. besteht keine Einigkeit über die Rechtsnatur des Pfändungspfandrechts, doch nähern sich die heute noch vertretenen Theorien (→ Rn. 280, → Rn. 281) in ihren Ergebnissen einander an.[161]

aa) Privatrechtliche Theorie

279 Nur zum besseren Verständnis soll diese veraltete und heute nicht mehr vertretene Theorie erwähnt werden.[162] Danach ist das Pfändungspfandrecht eine Variante des privatrechtlichen Pfandrechts, welches nicht durch Vertrag, sondern durch den Pfändungsakt entsteht. Daher sollen §§ 1204 ff. BGB unmittelbar anwendbar sein: Das Pfandrecht ist danach **akzessorisch**, hängt also vom **Bestehen und Fortbestand der**

---

159 BGHZ 93, 71 (76) = NJW 1985, 863.

160 MüKoZPO/*Gruber* § 804 Rn. 38 mwN; dagegen läuft § 804 II Hs. 2 ZPO leer, s. Zöller/*Stöber* § 804 Rn. 4.

161 Instruktiv dazu BGHZ 119, 75 = NJW 1992, 2570.

162 Zu dieser RGZ 60, 70 (72); 126, 21 (26).

Forderung des Gläubigers gegen den Schuldner ab (§ 1252 BGB), nicht hingegen vom Bestehen des Titels; zudem soll es nur im Eigentum des Schuldners stehendes Vermögen erfassen, da nur der Eigentümer gem. § 1205 BGB ein Pfandrecht bestellen kann. Die Entstehung eines Pfändungspfandrechts an schuldnerfremden Sachen ist somit nicht möglich. Ein gutgläubiger Erwerb nach § 1207 BGB soll ausscheiden, da es sich bei dem Pfändungspfandrecht um ein gesetzliches Pfandrecht handelt und auf ein solches nach § 1257 BGB als „entstandenes Pfandrecht" die §§ 1205 bis 1208 BGB nicht anwendbar sind. Allerdings erfordert die Entstehung des Pfändungspfandrechts nach § 804 ZPO nach dieser Ansicht die **Verstrickung** und das Vorliegen der **wesentlichen Vollstreckungsvoraussetzungen.**

Diese Theorie berücksichtigt nicht die öffentlichrechtliche Natur des Vollstreckungsverhältnisses zwischen Vollstreckungsgläubiger und Vollstreckungsorgan und ist daher abzulehnen.

bb) Öffentlichrechtliche Theorie

Nach der öffentlichrechtlichen Theorie[163] ist das Pfändungspfandrecht wesensver- 280
schieden zum bürgerlichrechtlichen Pfandrecht nach §§ 1204 ff. BGB und setzt daher nicht den Bestand der titulierten Forderung voraus. Nach dieser Ansicht entsteht es ausschließlich nach öffentlichrechtlichem **Prozessrecht** und nicht nach den Pfandrechtsregeln des BGB. Entstehungsgrund ist allein eine **wirksame Pfändung** gem. §§ 803 ff. ZPO, die unter Einhaltung der wesentlichen Verfahrensvorschriften zustande gekommen ist. Danach führt **jede wirksame Verstrickung zum Pfändungspfandrecht**. Nur bei Vorliegen von Verfahrensfehlern, welche die Nichtigkeit der Verstrickung bewirken (→ Rn. 265), kommt kein Pfändungspfandrecht zu Stande. Wegen der rein prozessualen Sichtweise spielen materiellrechtliche Aspekte für den Entstehungstatbestand des Pfändungspfandrechts keine Rolle: Dieses entsteht bei wirksamer Verstrickung also sogar an **schuldnerfremden Sachen** oder bei materiellrechtlichem **Nichtbestehen** der titulierten **Gläubigerforderung**, zumal es lediglich die verfahrensmäßige Berechtigung des Gläubigers versinnbildlicht, nicht hingegen dessen materiellrechtliche Berechtigung.[164]

Nach dieser Ansicht ist das Pfändungspfandrecht **Grundlage** der **weiteren Vollstreckungsakte** und berechtigt daher zur prozessualen Verwertung der Pfandsache und zur Empfangnahme des daraus resultierenden Erlöses. Da jedoch nach der öffentlichrechtlichen Theorie das Pfändungspfandrecht immer entsteht, wenn eine wirksame Verstrickung vorliegt, erfolgt der Erwerb des Eigentums im Ergebnis bei der Versteigerung kraft Hoheitsaktes an jeder verstrickten Sache.

Wegen seiner rein prozessualen Natur entscheidet das Pfändungspfandrecht nach dieser Auffassung jedoch nicht die Frage, ob der Gläubiger den aus der Verwertung der Pfandsache erzielten **Erlös behalten** darf. Ob dies der Fall ist, hängt vielmehr davon ab, ob nach **materiellem Recht** die Forderung des Gläubigers gegen den Schuldner bestanden hat und dieser Eigentümer der Pfandsache ist. Ist dies nicht der Fall, so hat der Gläubiger den Erlös rechtsgrundlos erlangt und ihn nach § 812 I 1 Fall 2 BGB an den wahren Berechtigten herauszugeben (→ Rn. 284).

cc) Gemischte Theorie, hM

Wie nach der privatrechtlichen Theorie ist das Pfändungspfandrecht auch nach der 281
gemischten (privat- und öffentlichrechtlichen) Theorie privatrechtlicher Natur. Diese

---

163 Vertreten ua von Zöller/*Stöber* § 804 Rn. 2; *Lüke* JZ 1957, 239 ff.
164 BGHZ 119, 75 (83) mwN.

Betrachtungsweise herrscht gegenwärtig vor,[165] wenngleich sich der BGH einer eindeutigen Stellungnahme bislang enthalten hat.[166] Wie die privatrechtliche Theorie betont diese Ansicht den **privatrechtlichen Charakter** des Pfandrechts, unterscheidet davon aber die öffentlichrechtliche **Verstrickung** als **Grundlage der weiteren Vollstreckungsakte**. Aus dieser doppelten Sichtweise ergibt sich folgendes Bild:

- Die **Begründung** des Pfändungspfandrechts setzt zum einen eine **rechtmäßige Pfändung (Hoheitsakt)** voraus: Erforderlich ist also nicht nur die wirksame Verstrickung, sondern auch die Beachtung sämtlicher Vollstreckungsvoraussetzungen, die nicht bloße Ordnungsvorschriften sind. Das sind zum einen die wesentlichen Vollstreckungsvoraussetzungen (Titel, Klausel, Zustellung, keine Vollstreckungshindernisse), zum anderen wichtige Verfahrensvorschriften (zB §§ 809, 811 ZPO). Somit entsteht bei einer zwar wirksamen, aber infolge relevanter Verfahrensmängel anfechtbaren Pfändung kein Pfändungspfandrecht.
- Zum anderen ist das Vorliegen der übrigen **materiellrechtlichen Voraussetzungen** der Pfandrechtsentstehung erforderlich, weil das Pfändungspfandrecht ja privatrechtlicher Natur ist: Es setzt also das Bestehen der Gläubigerforderung (Akzessorietät) und das Eigentum des Schuldners an der Pfandsache voraus, erfasst daher **nicht schuldnerfremde Sachen**. Ein gutgläubiger Pfandrechtserwerb scheidet daher aus, zumal es an einem für § 1207 BGB nötigen rechtsgeschäftlichen Bestellungsakt fehlt.[167] Im Gegensatz zur privatrechtlichen Theorie ist die Akzessorietät aber modifiziert, da das Vorliegen eines **rechtskräftigen Titels** genügt, selbst wenn dieser materiellrechtlich falsch ist. Dies führt zu einer Annäherung an die öffentlichrechtliche Theorie.
- Für den **Untergang** des Pfandrechts sind ebenfalls die Vorschriften über das Faustpfandrecht relevant. Es geht danach insb. unter, wenn die titulierte Forderung erlischt (§ 1252 BGB) oder ein gutgläubiger Dritter die Pfandsache lastenfrei erwirbt (§§ 136, 135 II, 932, 936 BGB), daneben aber auch durch Entstrickung.
- Für die weiteren Vollstreckungsakte der **Verwertung** kommt es dagegen nicht auf das Pfändungspfandrecht, sondern auf die wirksame (also nicht nichtige) **Verstrickung** an.
- Bei der Auskehr des Erlöses an den Gläubiger ist zu unterscheiden: Das Eigentum hieran erwirbt er durch die Auskehr als Hoheitsakt; hierfür ist allein die wirksame Verstrickung erforderlich.[168] Ob er dagegen den ausgekehrten **Erlös behalten** darf, beurteilt sich danach, ob ihm ein Pfändungspfandrecht an der gepfändeten Sache zustand. Der Erlös gebührt dem Gläubiger nach dieser Ansicht daher nur dann, wenn die zu sichernde Forderung bestand und die Pfandsache im Eigentum des Schuldners war; fehlt es daran, so hat der Gläubiger das Eigentum am Erlös zwar wirksam, aber rechtsgrundlos erlangt und nach § 812 I 1 Fall 2 BGB an den Berechtigten herauszugeben (→ Rn. 284).

---

165 Nachweise dazu in MüKoZPO/*Gruber* § 804 Rn. 6.
166 Vgl. BGHZ 119, 75 (91).
167 BGHZ 119, 75 (89).
168 *Brox/Walker* Rn. 382, 387 f.

Abb. 9: Theorien zum Pfändungspfandrecht

dd) Praktische Bedeutung

Auf den ersten Blick könnten die Fälle, in denen eine schuldnerfremde Sache gepfän- 282
det wird oder die Gläubigerforderung nicht besteht, problematisch sein, weil dann nach der öffentlichrechtlichen Theorie ein Pfändungspfandrecht entsteht, nach der gemischten Theorie aber nicht. Im Ergebnis gelangen beide Theorien gleichwohl weithin zu gleichen Ergebnissen.[169] Die Bedeutung der Akzessorietät des Pfändungspfandrechts zur Gläubigerforderung ist selbst nach der gemischten Theorie dadurch vermindert, dass das Vorliegen eines rechtskräftigen, die Forderung feststellenden

[169] Illustrativ dazu BGHZ 119, 75 (91).

Urteils zur Entstehung des Pfandrechts genügt. Zunächst wird dargestellt, wann beide Theorien zu gleichen Ergebnissen gelangen, anschließend, wann dies nicht der Fall ist.

(1) Gleiche Ergebnisse

Zu gleichen Ergebnissen gelangen beide Theorien bei den Fragen, ob bei Verwertung einer **schuldnerfremden** Pfandsache im Wege der Versteigerung der Ersteigerer Eigentum daran erlangt und ob der Vollstreckungsgläubiger den Ersteigerungserlös behalten darf.

283 Wird die Pfandsache durch Versteigerung verwertet, so erwirbt der **Ersteigerer** daran **Eigentum**, auch wenn der Schuldner kein Eigentum daran gehabt haben sollte.

- Nach der **gemischten** Theorie ist zwar bei fehlendem Eigentum des Schuldners an der Pfandsache kein Pfändungspfandrecht daran begründet worden, dennoch erwirbt der Ersteigerer durch die Versteigerung unabhängig von seiner Gutgläubigkeit Eigentum an der Pfandsache, da nicht das Pfändungspfandrecht, sondern die Verstrickung Grundlage der Verwertung ist.
- Nach der **öffentlichrechtlichen** Theorie ist zwar das Pfändungspfandrecht Grundlage für die Verwertung, aber da jede wirksame Verstrickung ein solches unabhängig vom Eigentum an der Pfandsache und dem Bestehen der Gläubigerforderung begründet, erwirbt der Ersteigerer daher auch nach dieser Ansicht lastenfreies Eigentum durch Hoheitsakt, unabhängig von seiner Gutgläubigkeit.
- Beide Ansichten gelangen also zu demselben Ergebnis, da es zum Zwecke der Verwertung nach beiden letztlich auf die **wirksame Verstrickung** der Pfandsache ankommt.

284 Daran schließt sich die Frage an, ob der Vollstreckungsgläubiger den **Ersteigerungserlös** aus der Versteigerung der Pfandsache **behalten** darf, obwohl an der versteigerten schuldnerfremden Sache kein Pfändungspfandrecht begründet worden war.

- Nach der **gemischten** Theorie ist diese Frage nach den §§ 1207 ff. BGB zu beantworten. Ist danach kein Pfändungspfandrecht entstanden, weil die Pfandsache nicht dem Schuldner gehörte, so steht der Erlös nach § 1247 BGB nicht dem Gläubiger zu und er hat diesen nach § 812 I 1 Fall 2 BGB an den ursprünglichen Eigentümer der Pfandsache herauszugeben.
- Nach der **öffentlichrechtlichen** Theorie richtet sich diese Frage nach materiellem Recht: Den Erlös darf der Gläubiger nur behalten, wenn der Schuldner nach materiellem Recht Eigentümer der Pfandsache war. Fehlt es hieran, so hat der Gläubiger den Erlös ohne Rechtsgrund erlangt und muss ihn nach § 812 I 1 Fall 2 BGB an den ursprünglichen Eigentümer der Pfandsache herausgeben.
- Beide Ansichten gelangen also bei dieser Frage gleichfalls zu gleichen Ergebnissen, weil auch die öffentlichrechtliche Theorie hierfür auf das **materielle Recht** zurückgreifen muss.

(2) Unterschiedliche Ergebnisse

285 Unterschiede ergeben sich aber zwangsläufig, wenn es auf den **Zeitpunkt der Entstehung** des Pfändungspfandrechts ankommt, weil mehrere Gläubiger miteinander konkurrieren. **Zwei Fallgruppen** kommen hierfür in Betracht: zum einen, wenn mehrere Gläubiger dieselbe Sache haben pfänden lassen, der Verwertungserlös aber nicht zur Befriedigung aller ausreicht, so dass es auf das Rangverhältnis der Pfändungspfandrechte nach § 804 III ZPO ankommt; zum anderen, wenn über das Vermögen des Vollstreckungsschuldners das Insolvenzverfahren eröffnet worden ist, für

die Frage, ob das Pfändungspfandrecht einem Gläubiger ein Absonderungsrecht nach § 50 I InsO gibt.

Fall 11:

Der Gerichtsvollzieher pfändet am 19.7.2013 auf Antrag des Gläubigers G in der Wohnung des Schuldners S ein Silberbesteck, bevor dem S der Titel zugestellt wurde. Am 22.7.2013 nimmt der Gerichtsvollzieher auf Antrag des Gläubigers D eine ordnungsgemäß protokollierte Anschlusspfändung an dem Silberbesteck des S vor; dem S war der mit Klausel versehene Titel des D zuvor zugestellt worden. Erst am 23.7.2013 wird dem S der Titel des G zugestellt. Der Versteigerungserlös reicht nicht zur Befriedigung beider Gläubiger aus. Wer ist vorrangig zu befriedigen?[170] 286

In der **ersten Fallgruppe** kommt es infolge **mehrfacher Pfändung** derselben Sache zu einer Konkurrenz mehrerer Gläubiger. Reicht der Erlös aus der Verwertung dieser Sache nicht aus, um alle betroffenen Gläubiger zu befriedigen, so erfolgt die Befriedigung nicht anteilsmäßig, sondern gem. § 804 III ZPO nach dem **Prioritätsprinzip.** Die verschiedenen Theorien führen in einer solchen Situation zu unterschiedlichen Ergebnissen, wenn eine der Pfändungen anfechtbar ist, der **Vollstreckungsmangel** aber **nachträglich geheilt** wird. In **Fall 11** ist die Pfändung für G zwar zeitlich früher erfolgt als diejenige für D, sie leidet aber an einem erheblichen Mangel, da die nach § 750 I ZPO erforderliche Zustellung des Titels nicht rechtzeitig erfolgt ist.

Nach der **gemischten Theorie** entsteht das Pfändungspfandrecht des G zunächst wegen des Fehlens der Zustellung als einer wesentlichen Vollstreckungsvoraussetzung nicht. Durch die Nachholung der Zustellung des Titels wird dieser Mangel nachträglich geheilt, doch wird das Pfändungspfandrecht des G dadurch lediglich mit Wirkung *ex nunc* begründet. Damit ist das Pfändungspfandrecht des G erst am 23.7.2013 entstanden; es ist daher dem Pfändungspfandrecht des D, welches am Vortag entstanden war, gem. § 804 III ZPO nachrangig. Damit müsste aus dem Verwertungserlös der Pfandsache vorrangig die Forderung des D befriedigt werden, notfalls ginge G leer aus.

Nach der **öffentlichrechtlichen Theorie** dagegen hat G bereits mit der am 19.7.2013 erfolgten wirksamen Verstrickung der Pfandsache ein Pfändungspfandrecht daran erworben, welches demjenigen des D gegenüber nach § 804 III ZPO vorrangig ist. Nach dieser Ansicht würde also G vorrangig aus dem Verwertungserlös befriedigt und D hätte notfalls das Nachsehen.

Fall 12:

Die Bank B mit Sitz in Düsseldorf hat einen fälligen und iSd § 794 I Nr. 5 ZPO titulierten Rückzahlungsanspruch aus einem Darlehensvertrag gegen S, der seinen Wohnsitz in Köln hat. Nachdem sie Informationen über dessen drohende Zahlungsunfähigkeit erhalten hat, beantragt sie am 2.5.2013 beim Amtsgericht Düsseldorf die Pfändung der angeblichen Forderung des S gegen dessen Arbeitgeber A; das Gericht erlässt den Pfändungsbeschluss am 10.5.2013, der A am 13.5.2013 zugestellt wird. Am 14.6.2013 beantragt D, ein mit B 287

[170] Nach *Lackmann* Rn. 176.

konkurrierender Gläubiger des S, die Eröffnung des Insolvenzverfahrens über das Vermögen des S. Erst am 20.6.2013 bemerkt B, dass sie eigentlich das Gericht in Köln mit der Sache hätte beauftragen müssen, und beantragt einen erneuten Pfändungsbeschluss, diesmal beim örtlich zuständigen Gericht.

→ Rn. 288.

288 In der **zweiten Fallgruppe** ist das **Insolvenzverfahren** über das Vermögen des Vollstreckungsschuldners eröffnet worden. Gem. § 50 I InsO darf der Inhaber eines Pfändungspfandrechts sein Vermögen dann aus der Masse absondern. Voraussetzung des Absonderungsrechts ist neben der Entstehung des Pfändungspfandrechts die Wahrung der sog **Rückschlagsperre** iSd § 88 InsO: Danach wird das Pfändungspfandrecht automatisch (rückwirkend) unwirksam, wenn es erst im letzten Monat vor dem Insolvenzantrag entsteht (§§ 50 I, 88 InsO). Damit kommt es hier auf den Zeitpunkt der Entstehung des Pfändungspfandrechts an und folglich uU auch auf dessen Rechtsnatur.

Folgt man der herrschenden **gemischten Theorie**, so entsteht das Pfandrecht in **Fall 12** nicht bereits mit Erlass des mangelhaften Pfändungsbeschlusses durch das Gericht in Düsseldorf, sondern erst mit Zustellung des Pfändungsbeschlusses des gem. §§ 828 II, 12, 13, 802 ZPO allein örtlich zuständigen Gerichts in Köln, also nicht vor dem 20.6.2013.

Nach der **öffentlichrechtlichen Theorie** hingegen verhinderte die örtliche Unzuständigkeit des Vollstreckungsgerichts Düsseldorf nicht die Entstehung des Pfändungspfandrechts, weshalb Insolvenzgläubiger B dieses schon am 13.5.2013 erlangen könnte. Nur nach dieser Auffassung wäre die Rückschlagsperre des § 88 InsO gewahrt und Gläubiger B somit geschützt.

ee) Stellungnahme zum Meinungsstreit

289 Die **öffentlichrechtliche Theorie** weist erhebliche **Schwächen** auf: Danach ist das Pfändungspfandrecht zwar Grundlage der weiteren Verwertung der Pfandsache, über die materiellrechtliche Berechtigung des Gläubigers zur Befriedigung aus dem Verwertungserlös trifft es hingegen keine Aussage. Hierfür muss diese Theorie dann doch wieder auf die materielle Rechtslage zurückgreifen. Die Verwertungsbefugnis ergibt sich aber bereits aus der wirksamen Verstrickung, so dass dem Pfändungspfandrecht keine eigenständige Bedeutung zukommt. Das Gesetz zeigt jedoch in § 50 I InsO, dass das Pfändungspfandrecht dem Gläubiger in Gestalt eines Absonderungsrechts sehr wohl einen materiellen Gehalt zumisst.

Demgegenüber vermeidet die **gemischte Theorie** solche Widersprüche und ist daher **vorzugswürdig**: Sie sieht in der Verstrickung die Grundlage für die Vollstreckungsakte bis hin zur Verwertung der Pfandsache. Das Pfändungspfandrecht setzt zwar eine rechtmäßige, die Verstrickung begründende Pfändung voraus, kann aber nur entstehen, wenn die materiellrechtlichen Voraussetzungen eines Pfandrechts iSd §§ 1204 ff. BGB gegeben sind. Ob der Gläubiger den Verwertungserlös behalten darf, ergibt sich direkt aus den Vorschriften zum Pfandrecht. Auch in den übrigen kritischen Situationen kann man mit Hilfe dieser Theorie zu widerspruchsfreien Ergebnissen gelangen.

Klausurhinweis:

Bei der Falllösung sind beide Meinungen darzustellen. Eine Entscheidung des Meinungsstreites ist jedoch nur erforderlich, wenn beide Ansichten im Einzelfall zu unterschiedlichen Ergebnissen führen, ansonsten kann der Streit offen bleiben.

Zusammenfassung:

1. Pfändungspfandrecht (PPR) gibt dem Gläubiger gleiche Rechte wie bei Faustpfandrecht, § 804 II ZPO iVm §§ 1204 ff. BGB, vor allem eigentumsähnlicher Schutz nach § 1227 BGB.
2. Rechtsnatur des PPR umstritten, drei Theorien: die rein privatrechtliche, die öffentlichrechtliche und die gemischte privat- und öffentlichrechtliche. Erstere wird praktisch nicht mehr vertreten, ein Eingehen hierauf in Prüfungen erübrigt sich daher.
3. Nach der öffentlichrechtlichen Theorie entsteht PPR durch jede wirksame, nicht nichtige Verstrickung; es ist Grundlage der weiteren Verwertung der Pfandsache. Auf Bestand der Gläubigerforderung oder Eigentum des Schuldners an der Pfandsache kommt es nicht an. Ob Gläubiger Erlös aus Verwertung der Pfandsache behalten darf, beurteilt sich jedoch nach materiellem Recht, und hierfür maßgeblich, ob Forderung des Gläubigers gegen Schuldner bestand und letzterer Eigentümer der Sache war.
4. Nach gemischter Theorie wird PPR bei Vorliegen der materiellrechtlichen Voraussetzungen der §§ 1204 ff. BGB sowie einer rechtswirksamen Pfändung begründet, sofern dabei die wesentlichen Vollstreckungsvoraussetzungen gewahrt worden sind. An schuldnerfremder Sache entsteht aber kein PPR, an sich auch nicht bei Nichtbestehen der Gläubigerforderung, doch genügt deren Feststellung durch rechtskräftiges Urteil, selbst wenn dieses falsch ist. Ohne PPR kann Pfandsache zwar infolge der Verstrickung verwertet werden, der Gläubiger darf aber den Erlös aus deren Verwertung nicht behalten.
5. Nach beiden Theorien ist die Verstrickung für Verwertung der Pfandsache maßgeblich. Ob Gläubiger Erlös daraus behalten darf, ist letztlich nach materiellem Recht zu beurteilen. Kein Behaltensgrund bei Verwertung schuldnerfremder Sache, Gläubiger hat Erlös daher an früheren Eigentümer nach § 812 I 1 Fall 2 BGB herauszugeben.
6. Theorienstreit spielt nur eine Rolle, wenn es auf Zeitpunkt der Entstehung des PPR ankommt. Bei später geheilter anfechtbarer Pfändung entsteht PPR nach der gemischten Theorie erst im Zeitpunkt der Heilung des Mangels, nach der öffentlichrechtlichen Theorie ist der Verfahrensmangel hingegen irrelevant, da danach allein die nicht nichtige Verstrickung wichtig ist. Relevanz auch für §§ 50 I, 88 InsO.

VI. Verwertung der Pfandsache

Lit.: Brox/Walker §§ 14 ff.; Lippross § 14.

Die Pfändung dient der Sicherung des Gläubigers, führt aber noch nicht zu seiner Befriedigung, da er noch kein Geld erhalten hat, der Titel aus dem vollstreckt wird, aber gerade auf die **Zahlung** gerichtet ist. Daher schließt sich an die Pfändung die 290

Verwertung an. Regelmäßige Form der Verwertung ist die öffentliche Versteigerung (§ 814 ZPO). Nach dem durch das Gesetz über die Internetversteigerung in der Zwangsvollstreckung[171] neu eingefügten § 814 II ZPO hat der Gerichtsvollzieher die Wahl, ob er eine Präsenz- oder Internetversteigerung durchführen lässt.[172] Die von den Ländern nach § 814 III ZPO erlassenen Rechtsverordnungen sehen als Versteigerungsplattform das gemeinsame Internetportal www.justiz-auktion.de vor. Besonderheiten gelten für die Verwertung von Bargeld (§ 815 ZPO) und Wertpapieren (§ 821 ZPO). Probleme entstehen, wenn die verwertete Sache mehrfach gepfändet war, § 827 ZPO. Die Verwertung kann vom Gerichtsvollzieher ausgesetzt werden, wenn eine nach § 802b II, III ZPO wirksame Zahlungsvereinbarung mit dem Schuldner zustande kommt (→ Rn. 193), notfalls kann der Schuldner Schutz nach § 765a ZPO beantragen (→ Rn. 492).[173]

In der Praxis genügt indes meistens bereits die Pfändung, weil sie den Schuldner zur freiwilligen Leistung veranlasst. Nur in max. 0,8 % der Fälle kommt es zur öffentlichen Versteigerung.[174]

1. Öffentliche Versteigerung

Lit.: Brox/Walker Rn. 395 ff.; Lippross Rn. 251 ff.

Fall 13:

291 Bei der Präsenzversteigerung einer Stereoanlage des S durch den Gerichtsvollzieher erhält E den Zuschlag. E stellt sogleich fest, dass die Stereoanlage nicht funktioniert und zahlt daher nichts. Kann er auf Zahlung verklagt werden? Hat er Gewährleistungsansprüche?

→ Rn. 304.

292 Wird die Verwertung nicht ausgesetzt, erfolgt diese regelmäßig im Wege der öffentlichen Versteigerung durch den Gerichtsvollzieher nach den in den §§ 814, 816 ff. ZPO aufgestellten Regeln.

a) Ablauf der Versteigerung

aa) Präsenzversteigerung

293 Entscheidet sich der Gerichtsvollzieher gem. § 814 II Nr. 1 ZPO für eine Versteigerung vor Ort, so macht er zunächst Zeit und Ort der Versteigerung bekannt, § 816 ZPO, und benachrichtigt auch Gläubiger und Schuldner.

Der Versteigerungstermin läuft dann folgendermaßen ab: Interessenten können zunächst die zu versteigernde Sache vorbesichtigen. Dann werden die Versteigerungsbedingungen bekannt gegeben. Sodann werden die Pfandstücke nacheinander unter Angabe des gewöhnlichen Verkaufswertes und des Mindestgebotes ausgeboten. Das Mindestgebot entspricht nach § 817a I ZPO mindestens der Hälfte des gewöhnlichen Verkaufswertes der Sache. Bei Gold und Silber ist zusätzlich § 817a III ZPO zu beachten. Die potentiellen Ersteigerer werden dazu aufgefordert, Gebote abzugeben.

---

171 Gesetz über die Internetversteigerung in der Zwangsvollstreckung und zur Änderung anderer Gesetze (IntVerstZVG) v. 30.7.2009, BGBl. I 2474, in Kraft seit 5.8.2009.

172 Zu den Vorteilen einer Internetversteigerung s. *Remmert* NJW 2009, 2572 ff.

173 BT-Drs. 16/10069, 34.

174 *Behr* NJW 1992, 2738.

Die Abgabe eines Gebotes ist definiert als das Angebot, die jeweilige Pfandsache gegen Zahlung des gebotenen Betrages zu erwerben, § 817 I ZPO iVm § 156 BGB. Dabei können auch der Gläubiger und der Schuldner mitbieten (§ 816 IV ZPO iVm § 1239 I 1 BGB). Dem Gebot des Schuldners kann der Zuschlag allerdings verwehrt werden, wenn er kein bares Gebot abgibt (§ 816 IV ZPO iVm § 1239 II 1 BGB). Für das Höchstgebot wird der Zuschlag nach § 817 I ZPO iVm § 156 BGB erteilt.

Wird das vorher bekannt gegebene **Mindestgebot** (§ 817a I ZPO) nicht erreicht, folgt grundsätzlich die Versagung des Zuschlages mit den Folgen des § 817a II ZPO. Da es sich hierbei um eine Schutznorm sowohl für (sämtliche) Gläubiger als auch für den Schuldner handelt, kann bei Einverständnis aller hierauf verzichtet und das Mindestgebot daher unterschritten werden. Bei Gold- und Silbersachen wird der Zuschlag auch versagt, wenn das Gebot ihren Gold- und Silberwert nicht erreicht, § 817a III 1 ZPO. 294

Die Sache wird an den Ersteher **abgeliefert**, sofern der Zuschlag erfolgt ist und das Kaufgeld gezahlt worden ist oder bei Ablieferung gezahlt wird, § 817 II ZPO. Hat der Gläubiger den Zuschlag bekommen, wird die Sache an ihn unter den erleichterten Voraussetzungen des § 817 IV ZPO abgeliefert: Barzahlung ist dann nur zur Deckung der Vollstreckungskosten (§ 788 ZPO) und des die Befriedigung des Gläubigers überschießenden Teiles des Erlöses erforderlich. Die Forderung derentwegen der Gläubiger vollstreckt, kann nämlich gegen den Erlös verrechnet werden, § 817 IV 2 ZPO. 295

Der Erlös wird an den Gläubiger ausgekehrt. Ein eventueller Überschuss, den der Ersteigerer bar bezahlen musste, geht an den Schuldner bzw. den wahren Eigentümer der gepfändeten Sache. 296

Zahlt der **Meistbietende**, der den Zuschlag bekommen hat, **nicht**, so hat der Gerichtsvollzieher wegen § 817 III ZPO keinen Erfüllungsanspruch gegen ihn; die Sache wird vielmehr anderweitig versteigert. Die Ablieferung und damit ein Eigentumsübergang an der ersteigerten Sache können dann aber auch nicht erfolgen. Allerdings hat der dadurch Geschädigte einen Anspruch auf Zahlung einer Ausfallentschädigung, § 817 III 2 ZPO. Geschädigter ist meist der Gläubiger. In Anbetracht des nicht erzielten überschießenden Erlöses kann aber auch der Schuldner Geschädigter sein. Dieser Anspruch muss durch Klage geltend gemacht werden. 297

Eine Einstellung der Versteigerung kommt nach § 818 ZPO oder bei Unterschreitung des Mindestgebotes in Betracht. 298

Über die Versteigerung fertigt der Gerichtsvollzieher ein Protokoll an (§ 762 ZPO). 299

bb) Internetversteigerung

Lit.: Remmert NJW 2009, 2572 ff.

Für die Internetversteigerung gelten die vorstehend gemachten Ausführungen zur Präsenzversteigerung sinngemäß mit gewissen Abweichungen, welche sich aus deren Eigenarten erklären. 300

Anders als die Versteigerung vor Ort kann diejenige über Internet über mehrere Tage laufen und es können Gebote hierfür über 24 Stunden am Tag abgegeben werden. Die Einzelheiten der Internetversteigerung regeln die Landesregierungen auf der Grundlage des § 814 III ZPO durch Verordnung.[175]

---

[175] So zB in Bayern durch die Bayerische Verordnung zur Regelung von Versteigerungen im Internet v. 25.11.2009 (BayIntVerstO, BayGVBl 619) und in Nordrhein-Westfalen durch die Verordnung zur Regelung der Versteigerung im Internet gemäß § 814 Absatz 3 ZPO und § 979 Absatz 1b BGB v. 22.9.2009 (GV NRW 508).

Folgende Besonderheiten gegenüber der Präsenzversteigerung sind hervorzuheben:[176] Die Bestimmungen des § 816 II, III ZPO über Zeit und Ort der Versteigerung und ihrer Bekanntmachung gem. § 816 V ZPO gelten nicht für die Internetversteigerung. Die Versteigerungsbedingungen werden durch Landesverordnung geregelt. Gläubiger und Schuldner können ebenfalls mitbieten (§ 816 IV ZPO iVm § 1239 I 1 BGB); die bei der Präsenzversteigerung vorgesehene Beschränkung für Gebote des Schuldners auf Bargebote (§ 816 IV ZPO iVm § 1239 II 1 BGB) gilt für die Internetversteigerung nicht.

Der **Zuschlag** ist nach § 817 I 2 ZPO iVm § 156 BGB an den Bieter zu erteilen, welcher das höchste Gebot abgegeben hat, welches wenigstens das Mindestgebot iSd § 817a I 1 ZPO darstellt.

Die Aufweichung des Barzahlungsgebotes, welche § 817 II ZPO nun vorsieht, dient der Erleichterung der Internetversteigerung. So genügt es, wenn das Kaufgeld bei Ablieferung der Sache, die auch durch Übersendung der versteigerten Sache erfolgen kann, gezahlt wird;[177] ohne Zahlung darf die Ablieferung nicht erfolgen, § 817 II ZPO. Bei Übersendung gilt die Ablieferung der versteigerten Sache als mit der Übergabe an die zur Ausführung der Versendung bestimmte Person als bewirkt.[178] Es drängt sich hier eine Parallele zu §§ 815 III, 819 ZPO auf, so dass es sich hierbei wohl um eine Schuldnerschutzvorschrift handelt, welche im Falle des Verlustes der Sache den Schuldner gleichwohl entlastet, das Eigentum jedoch nicht übergehen lässt.

Merke:

1. Der Schuldner bekommt als Ersteigerer bei einer Präsenzversteigerung bereits den Zuschlag nur gegen Bargebot (§ 816 IV Hs. 2 ZPO iVm § 1239 II BGB), für die Internetversteigerung gilt diese Beschränkung hingegen nicht.
2. Jedem anderen Ersteigerer wird die Sache nur gegen vorherige Zahlung – etwa bargeldlose Zahlung durch Überweisung auf das Dienstkonto des Gerichtsvollziehers – oder gegen Barzahlung abgeliefert (§ 817 II ZPO).
3. Der Gläubiger als Ersteigerer hingegen muss nur die Kosten der Zwangsvollstreckung und einen seine Forderung übersteigenden Überschuss bar zahlen (§ 817 IV ZPO).

b) Eigentumserwerb des Erstehers

301 Die rechtliche Einordnung von Gebot und Zuschlag ist umstritten. Nach der Rspr. und der wohl hL kommt durch das Meistgebot und den Zuschlag ein **kaufrechtsähnlicher öffentlichrechtlicher Vertrag** zwischen dem Meistbietenden und dem Staat, vertreten durch den Gerichtsvollzieher, zustande. Das Gebot ist danach eine Prozesshandlung, die zugleich den Antrag auf Vertragsschluss enthält, welcher durch den Zuschlag angenommen wird.[179] Diese Sichtweise hat sich nun auch der Gesetzgeber zu eigen gemacht.[180] Sie hat den Vorzug, mit dem Gesetzeswortlaut des § 817 I 3 ZPO vereinbar zu sein, da diese Vorschrift ausdrücklich auf § 156 BGB Bezug nimmt. Die Gegenmeinung sieht im Zuschlag hingegen einen einseitigen Hoheitsakt.[181] Dieser

---

[176] Vgl. im Übrigen *Remmert* NJW 2009, 2572 (2573).

[177] § 7 BayIntVerstO (Fn. 175).

[178] § 7 S. 4 BayIntVerstO (Fn. 175).

[179] OLG München DGVZ 1980, 122 (123); MüKoZPO/*Gruber* § 817 Rn. 3 ff.; *Gaul/Schilken/Becker-Eberhard* § 53 Rn. 21 f.; *Baur/Stürner/Bruns* Rn. 29.6.

[180] BT-Drs. 16/12811, 8: „Der Zuschlag ist ein Hoheitsakt, mit dem ein öffentlichrechtlicher Vertrag zwischen dem Staat, vertreten durch den Gerichtsvollzieher oder den Vollziehungsbeamten, und dem Ersteher begründet wird.“

[181] Stein/Jonas/*Münzberg* § 817 Rn. 20 mwN.

Meinungsstreit hat freilich keine praktischen Auswirkungen, denn auch die Vertreter der vertraglichen Einordnung müssen die nachfolgend darzustellenden Abweichungen vom Vertragsmodell zulassen.[182]

Der öffentlichrechtliche Vertrag bzw. der Hoheitsakt des Zuschlages bildet den rechtlichen Grund iSd § 812 BGB für das Behaltendürfen der Sache nach erfolgter Eigentumsübertragung. Bei Annahme eines Vertrages sind folgende Abweichungen vom Kaufvertrag der §§ 433 ff. BGB zu machen:

- Durch den Zuschlag entsteht **kein Erfüllungsanspruch** des Gerichtsvollziehers gegen den Ersteher, § 817 III ZPO (→ Rn. 297).
- Umgekehrt steht dem Ersteher zwar ein Anspruch gegen den Staat auf Ablieferung zu, dieser ist jedoch **nicht** mit der Leistungsklage **einklagbar**; verweigert der Gerichtsvollzieher die Ablieferung, so hat der Ersteher mit der Erinnerung nach § 766 ZPO gegen diesen Vollstreckungsakt des Gerichtsvollziehers vorzugehen.
- Der Ersteher hat **keine Gewährleistungsrechte**, § 806 ZPO; das gilt für die Internetversteigerung gleichermaßen, § 814 III Nr. 5 ZPO.

Der **Eigentumserwerb** erfolgt, anders als bei der Immobiliarversteigerung (§ 90 ZVG, → Rn. 468), nicht schon mit dem Zuschlag, sondern erst mit realer **Ablieferung** der Sache nach § 817 II ZPO, also mit der **Verschaffung des unmittelbaren Besitzes**; im Falle der Internetversteigerung genügt also die Ablieferungsfiktion bei Übergabe an die zur Ausführung der Versendung bestimmte Person nicht (→ Rn. 300). Der Erwerb tritt nicht privatrechtlich nach §§ 929 ff. BGB ein, sondern allein **durch** den **hoheitlichen** (privatrechtsgestaltenden) **Akt der Ablieferung** durch den Gerichtsvollzieher.[183] 302

Voraussetzungen für den wirksamen Eigentumserwerb sind: 303

- Die Pfändung und damit die Verstrickung müssen wirksam sein, also nicht nichtig, und fortbestehen. Ein Eigentumserwerb tritt somit auch bei einer fehlerhaften, aber lediglich anfechtbaren Pfändung ein, sofern die wesentlichen Versteigerungsnormen – Versteigerung durch den Gerichtsvollzieher und öffentlich iSd § 814 II ZPO – eingehalten wurden. Liefert der Gerichtsvollzieher oder die zur Ausführung der Versendung bestimmte Person die zugeschlagene Sache entgegen § 817 II ZPO an den Ersteigerer ab, ohne dass dieser Barzahlung leistet, so scheitert der Eigentumsübergang, nicht dagegen, wenn nur das Mindestgebot nicht eingehalten wurde. Sonstige anfechtbare Verfahrensfehler der Versteigerung (zB kein dreimaliger Aufruf nach § 817 I ZPO) schaden nicht.
- Auf den **guten Glauben** des Ersteigerers kommt es nicht an, wenn eine schuldnerfremde Sache veräußert wird. Sowohl nach der öffentlichrechtlichen als auch nach der gemischten Theorie ist letztlich die wirksame Verstrickung und Verwertung der Pfandsache maßgeblich (→ Rn. 278 ff.). Bei positiver Kenntnis des Erstehers von der Schuldnerfremdheit der Pfandsache ist allenfalls ein Rückübertragungsanspruch des früheren Eigentümers der Pfandsache nach §§ 826, 249 BGB denkbar.

Lösung Fall 13 (→ Rn. 291):

Zahlt E **vor Ablieferung** nicht, so hat der Gerichtsvollzieher keinen Erfüllungsanspruch gegen ihn, § 817 III ZPO. E haftet aber dem Geschädigten auf Schadensersatz, wenn die Sache bei erneutem Aufruf weniger einbringt; der Geschädigte kann 304

---

[182] *Brox/Walker* Rn. 407 ff.
[183] BGHZ 119, 75 (76 f.) = NJW 1992, 2570 f.

entweder der S sein, wenn das erste Gebot zu einem Übererlös geführt hätte, oder der Gläubiger, wenn der höhere Betrag des ersten Gebotes zu seiner Befriedigung verwendet worden wäre.

Zahlt E **nach Ablieferung** nicht, so geht das Eigentum an der versteigerten Sache nicht auf ihn über. Ein Eigentumsübergang erfolgt nur ausnahmsweise, wenn der Gläubiger der Ersteigerer ist, § 817 IV ZPO. Eigentümer ist also weiterhin der Schuldner, dessen Sache aufgrund der Pfändung verstrickt und mit dem Pfändungspfandrecht belastet ist.

Ein Mängelgewährleistungsanspruch steht dem E wegen § 806 ZPO ohnehin nicht zu.

Merke:

1. Gebot und Zuschlag bewirken noch nicht den Eigentumsübergang, sondern den Abschluss eines öffentlichrechtlichen, kaufähnlichen Vertrages, aufgrund dessen die Ablieferung erfolgt. Nach aA ist der Zuschlag hingegen als einseitiger Hoheitsakt einzuordnen.
2. Erst mit der Ablieferung (§ 817 II ZPO) erwirbt der Ersteigerer Eigentum kraft privatrechtsgestaltenden Hoheitsaktes.

c) Gefahrübergang auf den Vollstreckungsgläubiger

305 § 819 ZPO enthält eine dem § 815 III ZPO entsprechende (→ Rn. 313) **Gefahrtragungsregel** zu Lasten des Gläubigers iRd Verwertung: Verliert der Gerichtsvollzieher den Erlös nach dessen Empfangnahme, so wird der Schuldner dennoch von der Leistung frei, obwohl der Gläubiger nicht Eigentümer des Geldes geworden ist. Auch in dieser Situation besteht jedoch ein Amtshaftungsanspruch des Gläubigers gegen den Gerichtsvollzieher (§ 839 BGB iVm Art. 34 GG).

d) Eigentumserwerb am Erlös

aa) Dingliche Surrogation

306 Mit der Auszahlung des Erlöses durch den Ersteher an den Gerichtsvollzieher tritt der **Erlös** an die Stelle der Pfandsache. Es erfolgt also eine **dingliche Surrogation** analog § 1247 S. 2 BGB:

- Das Eigentum an der Pfandsache setzt sich am Erlös fort; bei einer schuldnerfremden Pfandsache erwirbt der ursprüngliche Eigentümer der Sache das Eigentum am Erlös.
- Der Erlös unterliegt der Verstrickung. Der Gläubiger erlangt auch ein Pfändungspfandrecht am Erlös, sofern dieses zuvor an der Pfandsache bestanden hatte.

bb) Auskehr des Erlöses an den Gläubiger

307 Der Gläubiger erlangt erst dann Eigentum am Erlös, wenn dieser ihm abgeliefert wird. Die Ablieferung des Erlöses ist von derjenigen der versteigerten Pfandsache an den Ersteigerer zu unterscheiden und wird **Auskehr** genannt. Die Auskehr ist ebenfalls ein **hoheitlicher Akt**, kraft dessen das Eigentum am Erlös auf den Gläubiger übertragen wird. Der **Eigentumsübergang** erfolgt selbst, wenn die Forderung nicht bestand, die Pfandsache schuldnerfremd und der Gläubiger insoweit bösgläubig war, da es sowohl nach der öffentlichrechtlichen als auch nach der gemischten Theorie letztlich auf die wirksame Verstrickung und Verwertung der Pfandsache ankommt (→ Rn. 278 ff.).

Für die Frage, ob der Gläubiger berechtigt ist, den **Erlös** zu **behalten**, ist sowohl nach der öffentlichrechtlichen als auch nach der gemischten Theorie dagegen dessen **materiellrechtliche Berechtigung** entscheidend (→ Rn. 278 ff.). Diese fehlt bei Verwertung einer schuldnerfremden Sache. In einem solchen Falle hat der Gläubiger das Eigentum am Erlös **ohne rechtlichen Grund** erlangt und hat es dem ursprünglichen Eigentümer der verwerteten Sache nach § 812 I 1 Fall 2 BGB herauszugeben; außerdem führt die Auskehr des Erlöses **nicht** zur **Tilgung** des vollstreckbaren Anspruches des Gläubigers gegen den Schuldner nach § 362 I BGB. Der Schuldner bleibt daher zur Erfüllung verpflichtet. 308

Verliert der Gerichtsvollzieher bei der Verwertung schuldnerfremder Sachen den Erlös vor dessen Auskehr an den Gläubiger, so ist § 819 ZPO nicht anwendbar, da es sich wie bei § 815 III ZPO um eine **Schuldnerschutznorm** handelt, die Dritte nicht schützen soll. 309

2. Sonderformen der Verwertung

Lit.: Brox/Walker Rn. 417 ff.; Lippross Rn. 247 ff.; 267 ff.

a) Bargeld

Eine Verwertung gepfändeten Bargeldes im Wege der öffentlichen Versteigerung ist sinnlos, weshalb mit § 815 ZPO hierfür eine Sonderregelung besteht. 310

aa) Ablieferung

Die Verwertung erfolgt durch **Ablieferung** des Bargeldes an den Gläubiger. Ablieferung ist die **Übereignung kraft Hoheitsaktes**. Mit ihr wird der Gläubiger Eigentümer des Geldes, und zwar unabhängig davon, ob es vorher dem Schuldner oder einem Drittem gehört hat. Vor der Ablieferung zieht der Gerichtsvollzieher einen Betrag in Höhe der Vollstreckungskosten ab, § 788 I 1 Hs. 2 ZPO. 311

bb) Hinterlegung

Hat ein **Dritter** „ein die **Veräußerung hinderndes Recht**" an dem gepfändeten Geld glaubhaft (§ 294 ZPO, bitte lesen!) machen können, muss der Gerichtsvollzieher das Geld hinterlegen, § 815 II ZPO; der Dritte käme nämlich sonst mit seiner Klage aus § 771 ZPO zu spät, weil der Gläubiger mit der Ablieferung Eigentum erwirbt, § 815 I ZPO. Sa §§ 720, 815 III Hs. 2 ZPO. 312

cc) Gefahrtragungsregel

Weder die Hinterlegung des Geldes noch dessen Pfändung bewirken den Eigentumsübergang auf den Gläubiger und damit die Erfüllung nach § 362 I BGB; das Geld muss vielmehr tatsächlich durch den Gerichtsvollzieher an den Gläubiger weitergeleitet worden sein.[184] Dies verdeutlicht § 815 III ZPO (bitte lesen!). Es handelt sich nur um eine Gefahrtragungsregelung:[185] Mit der **Wegnahme des Geldes** geht die Gefahr, dass dieses dem Gerichtsvollzieher gestohlen wird, auf den Gläubiger über; der Schuldner wird also mit diesem Zeitpunkt von seiner **Leistungspflicht** gegenüber dem Gläubiger **frei**. Dagegen wird der Gläubiger erst dann Eigentümer des Geldes, wenn der Gerichtsvollzieher es ihm tatsächlich übergibt. 313

---

184 BGH NJW 2009, 1085 (1086); zur analogen Anwendung des § 815 III ZPO auf freiwillige Zahlungen des Schuldners an den Gerichtsvollzieher, ebenda, S. 1086 f.

185 So auch BGH NJW 2009, 1085 (1086).

314 § 815 III ZPO ist eine **Schuldnerschutznorm**. Sie greift also nicht, wenn das Geld nicht dem Schuldner, sondern einem Dritten gehörte. Bei Verlust des Geldes durch den Gerichtsvollzieher ist eine erneute Pfändung beim Schuldner möglich. Der Dritte ist durch § 815 II ZPO hinreichend geschützt. Versäumt er die rechtzeitige Klageerhebung nach § 771 ZPO, so entstehen materiellrechtliche Ausgleichsansprüche gegen den Gläubiger (→ Rn. 318 ff.), die mit einer Leistungsklage geltend gemacht werden können.

b) Wertpapiere

315 Für die Verwertung von Wertpapieren, die der Sachpfändung unterliegen (→ Rn. 221), unterscheidet das Gesetz:

- **Inhaberpapiere** sind Wertpapiere iSd § 821 ZPO. Sie werden zum Tageskurs freihändig verkauft, sofern sie einen Börsen- oder Marktpreis haben, ansonsten öffentlich versteigert.
- Orderpapiere wie **Wechsel** und **Scheck** werden zwar gem. § 831 ZPO vom Gerichtsvollzieher gepfändet, die Verwertung erfolgt aber nach den Vorschriften über die Forderungspfändung (→ Rn. 348).

c) Anderweitige Verwertung

316 Auf Antrag des Gläubigers oder des Schuldners kann die Pfandsache nach Maßgabe des § 825 ZPO anderweitig verwertet werden. Dabei kann von den Bestimmungen der §§ 816 ff. ZPO abgewichen werden, nicht jedoch von den zwingenden Verfahrensgrundsätzen. Dazu gehört die Einhaltung des Mindestgebotes nach § 817a ZPO.[186] In Betracht kommt der freihändige Verkauf durch den Gerichtsvollzieher oder einen Dritten (§ 825 II ZPO, dann Eigentumsverschaffung nach §§ 929 ff. BGB), wobei die Bestimmungen über das Mindestgebot nach § 817a I, III ZPO zu wahren sind.

3. Verteilung des Verwertungserlöses unter mehreren Gläubigern

317 Ist die Pfandsache mit mehreren Pfändungspfandrechten verschiedener Gläubiger oder wegen mehrerer Forderungen desselben Gläubigers belastet und reicht der Verwertungserlös nicht zur vollständigen Befriedigung aller aus, so ist grundsätzlich nach dem **Prioritätsgrundsatz** des § 804 III ZPO (→ Rn. 45) zu verfahren: zunächst wird der erstrangige Gläubiger vollständig befriedigt; sofern danach noch etwas übrig bleibt, werden die nachfolgenden Gläubiger je nach dem Rang ihrer jeweiligen Pfandrechte befriedigt. Bei einer **gleichzeitigen** Pfändung für mehrere Gläubiger wird der Erlös im Verhältnis der Höhe ihrer Forderungen zueinander verteilt.

Reicht der Erlös nicht zur Befriedigung aller Gläubiger aus und gibt es **Streit** über den Rang ihrer Pfandrechte oder das Verteilungsverhältnis ihrer Forderungen bei Gleichrang, so hat der Gerichtsvollzieher nach § 827 II, III ZPO zu verfahren und die Sachlage unter Hinterlegung des Erlöses dem Vollstreckungsgericht anzuzeigen. Es findet dann das **Verteilungsverfahren** vor dem Vollstreckungsgericht nach §§ 872 ff. ZPO statt.[187]

---

[186] Näher zu den unabdingbaren Verfahrensgrundsätzen Zöller/*Stöber* § 825 Rn. 3.
[187] Dazu *Jauernig/Berger* § 21.

4. Materielle Ausgleichsansprüche nach Verwertung schuldnerfremder Sachen

Lit.: Brox/Walker Rn. 456 ff.

Fall 14:

G lässt durch den Gerichtsvollzieher bei S eine Uhr pfänden, die dieser in Wahrheit beim Geschäft des „Frauenkirchenförderverein" (F) gestohlen hatte. Es kommt zur Zwangsversteigerung. Der meistbietende K zahlt in bar und erhält dafür vom Gerichtsvollzieher die Uhr. Den Erlös abzüglich der Vollstreckungskosten übergibt der Gerichtsvollzieher dem G. Welche Rechte kann F gegen wen geltend machen? 318

→ Rn. 319, 320.

Werden schuldnerfremde Sachen iRd Zwangsvollstreckung verwertet, kann es zu einem Eigentumsverlust des Dritten kommen. Welche Ausgleichsansprüche die Rechtsordnung für diesen gewährt, wird im Folgenden dargestellt.

a) Ansprüche des Dritten gegen den Erwerber

aa) Sachenrechtliche

Da das Eigentum bzw. ein Recht des Dritten durch die Ablieferung idR verloren geht, kommen sachenrechtliche Ausgleichsansprüche nicht in Betracht. Voraussetzungen für den Eigentumserwerb des Ersteigerers sind nach der öffentlichrechtlichen wie der gemischten Theorie im Ergebnis lediglich die wirksame Verstrickung und die Einhaltung der wesentlichen Versteigerungsvorschriften. Auf einen guten Glauben des Erstehers kommt es nicht an (→ Rn. 303). 319

So entsteht in **Fall 14** (→ Rn. 318) nach der gemischten Theorie zwar kein Pfändungspfandrecht des G, doch ist nur die wirksame Verstrickung Voraussetzung der Verwertung; nach der öffentlichrechtlichen Theorie ist das Pfändungspfandrecht Voraussetzung der Verwertung, welches durch die wirksame Verstrickung begründet wird. Da auch die wesentlichen Verfahrensvorschriften offensichtlich eingehalten sind, hat F das Eigentum an der Uhr mit deren Ablieferung an K verloren, unabhängig von dessen Gutgläubigkeit; F hat somit keine Ansprüche gegen K aus §§ 985, 1007, 861 BGB.

bb) Deliktische

Grundsätzlich entstehen auch keine deliktischen Ansprüche (§§ 823 ff. BGB), da der Eigentumsverlust nicht rechtswidrig herbeigeführt wird, sondern durch den rechtmäßigen hoheitlichen Akt der Ablieferung eintritt. Auf einen guten Glauben des Erwerbers kommt es nicht an. Nur unter den strengen Voraussetzungen der § 826 iVm § 249 I BGB ist ein Rückübertragungsanspruch ausnahmsweise möglich. 320

Auch in **Fall 14** (→ Rn. 318) hat K die Uhr nicht rechtswidrig erlangt, sondern durch den rechtmäßigen Hoheitsakt der Ablieferung, weshalb deliktische Ansprüche außer Betracht bleiben. Für eine Prüfung des Anspruchs aus § 826 BGB aufgrund einer vorsätzlichen, sittenwidrigen Schädigung gibt es keine Veranlassung.

cc) Bereicherungsrechtliche

321 Bereicherungsrechtliche Ansprüche (§§ 812 ff. BGB) entstehen ebenfalls nicht, da die **Ablieferung** auf Grund des Zuschlags des Gerichtsvollziehers einen **Rechtsgrund** für das Behaltendürfen durch den Erwerber darstellt.

b) Ansprüche des Dritten gegen den Gläubiger

322 Da die Vollstreckung durch den Gläubiger veranlasst wurde, könnten auch gegen diesen Ansprüche bestehen. Dieser Fragenkreis ist in der **Praxis wichtig!**

aa) Schadensersatz aus Schuldverhältnis

323 Nach der BGH-Rspr[188] wird durch den Vollstreckungszugriff auf schuldnerfremde Sachen ein **gesetzliches Schuldverhältnis** privatrechtlicher Natur zwischen dem **Pfandgläubiger** und dem wahren **Eigentümer** der Pfandsache begründet: Infolge der Formalisierung der Zwangsvollstreckung wird bei der Pfändung auf eine Prüfung der materiellen Rechtslage verzichtet; der Vollstreckungszugriff schafft daher eine rechtliche Sonderbeziehung nicht nur zwischen Gläubiger und Schuldner, sondern auch zwischen ersterem und etwaigen Drittberechtigten. Ein Drittberechtigter, der Eigentümer der Pfandsache ist, hat an sich einen Anspruch aus § 1004 BGB gegen den Gläubiger auf Beseitigung der durch die Pfändung bewirkten Eigentumsbeeinträchtigung, kann diesen aber während des Laufes der Vollstreckung im Hinblick auf § 771 ZPO nicht durchsetzen (→ Rn. 570). Verlangt der Drittberechtigte vom Vollstreckungsgläubiger die Freigabe der Pfandsache, so ist letzterer aus dieser Sonderbeziehung zur sorgfältigen Prüfung des Freigabeverlangens verpflichtet. Hat der Eigentümer sein Recht hinreichend glaubhaft gemacht, so erlangt er einen **Freigabeanspruch gegen den Pfandgläubiger**, der im Wege des § 771 ZPO geltend zu machen ist.

Setzt der Gläubiger trotzdem die Vollstreckung durch Verwertung der schuldnerfremden Pfandsache im Wege der Zwangsversteigerung fort, so macht er sich nach §§ 280 I, 276 BGB schadensersatzpflichtig. Es handelt sich dann um einen **privatrechtswidrigen Vollstreckungsakt**. Hat der Gläubiger die Pfandsache selbst ersteigert, so richtet sich der Anspruch im Wege der Naturalrestitution (§ 249 I BGB) auf Rückübertragung. Der materiellrechtliche Anspruch des Eigentümers auf Schadensersatz ist, solange die Zwangsvollstreckung andauert, in seiner Durchsetzung begrenzt, da der Eigentümer sein Eigentumsrecht dann im Wege der Drittwiderspruchsklage (§ 771 ZPO) geltend zu machen hat. Erst nach Beendigung der Zwangsvollstreckung durch Ablieferung der Pfandsache und Auskehr des Erlöses kann er den Anspruch im Wege der Leistungsklage geltend machen.

bb) Geschäftsführung ohne Auftrag

324 Zudem entstehen Ansprüche wegen angemaßter Eigengeschäftsführung, §§ 687 II, 681 S. 2, 667, 678 BGB. Die Verwertung einer Sache kann nur der wahre Eigentümer (§ 903 BGB) vornehmen; lässt der Gläubiger die Verwertung durchführen, muss es sich um Schuldnervermögen handeln. Wusste er aber, dass es sich nicht um Schuldnervermögen handelt, war es für ihn ein bewusst fremdes Geschäft.

cc) Sachenrechtliche

325 Ansprüche auf Schadenersatz gem. §§ 990 I, 989 BGB, die darauf beruhen, dass der Schuldner die Sache infolge der Vollstreckung nicht mehr herausgeben kann, sind durch § 771 ZPO präkludiert.

---

[188] Grundlegend BGHZ 58, 207 (214 f.).

dd) Deliktische

326 Daneben entstehen bei einem Verschulden des Gläubigers Ansprüche des Eigentümers aus § 823 I iVm § 249 I BGB wegen rechtswidrigen Eigentumsentzugs. Der Gläubiger verhält sich aber nur dann schuldhaft, wenn der Eigentümer ihm **vor Verwertung** sein Recht glaubhaft gemacht hatte, so dass der Gläubiger begründete Zweifel an der Zugehörigkeit der Pfandsache zum Schuldnervermögen haben musste.[189]

ee) Bereicherungsrechtliche

327 Bereicherungsrechtliche Ansprüche kommen nur aus § 812 I 1 Fall 2 BGB in Betracht.

Der Gläubiger erlangt den Erlös auf sonstige Weise (durch Hoheitsakt) ohne rechtlichen Grund, da an der schuldnerfremden Sache nach der gemischten Theorie kein Pfändungspfandrecht entsteht und nach der öffentlichrechtlichen Theorie dem Gläubiger die materielle Berechtigung zur Befriedigung fehlt. Herauszugeben ist jedoch nur der Nettoerlös, da der Gläubiger nicht an den Vollstreckungskosten bereichert wird. Er erspart hierdurch keine Aufwendungen, vielmehr ist der Schuldner, der auch die Vollstreckungskosten zu tragen hat, hieran bereichert.

Zusammenfassung:

1. Bei Pfändung von Bargeld erfolgt Verwertung durch Ablieferung an Gläubiger (Übereignung kraft Hoheitsaktes), unabhängig von Eigentum vor Ablieferung und Bösgläubigkeit des Gläubigers.
2. Ansonsten Verwertung durch Zwangsversteigerung, vorbehaltlich § 825 ZPO.
3. Mit Zuschlag öffentlichrechtlicher Vertrag zwischen Meistbietendem und Staat (str.).
4. Eigentumserwerb des Ersteigerers an versteigerter Sache erst durch Ablieferung der Sache bei wirksam fortbestehender Verstrickung und Einhaltung der wesentlichen Versteigerungsnormen.
5. Eigentumserwerb des Gläubigers am Versteigerungserlös erst mit dessen Auskehr; dieser bei Verwertung schuldnerfremder Sache jedoch nicht kondiktionsfest. Dann Bereicherungsanspruch des ursprünglichen Sacheigentümers, Forderung des Gläubigers gegen Schuldner wird nicht getilgt.
6. Materiellrechtliche Ausgleichsansprüche bei Verwertung schuldnerfremder Sachen.

VII. Selbsttestaufgabe 1

328 Gustav (G) lässt aufgrund eines Titels gegen die S-GmbH einen LKW mit der Aufschrift S-GmbH pfänden. Das Fahrzeug stand jedoch nicht im Eigentum der S-GmbH, es wurde an Dietrich (D) zur Sicherung für ein Darlehen übereignet. D informiert G hierüber schriftlich und bittet um Freigabe des Fahrzeugs. Zur Glaubhaftmachung versichert er an Eides statt, dass er Eigentümer ist. Außerdem legt er ihm eine Kopie des Fahrzeugbriefs vor und bietet ihm zudem an, das Original einzusehen. G erhält das Schreiben, er liest es jedoch nicht und ignoriert es auch in der Folgezeit. Das Vollstreckungsverfahren nimmt ansonsten formell korrekt seinen Lauf. Erich (E) ersteigert das Fahrzeug. An G wird ein Erlös von

[189] Vgl. *Brox/Walker* Rn. 467.

35.000 EUR ausgekehrt. Um ein vergleichbares Fahrzeug wiederzubeschaffen, müsste D 40.000 EUR aufwenden.

D möchte nun wissen, ob er das Fahrzeug von E zurückverlangen kann oder zumindest Ansprüche gegen G hat.

(Musterlösung im Anhang)

E. Die Zwangsvollstreckung wegen Geldforderungen in Forderungen und andere Vermögensrechte

Lit.: Brox/Walker §§ 17 f.; Lippross §§ 23 ff.; Lüke § 78.

329 **Wegen** Geldforderungen kann auch **in** Forderungen vollstreckt werden. Damit ist Grund der Vollstreckung eine titulierte Geldforderung und deren Objekt eine Forderung. Als Vollstreckungsobjekte kommen Geldforderungen, welche der Vollstreckungsschuldner gegen einen Dritten, den sog **Drittschuldner** hat, sowie andere Vermögensrechte (zB Urheberrechte) in Betracht. Es kann sich also handeln um:

- Geldforderungen, zB auf Kaufpreiszahlung (§ 433 II BGB), praktisch besonders wichtig auf Lohnzahlung gegen den Arbeitgeber des Schuldners (§ 611 BGB) und auf Auszahlung aus Zahlungsdienstevertrag (§§ 675f ff. BGB) gegen Geldinstitute (→ Rn. 337 ff.);
- Herausgabeansprüche;
- Ansprüche auf Leistung körperlicher Sachen, zB Übergabe und Übereignung der Kaufsache aus § 433 I 1 BGB.

Die Vollstreckung in Forderungen und andere Vermögensrechte ist in den §§ 828 bis 863 ZPO geregelt. Zusätzlich sind stets die in §§ 802a bis 802l ZPO enthaltenen allgemeinen Vorschriften zur Sachaufklärung für die Zwangsvollstreckung wegen Geldforderungen (→ Rn. 151 ff.) und die allgemeinen Vorschriften für die Zwangsvollstreckung wegen Geldforderungen in bewegliches Vermögen in §§ 803 bis 807 ZPO zu beachten, soweit sie auf die Vollstreckung in Forderungen und Rechte passen. Auf die entsprechenden Ausführungen bei der Vollstreckung wegen Geldforderungen in bewegliche Sachen wird verwiesen (→ Rn. 150 ff., → Rn. 252 ff., → Rn. 273 ff.). Um seiner Pflicht zur Konkretisierung der zu pfändenden Forderungen und Rechte des Schuldners nachzukommen, kann der Gläubiger sich der Maßnahmen der vorgeschalteten Sachaufklärung bedienen, vor allem die Einholung von Drittauskünften nach § 802l I 1 Nr. 1 und 2 ZPO beantragen (→ Rn. 156 ff.).

I. Zwangsvollstreckung in Geldforderungen

Lit.: Brox/Walker § 17; Lippross §§ 23 ff.

330 Die Zwangsvollstreckung in Geldforderungen wird durch den Pfändungs- und Überweisungsbeschluss, genannt **PfÜB** (§§ 829, 835 ZPO) bewirkt. Mit dem **Pfändungsbeschluss** erfolgt der Zugriff des Gläubigers auf eine Forderung, aufgrund des **Überweisungsbeschlusses** die Verwertung. Obwohl die Pfändung und die Überweisung meistens in einem Beschluss des Vollstreckungsgerichts zusammengefasst ergehen, handelt es sich rechtlich um getrennte Akte.

Mit der Pfändung wird auf eine Forderung zugegriffen, die dem Vollstreckungsschuldner **gegen einen Dritten** zusteht. Voraussetzung der Forderungspfändung ist also, dass der Schuldner zugleich Gläubiger einer zu pfändenden Forderung gegen einen Dritten, den Drittschuldner, ist. Dieser ist zu unterscheiden von anderen Dritten: Möchte der Gläubiger G eine Lohnforderung des Schuldners S gegen seinen Arbeitgeber A pfänden, steht aber diese seinem Arbeitskollegen K zu, so ist A Drittschuldner (Schuldner der vermeintlichen Forderung des S), K ist hingegen sog Drittberechtigter, welcher sich mit der Drittwiderspruchsklage nach § 771 ZPO gegen die Pfändung wehren kann.

Durch die Pfändung und Überweisung erhält der Gläubiger idR das Recht, die **Forderung** des Schuldners **einzuziehen**. Mit der Einziehung werden der titulierte Anspruch des Gläubigers gegen den Schuldner sowie die gepfändete Forderung des Schuldners gegen den Drittschuldner getilgt. Gelingt die Einziehung nicht, bleibt dem Gläubiger die Möglichkeit, Einziehungsklage zu erheben (dazu → Rn. 412 ff.).

1. Die Zulässigkeit der Pfändung

Lit.: Lippross § 23.

331 Das Vollstreckungsgericht prüft seine Zuständigkeit und die Voraussetzungen der Zwangsvollstreckung. Für die Forderungspfändung sind – genauso wie bei der Pfändung von körperlichen Sachen – die allgemeinen Prozessvoraussetzungen und die allgemeinen und besonderen Vollstreckungsvoraussetzungen, daneben auch die Vollstreckungshindernisse (§§ 775 f. ZPO), beachtlich (→ Rn. 52 ff., → Rn. 134 ff.). Folgende Besonderheiten sind zu berücksichtigen:

a) Vollstreckungsantrag

Lit.: Brox/Walker Rn. 502.

332 Der Gläubiger muss den Antrag auf Erlass eines Pfändungsbeschlusses stellen und die nötigen Unterlagen beifügen, zu denen grundsätzlich die vollstreckbare Ausfertigung des Titels gehört. Der Antrag wird in aller Regel verfahrensökonomisch direkt mit dem Antrag auf Erlass eines Überweisungsbeschlusses verbunden. Hierfür sind vom Bundesministerium der Justiz auf der Grundlage des § 829 IV ZPO eingeführte verbindliche Antragsformulare zu verwenden,[190] widrigenfalls der Antrag unzulässig ist.

Ausnahmsweise ist die Übermittlung der vollstreckbaren Ausfertigung des Titels nach Maßgabe des § 829a ZPO entbehrlich, wenn aus einem Vollstreckungsbescheid bis 5.000 EUR, der nach § 796 I ZPO keiner Klausel bedarf (→ Rn. 108 f.), vollstreckt werden soll; doch sind bisher die praktischen Voraussetzungen für die elektronische Übermittlung der Anträge noch nicht geschaffen.[191]

333 Dabei muss der Gläubiger auch dem Erfordernis der **Bestimmtheit des Vollstreckungsobjekts** genügen: Die Forderung ist nach Gläubiger, Schuldner, Drittschuldner, Schuldgegenstand (zB Lohnanspruch) und Schuldgrund (zB Arbeitsverhältnis) so genau zu bezeichnen, dass sie von anderen Forderungen einwandfrei unterschieden werden kann.[192] Allzu hohe Anforderungen hieran sind jedoch nicht zu stellen, da

---

190 § 2 Verordnung über Formulare für die Zwangsvollstreckung v. 23.8.2012, BGBl. I 1822 samt Anlagen 2 und 3; Formular elektronisch verfügbar unter http://www.bmj.de/SharedDocs/Downloads/DE/pdfs/Antrag_Erlass_Pfaendungs_Ueberweisungsbeschluss_insbes_gewoehnl_Geldforderungen.pdf?__blob=publicationFile (Stand: 23.2.2014).

191 BeckOK ZPO/*Riedel* § 829a vor Rn. 1, Rn. 7.

192 Vgl. BGHZ 80, 181; 86, 338.

dem Gläubiger regelmäßig die genauere Kenntnis der Verhältnisse des Schuldners fehlt; insb. braucht der Gläubiger bei einer Kontenpfändung nicht die Kontonummer des Schuldners anzugeben.[193]

334 **Unzulässig** ist daher die Pfändung:
- von Forderungen aus jedem Rechtsgrund oder aller denkbarer Forderungen;
- von Forderungen aus Lieferungen oder auf Schadensersatz, wenn sich nicht im Wege der Auslegung ermitteln lässt, auf welchen Schuldgrund und gegen wen als Drittschuldner diese sich richten;
- eine sog Ausforschungs- oder Verdachtspfändung, mit der Forderungen auf Verdacht gepfändet werden sollen, für deren Bestand keine konkreten Anhaltspunkte bestehen. Eine solche kann etwa vorliegen, wenn der Gläubiger einer Fülle von Kreditinstituten Pfändungs- und Überweisungsbeschlüsse zur Pfändung angeblicher Forderungen des Schuldners gegen dieselben zustellen lässt. Der BGH hat zwar einerseits die Praxis gleichzeitiger Pfändung mehrerer Konten für mit dem Bestimmtheitsgrundsatz vereinbar erklärt und dadurch einen früheren Meinungsstreit entschieden; bei nicht gewerblichen Schuldnern hat er jedoch eine allzu enge Obergrenze bei drei örtlichen Geldinstituten am Sitz des Schuldners gezogen;[194]
- eine Globalpfändung, mit der alle Ansprüche auf Rückgewähr sämtlicher Sicherheiten oder sämtliche Forderungen aus einer Bankverbindung gepfändet werden sollen.

335 **Zulässig** ist es dagegen bspw., sämtliche Forderungen eines Tiefbauunternehmers gegen die Stadt Frankfurt aus Lieferungen und Leistungen zu pfänden; dieser Antrag ist so auszulegen, dass alle Forderungen aus Werk- und Werklieferungsverträgen gepfändet werden sollen, welche im Hinblick auf die Stadt Frankfurt als Drittschuldner spezifizierbar sind. Eine Bestimmbarkeit ist hier gegeben.

b) Vollstreckungsorgan

Lit.: Brox/Walker Rn. 503 f.

336 **Ausschließlich** zuständig ist das Vollstreckungsgericht, §§ 828, 802 ZPO. Handelt ein funktionell unzuständiges Organ, pfändet zB der Gerichtsvollzieher eine Forderung, ist die Pfändung **nichtig**. Bei Missachtung sonstiger Verfahrensvoraussetzungen ist die Pfändung lediglich anfechtbar. Regelmäßig wird der Rechtspfleger nach § 20 I Nr. 17 RPflG tätig.

2. Gegenstand der Pfändung

Lit.: Brox/Walker Rn. 505 ff.; Lippross § 24; Lüke Rn. 635.

a) Geldforderungen

337 Geldforderungen sind solche, die auf Leistung eines **bestimmten** Geldbetrages gerichtet sind. Der Begriff ist identisch mit demjenigen der Geldforderung, wegen der vollstreckt wird. Es handelt sich eben um eine Zwangsvollstreckung wegen Geldforderungen in Geldforderungen.

338 Die Pfändung von Geldforderungen ist schon **vor Fälligkeit** möglich; § 850d III ZPO erlaubt zur Vollstreckung bestimmter Ansprüche sogar die Pfändung künftig fällig werdender wiederkehrender Forderungen aus Arbeitslohn (**Vorratspfändung**).

---

[193] Thomas/Putzo/*Seiler* § 829 Rn. 8.
[194] BGH NJW 2004, 2096 f.; kritisch auch *Hess* NJW 2004, 2350 f.

Künftige Forderungen können bereits dann gepfändet werden, wenn sie **individualisierbar** sind: Das ist dann der Fall, wenn zwischen Schuldner und Drittschuldner schon eine Rechtsbeziehung besteht, aus der die künftige Forderung nach ihrem Rechtsgrund und der Person des Drittschuldners bestimmt werden kann. Das eigentliche **Pfändungspfandrecht** entsteht aber erst **im Zeitpunkt der Forderungsentstehung** und nicht schon im Zeitpunkt der Zustellung des Pfändungsbeschlusses. Dies kann für das Rangverhältnis der Gläubiger untereinander entscheidend sein (Prioritätsgrundsatz, → Rn. 45 ff.). 339

Beispiel 8: Nicht möglich ist also die Pfändung von Ansprüchen aus künftiger Vermietung, wenn noch gar kein Mieter für ein Mietobjekt, zB ein Bürohochhaus, gefunden ist. Dagegen ist künftiger Mietzins aus einem bestehenden Mietvertrag pfändbar. Auch künftige Lohnforderungen aus einem bestehenden Arbeitsvertrag sowie Forderungen des Schuldners als Versicherungsnehmer aus einem bestehenden Versicherungsverhältnis vor Eintritt des Versicherungsfalles sind pfändbar. Pfändbar sind überdies künftige Forderungen des Bankkunden aus einem vereinbarten Dispositionskredit (→ Rn. 347).

b) Des Schuldners

Der Schuldner muss **Inhaber der Forderung** gegen den Drittschuldner sein, diese muss ihm zustehen. Ist dies nicht der Fall, so ist eine gleichwohl erfolgte Pfändung **unwirksam**. Hierin liegt ein wesentlicher Unterschied zur Sachpfändung nach §§ 808 ff. ZPO, bei der sogar eine Pfändung schuldnerfremder Sachen wirksam, wenngleich anfechtbar ist. 340

Da das Gericht den Schuldner zu dem Pfändungsantrag nicht hören darf, um die Vollstreckung nicht zu gefährden (§ 834 ZPO), kann es die Forderungsinhaberschaft nicht zuverlässig prüfen. Eine solche Prüfung widerspräche außerdem dem Formalisierungsgrundsatz (→ Rn. 31). Das Gericht begnügt sich daher damit, ob nach dem **schlüssigen Vortrag** des Gläubigers eine Forderung des Schuldners vorhanden ist (→ Rn. 367). Es pfändet folglich nur die **angebliche Forderung** des Schuldners gegen den Drittschuldner.

Die Forderung des Schuldners muss sich nicht gegen einen Dritten richten, pfändbar sind auch Forderungen des Schuldners gegen den Vollstreckungsgläubiger. Relevant wird dieser Fall nur, wenn die **Aufrechnung** zwischen Schuldner und Gläubiger rechtsgeschäftlich oder gesetzlich **ausgeschlossen** ist, da anderenfalls die Aufrechnung für beide der einfachere Weg wäre und für die Pfändung kein Rechtsschutzbedürfnis bestünde. 341

c) Sonderfälle und Abgrenzungsprobleme

Fall 15:

G hat eine titulierte Forderung gegen den Handwerksmeister S, der bei der D-Bank ein Girokonto unterhält. G möchte die auf dieses Konto eingehende Werkvergütung pfänden. Ist dies zulässig? 342

→ Rn. 344, 359.

aa) Konten bei Kreditinstituten und Kreditlinien

Von besonderer praktischer Bedeutung ist der Zugriff des Gläubigers auf Konten des Schuldners bei Kreditinstituten und ihm von diesen eingeräumten Kreditlinien (Dispositionskredit), weil hier im Zweifel am ehesten „etwas zu holen“ sein wird. 343

344 **Kontenpfändung:**[195] Zunächst wird der Gläubiger vielfach erst einmal nach möglichen Konten des Schuldners forschen müssen; bei der Antragstellung muss er den Eindruck einer unzulässigen Verdachtspfändung vermeiden (→ Rn. 334). Da Girokonten regelmäßig als Kontokorrentkonten iSd § 355 HGB geführt werden, ist es nicht möglich, einzelne Forderungen des Bankkunden gegen seine Bank zu pfänden. Aus § 357 HGB (bitte lesen!) wird gefolgert, dass die einzelne in das Kontokorrent eingestellte Forderung unpfändbar ist.[196]

In **Fall 15** (→ Rn. 342) ist daher eine Beschränkung auf die Werklohnforderungen wegen § 355 iVm § 357 HGB nicht zulässig.

Zur Erleichterung des Zugriffs genügt nach § 833a ZPO [197] die Pfändung des **Guthabens** eines Kontos; diese umfasst das am Tag der Zustellung des Pfändungsbeschlusses bestehende Guthaben einschl. der Tagessalden der auf die Pfändung folgenden Tage und des Rechnungsabschlusssaldos.

Die Kontenpfändung scheitert nicht daran, dass die Forderung des Schuldners gegen das Kreditinstitut eventuell **unpfändbar** wäre. Besonderheiten gelten für die Pfändung von Konten, auf die das Arbeitseinkommen des Schuldners eingezahlt wird (→ Rn. 356 ff.).

345 Um den Zugriff auf das Konto zu sichern und dem Schuldner frühzeitig die Möglichkeit, über dieses zu verfügen, zu nehmen, sollte der Gläubiger im Vorgriff auf den Pfändungs- und Überweisungsbeschluss den Gerichtsvollzieher mit einer **Vorpfändung** nach § 845 ZPO beauftragen (→ Rn. 388 ff.).

346 Die **Verwertung** aus dem gepfändeten Konto erfolgt nach §§ 835 ff. ZPO (dazu → Rn. 395 ff.). Zu Gunsten des Schuldners ordnet § 835 III 2 ZPO ein vierwöchiges **Zahlungsmoratorium** an, währenddessen das Kreditinstitut als Drittschuldner keine Zahlungen an den Gläubiger vornehmen darf; dies soll dem Schuldner die Stellung von Pfändungsschutzanträgen ermöglichen; bei Pfändungsschutzkonten ist jedoch die vorrangige,[198] antragsunabhängige Leistungssperre des § 835 IV 1 ZPO bei gepfändeten künftigen Guthaben zu beachten (→ Rn. 358).

347 **Kreditlinie**: Ansprüche des Schuldners gegen das Kreditinstitut aus einem vereinbarten Dispositionskredit (offene Kreditlinie) sind jedenfalls dann pfändbar, wenn der Schuldner den Kredit in Anspruch nimmt.[199] Die Pfändung erfasst dabei auch Überziehungskredite, die im Zeitpunkt ihres Wirksamwerdens (§ 829 III ZPO) noch nicht entstanden, aber bereits vertraglich eingeräumt waren und erst später entstanden und fällig geworden sind (künftige Forderungen → Rn. 339). Überlässt das Kreditinstitut dem Schuldner das Kapital aus dem Dispositionskredit zur freien Verfügung, so liegt keine die Pfändung hindernde Zweckvereinbarung iSd § 399 BGB vor (→ Rn. 353). Die neue Vorschrift des § 833a ZPO erfasst die Pfändung von Kreditlinien nicht.

bb) Wertpapiere und Sparbuch

348 Bei **Wertpapieren** erfolgt der Zugriff im Wege der **Sachpfändung**, ungeachtet ihrer Rechtsnatur; das gilt auch für Orderpapiere wie Wechsel und Verrechnungsscheck (→ Rn. 221). Hinsichtlich der **Verwertung** ist dagegen zu differenzieren:

---

[195] Dazu *Schmittmann/David* Rn. 338 ff. mit wertvollen praktischen Hinweisen, insb. zur Gestaltung des Pfändungsantrags und dem Umfang der Pfändungsmaßnahme.

[196] BGHZ 84, 371 (373) = NJW 1982, 2193.

[197] Eingeführt durch das Gesetz zur Reform des Kontopfändungsschutzes v. 7.7.2009, BGBl. I 1707.

[198] *Ahrens* NZI 2011, 183 (184).

[199] Instruktiv dazu BGH NJW 2001, 1937.

- **Inhaberpapiere** werden gem. § 821 ZPO verwertet (→ Rn. 315);
- bei **Orderpapieren** findet dagegen eine eigenartige Kombination aus Sach- und Forderungspfändung statt: Systematisch sind sie durch § 831 ZPO im Recht der Forderungspfändung geregelt, doch verweist diese Norm für die Pfändung ausdrücklich auf die Sachpfändung durch den Gerichtsvollzieher; eines Pfändungsbeschlusses bedarf es daher nicht. Dagegen erfolgt die Verwertung wie bei sonstigen Forderungen nach §§ 835 ff. ZPO durch das Vollstreckungsgericht.

Ganz normal den Vorschriften über die Forderungspfändung unterliegt dagegen der Zugriff auf ein **Sparbuch**. Als qualifiziertes Legitimationspapier wird bei diesem die darin verbriefte Forderung nach § 829 ZPO gepfändet. Im Interesse eines schnellen und effizienten Zugriffs empfiehlt sich die **Vorpfändung** des Sparbuchs gem. § 845 ZPO (→ Rn. 178); da der Gläubiger dem Kreditinstitut das Sparbuch vorzulegen hat, wenn er Auszahlung hieraus erlangen möchte (§ 808 BGB), kann er den Gerichtsvollzieher zusammen mit dem Vorpfändungsauftrag anweisen, dem Schuldner das Sparbuch zur Sicherung der Vollstreckung im Wege der **Hilfspfändung** vorläufig wegzunehmen (§ 106 GVGA).[200] Die Hilfspfändung dient aber allein der Sicherung und Vorbereitung der Zwangsvollstreckung in die im Sparbuch verbriefte Forderung, weshalb der Gläubiger binnen eines Monats einen Pfändungsbeschluss hierüber vorzulegen hat. Beantragt der Gläubiger stattdessen gleich einen Pfändungs- und Überweisungsbeschluss, so ist der Schuldner mit dessen Wirksamkeit nach § 836 III 1 ZPO verpflichtet, dem Gläubiger das Sparbuch herauszugeben. 349

cc) Hypothekenverbund

Soweit Forderungen des Schuldners gem. §§ 1120 ff. BGB zum Haftungsverband der Hypothek gehören (zB Miet- und Pachtzinsforderungen, § 1123 BGB), gelten die Beschränkungen des § 865 II 2 ZPO (→ Rn. 219). 350

3. Einschränkungen der Pfändbarkeit

a) Unübertragbare Forderungen

Lit.: Lackmann Rn. 354 bis 361.

Nach § 851 ZPO sind Forderungen nur insoweit pfändbar, als sie übertragbar sind. Dies ist nach den §§ 399, 400 BGB zu bestimmen. **Unübertragbar** sind danach etwa gegenseitige Ansprüche der BGB-Gesellschafter nach § 717 S. 1 BGB.[201] Der Anspruch auf Erbringung einer Dienstleistung ist im Zweifel unpfändbar (§ 613 S. 2 BGB), sofern die Parteien nicht dessen Übertragbarkeit vereinbaren (§ 857 III ZPO). Der Anspruch auf Auseinandersetzung der Gemeinschaft (§ 749 BGB) ist pfändbar, jedoch nur zusammen mit dem künftigen Anspruch auf eine den Anteilen entsprechende Teilung und Auskehr des Versteigerungserlöses.[202] 351

Bei einem **vertraglichen Ausschluss** der Abtretung nach § 399 Alt. 2 BGB ist die Forderung gem. § 851 II ZPO insoweit pfändbar, als der geschuldete Gegenstand (Sache oder Recht) seinerseits pfändbar ist. Der Schuldner soll den Zugriff des Gläubigers nämlich nicht durch Absprachen mit dem Drittschuldner vereiteln können. Ob der Gegenstand pfändbar ist, beurteilt sich nach den hierfür einschlägigen Vorschriften, bei einer Sache also nach § 811 ZPO, bei einem Recht nach §§ 850 ff. ZPO. Bezieht sich das Abtretungsverbot zB auf eine Geldforderung, so ist diese regelmäßig nach Maßgabe der §§ 850 ff. ZPO pfändbar. 352

---

200 *Brox/Walker* Rn. 698; *Schmittmann/David* Rn. 236.
201 Weitere Beispiele bei Zöller/*Stöber* § 851 Rn. 2.
202 BGH FamRZ 2006, 410.

353 Besonderheiten bestehen auch bei einem Abtretungsausschluss nach § 399 Alt. 1 BGB:

- Dieser kann zum einen darauf beruhen, dass die Abtretung eine **Inhaltsänderung** der Forderung zur Folge hätte. Hauptanwendungsfall ist der **Schuldbefreiungsanspruch**, zB der Freistellungsanspruch des Versicherungsnehmers gegen seinen Haftpflichtversicherer. Dieser ist unpfändbar, weil er sich nur in der Person des Versicherungsnehmers in einen Zahlungsanspruch verwandelt, wenn dieser in Vorleistung gegenüber dem Geschädigten tritt.[203]
- Zum anderen betrifft der Ausschluss **zweckgebundene Ansprüche**: Soll zB der Anspruch des Bauherrn gegen die Bausparkasse auf Auszahlung eines Baudarlehens der Errichtung eines Hauses dienen, kommt eine Pfändung nur dann in Betracht, wenn das Geld auch durch den Gläubiger zweckgebunden für den Bau verwendet wird. Eine Pfändung durch einen Bauhandwerker ist daher möglich, für nicht am Bau beteiligte Personen ist der Anspruch jedoch unpfändbar. Eine Zweckbindung kann insb. auf der Vereinbarung der Parteien über eine **treuhänderische Bindung** beruhen, so zB bei der Zahlung eines Grundstückskäufers auf ein Notaranderkonto, um damit dingliche Belastungen des Grundstücks abzulösen;[204] dagegen genügt eine bloß einseitige Zweckbestimmung des Schuldners zB gegenüber seiner Bank als Drittschuldnerin, Geld aus einem Dispositionskredit nicht dem Vollstreckungsgläubiger zu überlassen, hierfür nicht.[205]

354 Abweichend von § 851 II ZPO ist die einzelne, in ein **Kontokorrent** eingestellte Forderung wegen § 357 HGB (lex specialis) unpfändbar (→ Rn. 344).

b) Unpfändbarkeit aus sozialpolitischen Gründen

Lit.: Brox/Walker Rn. 539 ff.; Gaul/Schilken/Becker-Eberhard § 56; Lippross Rn. 408 ff.

355 Lohn, Gehalt und Sozialleistungen sind zur **Sicherung der wirtschaftlichen und sozialen Existenz** fast aller Menschen notwendig; daher gebietet es das aus Art. 20 I, 28 I 1 GG folgende Sozialstaatsprinzip, wie schon bei der Sachpfändung nach den §§ 811 ff. ZPO, einen gewissen Pfändungsschutz für derartige Forderungen des Vollstreckungsschuldners zu gewähren. Hier stellt sich erneut das Problem der **Abwägung** zwischen dem **Zugriffsinteresse** des Gläubigers und dem Bedarf nach **Schuldnerschutz**. Besonders im Blickfeld stehen der Schutz des Arbeitseinkommens (§§ 850 bis 850i ZPO) und von Sozialleistungen (§ 54 SGB I); daneben gibt es weitere Vorschriften zum Schutz bestimmter Ansprüche der Landwirte (§ 851a ZPO), Vermieter und Verpächter (§ 851b ZPO) sowie von Altersrenten (§ 851c ZPO), steuerlich geförderten Altersvorsorgevermögen (§ 851d ZPO) und von Erbschaftsnutzungen (§ 863 ZPO).

aa) Arbeitseinkommen, §§ 850 ff. ZPO

356 Bei der Pfändung von Arbeitseinkommen ist zwischen drei Situationen zu differenzieren: Solange das Arbeitseinkommen **nicht ausgezahlt** ist, kommt eine Pfändung des Anspruches des Schuldners gegen seinen Arbeitgeber als den Drittschuldner auf Auszahlung des Einkommens nach §§ 829 ff. ZPO in Betracht. Hierfür bestehen mit den § 850 I iVm §§ 850a bis 850i ZPO umfangreiche Schutzvorschriften. Der Begriff des Arbeitseinkommens wird in § 850 II, III ZPO weit gefasst: Es handelt sich letztlich um **jedes wiederkehrend zahlbare Entgelt für persönliche Arbeits- und**

---

203 BGHZ 7, 244 (246).
204 BGH NJW 1998, 746.
205 Dazu BGH NJW 2001, 1937 = EWiR 2001, 599 f. mAnm *Prütting/Stickelbrock*.

Dienstleistungen, ohne dass ein arbeitsrechtliches Abhängigkeitsverhältnis bestehen muss. Hierzu können auch Ruhegelder uÄ zählen.

Das System des Schutzes des Arbeitseinkommens ist äußerst komplex und kann hier nicht in seinen Einzelheiten dargestellt werden. Es gibt unpfändbare (§ 850a ZPO) und bedingt pfändbare Bezüge (§ 850b ZPO), jeweils mit Durchbrechungen zu Gunsten von Unterhaltsgläubigern des Schuldners (§ 850d ZPO). Der nach §§ 850c, 850d ZPO pfändbare Teil des Arbeitseinkommens wird nach § 850e ZPO berechnet, ausgehend vom Nettoeinkommen. In der Regel berechnet das Vollstreckungsgericht diese komplexen Freibeträge nicht, sondern erlässt einen Blankettbeschluss (§ 850c III 2 ZPO), in welchem es sich auf die vom Bundesministerium der Justiz herausgegebene Lohnpfändungstabelle bezieht (als nichtamtlicher Anhang zur ZPO auf der Grundlage von § 850c IIa 2 ZPO veröffentlicht)[206] und dem Drittschuldner die Berechnung überlässt. Den Schutz des Schuldners gewährleistet § 850f ZPO.

Befindet sich hingegen das Arbeitseinkommen **in bar beim Schuldner**, weil es ihm 357
bar ausbezahlt worden ist oder er es zwar vom Arbeitgeber auf ein Konto überwiesen bekommt, es aber abgehoben hat, so unterliegen die Geldzeichen (Scheine, Münzen) ganz normal der **Sachpfändung**; Pfändungsschutz wird dann über § 811 I Nr. 8 ZPO gewährt.

Hat der Arbeitgeber das Arbeitseinkommen auf ein **Konto des Schuldners** bei einem 358
Kreditinstitut überwiesen und befindet es sich noch dort, so ginge die Pfändung der Lohnforderung des Schuldners gegen seinen Arbeitgeber ins Leere; es ist dann der Anspruch des Schuldners aus dem Kontoguthaben gegen das Kreditinstitut als neuem Drittschuldner nach § 829 ZPO zu pfänden. Hierfür gelten jedoch die Schutznormen der §§ 850 ff. ZPO nicht, vielmehr ist eingezahltes Arbeitseinkommen nur noch geschützt, wenn es auf ein **Pfändungsschutzkonto** oder **P-Konto** iSd § 850k ZPO eingegangen ist.[207] Danach ist ein weitgehend **automatischer Pfändungsschutz** vorgesehen. Sinn dieses P-Kontos ist es, dem Schuldner trotz Pfändung seines Kontos die Teilnahme am bargeldlosen Zahlungsverkehr weiterhin zu ermöglichen und eine sonst durch die Pfändung vielfach eintretende Blockade seines Kontos oder dessen Kündigung durch das Kreditinstitut zu vermeiden.[208]

Jede natürliche Person kann ein solches P-Konto durch Vertrag mit einem Kreditinstitut begründen (§ 850k VII 1 ZPO); verfügt die Person bereits über ein Girokonto, so hat sie das Recht, von ihrem kontoführenden Kreditinstitut dessen Umwandlung in ein P-Konto zu verlangen, § 850k VII 2 ZPO. Die Bank darf für die Führung des P-Kontos keine gesonderten Gebühren erheben.[209] Um Missbrauch zu vermeiden, darf eine Person nur jeweils ein P-Konto unterhalten, § 850k VIII 1 ZPO. Der Schutz durch das P-Konto besteht darin, dass dem Schuldner automatisch ein **Sockelfreibetrag** von z. Zt. 1.045,04 EUR monatlich (§ 850k I 1 iVm § 850c I 1 ZPO) gewährt wird. Der monatliche Freibetrag erhöht sich nach Maßgabe des § 850k II bis V ZPO teils automatisch, teils auf einen entsprechenden Nachweis des Schuldners hin; dadurch sollen zB Unterhaltspflichten des Schuldners oder der Erhalt von Kindergeld berücksichtigt werden.[210] Auf die Herkunft der Einkünfte kommt es nicht an, so dass auch Einkünfte aus selbständiger Tätigkeit oder sonstige Zahlungen bis zur Höhe des Sockelfreibetrages automatisch geschützt sind. Der Schuldner ist zur Erlangung von Pfändungsschutz damit nicht mehr darauf angewiesen, einen Antrag an das Vollstreckungsgericht zu stellen. Das Vollstreckungsgericht kann jedoch auf Antrag weiterhin den pfändungsfreien Betrag selbst festsetzen, § 850k III, IV ZPO. Den Schutz durch das P-Konto kann der Schuldner bis zu vier Wochen rückwirkend nach Zustellung des Überweisungsbeschlusses beanspruchen, wenn er in dieser Zeit sein Girokonto in ein P-Konto umwandelt, § 850k I 4 ZPO. § 835 IV 1 ZPO begründet eine spezielle und damit vorrangige, antragsunabhängige Leistungssperre bei gepfändeten künftigen

---

[206] Zuletzt Pfändungsfreigrenzenbekanntmachung 2013 v. 26.3.2013, BGBl. I 710.

[207] Eingeführt durch das Gesetz zur Reform des Kontopfändungsschutzes v. 7.7.2009, BGBl. I 1707; dazu *Lippross* Rn. 422.1 ff.; *Büchel* BKR 2009, 358 (361 ff.); *Ahrens* NJW 2010, 2001 ff.; *Ahrens* NZI 2011, 183 f.; *Becker* NJW 2011, 1317 ff.

[208] *Büchel* BKR 2009, 358 (360).

[209] OLG Schleswig BeckRS 2012, 20336.

[210] Näher dazu *Büchel* BKR 2009, 358 (362); *Ahrens* NJW 2010, 2001 (2004).

Guthaben. Der Drittschuldner darf danach erst mit Beginn des auf die Gutschrift folgenden übernächsten Monats an den Gläubiger leisten. Zahlt er dennoch vor Ablauf der Frist, so befreit ihn die Leistung nicht im Verhältnis zum Schuldner.[211]

bb) Sonstige Einkünfte

359 Bei einer **nicht wiederkehrenden Vergütung** für Arbeiten oder Dienste wird Pfändungsschutz nach § 850i ZPO gewährt. Das ist etwa der Fall bei Einkünften Selbständiger, wie in **Fall 15** (→ Rn. 342). Der Pfändungsschutz wird nur auf Antrag des Schuldners gewährt. Um eine vorschnelle Zahlung des Drittschuldners zu Lasten des Schuldners zu vermeiden, gilt hier ebenso wie bei der Kontenpfändung (→ Rn. 346) ein vierwöchiger Zahlungsaufschub, § 835 V ZPO. Der Schuldner kann sich des Weiteren ein P-Konto iSd § 850k ZPO einrichten lassen, welches bis zum geschützten Sockelbetrag sonstige Einkünfte ebenfalls erfasst.

cc) Sozialleistungsansprüche

360 Ansprüche auf Sozialleistung sind nur nach Maßgabe des § 54 SGB I pfändbar.

4. Erweiterungen der Pfändbarkeit

Lit.: Brox/Walker Rn. 532 ff.

361 Manche Schuldner richten sich auf eventuelle Pfändungen ein und versuchen ihr Arbeitseinkommen zu **vertuschen**. Dies geschieht dadurch, dass sie sich nur den unpfändbaren Teil des Lohnes auszahlen lassen und mit ihrem Lohngeber vereinbaren, dass dieser den Restlohn an einen Dritten als „Strohmann“, zB an einen Familienangehörigen, auszahlt. Solche Versuche, Arbeitseinkommen dem Vollstreckungszugriff zu entziehen, versucht das Gesetz durch § 850h ZPO zu verhindern:

a) Lohnverschiebungsverträge

Fall 16:

362 S arbeitet als Maler im Betrieb des D; mit diesem vereinbart er, dass das Entgelt, soweit es die Pfändungsfreigrenzen überschreitet, nicht an ihn, sondern an seine Ehefrau E auszuzahlen sei. Gläubiger G hat eine titulierte Forderung gegen S von 2.600 EUR; er hat deshalb vom Vollstreckungsgericht die angebliche Forderung der E gegen D pfänden und sich zur Einziehung überweisen lassen. D wendet hiergegen ein, es lägen bereits Vorpfändungen anderer Gläubiger iHv 52.000 EUR vor; diese hatten jedoch nicht ausdrücklich den Vergütungsanspruch der E erfasst. G erhebt nun Klage gegen D auf Auszahlung des (näher bezifferten) pfändbaren Teils des Entgelts.

→ Rn. 363, 364.

363 Die Anwendung des § 850h I ZPO setzt voraus, dass eine **Vereinbarung zwischen Schuldner und Drittschuldner** vorliegt, aus der sich der Vergütungsanspruch des Drittberechtigten ergibt. In **Fall 16** ist ein Vertrag zwischen S und D zu Gunsten der E als Drittberechtigter entstanden; die Mitwirkung des Drittschuldners ist also erforderlich, da sonst keine Lohnverschiebung möglich ist, sondern lediglich eine Abtretung des Anspruchs des S gegen D an die E vorliegt. Für diesen Fall wäre nur eine Gläubigeranfechtung nach dem AnfG möglich.

---

[211] *Ahrens* NZI 2011, 183 (184).

Liegt aber eine Lohnverschiebung vor, so **fingiert** das Gesetz für das Verhältnis zwischen Vollstreckungsgläubiger und Drittschuldner, dass dem Vollstreckungsschuldner überhaupt ein **Lohnanspruch** oder ein solcher in größerer Höhe als vereinbart, zusteht. Aufgrund des Vertrages müssen Leistungen an Dritte zu bewirken sein, die nach Lage der Verhältnisse eine Vergütung des Schuldners darstellen. In **Fall 16** ist die Vergütung, die an E ausgezahlt wird, nach Lage der Verhältnisse Vergütung des S und kann damit gepfändet werden.

Die Pfändung ist bereits mit Zustellung des Pfändungsbeschlusses an den Drittschuldner und nicht erst mit Zustellung an den Drittberechtigten wirksam, § 829 III ZPO, trotz § 850h I 3 ZPO. Sobald in **Fall 16** der Pfändungsbeschluss D zugestellt wird, ist die Pfändung wirksam.

Lösung Fall 16 (→ Rn. 362):

364 Der Anspruch der E gegen D ist von dem durch den G erwirkten Pfändungs- und Überweisungsbeschluss erfasst, § 850h I 1 ZPO; E könnte sich hiergegen mit der Drittwiderspruchsklage nach § 771 ZPO mit der Behauptung wehren, dass keine Lohnverschiebung vorliege. Zahlt D den gepfändeten fingierten Betrag nicht an G, so muss dieser gegen jenen klagen, da der Titel gegen den Schuldner S gerichtet ist. G kann dazu die Einziehungsklage, auch Drittschuldnerklage genannt, vor dem jeweils zuständigen Prozessgericht wählen (dazu → Rn. 412 ff.).

Da hier eine Lohnforderung gepfändet werden soll, ist das Arbeitsgericht sachlich zuständig, §§ 2 I Nr. 3 lit. a, 3, 5 ArbGG; die Klage ist begründet, wenn die Lohnforderung durch G wirksam gepfändet wurde und nicht die Pfändungen anderer Gläubiger gem. § 804 III ZPO vorrangig sind.

Die Vorpfändungen der übrigen Gläubiger gehen der Pfändung durch G nach § 804 III ZPO vor, denn die Pfändung des Lohnanspruches des S gegen D erfasst gem. § 850h I 2 ZPO automatisch auch den Anspruch der Drittberechtigten E gegen D.[212] Solange die nach § 850h I 2 ZPO von den anderen Gläubiger mitgepfändeten fingierten Beträge nicht an G ausgezahlt worden sind, besteht deren Anspruch fort, so dass die Einziehungsklage des G gegen D letzten Endes unbegründet ist.

b) Lohnverschleierung, § 850h II ZPO

365 Durch § 850h II ZPO soll die sog Lohnverschleierung verhindert werden, die dann gegeben ist, wenn eine unverhältnismäßig geringe Vergütung gezahlt wird. Aufgrund von § 850h II ZPO wird in einem solchen Fall eine angemessene Lohnforderung fingiert, die gepfändet werden kann.

Beispiel 9: S führt das Restaurant der Ehefrau E angeblich für nur 300 EUR Gehalt, ansonsten gegen Kost und Logis. Hier wird nach § 850h II ZPO zwar ein höheres Gehalt fingiert, jedoch sind dabei nach § 850h II 2 ZPO iVm § 1353 I 2 BGB eheliche Solidaritätspflichten zu berücksichtigen.

5. Durchführung der Pfändung

Lit.: Brox/Walker Rn. 602 ff.; Lippross § 26.

366 Die Pfändung wird durch Beschluss bewirkt, der dem Schuldner und Drittschuldner zuzustellen ist (§ 829 ZPO). Wie oben angesprochen, ist zwischen der Pfändung und

[212] Vgl. BGH JZ 1991, 243.

der Überweisung (Verwertung), die ebenfalls durch Beschluss erfolgt, zu unterscheiden, selbst wenn beide idR in einem Beschluss angeordnet werden. Der Beschluss erfolgt auf dem amtlichen Antragsformular nach § 829 IV ZPO (→ Rn. 332).

a) Umfang der gerichtlichen Prüfung

367 Das Gericht prüft das Bestehen der allgemeinen und besonderen Vollstreckungsvoraussetzungen und -hindernisse. Den Vortrag des Gläubigers bezüglich der behaupteten Forderung muss das Vollstreckungsgericht vor Erlass des Beschlusses **nur** auf seine **Schlüssigkeit** hin überprüfen. Schlüssig ist das Vorbringen des Gläubigers dann, wenn auf Grund seines Tatsachenvortrages, dessen Richtigkeit unterstellt, nach irgendeiner Rechtsansicht die Forderung des Schuldners gegen den behaupteten Drittschuldner bestehen und dem Schuldner zustehen kann. Diese Maßstäbe gelten auch hinsichtlich der Frage, ob sich die Forderung des Schuldners tatsächlich gegen den bzw. die im Pfändungsantrag bezeichneten Drittschuldner richtet.[213] Wegen des **Formalisierungsgrundsatzes** ist es nicht Sache des Gerichts, festzustellen, ob der Tatsachenvortrag richtig ist, dh ob die Forderung tatsächlich besteht, und gegen welchen von mehreren in Betracht kommenden und im Pfändungsantrag bezeichneten Drittschuldnern sich die Forderung wirklich richtet. Abzulehnen ist also der Antrag auf Erlass eines Pfändungs- und Überweisungsbeschlusses nur dann, wenn bereits nach dem Gläubigervortrag die Forderung nicht bestehen kann oder ersichtlich unpfändbar ist. Notfalls hat das Gericht nach § 139 ZPO einen Hinweis zur Ergänzung des Sachvortrags zu geben. Es pfändet daher nur die **angebliche Forderung** des Schuldners gegen den Drittschuldner.

Materiellrechtliche Aspekte können lediglich **ausnahmsweise** berücksichtigt werden, wenn nämlich die behauptete Forderung des Schuldners nach keiner vertretenen Rechtsauffassung denkbar ist[214] oder das Nichtbestehen der zu pfändenden Forderung dem Gericht bekannt oder jedenfalls offenkundig ist; es fehlt dann am Rechtsschutzbedürfnis für eine Pfändung.[215]

Besteht die zu pfändende Forderung nicht oder steht sie dem Schuldner nicht zu, so ist die Pfändung **unwirksam**, weshalb Rechtsbehelfe hiergegen nicht nötig sind.[216] Gleichwohl kann sich der wahre Inhaber der zu pfändenden Forderung wegen der Gefährdung seiner Forderung mit der Drittwiderspruchsklage nach § 771 ZPO wehren; dem Drittschuldner steht hingegen die Erinnerung nach § 766 ZPO zu, da ihm eine Inanspruchnahme auf Grund der scheinbar wirksamen Pfändung droht.[217]

b) Verfahren

368 Soll eine Forderung gepfändet werden, geschieht dies nicht aufgrund einer mündlichen Verhandlung; eine Anhörung des Schuldners und des Drittschuldners wird durch § 834 ZPO sogar verboten.[218] Zweck dieser Vorschrift ist die Vermeidung der Vollstreckungsvereitelung durch den Schuldner, der bei Benachrichtigung geneigt sein könnte, noch bevor die Pfändung ihre Wirksamkeit entfaltet, selbst wirksam über die Forderung zu verfügen, zB durch Abtretung. In dem Verbot der Anhörung liegt kein Verstoß gegen Art. 103 I GG: zum einen droht anderenfalls eine Vereitelung der Vollstreckung; zum anderen ist der Schuldner hinreichend geschützt, da ihm die

---

213 BGH FamRZ 2008, 877 (878).
214 MüKoZPO/*Smid* § 829 Rn. 23.
215 OLG Hamm Rpfleger 1956, 197.
216 BGH NJW 2002, 755 (757).
217 *Brox/Walker* Rn. 615.
218 Kritisch hierzu *Hoeren* NJW 1991, 410 f.

Möglichkeit bleibt, sich nachträglich gegen die Pfändung durch Erinnerung nach § 766 ZPO zu wehren (→ Rn. 50). Im Rahmen des Erinnerungsverfahrens ist ihm dann rechtliches Gehör zu gewähren.

Allerdings kann der Gläubiger auf das Anhörungsverbot verzichten und eine Anhörung des Schuldners beantragen.

c) Pfändungsbeschluss

Wird dem Antrag stattgegeben, ergeht der Pfändungsbeschluss auf dem amtlichen Antragsformular iSd § 829 IV ZPO. Inhaltlich enthält dieser: 369

- den **Ausspruch der Pfändung** mit genauer Angabe von Schuldner und Gläubiger der zu pfändenden Forderung, wie im Vollstreckungsantrag aufgeführt (→ Rn. 332 ff.); **mangelnde Bestimmtheit** hinsichtlich der zu pfändenden Forderung macht die Pfändung **unwirksam**, so dass weder Verstrickung noch Pfändungspfandrecht entstehen.[219]
- das an den Drittschuldner gerichtete Verbot, an den Schuldner zu zahlen, das **arrestatorium**, § 829 I 1 ZPO; fehlt es daran, so ist der Beschluss wegen § 829 III ZPO unwirksam. Der Drittschuldner muss daher genau bezeichnet werden.
- das Gebot an den Schuldner, sich jeder Verfügung über die Forderung, insb. durch deren Einziehung, zu enthalten, das sog **inhibitorium**, § 829 I 2 ZPO. Fehlt diese, so ist der Beschluss gleichwohl wirksam.

Nach Maßgabe des § 829 I 3 ZPO ist sogar die Pfändung mehrerer Forderungen gegen verschiedene Drittschuldner in einem Beschluss möglich. Eine bereits gepfändete Forderung kann erneut gepfändet werden, solange sie nicht vom Erstgläubiger eingezogen worden ist (**Anschlusspfändung**). 370

d) Zustellung

Ausfertigungen des Beschlusses werden an den Schuldner und den Drittschuldner zugestellt. Die Zustellung an den **Drittschuldner** ist gem. § 829 III ZPO **Wirksamkeitsvoraussetzung** der Pfändung (und auch der Überweisung, § 835 III 1 ZPO). Für die Rangfestlegung ist es wichtig, dass der genaue Zeitpunkt der Zustellung vermerkt wird. 371

e) Rechtsbehelfe

Gegen die Ablehnung des Gläubigerantrages auf Erlass eines Pfändungsbeschlusses ist die sofortige Beschwerde nach § 793 ZPO statthaft. Gegen den Erlass des Pfändungsbeschlusses kann der Schuldner nach § 766 ZPO Erinnerung einlegen. 372

6. Wirkungen und Umfang der Pfändung

Lit.: Brox/Walker Rn. 613 ff.; Lippross § 27.

a) Verstrickung

Wie bei der Sachpfändung bewirkt die Pfändung die Beschlagnahme der Forderung und damit deren Verstrickung. Auch bei der Forderungspfändung ist die Verstrickung der hoheitliche Eingriff, der die Sicherstellung der Forderung bewirkt, nämlich dem Schuldner die Verfügungsbefugnis über die Forderung entzieht. Verfahrensfehler berühren die Wirksamkeit der Verstrickung auch bei der Forderungspfändung nicht, machen die Pfändung jedoch anfechtbar. 373

---

[219] RGZ 139, 97 (99).

374 Wirksamkeitsvoraussetzungen der Pfändung sind:
- das Vorliegen eines Titels und das Handeln des funktionell zuständigen Organs;
- die gepfändete **Forderung** muss **bestehen** und dem **Schuldner zustehen**, und zwar noch im Zeitpunkt der Zustellung an den Drittschuldner (§ 829 III ZPO), selbst wenn sie bedingt oder noch nicht fällig ist. Die Pfändung einer nicht bestehenden oder nicht dem Schuldner zustehenden Forderung geht ins Leere und ist nichtig; eine Heilung durch nachträglichen Erwerb der Forderung durch den Schuldner ist nicht möglich.[220]
- bestimmte Bezeichnung der gepfändeten Forderung im Pfändungsbeschluss,
- der das arrestatorium (§ 829 I 1 ZPO) enthält und
- dem Drittschuldner zugestellt ist, § 829 III ZPO.

375 Das Fehlen dieser Voraussetzungen macht die Pfändung **unwirksam**, so dass keine Verstrickung entsteht. Sonstige Verfahrensfehler machen die Pfändung hingegen nur anfechtbar.

b) Pfändungspfandrecht

376 Mit der Wirksamkeit des Pfändungsbeschlusses (§ 829 III ZPO) entstehen die Verstrickung der Forderung und das Pfändungspfandrecht des Gläubigers an dieser (§ 804 I ZPO). Bei der Pfändung einer **künftigen Forderung** werden die Verstrickung und das Pfändungspfandrecht erst in dem Zeitpunkt begründet, in dem auch die Forderung entsteht. Die Pfändung einer künftigen Forderung des Schuldners gegen einen Drittschuldner kann also leer laufen, wenn der Schuldner diese vor deren Entstehung, aber nach dem Pfändungsbeschluss an eine vierte Partei abtritt, da die Abtretung künftiger Forderungen bereits im Zeitpunkt der Abtretung wirksam wird und die Forderung direkt beim Zessionar entsteht.

377 Die Auswirkungen des oben dargestellten **Theorienstreites** um das Pfändungspfandrecht (→ Rn. 278 ff.) sind hier geringer als bei der Sachpfändung, weil das Pfändungspfandrecht an der Forderung nur entsteht, wenn diese besteht und dem Schuldner auch zusteht (→ Rn. 374). Relevant wird der Streit wiederum, wenn der **Zeitpunkt der Entstehung des Pfändungspfandrechts** im Hinblick auf § 804 III ZPO relevant ist, es also um das Rangverhältnis mehrerer Pfand- und Vorzugsrechte geht. Ist die zeitlich frühere Pfändung mit einem **heilbaren Verfahrensfehler** behaftet, so entsteht das Pfändungspfandrecht nach der gemischten Theorie erst mit dessen Heilung mit Wirkung ex nunc; nach der öffentlichrechtlichen Theorie entsteht es dagegen ungeachtet des (heilbaren) Verfahrensfehlers.

c) Rechtsstellung der Beteiligten

aa) Der Vollstreckungsgläubiger

378 Der Gläubiger erlangt die Stellung eines **Pfandgläubigers vor Pfandreife** (§§ 1281, 1287 BGB). Er wird durch die §§ 1227 ff. BGB geschützt; mit der Pfändung erhält er eine Sicherung, aber keine Befriedigung; diese wird erst durch die Überweisung der Forderung (Verwertung) bzw. die tatsächliche Einziehung bewirkt. Er darf aber keine Handlungen vornehmen, die seine Befriedigung herbeiführen. Deshalb kann er nur Leistung an ihn und den Schuldner gemeinschaftlich verlangen. Er kann aber auf Feststellung des Bestehens der gepfändeten Forderung gegen den Drittschuldner klagen.

---

[220] Zu beidem BGH NJW 2002, 755 (757).

bb) Vollstreckungsschuldner

Der Vollstreckungsschuldner bleibt dementsprechend Gläubiger der Forderung gegen den Drittschuldner, unterliegt aber aufgrund des **inhibitoriums** einem **Veräußerungsverbot,** § 829 I 2 ZPO iVm §§ 136, 135 BGB. Verboten sind ihm damit sämtliche **Verfügungen**, welche die Rechtsstellung des Vollstreckungsgläubigers beeinträchtigen würden (zB Einziehung, Erlass, Stundung der Forderung oder Aufrechnung mit ihr). Anders als bei der Sachpfändung ist **kein gutgläubiger lastenfreier Forderungserwerb** eines Dritten möglich, doch kann der Gläubiger einer Verfügung des Schuldners nach § 185 BGB zustimmen und ihr dadurch Wirkung verleihen. 379

Erlaubt ist dem Schuldner hingegen das einseitige Einwirken auf das Rechtsverhältnis zum Drittschuldner, auf welchem die Forderung basiert. So kann er zB bei der Lohnpfändung den Arbeitsvertrag mit dem Drittschuldner kündigen.

cc) Drittschuldner

Fall 17:

Im Pfändungsbeschluss wird der Drittschuldner D, Arbeitgeber des Schuldners S, dazu aufgefordert, Auskünfte über die gepfändete Lohnforderung zu geben. D fragt den bei ihm im Lager jobbenden Jurastudenten J, ob er den Gläubiger G darüber informieren muss, dass die gepfändeten Lohnforderungen des S bereits für mehrere Monate von einem anderen Gläubiger des S gepfändet wurden. J sagt ihm, dass es sich nur um eine Obliegenheit handele, weshalb er nichts zu befürchten habe. Zu Recht? 380

→ Rn. 383.

Den Drittschuldner treffen das Zahlungsverbot des § 829 I 1 ZPO und die Auskunftspflicht des § 840 ZPO; im Übrigen wird seine Rechtsstellung durch die Pfändung weder verbessert noch verschlechtert. 381

Leistet er unter Missachtung des **Zahlungsverbots** aus § 829 I 1 ZPO dennoch an den Schuldner, so wird er dadurch dem Pfandgläubiger gegenüber nicht frei. Dieser kann nach Erlass des Überweisungsbeschlusses vom Drittschuldner nochmalige Zahlung an sich fordern. Allerdings wird der **redliche Drittschuldner** geschützt: Zahlt er nachweislich in Unkenntnis des Pfändungsbeschlusses (zB bei einer Ersatzzustellung) an den Vollstreckungsschuldner, so muss der Vollstreckungsgläubiger diese Zahlung gem. §§ 1275 analog iVm 407 I BGB gegen sich gelten lassen.

Zweck der **Auskunftspflicht** des Drittschuldners aus § 840 ZPO ist es, dem Vollstreckungsgläubiger eine sinnvolle Planung seines weiteren Vorgehens im Vollstreckungsverfahren zu ermöglichen. Es handelt sich um eine genuin vollstreckungsrechtliche, öffentlichrechtlich einzuordnende Pflicht.[221] Sie besteht, wenn eine wirksame Pfändung und eine formgerechte entsprechende Aufforderung an den Drittschuldner (§ 840 II ZPO) vorliegen. Der Inhalt der Auskunftspflicht ergibt sich aus § 840 I ZPO. Zu deren Erfüllung braucht der Drittschuldner jedoch keine Belege vorzulegen oder weitergehende Auskünfte zu erteilen; so umfasst zB die Auskunftspflicht der Bank und Drittschuldnerin bei einer Kontenpfändung nicht die Erteilung von Kontoauszügen und Rechnungsabschlüssen, da diese Informationen enthalten, die keine Beziehung zu dem gepfändeten Anspruch auf Auszahlung des positiven Saldos haben.[222] 382

---

[221] MüKoZPO/*Smid* § 840 Rn. 2.
[222] BGH NJW 2006, 217 f.

Bei **Verletzung** der Auskunftspflicht durch Schweigen oder falsche bzw. unvollständige Auskunft steht dem Gläubiger **keine Klage** auf Auskunftserteilung zu, da es sich nach der Rspr. um eine bloße prozessuale **Obliegenheit** handelt.[223] Es kann aber ein Anspruch auf **Schadensersatz** aus § 840 II 2 ZPO wegen Verletzung des durch diese Norm begründeten gesetzlichen Schuldverhältnisses zwischen Drittschuldner und Gläubiger in Frage kommen. Zur Anwendung kommen hier die allgemeinen Normen der §§ 280 ff., 276 BGB, insb. ist also ein Verschulden des Drittschuldners erforderlich. Ersatzfähig ist der gesamte, dem Gläubiger aus der unzulänglichen Auskunft entstandene Vermögensschaden, zB die Prozess- und Anwaltskosten für einen sinnlosen Einziehungsprozess gegen den Drittschuldner. Der Gläubiger ist so zu stellen, wie er bei gehöriger Erfüllung der Auskunftspflicht stünde.

383 In **Fall 17** (→ Rn. 380) ist die Auskunft des J falsch: Informiert D den G nicht, so macht er sich schadensersatzpflichtig. Die Nichterfüllung seiner Pflicht aus § 840 ZPO erfolgte auch mindestens fahrlässig, da er sich nicht auf den Rechtsrat des J verlassen darf, sondern rechtskundigen Rat einzuholen hat.

d) Erlöschen von Verstrickung und Pfändungspfandrecht

384 Entstrickung mit Erlöschen des Pfändungspfandrechts tritt durch Aufhebung des Pfändungsbeschlusses oder durch einen Verzicht des Vollstreckungsgläubigers nach § 843 ZPO ein; ersteres kann der Schuldner durch Erinnerung gegen den Pfändungsbeschluss nach § 766 ZPO erwirken.

e) Umfang der Pfändung

385 Verstrickung und Pfändungspfandrecht erfassen die im Pfändungsbeschluss bezeichnete **Forderung**, so wie sie **im Zeitpunkt der Pfändung** tatsächlich besteht, einschl. der Zinsen und Nebenrechte iSd § 401 BGB sowie der Vollstreckungskosten iSd § 788 ZPO.

386 **Künftige** Forderungen (→ Rn. 339) werden grundsätzlich nur erfasst, wenn dies im Pfändungsbeschluss ausdrücklich angeordnet ist. **Ausnahmen** hiervon bestehen nach §§ 832 f. ZPO für **Gehaltsforderungen** uÄ sowie nach § 833a ZPO für die Kontenpfändung hinsichtlich künftiger Tagessalden einschl. eines eventuellen Rechnungsabschlusssaldos; diese künftigen Forderungen werden automatisch miterfasst (sa die Vorratspfändung → Rn. 338).

387 Die Pfändung kann die Forderung ganz oder nur zum Teil erfassen. Ergibt sich aus dem Pfändungsbeschluss nichts Gegenteiliges, so erfasst dieser nach hM die Forderung vollständig (**Theorie der Vollpfändung**). Das kann zu einer Überpfändung entgegen § 803 I 2 ZPO führen; dies ist aber hinzunehmen, da sich der Nennbetrag der Forderung oftmals nicht mit deren wirtschaftlichem Wert deckt, etwa weil sie nicht durchsetzbar ist, und damit das Zugriffsinteresse des Gläubigers geschützt wird. Der Schuldner kann sich hiergegen mit der Erinnerung nach § 766 ZPO wehren. Nicht nur die Pfändung, sondern auch die Überweisung erfasst dann die Forderung in voller Höhe. Der Gläubiger darf sie aber nur in Höhe der vollstreckbaren Beträge einziehen, § 1282 I 2 BGB analog.

Im Übrigen gelten die Ausführungen zum Umfang der Sachpfändung (→ Rn. 256 ff.) entsprechend.

---

[223] Vgl. BGH JZ 1984, 673.

Zusammenfassung:

1. Auf Grund schlüssigen Gläubigervortrags pfändet das Gericht die angebliche Forderung des Schuldners gegen den Drittschuldner durch Beschluss.
2. Die Pfändbarkeit ist ausgeschlossen bei unübertragbaren Forderungen (§ 851 ZPO) sowie zum Schuldnerschutz nach §§ 850 ff. ZPO.
3. Wirksamkeitsvoraussetzungen des Pfändungsbeschlusses: Bestehen eines Titels, Handeln des Vollstreckungsgerichts als funktional zuständiges Organ, hinreichende Bestimmung der zu pfändenden Forderung, diese muss bestehen und dem Schuldner zustehen, arrestatorium (§ 829 I 1 ZPO) und dessen Zustellung an Drittschuldner (§ 829 III ZPO).
4. Erfüllt der Pfändungsbeschluss diese Voraussetzungen, so begründet er ab seiner Wirksamkeit mit Zustellung an den Drittschuldner (§ 829 III ZPO) die Verstrickung der gepfändeten Forderung und ein Pfändungspfandrecht daran, ansonsten ist er unwirksam.
5. Durch Verstrickung wird dem Schuldner die Verfügungsbefugnis entzogen (inhibitorium, § 829 I 2 ZPO), er bleibt aber Forderungsinhaber. Gutgläubiger Erwerb ist bei Verstoß gegen das inhibitorium nicht möglich.
6. Eine Zahlung des Drittschuldners an Schuldner unter Verstoß gegen arrestatorium bewirkt grundsätzlich keine Befreiung gegenüber Gläubiger.

7. Vorpfändung

Lit.: Lackmann Rn. 284 bis 287.

Zur schnellen Sicherung seines Zugriffsinteresses kann der Gläubiger schon vorab Forderungen des Schuldners gegen den Drittschuldner durch den Gerichtsvollzieher im Wege der Vorpfändung (auch **„vorläufiges Zahlungsverbot"** genannt) nach § 845 ZPO beschlagnahmen (→ Rn. 178). Es handelt sich dabei um eine **private Zwangsvollstreckungsmaßnahme** mit befristeter Wirkung (§ 845 II ZPO). 388

a) Voraussetzungen

Die Vorpfändung hat den Vorteil, dass es hierzu lediglich eines vollstreckbaren Titels gegen den Schuldner bedarf, aber weder der Zustellung und vollstreckbaren Ausfertigung desselben (§ 802a II 1 Nr. 5 ZPO) noch des Erlasses eines Pfändungsbeschlusses. Im Übrigen müssen die Voraussetzungen der Pfändung vorliegen, etwa die der Pfändungsschutznormen der §§ 850 ff. ZPO. Deren Prüfung obliegt wegen des privaten Charakters der Maßnahme dem Gläubiger, sofern dieser nicht dem Gerichtsvollzieher den ausdrücklichen Auftrag hierzu nach § 845 I 2 ZPO erteilt hat.[224] 389

b) Durchführung

Die Vorpfändung erfolgt dadurch, dass der Gerichtsvollzieher im Auftrag des Gläubigers dem Drittschuldner und dem Schuldner die schriftliche **Benachrichtigung** der bevorstehenden Pfändung zustellt. Diese kann vom Gläubiger oder – bei ausdrücklichem Auftrag – vom Gerichtsvollzieher (§ 845 I 2 ZPO) angefertigt sein. Ihr Inhalt entspricht den Anforderungen an einen Pfändungsbeschluss gem. § 829 ZPO (→ Rn. 369): 390

---

[224] Dazu Thomas/Putzo/*Seiler* § 845 Rn. 4; *Gaul/Schilken/Becker-Eberhard* § 54 Rn. 71; Stein/Jonas/*Brehm* § 845 Rn. 10.

- Bezeichnung des Titels und der zu vollstreckenden Forderung;
- hinreichend bestimmte Benennung der zu pfändenden Forderung;[225]
- Aufforderung an den Drittschuldner, nicht mehr an den Schuldner zu zahlen (**arrestatorium**);
- Aufforderung an den Schuldner, sich jeder Verfügung über die Forderung, insb. ihrer Einziehung, zu enthalten (**inhibitorium**).

c) Wirksamkeit

391 Wegen des privaten Charakters der Vorpfändung müssen deren Zulässigkeitsvoraussetzungen und die Erfordernisse des § 845 I ZPO erfüllt sein, insb. die **Zustellung** an den **Drittschuldner**, sonst ist sie **unwirksam** und nicht lediglich anfechtbar. Verzichtbar ist bloß die Benachrichtigung und deren Zustellung an den Schuldner (arg. e contrario § 845 II 1 ZPO).

d) Wirkungen

392 Mit der Vorpfändung treten gem. § 845 II 1 ZPO die Wirkungen eines **Arrestes** (→ Rn. 601 ff.) nach § 930 ZPO ein: **Verstrickung** (§§ 930, 845, 803 ZPO) und Begründung eines **Pfändungspfandrechts** iSd § 804 ZPO. Damit wirkt die Vorpfändung prinzipiell wie ein Pfändungsbeschluss mit dem Verfügungsverbot an den Schuldner und dem Zahlungsverbot an den Drittschuldner. Grundsätzlich ist die Vorpfändung damit auch bei der Bestimmung des **Rangverhältnisses** iSd § 804 III ZPO zu berücksichtigen.

393 Allerdings ist das Arrestpfandrecht gem. § 845 II 1 ZPO **auflösend bedingt** durch die Vornahme der wirksamen Vollpfändung, dh durch den eigentlichen Pfändungsbeschluss des Vollstreckungsgerichts nach § 829 ZPO. Es entsteht also ein **Schwebezustand**:

- Wird die **Vollpfändung** innerhalb der Monatsfrist des § 845 II ZPO **bewirkt**, so erstarkt das Arrestpfandrecht zum endgültigen Vollpfandrecht iSd § 829 ZPO. Dieses wird zur Bestimmung des Rangverhältnisses iSd § 804 III ZPO rückdatiert auf den Zeitpunkt der wirksamen Entstehung des Arrestpfandrechts.
- Tritt die Bedingung hingegen nicht ein, so **verliert** die Vorpfändung nach Ablauf der Frist ihre **Wirkung** und damit auch den zunächst begründeten Rang. Der Gläubiger kann dann zwar innerhalb der Monatsfrist erneut ein vorläufiges Zahlungsverbot aussprechen, wenn er befürchtet, dass das Gericht nicht rechtzeitig den Pfändungsbeschluss erlassen wird; erstarkt das Arrestpfandrecht jedoch nicht zum endgültigen Vollpfandrecht, so verliert der Gläubiger den durch die erste Vorpfändung einstweilig gesicherten Rang, wenn ein anderer Gläubiger zwischenzeitlich einen Pfändungs- und Überweisungsbeschluss erwirkt hat.

e) Kombination mit Sachpfändung

394 Macht der Gläubiger nicht von den Möglichkeiten einer vorgeschalteten Sachaufklärung nach §§ 802a ff. ZPO (dazu → Rn. 153 ff.) Gebrauch, um an Informationen zu Vermögenswerten des Schuldners zu gelangen, sondern beantragt er bei dem Gerichtsvollzieher gleich eine Sachpfändung, so kann dieser gleichwohl nach § 806a Informationen zu Geldforderungen des Schuldners gegen Dritte erlangen (→ Rn. 252). Es empfiehlt sich daher, dem Gerichtsvollzieher zugleich mit dem Auftrag zur sofortigen Sachpfändung einen solchen zu einer Vorpfändung nach § 845 I 2 ZPO zu erteilen.[226]

---

[225] BGH NJW 2001, 2976.
[226] *Schmittmann/David* Rn. 236, → Rn. 349.

Der Gläubiger kann sich dabei auf die Anweisung beschränken, die dem Schuldner zustehenden Forderungen gegen Dritte, von denen der Gerichtsvollzieher bei Durchführung der Pfändungsmaßnahmen Kenntnis erlangt, zu pfänden.[227] Findet der Gerichtsvollzieher dabei einen Kontoauszug des Schuldners, so kann er in das Vorpfändungsformular den Namen des betreffenden Kreditinstituts und das zu pfändende Kontoguthaben iSd § 833a ZPO eintragen. Trifft er auf ein Sparbuch des Schuldners mit einem positiven Guthaben, so kann er die darin verbriefte Forderung gegen das Kreditinstitut ebenfalls nach § 845 ZPO pfänden und das Sparbuch selbst im Wege der Hilfspfändung vorläufig wegnehmen.

8. Verwertung

Lit.: Brox/Walker § 18; Lippross § 28.

Wie bei der Sachpfändung ist der Gläubiger mit der bloßen Pfändung von Forderungen noch nicht befriedigt, hierzu muss er die gepfändete Forderung noch verwerten. Dies geschieht durch **Überweisung der Forderung an den Gläubiger** durch Beschluss des Vollstreckungsgerichts nach § 835 ZPO, welcher in der Praxis zusammen mit dem Pfändungsbeschluss ergeht. **395**

a) Bedeutung und Arten

Der Gläubiger hat nach § 835 I ZPO ein Wahlrecht zwischen der Überweisung zur Einziehung und der Überweisung an Zahlungs statt zum Nennwert. Daneben gibt es die anderweitige Verwertung nach § 844 ZPO (bitte lesen!), welche in der Praxis kaum eine Rolle spielt. **396**

Die Überweisung **an Zahlungs statt zum Nennwert** hat die Wirkungen einer **Abtretung** iSd § 398 BGB, die Forderung geht nach §§ 412, 401 BGB mit allen Nebenrechten in Höhe des zu vollstreckenden Betrages einschl. der Kosten auf den Gläubiger über. Mit dem Forderungsübergang gilt er insoweit als befriedigt, unabhängig davon, ob und inwieweit er tatsächlich vom Drittschuldner Zahlung erhält, § 835 II ZPO. Der Gläubiger trägt hier also das **Risiko der Zahlungsunfähigkeit** oder -unwilligkeit des Drittschuldners. Daher ist die Überweisung an Zahlungs statt zum Nennwert praktisch kaum bedeutsam und wird hier nicht weiter behandelt. **397**

Dagegen ist die **Überweisung zur Einziehung** für den Gläubiger **risikolos** und in der Praxis der Regelfall, auch in den Formularen: Daher wird in der Praxis im Zweifelsfall der Antrag des Gläubigers dahingehend ausgelegt, er beantrage Überweisung zur Einziehung, sofern er nicht ausdrücklich Überweisung an Zahlungs statt verlangt.[228] Der Vollstreckungsschuldner bleibt Inhaber der Forderung, er darf aber nicht mehr über sie verfügen und der Vollstreckungsgläubiger wird zu deren Einziehung beim Drittschuldner ermächtigt, § 836 I ZPO. Mit der Überweisung wird der Gläubiger also noch **nicht befriedigt**. Diese Wirkung tritt erst ein, wenn der Drittschuldner tatsächlich an den Gläubiger zahlt, sei es freiwillig, sei es auf Einziehungsklage des Gläubigers hin. Die Überweisung selbst stellt lediglich eine Leistung erfüllungshalber iSd § 364 II BGB dar. **398**

b) Durchführung der Überweisung zur Einziehung

Die Überweisung zur Einziehung erfolgt durch den **Überweisungsbeschluss**, welcher idR zusammen mit dem Pfändungsbeschluss vom Gläubiger beantragt und vom **399**

---

[227] Zöller/*Stöber* § 845 Rn. 4.

[228] MüKoZPO/*Smid* § 835 Rn. 11; *Gaul/Schilken/Becker-Eberhard* § 55 Rn. 60; BeckOK ZPO/*Riedel* § 835 Rn. 8.

Vollstreckungsgericht erlassen wird. Der Überweisungsbeschluss hat die Überweisung der Forderung an den Gläubiger zur Einziehung auszusprechen, den Drittschuldner genau zu bezeichnen sowie ihm aufzugeben, wie und an wen er die Leistung zu erbringen hat.

400 **Wirksam** wird der Überweisungsbeschluss wie der Pfändungsbeschluss mit der Zustellung an den Drittschuldner, §§ 835 III 1 iVm 829 III ZPO, sofern ein wirksamer Pfändungsbeschluss vorliegt, dem der Überweisungsbeschluss inhaltlich entspricht.

c) Auswirkungen auf die Rechtsstellung der Beteiligten

aa) Vollstreckungsgläubiger

401 Der Gläubiger erlangt durch die Überweisung kraft Hoheitsaktes das **Recht** (aber auch die **Pflicht**, § 842 ZPO), die **Forderung einzuziehen**. Besonderer Förmlichkeiten (wie sie zB § 1154 I BGB bei der Hypothekenforderung festlegt) bedarf es hierzu wegen § 836 I ZPO nicht. Dagegen wird der Gläubiger **nicht Forderungsinhaber**!

402 Die Einziehung der Forderung und der bestehenden Nebenrechte iSd § 401 BGB erfolgt im **eigenen Namen** und für **eigene Rechnung**. Der Gläubiger ist ermächtigt, alle Handlungen vorzunehmen, die in der Forderung des Schuldners begründet und der Befriedigung des Anspruchs dienlich sind.

Beispiel 10: Der Gläubiger kann den Drittschuldner mahnen und diesen dadurch in Verzug setzen; er kann auch die Fälligkeit durch Kündigung (zB bei einer Darlehensschuld) begründen; oder mit der überwiesenen Forderung gegen eine Forderung des Drittschuldners gegen ihn aufrechnen.

Dagegen steht es ihm nicht frei, Handlungen vorzunehmen, welche die Einziehung der Forderung erschweren: zB Erlass, Stundung, Abtretung.

403 Aus dem Überweisungsbeschluss kann der Vollstreckungsgläubiger aber nicht gegen den Drittschuldner vollstrecken, wenn dieser nicht freiwillig leistet. Dazu braucht er vielmehr einen Titel; der Überweisungsbeschluss stellt keinen derartigen Titel dar, vielmehr muss er Einziehungsklage erheben (→ Rn. 412 ff.).

404 Daneben obliegen dem Gläubiger gewisse **Pflichten**: Dem Schuldner gegenüber besteht eine **Einziehungspflicht** des Gläubigers, arg. e. § 842 ZPO, dh er muss die Forderung außergerichtlich und notfalls im Einziehungsprozess gerichtlich zwangsweise eintreiben. Dieser Pflicht kann sich der Gläubiger durch Verzicht nach § 843 ZPO entziehen.

Bei schuldhafter (§§ 276, 278 BGB) Verzögerung oder Nichterfüllung der Einziehungspflicht kann der Schuldner vom Gläubiger Schadensersatz wegen Verletzung eines durch den Überweisungsbeschluss entstandenen gesetzlichen Schuldverhältnisses verlangen, sofern der Schuldner dadurch gegenüber dem Drittschuldner einen Rechtsverlust erlitten hat.

Erhebt der Gläubiger die Einziehungsklage, hat er dem **Schuldner** gem. §§ 841, 72 ff. ZPO den **Streit zu verkünden**. Verstößt der Gläubiger gegen diese Pflicht, so hat der Schuldner für den Fall des nachteiligen Ausgangs des Prozesses einen Schadensersatzanspruch gegen den Gläubiger.

bb) Vollstreckungsschuldner

405 Er bleibt **Inhaber der Forderung** und kann daher alle Rechte eines Gläubigers ausüben, welche nicht die Rechte des Vollstreckungsgläubigers beeinträchtigen: Er kann sogar Klage gegen den Drittschuldner auf Zahlung erheben, jedoch nur mit dem Antrag auf Verurteilung zur Zahlung an den Vollstreckungsgläubiger.

Aus § 836 III 1 ZPO hat er zudem folgende **Pflichten**: Er muss dem Gläubiger die zur Geltendmachung der Forderung nötigen Auskünfte erteilen und ihm die über die Forderung vorhandenen Urkunden aushändigen. Bei Pfändung eines **Sparbuches** hat der Schuldner dieses daher dem Gläubiger auszuhändigen, notfalls nimmt der Gerichtsvollzieher auf Grund des Überweisungsbeschlusses eine Hilfspfändung vor, § 836 III 5 ZPO (→ Rn. 349). 406

cc) Drittschuldner

Durch die Pfändung und Überweisung der Forderung darf die Rechtsstellung des Drittschuldners **nicht nachteilig verändert** werden: Er muss ebenso geschützt werden, wie ein Schuldner bei einer stillen Zession der Forderung durch den Gläubiger. Daher sind die Schuldnerschutznormen der §§ 412, 404 ff. BGB analog anzuwenden. 407

(1) Vertrauensschutz

Zum einen wird der Drittschuldner durch § 836 II ZPO in seinem Vertrauen auf den (Fort-)Bestand des Überweisungsbeschlusses geschützt: Zahlt er in **Unkenntnis** der Aufhebung des Überweisungsbeschlusses an den Vollstreckungsgläubiger, so wird er gegenüber dem Vollstreckungsschuldner **frei** (vgl. § 409 BGB). Das gilt selbst dann, wenn der Überweisungsbeschluss nichtig gewesen sein sollte, sofern sich dem Drittschuldner nicht aus dem ihm bekannten Sachverhalt ohne weiteres zumindest ernsthafte Zweifel an der Rechtswirksamkeit der hoheitlichen Beschlagnahme aufdrängen müssen, insb. weil der Überweisungsbeschluss wegen eines offenkundigen schweren Fehlers nichtig ist.[229] Erst mit **Kenntnis** vom Nichtbestand des Überweisungsbeschlusses kann der Drittschuldner nicht mehr mit befreiender Wirkung an den Vollstreckungsgläubiger leisten. 408

§ 836 II ZPO wird analog angewandt, wenn die Forderung **mehrfach gepfändet** ist. Dies wird relevant, wenn der Überweisungsbeschluss zu Gunsten des erstpfändenden Gläubigers aufgehoben wird, ohne dass der Drittschuldner dies weiß; rechtlich rückt dann der zweitpfändende Gläubiger an die erste Rangstelle, doch wird der Drittschuldner durch Leistung an den vormals erstpfändenden Gläubiger frei. 409

Besteht jedoch **keine Forderung** des Vollstreckungsschuldners, so wird der Drittschuldner durch die Zahlung an den Vollstreckungsgläubiger gegenüber dem wahren Inhaber der Forderung nicht frei. § 836 II ZPO schützt nicht das Vertrauen auf den Bestand der gepfändeten Forderung.[230] Hieran zeigt sich, dass § 836 II ZPO den Drittschuldner nur im Verhältnis zum Vollstreckungsschuldner als seinem Gläubiger schützt, nicht jedoch im Verhältnis zum Vollstreckungsgläubiger. 410

Beispiel 11: Das kann etwa der Fall sein, wenn der Schuldner noch vor Wirksamwerden des von G beantragten Überweisungsbeschlusses seine Forderung gegen D an V abgetreten hatte. V ist nun Forderungsinhaber, der Überweisungsbeschluss geht ins Leere. Der Schutz des Drittschuldners D erfolgt hier nach den allgemeinen Regeln des BGB, also §§ 408 II, 407 I BGB.

(2) Verteidigung gegen Inanspruchnahme durch Gläubiger

Der Drittschuldner kann dem Vollstreckungsgläubiger wie bei einer Abtretung der Forderung durch seinen Gläubiger sämtliche Einwendungen und Einreden entgegenhalten, welche ihm gegenüber dem Vollstreckungsschuldner zustünden, §§ 412, 404 BGB analog.[231] Diese sind idR im Einziehungsprozess geltend zu machen. Dabei kann es sich um materiell- oder vollstreckungsrechtliche Einwendungen handeln. 411

---

[229] BGHZ 127, 146 = BGH NJW 1994, 3225 (3226).
[230] *Brox/Walker* Rn. 651.
[231] Vgl. BGHZ 93, 71 (78).

- **Materiellrechtliche** Einwendungen sind zB die Nichtigkeit des die überwiesene Forderung begründenden Vertrages infolge Anfechtung.
- **Vollstreckungsrechtliche** Einwendungen sind zB Verfahrensmängel, welche die **Unwirksamkeit** des Pfändungs- oder Überweisungsbeschlusses begründen; sonstige Mängel des Beschlusses, welche diesen lediglich anfechtbar machen, wie die Nichtbeachtung der Normen über die Pfändungsbegrenzungen (§§ 850 ff. ZPO), kann der Drittschuldner dagegen nicht vorbringen, da solche nur mit den vollstreckungsrechtlichen Rechtsbehelfen (§ 766 ZPO) anfechtbar sind.[232]

d) Einziehungs- oder Drittschuldnerklage

412 Von besonderer praktischer Bedeutung ist die Einziehungs- oder Drittschuldnerklage. Zahlt der Drittschuldner auf einen Pfändungs- und Überweisungsbeschluss hin nicht, so benötigt der Vollstreckungsgläubiger einen Titel gegen ihn, aus welchem er ggf. vollstrecken kann. Der Titel, auf Grund dessen die angebliche Forderung des Schuldners gegen den Drittschuldner gepfändet worden ist, richtet sich ja nicht gegen den Drittschuldner, so dass es eines eigenständigen Titels gegen diesen bedarf. Zudem ist der Überweisungsbeschluss einseitig auf Antrag des Vollstreckungsgläubigers und nach seinen schlüssigen Behauptungen ohne Anhörung des Drittschuldners erlassen worden. Daher hat der Gläubiger das Recht, die gepfändete und ihm überwiesene Forderung im **eigenen Namen** beim Drittschuldner einzuklagen; er ist dann Prozessstandschafter.[233] Zugleich hat der Vollstreckungsgläubiger dem Vollstreckungsschuldner den Streit zu verkünden (§ 841 ZPO, → Rn. 404).

413 Der Überweisungsbeschluss begründet die **Aktivlegitimation** des Vollstreckungsgläubigers, der kraft seines Einziehungsrechts aus § 836 I ZPO die Forderung des Vollstreckungsschuldners gegen den Drittschuldner geltend macht und Leistung an sich verlangt. Es handelt sich um eine normale **Leistungsklage**, für die deren Zulässigkeitsvoraussetzungen vorliegen müssen.

414 Die Klage ist **begründet**, wenn der Vollstreckungsgläubiger als Kläger einziehungsberechtigt iSd § 836 I ZPO ist, die gepfändete Forderung gegen den Drittschuldner besteht und dem Vollstreckungsschuldner zusteht.[234]

415 Bei **mehrfacher Pfändung** und Überweisung einer Forderung kann jeder Gläubiger Klage auf Hinterlegung des geschuldeten Betrages erheben, §§ 856 I, 853 ZPO. Eine Rechtskrafterstreckung der jeweiligen Urteile ordnet § 856 IV, V ZPO an.

Zusammenfassung:

1. Die Verwertung erfolgt durch Überweisungsbeschluss, welcher mit Zustellung an Drittschuldner wirksam wird (§ 835 III ZPO).
2. Regelfall ist die Überweisung der Forderung an Gläubiger zur Einziehung: Dadurch bleibt der Schuldner zwar Forderungsinhaber, kann aber nicht mehr zu Lasten des Gläubigers hierüber verfügen; Gläubiger erhält Einziehungsrecht gegenüber Drittschuldner.
3. Der Drittschuldner wird durch §§ 412, 404 ff. BGB analog geschützt.
4. Mit Überweisung zur Einziehung tritt noch keine Befriedigung des Gläubigers ein, dies geschieht erst und soweit der Drittschuldner tatsächlich an ihn zahlt.

---

232 Str., zum Meinungsstand *Brox/Walker* Rn. 653 mwN.

233 *Gaul/Schilken/Becker-Eberhard* § 55 Rn. 37; *Brox/Walker* Rn. 639 f.; aA Thomas/Putzo/*Seiler* § 835 Rn. 3 (eigene materiellrechtliche Ermächtigung).

234 Näher zur Zulässigkeit und Begründetheit der Klage *Lackmann* Rn. 339 ff.

5. Überweisungsbeschluss stellt keinen Vollstreckungstitel für Gläubiger gegen zahlungsunwilligen Drittschuldner dar, vielmehr muss er ihn im eigenen Namen auf Zahlung verklagen. Diese Einziehungs- oder Drittschuldnerklage ist begründet, wenn der Gläubiger iSd § 836 I ZPO einziehungsberechtigt ist, die Forderung besteht und dem Schuldner gegen den Drittschuldner zusteht.

II. Zwangsvollstreckung in sonstige Forderungen und Vermögensrechte

Lit.: Brox/Walker §§ 19 ff.; Lippross §§ 30 ff.

1. Hypothekenforderung

Wegen der materiellrechtlichen Besonderheiten einer hypothekarisch gesicherten Forderung wird deren Pfändung und Überweisung in den §§ 830, 837 ZPO gesondert geregelt, obgleich es sich eigentlich ebenfalls um eine Geldforderung handelt. 416

a) Pfändung

Die Pfändung erfolgt gleichfalls durch Pfändungsbeschluss iSd § 829 ZPO. Angesichts der Besonderheiten der Hypothek sind aber zusätzliche Anforderungen zu erfüllen. Aufgrund der **Akzessorietät der Hypothek** (§§ 1113, 1153 BGB) erfasst der Zugriff auf die gesicherte Forderung zugleich die Hypothek. Wegen der Akzessorietät muss die Hypothek zudem im Zeitpunkt der Pfändung **bestehen**; das bedeutet vor allem, dass die Forderung existieren muss, zu deren Sicherung sie bestellt wird, die Hypothek also valutiert ist. Entsteht die Hypothek erst nach Pfändung, so wird sie in ihrem Entstehungszeitpunkt davon erfasst.[235] 417

Die Pfändung ist **wirksam**, wenn eine Hypothek besteht, der Pfändungsbeschluss gem. § 829 ZPO wirksam ist und die zusätzlichen Anforderungen des § 830 ZPO erfüllt sind; hinsichtlich letzterer ist nach den Arten von Hypotheken zu unterscheiden: 418

- bei der **Briefhypothek** ist die Übergabe des Hypothekenbriefes erforderlich, § 830 I 1 ZPO; außerdem muss der Gläubiger den Brief (freiwillig) erhalten oder der Gerichtsvollzieher ihn auf Grund des Pfändungsbeschlusses im Wege der Herausgabevollstreckung (§§ 883, 886 ZPO) weggenommen haben;
- bei der **Buchhypothek** ist hingegen die entsprechende **Eintragung in das Grundbuch** nötig, § 830 I 3 ZPO;
- **kein Wirksamkeitserfordernis** ist die Zustellung an den Drittschuldner; das sind bei der Hypothekenforderung sowohl der persönliche Schuldner als auch der Grundstückseigentümer; ist dieser nicht zugleich der persönliche Schuldner, so gibt es zwei Drittschuldner.[236] Erfolgt die Zustellung an ihn (sie) jedoch vor Übergabe des Hypothekenbriefes oder Eintragung im Grundbuch, so entsteht das **arrestatorium** bereits zu diesem Zeitpunkt (§ 830 II ZPO);
- § 830 ZPO ist analog anwendbar auf Reallasten, Grund- und Rentenschulden, unanwendbar ist die Vorschrift gem. § 830 III ZPO aber auf die Wertpapierhypothek (§ 1187 BGB), welche nach § 831 ZPO gepfändet wird, sowie auf Nebenleistungen iSd § 1159 BGB.

---

[235] Thomas/Putzo/*Seiler* § 830 Rn. 2.
[236] Thomas/Putzo/*Seiler* § 830 Rn. 4.

b) Verwertung

419 Die Verwertung der gepfändeten Hypothekenforderung erfolgt nach § 837 ZPO. Im Regelfall der Überweisung zur Einziehung genügt die Aushändigung des Überweisungsbeschlusses an den Gläubiger, wenn zu diesem Zeitpunkt bereits eine wirksame Pfändung nach § 830 ZPO vorliegt.

420 Leistet der Grundstückseigentümer nicht freiwillig, so muss der Vollstreckungsgläubiger gegen ihn – wie bei jeder Forderungspfändung – die **Einziehungsklage** (→ Rn. 412 ff.) zur Erlangung eines Titels erheben, um aus diesem gegen den Drittschuldner vollstrecken zu können. Ist der persönliche Schuldner des Vollstreckungsschuldners nicht zugleich Eigentümer des belasteten Grundstücks, so hat der Vollstreckungsgläubiger die Wahl, gegen wen er die Einziehungsklage erhebt: Mit der **persönlichen** Klage kann er gegen den persönlichen Schuldner des Vollstreckungsschuldners vorgehen (Leistungsklage auf Zahlung der Forderungssumme), mit der **dinglichen** aus § 1147 BGB gegen den Grundstückseigentümer. Entscheidet er sich für letzteres, so kann er aus dem erwirkten dinglichen Titel die Zwangsvollstreckung in das belastete Grundstück des Drittschuldners betreiben.

2. Ansprüche auf Herausgabe oder Leistung von Sachen

421 Der Gläubiger kann zur Vollstreckung einer Geldforderung auch auf Herausgabeansprüche des Vollstreckungsschuldners gegen Dritte zugreifen. Die Pfändung erfolgt gem. § 846 ZPO nach den allgemeinen Regeln der Forderungspfändung (§§ 829 bis 845 ZPO) unter Berücksichtigung der Besonderheiten der §§ 847 bis 849 ZPO. Der Herausgabeanspruch kann sich auf bewegliche (§ 847 ZPO) oder unbewegliche Sachen (§§ 847a, 848 ZPO) richten. Ein Beispiel für ersteres liefert **Fall 8** (→ Rn. 229).

422 **Beachten** Sie bitte: Die Pfändung eines Herausgabeanspruchs nach §§ 846 ff. ZPO erfolgt wegen einer Geldforderung; davon zu unterscheiden ist die Zwangsvollstreckung zur Verwirklichung eines Titels, der auf Herausgabe einer bestimmten Sache gerichtet ist und sich nach §§ 883 ff. ZPO beurteilt (→ Rn. 476 ff.).

Gibt der Dritte die gepfändete Sache **freiwillig** an den Vollstreckungsgläubiger heraus, so erfolgt die **Verwertung** bei beweglichen Sachen gem. § 847 II ZPO nach den Vorschriften über die Sachpfändung, also insb. durch Versteigerung (→ Rn. 290); bei unbeweglichen Sachen richtet sich die Verwertung nach § 848 III ZPO. **Verweigert** der Dritte hingegen dem Vollstreckungsgläubiger die Herausgabe der gepfändeten Sache, so hat dieser zur **Durchsetzung** des Herausgabeanspruchs gegen jenen einen **Herausgabetitel** zu erwirken und dann aus diesem im Wege der Herausgabevollstreckung nach § 883 ZPO vorzugehen (vgl. **Fall 8**, → Rn. 229).

3. Anwartschaftsrechte

Lit.: Brox/Walker § 25.

Fall 18:

423 Sieglinde Schön (S) ist schon recht knapp bei Kasse, lässt sich jedoch durch die Werbung des Kaufhauses Dremmel (D) dazu verleiten, dort unter Eigentumsvorbehalt einen neuen Flachbildfernseher zu kaufen. Nachdem ihr dieser geliefert wird, erwirkt die hierüber informierte Geizig-Bank (B) einen Pfändungsbeschluss bezüglich des Anwartschaftsrechts der S am Fernseher. Zwei Tage später wird dieser auf Antrag des Gustav Grobian (G) vom Gerichtsvollzieher mit einem Pfandsiegel versehen. Tags darauf erscheint der Gerichtsvoll-

zieher erneut, um den Fernseher jetzt auch noch für B zu pfänden. Als S zahlungsunfähig wird, zahlt B dem D den Restkaufpreis. Wie ist der Erlös aus der Versteigerung des Fernsehers unter B und G zu verteilen?

→ Rn. 428.

Umstritten ist, wie **bewegliche Sachen** im Gewahrsam des Schuldners gepfändet werden, welche dieser als Vorbehaltskäufer unter Eigentumsvorbehalt erworben oder als Sicherungsgeber dem Sicherungsnehmer zur Sicherung übereignet hat. 424

Als **Vorbehaltskäufer** hat der Vollstreckungsschuldner bis zur Zahlung des Restkaufpreises aufschiebend bedingtes Eigentum erworben (vgl. § 449 BGB); bis zum Bedingungseintritt hat er ein Anwartschaftsrecht, das bei Bedingungseintritt zum Vollrecht erstarkt. Ähnlich ist die Lage bei der auflösend bedingten **Sicherungsübereignung**: Der Schuldner war hier ursprünglich Eigentümer des Sicherungsgutes, hat dieses dann aber zur Sicherung zB eines Kredites an den Darlehensgeber übereignet, die Übereignung aber auflösend bedingt zB durch die Rückzahlung des Kredites, §§ 929 S. 1, 930 BGB. Auch hier hat der Schuldner als Sicherungsgeber ein Anwartschaftsrecht, diesmal auf Rückerwerb des Sicherungsgutes, welches bei Bedingungseintritt zum Vollrecht erstarkt.

In beiden Fällen befindet sich die erworbene bzw. sicherungsübereignete Sache im Regelfall im unmittelbaren Besitz des Schuldners, so dass er auch **Gewahrsam** daran hat. Denkbar wäre daher, auf den Gegenstand im Wege der Sachpfändung zuzugreifen. Allerdings stellt sich dann die Frage, wie das Pfandrecht sich an dem Volleigentum fortsetzt. Zu dieser Frage haben sich unterschiedliche Meinungen herausgebildet.[237]

Die Rspr[238] und die hL[239] vertreten die Theorie der **Doppelpfändung**: 425

Das **Anwartschaftsrecht** wird im Wege der **Rechtspfändung** gem. §§ 857 I, 829 ZPO durch Pfändungsbeschluss beschlagnahmt; dadurch entsteht am Anwartschaftsrecht ein Pfändungspfandrecht nach § 804 I ZPO. Das gepfändete Recht wird dem Vollstreckungsgläubiger gem. §§ 857 I, 835 ZPO zur Einziehung überwiesen. Für die **Wirksamkeit** beider Beschlüsse ist neben den übrigen Voraussetzungen (→ Rn. 374) deren **Zustellung** an den **Vorbehaltsverkäufer** als Drittschuldner nötig, §§ 857 I, 829 III, 835 III 1 ZPO. Auch sonst gelten die Regeln über die Forderungspfändung entsprechend: Der Vollstreckungsgläubiger wird also nicht Inhaber des Anwartschaftsrechts. Er kann aber dem Vorbehaltsverkäufer den Restkaufpreis zahlen und dadurch den Bedingungseintritt herbeiführen, ohne dass der Vollstreckungsschuldner dem gem. § 267 II BGB widersprechen könnte; der Widerspruch wäre nämlich eine wegen § 829 I 2 ZPO verbotene, negative Verfügung. Andererseits unterliegt der Vollstreckungsschuldner den üblichen Verfügungsbeschränkungen (→ Rn. 379), kann aber ebenfalls durch Zahlung des Restkaufpreises den Bedingungseintritt bewirken. Mit Bedingungseintritt erstarkt zwar das Anwartschaftsrecht zum Volleigentum in der Hand des Vollstreckungsschuldners, gleichzeitig geht das daran begründete Pfandrecht jedoch unter.

Aus diesem Grunde muss der Vollstreckungsgläubiger neben der Rechtspfändung eine Pfändung der Sache selbst nach §§ 808 f. ZPO bewirken. Die **Sachpfändung** verschafft die notwendige **Publizität** dafür, dass bei Bedingungseintritt das Pfandrecht am Anwartschaftsrecht nicht einfach untergeht, sondern sich in ein Pfandrecht 426

---

[237] Eingehend zum Streitstand *Brox/Walker* Rn. 808 ff.
[238] BGH NJW 1954, 1325.
[239] *Jauernig/Berger* § 20 Rn. 24 ff.; Zöller/*Stöber* § 857 Rn. 6 mwN.

an der Sache umwandelt, welches das Eigentum hieran erfasst. Hierfür ist es grundsätzlich unerheblich, ob die Sachpfändung gleichzeitig, vor oder nach der Pfändung des Anwartschaftsrechts erfolgt. Freilich kann der Vorbehaltsverkäufer als Eigentümer gegen die Sachpfändung die Drittwiderspruchsklage erheben, solange der Restkaufpreis nicht gezahlt ist.[240] Der Vollstreckungsgläubiger kann aber dieser Klage den Boden dadurch entziehen, dass er seinerseits dem klagenden Vorbehaltsverkäufer den Restkaufpreis zahlt.

427 Problematisch wird die Lage, wenn **vor Bedingungseintritt mehrere Pfändungen** verschiedener Gläubiger zusammentreffen: Pfändet Gläubiger 1 zunächst das Anwartschaftsrecht des Vorbehaltskäufers und anschließend Gläubiger 2 nur das Vorbehaltsgut im Wege der Sachpfändung, so setzt sich das Pfändungspfandrecht des ersteren durch, sofern er die Pfändung des Vorbehaltsgutes selbst noch vor Bedingungseintritt vornehmen lässt; dann setzt sich dessen Pfändungspfandrecht am Anwartschaftsrecht im Wege der Surrogation an der Sache selbst fort, und für die Rangwahrung iSd § 804 III ZPO kommt es auf das früher begründete Pfändungspfandrecht am Anwartschaftsrecht an. Erfolgt die Sachpfändung durch Gläubiger 1 dagegen erst nach Bedingungseintritt, so ist dessen am Anwartschaftsrecht begründetes Pfändungspfandrecht zu diesem Zeitpunkt erloschen und kann sich mangels Offenkundigkeit der Pfändung (§ 808 I ZPO) nicht mehr an der Sache fortsetzen. Die Sachpfändung durch Gläubiger 2 hat zwar vor Bedingungseintritt noch kein Pfändungspfandrecht entstehen lassen, da der Schuldner zu diesem Zeitpunkt noch nicht Sacheigentümer war; mit Bedingungseintritt hat Gläubiger 2 jedoch das Pfändungspfandrecht erworben, so dass der evtl. Verwertungserlös ihm allein zusteht.[241]

Lösung Fall 18 (→ Rn. 423):

428 Durch die Pfändung des Anwartschaftsrechts hat B hieran ein Pfandrecht iSd § 804 I ZPO erworben. Dieses ist zwar durch die Zahlung des Restkaufpreises erloschen, es setzt sich jedoch mit Bedingungseintritt an dem für B gepfändeten Fernseher fort. Damit geht das durch die zeitlich frühere Pfändung des Anwartschaftsrechts begründete Pfandrecht der B dem allein am Fernseher begründeten Pfandrecht des G gem. § 804 III ZPO vor. Aus dem Versteigerungserlös ist somit vorrangig die B zu befriedigen; nur wenn nach deren vollständiger Befriedigung einschl. Zahlung der Vollstreckungskosten (§ 788 I ZPO) noch etwas übrig bleiben sollte, wird G am Erlös beteiligt (→ Rn. 317).

4. Sonstige Rechte

429 Die Pfändung sonstiger Vermögensrechte erfolgt nach § 857 ZPO in entsprechender Anwendung der Vorschriften über die Forderungspfändung. Beispiel für ein sonstiges Vermögensrecht ist ein GmbH-Geschäftsanteil. Bei der Pfändung einer „Internet-Domain" stellt die Gesamtheit der schuldrechtlichen Ansprüche, die dem Inhaber der Domain gegenüber der Vergabestelle aus dem der Domainregistrierung zugrundeliegenden Vertragsverhältnis zustehen, ein sonstiges Vermögensrecht iSd § 857 I ZPO dar.[242]

---

[240] *Jauernig/Berger* § 20 Rn. 27; Zöller/*Stöber* § 857 Rn. 6; aA *Brox/Walker* Rn. 815.
[241] BGH NJW 1954, 1325 (1328 f.).
[242] BGH WM 2005, 1849 ff.

III. Verteilungsverfahren

Lit.: Jauernig/Berger § 21.

Bestehen an einer Forderung oder einem sonstigen Recht mehrere Pfandrechte verschiedener Gläubiger und reicht der Verwertungserlös nicht zur Befriedigung aller aus, so erfolgt die Verteilung nach dem Prioritätsgrundsatz oder – bei Gleichrang – nach dem Verhältnis der zu vollstreckenden Forderungen zueinander (→ Rn. 317). **430**

Dagegen wird der Erlös in einem gerichtlichen Verteilungsverfahren nach §§ 872 ff. ZPO verteilt, wenn:

- bei der Pfändung eines Anspruchs des Schuldners gegen einen Dritten auf Herausgabe oder Leistung einer beweglichen Sache (§ 854 II, III ZPO) Streit über den Rang der Pfandrechte oder bei Gleichrang über das Verhältnis der Forderungen besteht und einer der Gläubiger eine andere Verteilung als nach Rang oder Verhältnis verlangt; der Gerichtsvollzieher hinterlegt dann den Erlös.
- bei mehrfacher Pfändung einer Geldforderung der Drittschuldner den Schuldbetrag freiwillig oder auf Verlangen eines der Gläubiger hinterlegt (§§ 853, 856 ZPO).

F. Die Zwangsvollstreckung wegen Geldforderungen in das unbewegliche Vermögen

Lit.: Brox/Walker §§ 27 ff.; Lippross §§ 34 ff.

Bei der Vollstreckung in das unbewegliche Vermögen kommen drei Maßnahmen in Betracht, zwischen denen der Gläubiger nach § 866 II ZPO wählen kann: Zwangsversteigerung, Zwangsverwaltung und die Zwangshypothek. Letztere wird in § 867 ZPO geregelt, während für die beiden ersteren nach § 869 ZPO das ZVG Anwendung findet. Systematisch sind daneben die allgemeinen Vorschriften für die Zwangsvollstreckung wegen Geldforderungen in §§ 802a bis 802l ZPO ebenfalls anwendbar. Relevant wird dies vor allem für die vorgeschaltete Vermögensauskunft nach § 802c ZPO, über die der Gläubiger auch Informationen zu unbeweglichem Vermögen des Schuldners erhält. **431**

I. Gegenstand der Vollstreckung

Lit.: Lippross § 34.

Fall 19:

Die B-Bank gibt der Susanne Säumig ein Darlehen iHv 200.000 EUR, lässt sich zur Sicherheit hierfür jedoch auf dem Grundstück ihres Bruders Emil wirksam eine Hypothek bestellen. Als die Susanne das Darlehen nicht fristgemäß zurückzahlt, überlegt die B-Bank, gegen wen und wie sie ggf. im Wege der Zwangsvollstreckung ihre Forderung verwirklichen kann. **432**

→ Rn. 435, 436.

1. Unbewegliches Vermögen

433 Nach § 864 ZPO sind Vollstreckungsobjekte:
- Grundstücke iSd der GBO incl. ihrer Bestandteile iSd §§ 93, 94 BGB;
- grundstücksgleiche Rechte, zB nach § 870 ZPO das Erbbaurecht;[243]
- Bruchteilseigentum wie vor allem das Wohnungseigentum (§§ 1, 2 WEG);
- Schiffe (§§ 864, 870a ZPO) und Flugzeuge (§ 171a ZVG);
- Gegenstände, auf die sich gem. §§ 1120 ff. BGB der Haftungsverband der Hypothek erstreckt, unterliegen nicht (Zubehör, § 865 II 1 ZPO) oder nur subsidiär der Mobiliarvollstreckung (§ 865 II 2 ZPO, → Rn. 219).

2. Abgrenzungsprobleme bei Hypotheken

434 Nach der systematischen Stellung des Titels über die Zwangsvollstreckung in das unbewegliche Vermögen handelt es sich dabei um einen Unterfall der Zwangsvollstreckung **wegen Geldforderungen**. Sie setzt also einen Titel voraus, der auf Zahlung einer Geldsumme lautet. Der Gläubiger, der einen solchen Titel gegen seinen Schuldner besitzt, hat somit das Wahlrecht, auf welche Weise er diesen vollstrecken möchte, ob durch Sach-, Forderungs- oder Immobiliarvollstreckung.

435 Aus einer **Hypothek** kann der Gläubiger gegen den persönlichen Schuldner oder den Grundstückseigentümer vorgehen. Häufig wird dies ein und dieselbe Person sein, doch können die Rollen auch auseinanderfallen, wie **Fall 19** (→ Rn. 432) zeigt. Die B-Bank als Gläubiger hat die Wahl, ob sie aus der Darlehensforderung gegen die Susanne auf Leistung klagt und dadurch einen **persönlichen Titel** gegen sie erwirkt. Diesen könnte die B-Bank durch Vollstreckung in bewegliche Sachen, Forderungen oder Immobilien der Vollstreckungsschuldnerin Susanne zu verwirklichen suchen. In unserem Fall scheint Susanne jedoch keine Immobilien zu haben. Erfolgversprechender ist es für die Bank daher, gem. § 1147 BGB einen **dinglichen Titel** auf Duldung der Zwangsvollstreckung aus dem mit der Hypothek belasteten Grundstück gegen Emil als dessen Eigentümer zu erlangen. Aus diesem könnte sie dann notfalls die Zwangsverwaltung oder Zwangsversteigerung des Grundstücks betreiben; letztlich ist nämlich der dingliche Titel wegen § 1113 BGB ebenfalls auf Leistung einer Geldsumme gerichtet.[244] Nur bei dieser Sichtweise lässt sich dogmatisch zufriedenstellend begründen, wieso aus einem dinglichen Titel die Zwangsversteigerung oder Zwangsverwaltung möglich sein solle, wo doch § 866 ZPO der Zwangsvollstreckung wegen Geldforderungen vorbehalten ist, während die Vollstreckung eines auf die Verpflichtung zu einer Duldung lautenden Titels nur nach § 890 ZPO möglich wäre – diese Vorschrift führte aber gerade nicht zur Zwangsversteigerung![245]

Fallen der persönliche Schuldner und der Grundstückseigentümer in der Person des Vollstreckungsschuldners zusammen, so hat der Vollstreckungsgläubiger gleichfalls das Wahlrecht, ob er mit einem persönlichen oder einem dinglichen Titel gegen ihn vorgehen möchte.

In beiden Fällen ist der Weg über den **dinglichen Titel** vorzugswürdig: Dieser verschafft dem Gläubiger in der Zwangsversteigerung einen **besseren Rang** (§ 10 I Nr. 4 ZVG) als ein persönlicher Titel (§ 10 I Nr. 5 ZVG). Überhaupt gehen einem persönlichen Gläubiger sämtliche Grundpfandberechtigte vor, weshalb für einen Gläubiger die Immobiliarvollstreckung im Regelfall die erste Wahl sein wird.

---

243 Weitere Beispiele bei Zöller/*Stöber* § 864 Rn. 2.
244 So zutreffend MüKoBGB/*Eickmann* § 1147 Rn. 4, 4a.
245 Ebenso MüKoBGB/*Eickmann* § 1147 Rn. 4a.

Von der vorstehend zu **Fall 19** (→ Rn. 432) geschilderten Problematik ist der Fall zu unterscheiden, dass der Vollstreckungsgläubiger eine **hypothekarisch gesicherte Forderung** des Vollstreckungsschuldners gegen einen Drittschuldner pfändet und sich zur Einziehung überweisen lässt. Im **Einziehungsprozess** kann der Vollstreckungsgläubiger dann einen dinglichen Titel aus § 1147 BGB gegen den Drittschuldner erwirken und daraus die Zwangsvollstreckung in das belastete Grundstück betreiben. Anders als in der zuvor erörterten Sachlage richtet sich die Zwangsvollstreckung hier gegen den Drittschuldner und nicht gegen den Vollstreckungsschuldner. 436

II. Verfahren

Stets nötig ist auch hier ein **Antrag** des Gläubigers. 437

Zuständig für die Vollstreckungsmaßnahmen ist das Vollstreckungsgericht (§ 1 ZVG), im Falle der Eintragung einer Zwangshypothek das Amtsgericht – Grundbuchamt –, § 867 ZPO.

Beteiligte des Verfahrens bei der Zwangsverwaltung und Zwangsversteigerung sind gem. § 9 ZVG nicht nur der Vollstreckungsgläubiger und der Vollstreckungsschuldner. Da diese Maßnahmen regelmäßig eine **Mehrheit von Personen** betreffen, können vor allem die Realgläubiger, für welche ein Recht am Grundstück im Grundbuch eingetragen oder durch Eintragung (Vormerkung) gesichert ist, Beteiligte der Zwangsvollstreckung sein.

III. Die Zwangshypothek

Lit.: Brox/Walker § 33; Lippross § 42.

Bei dieser handelt es sich um eine **zwangsweise** eingetragene **Sicherungshypothek** (§ 1184 BGB). Durch sie erlangt der Gläubiger zunächst nicht Befriedigung, sondern lediglich ein dingliches Sicherungsrecht mit festem Rang (§ 10 I Nr. 4 ZVG). Daher ist sie nur für **persönliche Gläubiger** bedeutsam, da Realgläubiger ohnehin bereits eine dingliche Sicherheit (zB in Form einer Hypothek) besitzen. 438

Voraussetzungen der Eintragung sind ein entsprechender Antrag des Gläubigers, ein Titel über mindestens 750 EUR (§ 866 III 1 ZPO), das Vorliegen der Voraussetzungen der Zwangsvollstreckung (→ Rn. 52 ff.) und die Voreintragung des Schuldners im Grundbuch (§§ 39, 40 GBO). Die **Eintragung** der Zwangshypothek im Grundbuch erfolgt nach den Vorschriften der GBO. 439

Wirkungen: Mit der Eintragung entsteht die Hypothek, § 867 I 2 ZPO; von diesem Zeitpunkt an sind auf sie die Vorschriften der §§ 1184 ff. BGB über die Sicherungshypothek anwendbar. Das bedeutet vor allem die Geltung der **strengen Akzessorietät** dieses Hypothekentyps, die eine unbedingte Abhängigkeit vom Bestand der zu sichernden Forderung beinhaltet (§ 1184 I BGB). Besteht diese nicht, so wandelt sich die Hypothek von Anfang an in eine Eigentümergrundschuld um (§§ 1163 I 1, 1177 I 1 BGB). Ein gutgläubiger forderungsentkleideter Erwerb der Hypothek ist nicht möglich, da § 1185 II BGB ausdrücklich § 1138 BGB für unanwendbar erklärt. 440

Die Eintragung der Zwangshypothek dient lediglich der **Sicherung** des Gläubigers. Zu dessen Befriedigung bedarf es daher noch der **Verwertung**. Die Eintragung der Zwangshypothek auf dem Vollstreckungstitel (§ 867 I 1 Hs. 2 ZPO) ermöglicht es dem Gläubiger, die Vollstreckung in das Grundstück durch Zwangsverwaltung oder 441

-versteigerung zu betreiben, ohne dass er hierfür einen Titel nach § 1147 BGB erwirken müsste (§ 867 III ZPO). Auf diesem Wege erfolgt die Verwertung aus der Zwangshypothek.

Merke:

1. Zur Vollstreckung in ein Grundstück aus einer Hypothek bedarf der Gläubiger im Regelfall eines Titels; dies kann ein persönlicher oder ein dinglicher (§ 1147 BGB) sein.
2. Der dingliche Titel (§ 10 I Nr. 4 ZVG) schafft dem Gläubiger einen besseren Rang als der persönliche (§ 10 I Nr. 5 ZVG).
3. Zur Vollstreckung einer Geldforderung kann der Gläubiger die Eintragung einer Zwangshypothek im Grundbuch erwirken. Der Vermerk der Eintragung auf seinem persönlichen Titel ermöglicht die Zwangsvollstreckung in das Grundstück.

IV. Die Zwangsverwaltung

Lit.: Brox/Walker § 32; Lippross § 40.

442 Die Zwangsverwaltung verfolgt den Zweck, die Gläubiger aus den **Erträgen des Grundstücks** zu befriedigen. Sie eignet sich daher besonders für die Vollstreckung wegen laufender Verpflichtungen, vor allem wegen Zinsen von Hypotheken und Grundschulden. Sie kann auch mit der Zwangsversteigerung kombiniert werden (§ 866 II ZPO), weil bis zum Termin der Versteigerung einige Zeit vergehen kann und der Gläubiger währenddessen nur über die Zwangsverwaltung die Miet- und Pachterträgnisse aus dem Grundstück erhalten kann. Das die Zwangsverwaltung anordnende Gericht muss bei der Auswahl der verhängten Maßnahmen Art. 14 GG beachten. So kann es zB aus Gründen der Verhältnismäßigkeit verpflichtet sein, statt einer Räumungsanordnung nach § 149 II ZVG eine Maßregel nach § 25 S. 1 ZVG zu verhängen.[246]

443 Der Zugriff wird mittels des Anordnungsbeschlusses erreicht, § 146 ZVG. Für das Verfahren gelten §§ 146 ff. ZVG.

444 Der Anordnungsbeschluss zeitigt die folgenden **Wirkungen**:
- **Beschlagnahme des Grundstücks** nach § 148 I ZVG mitsamt Miet- und Pachtzinsforderungen; sie reicht weiter als die Beschlagnahme bei der Zwangsversteigerung, da sie auch die von § 21 I, II ZVG nicht erfassten Erzeugnisse einbezieht;
- **Entzug der Verwaltungs- und Nutzungsbefugnis** und Übertragung auf den gerichtlich bestellten Zwangsverwalter (§ 148 II ZVG) sowie ein partielles Veräußerungsverbot, §§ 148 I 2, 23 I ZVG (bitte lesen!).

445 Die **Verwertung** erfolgt durch **Verteilung der Nutzungen** nach dem vom Vollstreckungsgericht aufgestellten **Teilungsplan**, §§ 155 ff. ZVG. Gibt es einen Überschuss, so werden die Nutzungen an die Gläubiger nach ihrem Rang (§§ 10, 155 ZVG) verteilt. Die Auszahlung erfolgt auf Anordnung des Gerichts durch den Verwalter, §§ 155 bis 157 ZVG.

---

[246] BVerfG NJW 2009, 1259.

V. Die Zwangsversteigerung

Lit.: Brox/Walker §§ 27 bis 31; Lippross §§ 35 ff.

1. Zweck

446 Die Zwangsversteigerung bezweckt die **Befriedigung** des Gläubigers **aus dem Erlös,** der durch die Veräußerung des Grundstückes erzielt wird. Für den Schuldner handelt es sich um die einschneidenste Maßnahme, da ihm durch die Zwangsversteigerung das Eigentum an seinem Grundstück entzogen wird. Daher hat das BVerfG im Hinblick auf Art. 14 GG wiederholt Zwangsversteigerungen inhaltlich korrigiert.[247] Auch andere Grundrechte finden Berücksichtigung: Der Zwangsversteigerung einer Eigentumswohnung, in der ein lebensbedrohlich erkrankter Schuldner wohnt, kann iRd Grundsatzes der Verhältnismäßigkeit das Grundrecht aus Art. 2 II 1 GG entgegenstehen.[248] Dies ist bei Rechtsbehelfen des Schuldners zu berücksichtigen, zB nach § 765a ZPO (→ Rn. 492).

Geeignet ist die Zwangsversteigerung bei Kapitalforderungen der dinglichen Gläubiger (Hypothekenklage, § 1147 BGB) sowie bei hohen Forderungen persönlicher Gläubiger. Wegen des weitgehenden Schuldnerschutzes in der Mobiliarvollstreckung und dem Mindestbetrag der Zwangshypothek sind jedoch Gläubiger auch geringfügiger Forderungen zur Zwangsversteigerung gezwungen, wenn die Sachpfändung nicht zum Erfolg führt und keine pfändbaren Forderungen des Schuldners entdeckt werden können oder vorhanden sind.

2. Beschlagnahme

447 Auch bei der Zwangsversteigerung ist zu unterscheiden zwischen dem Sicherungsinstrument (der Beschlagnahme) und der Verwertung (der Versteigerung). Die Beschlagnahme erfolgt auf **Anordnungsbeschluss** des Vollstreckungsgerichts, §§ 15, 20 ZVG. Dieses ist gem. § 866 ZPO iVm § 1 I ZVG zuständig. Der Anordnungsbeschluss wird als **Versteigerungsvermerk** im Grundbuch eingetragen, und zwar ohne weitere Prüfung durch das Grundbuchamt, § 19 ZVG.

a) Voraussetzungen

448 Die Beschlagnahme setzt voraus, dass der Gläubiger einen entsprechenden Antrag nach §§ 15 f. ZVG stellt, die allgemeinen Prozess- und Vollstreckungsvoraussetzungen vorliegen und der Schuldner gem. § 17 ZVG im Grundbuch eingetragen ist.

b) Wirkungen

449 Der Anordnungsbeschluss des Vollstreckungsgerichts gilt gem. § 20 I ZVG zugunsten des Gläubigers als **Beschlagnahme** des Grundstücks. Diese erfasst gem. § 20 II ZVG Gegenstände, auf die sich gem. §§ 1120 ff. BGB der Haftungsverband der Hypothek erstreckt, nicht hingegen Früchte des Grundstücks (§ 21 ZVG).

Durch die Beschlagnahme erlangt der Gläubiger ein **Recht auf Befriedigung** aus dem Grundstück gegenüber dem Schuldner und den rangniedrigeren Gläubigern mit Rang nach §§ 10 I Nr. 5, 11 II ZVG sowie ein Absonderungsrecht gem. § 49 InsO. Zudem begründet die Beschlagnahme die **Verstrickung** des Grundstücks. Es entsteht aber

[247] BVerfGE 46, 325 ff.; 49, 220 ff.
[248] Vgl. BVerfG NJW 2004, 49.

kein Pfändungspfandrecht, weshalb das Befriedigungsrecht nicht gegenüber Dritten wirkt. Der Umfang der Verstrickung ist in §§ 20 II, 21 ZVG normiert.

450 Außerdem löst die Beschlagnahme zu Gunsten des Gläubigers ein **relatives Veräußerungsverbot** nach Maßgabe des § 23 ZVG iVm §§ 135, 136 BGB aus. Dies hat Auswirkungen auf die Möglichkeiten der nachträglichen Veräußerung des Grundstücks. Ein **gutgläubiger Erwerb** des Grundstücks durch Dritte bleibt trotz der Beschlagnahme nach Maßgabe der §§ 135 II, 892 f. BGB iVm § 23 II ZVG grundsätzlich möglich. Wenn aber der Versteigerungsvermerk im Grundbuch eingetragen ist, zerstört diese Eintragung nach § 19 ZVG den guten Glauben iSd § 892 BGB und verhindert somit den gutgläubigen Erwerb. Dabei steht die Kenntnis des Versteigerungsantrags der Kenntnis der Beschlagnahme gleich, § 23 II 1 ZVG. **Ausnahmen** hiervon bestehen nach Maßgabe des § 23 I 2 ZVG bezüglich der beweglichen Sachen, auf die sich die Beschlagnahme gem. § 20 II ZVG iVm §§ 1120 ff. BGB (Hypothekenverband) erstreckt: Diese können auch bei Bestehen des Versteigerungsvermerks gutgläubig erworben werden.

c) Verfahren bei Grundstücksveräußerung nach Beschlagnahme

451 Erfolgt eine Veräußerung des Grundstücks nach dessen Beschlagnahme, so ist für das weitere Verfahren danach zu unterscheiden, ob die Zwangsversteigerung wegen eines eingetragenen Rechts (dinglicher Titel) oder einer persönlichen Forderung (persönlicher Titel) betrieben wird:

- Wird die Zwangsversteigerung auf Grund eines **dinglichen Titels** (zB aus einer Hypothek) betrieben, so hat die nachträgliche Veräußerung des Grundstücks auf das Verfahren keinen Einfluss (§ 26 ZVG). Das Verfahren wird vielmehr fortgesetzt, da der Erwerber des Grundstücks die dinglichen Belastungen aus dem Grundbuch ersehen kann; zudem wirkt der dingliche Titel des Gläubigers auch dem Dritterwerber gegenüber, § 325 III 1 ZPO.
- Wird die Zwangsversteigerung hingegen wegen eines **persönlichen Titels** angestrengt (zB aus Darlehen, § 488 BGB), so kommt es darauf an, ob die Grundstücksveräußerung vor oder nach Eintragung des Versteigerungsvermerks erfolgt ist. Im ersten Fall ist die Grundstücksveräußerung wirksam und das Zwangsversteigerungsverfahren nach § 28 I ZVG einzustellen. Allerdings kann der Gläubiger den Erwerber auf Duldung der Zwangsvollstreckung nach § 1147 BGB verklagen, soweit dieser ihm gegenüber wegen § 23 I 1, II ZVG das Eigentum relativ unwirksam erworben hat. Im zweiten Fall behandelt das Grundbuchamt die Veräußerung als relativ unwirksam und setzt das Versteigerungsverfahren daher fort.

d) Aufhebung und Einstellung des Verfahrens

452 Das Zwangsversteigerungsverfahren wird durch **Aufhebung** beendet. Die Folge ist, dass alle bis dahin von den Beteiligten erlangten Rechtspositionen entzogen werden.

Aufhebungsgründe sind: die Zurücknahme des Antrags durch den Gläubiger (§ 29 ZVG); die Aufhebung von Amts wegen durch das Vollstreckungsgericht, wenn diesem ein aus dem Grundbuch ersichtliches Recht bekannt wird, welches der Zwangsversteigerung oder der Fortsetzung des Verfahrens entgegensteht (§ 28 ZVG) oder die Beschlagnahme erst nach Eröffnung des Insolvenzverfahrens über das Vermögen des Schuldners erfolgt ist (§ 89 InsO); und schließlich, wenn das Prozessgericht die Zwangsvollstreckung für unzulässig erklärt. Die Aufhebung erfolgt durch Beschluss des Vollstreckungsgerichts nach Maßgabe der §§ 32 bis 34 ZVG.[249]

Wird das Zwangsversteigerungsverfahren hingegen einstweilig **eingestellt**, so wird das Verfahren lediglich unterbrochen und die Rechte der Beteiligten bleiben erhalten. Die Einstellungsgründe sind überwiegend in §§ 28 ff. ZVG normiert.[250] Besonders wichtig ist, dass das Verfahren auf Antrag des Schuldners gem. § 30a ZVG aus

---

[249] Näher zu den Aufhebungsgründen und dem Verfahren *Brox/Walker* Rn. 871 ff.
[250] Zu den einzelnen Gründen und dem Verfahren *Brox/Walker* Rn. 876 ff.

Gründen des **Schuldnerschutzes** einstweilen einzustellen ist. Die Vorschrift gewährt einen vergleichbaren Schuldnerschutz wie § 802b II, III ZPO (→ Rn. 193 ff.).

3. Verwertung durch Versteigerung

Fall 20:

Auf dem Grundstück des S lasten eine Grundschuld zu 80.000 EUR für Gustav Graber (laufende Zinsen: 3.000 EUR) sowie nachrangig eine Hypothek zu 75.000 EUR für Dora Dürr. Die Ansprüche gem. § 10 I Nr. 1 bis 3 ZVG belaufen sich insgesamt auf 4.000 EUR. Die Verfahrenskosten werden auf 6.000 EUR geschätzt. 453

a) Welche Rechte fallen in das geringste Gebot, und wie hoch ist es, wenn Dora Dürr (D) die Zwangsversteigerung betreibt?

b) Wie verhält es sich, wenn Viktor Veit (V) aus einem Urteil auf Darlehensrückzahlung die Zwangsversteigerung betreibt?

→ Rn. 457, 461, 463, 465, 470, 471.

a) Die Versteigerung

Lit.: Brox/Walker § 28 ff.; Lippross § 37.

Das Vollstreckungsgericht führt die Versteigerung nach vorheriger Terminsbestimmung durch, §§ 35 ff. ZVG. Bei der Durchführung der Zwangsversteigerung sollen die **Rechte von Gläubigern**, welche **im Range** dem Recht des oder der die Vollstreckung betreibenden Gläubiger **vorgehen, nicht beeinträchtigt** werden. Das Gesetz erreicht dies durch eine komplizierte Regelung zu den jeweiligen Geboten. 454

aa) Das geringste Gebot, § 44 I ZVG

Das geringste Gebot ist das niedrigste Gebot, das durch das Vollstreckungsgericht zugelassen wird. In dieses sind gem. § 44 I ZVG die Verfahrenskosten (§§ 44 I, 109 ZVG) und die vorrangigen Rechte anderer Gläubiger (§ 10 I ZVG) aufzunehmen, damit die Versteigerung mindestens einen Erlös bringt, welcher zur Deckung dieser Ansprüche dient. Man nennt dies das **Deckungsprinzip**. 455

Die Rechte werden bei der Errechnung des geringsten Gebots von Amts wegen miteinbezogen, wenn sie zum Zeitpunkt der Eintragung des Ersteigerungsvermerks bereits eingetragen waren, ansonsten werden sie nur auf Anmeldung hin berücksichtigt, § 45 ZVG.

Aus dem Deckungsprinzip folgt aber nicht, dass der Ersteher alle dem Vollstreckungsgläubiger vorgehenden Rechte in bar abzulösen hätte, vielmehr übernimmt er zur Reduktion seiner Barzahlungspflicht aus § 49 ZVG die diesem vorgehenden Grundstücksrechte, welche somit **nicht in Geld** abzulösen sind, § 52 I ZVG. Dies ist Ausfluss des **Übernahmeprinzips.** 456

Beispiel 12: Betreibt ein Gläubiger aus seiner dem Rang nach zweiten Hypothek die Zwangsversteigerung, wird durch diese die vorrangige erste Hypothek nicht berührt, der Ersteher erwirbt das Grundstück vielmehr mit der fortbestehenden Belastung durch dieses Grundpfandrecht (§§ 90 bis 92 ZVG) und muss nur einen entsprechend verminderten Betrag bar auszahlen.

Betreibt in **Fall 20** (→ Rn. 453) D die Zwangsvollstreckung, so berechnet sich das geringste Gebot folgendermaßen: 457

6.000 EUR Verfahrenskosten, 4.000 EUR Ansprüche aus § 10 I Nr. 1 bis 3 ZVG sowie 83.000 EUR aus vorgehender Grundschuld einschl. der Zinsen des G (§ 10 I Nr. 4 ZVG) müssen aufaddiert werden. Das geringste Gebot beträgt also 93.000 EUR.

bb) Bargebot, § 49 ZVG

458 Das Bargebot ist der vom Ersteher vor dem Verteilungstermin zu entrichtende Betrag, § 49 I ZVG. Dieser ist so rechtzeitig durch Überweisung oder Einzahlung auf ein Konto der Gerichtskasse zu entrichten, dass der Betrag der Gerichtskasse vor dem Verteilungstermin gutgeschrieben ist und ein Nachweis hierüber im Termin vorliegt, § 49 III ZVG.

459 Das Bargebot umfasst zum einen den **Teil des geringsten Gebotes,** der dem betreibenden Gläubiger vorgehende Ansprüche betrifft, welche nicht zu Lasten des Erstehers bestehen bleiben und von diesem auch nicht übernommen werden müssen (§ 10 I Nr. 1 bis 3, § 12 Nr. 1, 2 ZVG), sowie die Verfahrenskosten.

460 Das Bargebot muss mindestens diesen Teil des geringsten Gebotes umfassen, da es sonst zurückzuweisen ist. Dieser Betrag wird auch **geringstes Bargebot** iSd § 49 I, III ZVG oder Mindestbargebot genannt.

461 In **Fall 20a** (→ Rn. 453) bleibt die Grundschuld bestehen, das Mindestbargebot beträgt daher 6.000 EUR (Verfahrenskosten) zuzüglich 4.000 EUR (§ 10 I Nr. 1 bis 3 ZVG), insgesamt also 10.000 EUR. In **Fall 20b** (→ Rn. 453) bleiben die Grundpfandrechte bestehen, das Mindestbargebot beträgt also wiederum 10.000 EUR.

462 Zum Bargebot gehört zudem das **Mehrgebot**: Dieses ist die Differenz zwischen dem geringsten Gebot und dem dieses übersteigenden **Meistgebot** (§ 49 I ZVG). Das Mehrgebot dient zur Befriedigung der in das geringste Gebot **nicht aufzunehmenden Rechte**: Das sind zum einen der Anspruch des betreibenden Gläubigers selbst und zum anderen die Ansprüche aus Grundstücksrechten, die dem Recht des Gläubigers im Range gleich- oder nachstehen und daher nicht bestehen bleiben.

463 Das Mehrgebot umfasst im Gegensatz zum geringsten Gebot aber **nicht** die **bestehenbleibenden Rechte**. Zur Berechnung seines Gebotes muss ein Bieter diese jedoch einbeziehen, da er diese Rechte nach dem Erwerb ja ablösen muss. Möchte D in **Fall 20a** (→ Rn. 453) max. 160.000 EUR für das Grundstück ausgeben, so muss sie nur 77.000 EUR als **Bargebot** aufbieten, da sie die Grundschuld zu Gunsten des G samt Zinsen (83.000 EUR) übernehmen muss.

cc) Meistgebot

464 Es ist das höchste der abgegebenen Gebote und ist das Entgelt, für das der Ersteher bereit ist, das Grundstück zu erwerben. Es umfasst das **geringste** Gebot und das **Mehrgebot**, vgl. § 49 I ZVG.

465 Beträgt in **Fall 20a** (→ Rn. 453) das **Meistgebot 160.000 EUR,** so enthält es das **geringste Gebot** (93.000 EUR), wovon 10.000 EUR in bar zu bezahlen sind (Mindestbargebot), und 83.000 EUR auf die fortbestehende Grundschuld entfallen; die Differenz zwischen geringstem Gebot (93.000 EUR) und Meistgebot ist das **Mehrgebot** (67.000 EUR), welches gleichfalls in bar bzw. durch rechtzeitige Überweisung (§ 49 III ZVG) zu entrichten ist, so dass der Ersteher insgesamt **77.000 EUR als Bargebot** geboten hat.

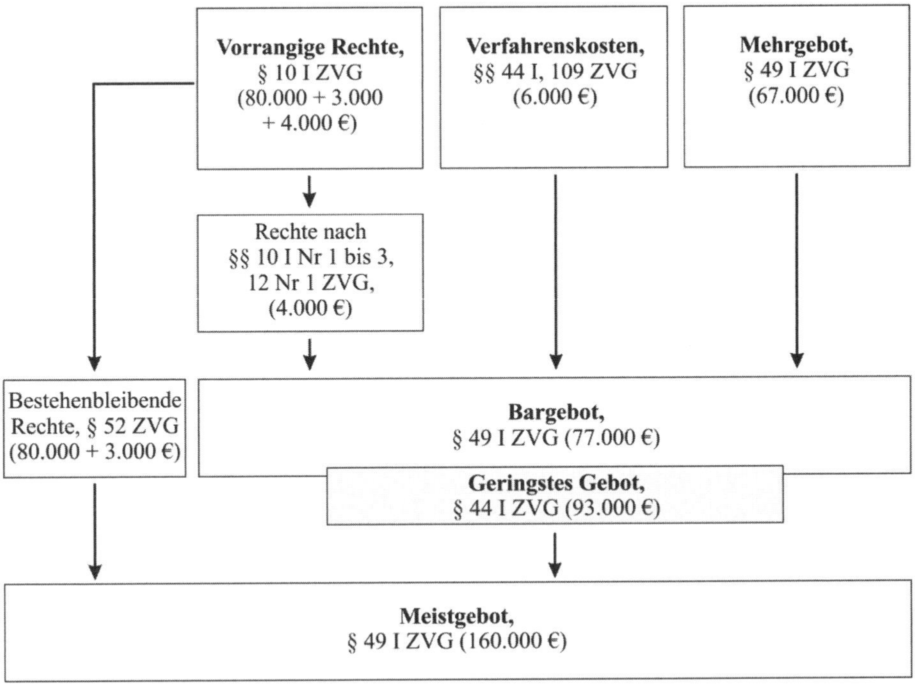

Abb. 10: Gebote bei der Zwangsversteigerung (am Beispiel von **Fall 20** [→ Rn. 453])

dd) Mindestgebot

Durch §§ 74a, 74b und 85a ZVG soll eine Verschleuderung des Grundstücks verhindert werden. Zu diesem Zweck wird der Verkehrswert des Grundstücks notfalls durch Gutachter geschätzt, § 74a V ZVG. Wird dieses Mindestgebot durch das Meistgebot nicht gedeckt, so kann ein Gläubiger beantragen, dass der Zuschlag versagt wird. Selbst bei krassem Missverhältnis zwischen dem Versteigerungserlös und dem tatsächlichen Grundstückswert kann der Schuldner demgegenüber keinen Vollstreckungsschutz nach § 765a erlangen, sofern nicht in einem neuen Termin ein wesentlich höheres Gebot zu erwarten ist.[251] **466**

b) Der Zuschlag

Lit.: Brox/Walker § 29; Lippross § 38.

Das Gericht entscheidet durch Beschluss über den Zuschlag an den Meistbietenden, §§ 81 ff., 87 ZVG. **467**

Aufgrund des Zuschlags erwirbt der Ersteher originäres **Eigentum kraft Hoheitsaktes** (§ 90 ZVG, gerichtlicher Gestaltungsakt), und zwar auch dann, wenn der Vollstreckungsschuldner nicht Eigentümer war; auf den guten Glauben des Erstehers kommt es nicht an. Die Eintragung im Grundbuch folgt dem Zuschlag, und hat in diesem Fall nur **deklaratorischen** Charakter. **468**

Der Zuschlagsbeschluss ist Vollstreckungstitel gegen den Besitzer des Grundstücks für dessen Räumung (§ 93 ZVG iVm § 885 ZPO). Aufgrund des Zuschlags gehen Nutzungen und Lasten sowie die Sachgefahr auf den Ersteher über.

---

[251] BGH NJW-RR 2003, 1648 (1649).

Grundsätzlich erwirbt der Ersteher **lastenfreies Eigentum**, § 91 I ZVG. Freilich wird dieser Grundsatz durch den des **Übernahmeprinzips** (→ Rn. 456) teilweise wieder durchbrochen. Aus diesem Grunde ist zu differenzieren:

aa) Nicht bestehen bleibende Rechte

469 Grundsätzlich bedeutet lastenfreier Erwerb, dass die Rechte am Grundstück mit dem Zuschlag **erlöschen**, § 91 I ZVG. Das gilt für diejenigen Rechte am Grundstück, welche nach den gesetzlichen oder besonderen Versteigerungsbedingungen (§§ 52, 59 ZVG) nicht bestehen bleiben. Das sind nach § 52 I ZVG e contrario vor allem solche Rechte, die nicht in das geringste Gebot aufzunehmen sind (→ Rn. 455 f.). Der Berechtigte und der Ersteher können jedoch eine abweichende Vereinbarung nach Maßgabe des § 91 II ZVG treffen.

Es erlöschen somit der Anspruch des die Zwangsvollstreckung betreibenden Gläubigers selbst sowie die Ansprüche aus gleich- oder nachrangigen Grundstücksrechten anderer Gläubiger.

470 Die angesprochenen Rechte erlöschen zwar, doch setzen sie sich mit ihrem früheren Rang am Versteigerungserlös als dem Surrogat des Grundstücks fort (sog **dingliche Surrogation**, §§ 91, 92 ZVG). In **Fall 20a** (→ Rn. 453) erlischt damit die Hypothek zu Gunsten der D, doch setzt sie sich mit dem Rang aus § 10 I Nr. 4 ZVG am Erlös fort. D ist aus dem Erlös zu befriedigen. Das Gleiche gilt für andere Gläubiger, deren Rechte am Grundstück mit dem Zuschlag zwar erlöschen, welche sich aber am Versteigerungserlös fortsetzen.

bb) Bestehen bleibende Rechte

471 Diejenigen Rechte, welche in das geringste Gebot fallen und nicht durch Zahlung zu decken sind, bleiben gem. § 52 I ZVG bestehen. Daneben bestehen solche Rechte fort, die auf Verlangen eines Beteiligten in das geringste Gebot aufgenommen wurden, § 59 I ZVG, oder über die eine Einigung zwischen Ersteher und Berechtigtem iSd § 91 II ZVG vorliegt. Bestehen bleiben insb. die Grundpfandrechte, welche dem die Versteigerung betreibenden Gläubiger nach § 10 I Nr. 4 ZVG vorgehen; in **Fall 20a** (→ Rn. 453) ist das die Grundschuld zu Gunsten des G.

Nimmt ein Bieter irrtümlich an, dass er das Grundstück nach den Versteigerungsbedingungen lastenfrei erwirbt, so kann er sein Gebot nicht nach § 119 BGB anfechten, da ein unbeachtlicher Motivirrtum vorliege, der nicht den Inhalt der Erklärung betreffe, sondern die der Erklärung vorausgehende Kalkulation über die Höhe des Gebotes beeinflusst habe.[252]

c) Verteilungstermin

472 Im Verteilungstermin wird der Versteigerungserlös nach dem festgestellten Teilungsplan verteilt.

4. Rechtsbehelfe

473 Gegen Vollstreckungsmaßnahmen im Rahmen der Zwangsversteigerung sind die allgemeinen Rechtsbehelfe des Vollstreckungsverfahrens statthaft (→ Rn. 485 ff.); allerdings sind dabei die Sonderregelungen in §§ 95 bis 104 ZVG zu beachten.

[252] BGH NJW 2008, 2442 (2443).

G. Schuldnerverzeichnis

Wie wir gesehen haben (→ Rn. 154 ff.), gibt das Vermögensverzeichnis Auskunft über Vermögenswerte des Schuldners und beruht auf dessen Selbstauskunft (→ Rn. 162), es handelt sich um ein Instrument der Sachaufklärung (§ 802a II 1 Nr. 2, § 807 ZPO).[253] Demgegenüber verfolgt das Schuldnerverzeichnis einen anderen Zweck: Eingetragen werden gem. § 882c I ZPO Schuldner, die ihrer Pflicht zur Abgabe der Vermögensauskunft nach § 802c ZPO nicht nachgekommen sind oder deren Liquidität offenbar nicht gegeben ist. Das Schuldnerverzeichnis soll also Auskunft über die **Kreditwürdigkeit** des Schuldners geben.[254] Systematisch gehört es zu allen Arten der Zwangsvollstreckung wegen Geldforderungen. 474

Im Rahmen des Zwangsvollstreckungsverfahrens[255] erfolgt die **Eintragung** auf Anordnung des zuständigen Gerichtsvollziehers. Dieser ordnet sie gem. § 882c I ZPO von Amts wegen an, wenn:[256]

- der Schuldner seiner Pflicht zur Abgabe der Vermögensauskunft nicht nachgekommen ist;
- eine Vollstreckung nach dem Inhalt des Vermögensverzeichnisses offensichtlich nicht geeignet wäre, zu einer vollständigen Befriedigung desjenigen Gläubigers zu führen, auf dessen Antrag die Vermögensauskunft erteilt wurde, oder
- der Schuldner dem Gerichtsvollzieher nicht innerhalb eines Monats nach Abgabe der Vermögensauskunft die vollständige Befriedigung dieses Gläubigers nachweist. Dies gilt nicht, solange ein vom Gerichtsvollzieher mit dem Schuldner vereinbarter wirksamer Zahlungsplan nach § 802b ZPO besteht und dieser nicht hinfällig ist.

In das Verzeichnis sind Daten zur Person des Schuldners und zur Eintragungsanordnung aufzunehmen (§ 882b II, III ZPO), nicht aber zum Vermögen des Schuldners; diese finden sich allein im Vermögensverzeichnis. Die Eintragungsanordnung ist dem Schuldner mitzuteilen (§ 882c II ZPO); gegen deren Vollziehung stehen ihm die Rechtsbehelfe nach § 882d ZPO zu. Eintragungen im Schuldnerverzeichnis sind binnen drei Jahren ab der Eintragungsanordnung vom zentralen Vollstreckungsgericht von Amts wegen zu löschen, § 882e I ZPO, können aber nach Maßgabe des § 882e III ZPO schon vorher gelöscht werden, etwa bei Nachweis der vollständigen Befriedigung des Gläubigers.

Die Schuldnerverzeichnisse werden für jedes Land je von einem **zentralen Vollstreckungsgericht** elektronisch geführt, § 882h ZPO. Die **Einsicht** ist über eine zentrale und länderübergreifende Abfrage im Internet über das gemeinsame Vollstreckungsportal der Länder[257] möglich, § 882h I 2 ZPO. Sie steht jedermann bei Darlegung eines berechtigten Interesses offen, § 882f ZPO. Diese Interessen werden in § 882f S. 1 Nr. 1 bis 6 ZPO definiert; danach kann ua Einsicht begehrt werden für Zwecke der Zwangsvollstreckung, um wirtschaftliche Nachteile abzuwenden, die sich daraus

---

[253] *Goebel* S. 145.
[254] BT-Drs. 16/10069, 37.
[255] Daneben ist auch eine Eintragung auf Anordnung der Verwaltungsvollstreckungsbehörde nach Maßgabe des § 284 IX AO (§ 882b I Nr. 2 ZPO) oder des Insolvenzgerichts nach Maßgabe des § 26 II InsO sowie ab 1.7.2014 des § 303a InsO (§ 882b I Nr. 3 ZPO) möglich.
[256] Näher zum Schuldnerverzeichnis *Harnacke* DGVZ 2012, 197 (203 ff.).
[257] https://www.vollstreckungsportal.de/zponf/allg/willkommen.jsf (Stand: 23.2.2014).

ergeben können, dass der Schuldner seinen Zahlungsverpflichtungen nicht nachkommt. Darüber hinaus kommt der Bezug von Abdrucken aus dem Schuldnerverzeichnis nach Maßgabe des § 882g ZPO in Betracht, bspw. für Industrie- und Handelskammern sowie vor allem für private Unternehmen, die Schuldnerverzeichnisse führen, wie die SCHUFA.

§ 4 Zwangsvollstreckung wegen anderer Ansprüche als Geldforderungen

Lit.: Brox/Walker §§ 34 ff.; Lüke §§ 86 bis 88.

Bei den verschiedenen Arten der Zwangsvollstreckung wegen anderer Ansprüche als Geldforderungen (Herausgabevollstreckung, Erwirkung von Handlungen, Duldungen und Unterlassungen, Verurteilung zur Abgabe von Willenserklärungen) ist das Vollstreckungsobjekt bereits durch den Titel benannt. Eine Verwertung findet hier im Gegensatz zur Vollstreckung wegen Geldforderungen nicht statt. 475

A. Erwirkung der Herausgabe von Sachen, §§ 883 ff. ZPO

Zuständig ist hierfür der **Gerichtsvollzieher**, so dass gegen dessen Maßnahmen die Erinnerung nach § 766 ZPO statthafter Rechtsbehelf ist. Die gesetzliche Regelung unterscheidet zwischen der Herausgabe beweglicher (§§ 883 f. ZPO) und unbeweglicher Sachen (§ 885 ZPO); in beiden Fällen ist § 886 ZPO anwendbar. 476

I. Herausgabe beweglicher Sachen

Zur Herausgabe beweglicher Sachen ist neben den üblichen Voraussetzungen der Zwangsvollstreckung (→ Rn. 52 ff.) ein Titel erforderlich, der auf Herausgabe einer einzelnen bestimmten Sache oder einer Menge davon (§ 883 ZPO) oder auf Herausgabe einer bestimmten Menge vertretbarer Sachen oder Wertpapiere (Gattungsschuld, § 884 ZPO) lautet. Bei Verurteilung zur Übergabe und Übereignung wird die Herausgabe der geschuldeten Sache nach § 883 ZPO und die Abgabe der Übereignungserklärung nach § 894 ZPO vollstreckt. 477

Die Vollstreckung erfolgt durch **Wegnahme** der Sache durch den Gerichtsvollzieher, der sie dem Gläubiger übergibt, § 883 I ZPO (vgl. **Fall 1,** Rn. 1). Voraussetzung ist der **Gewahrsam** des Schuldners. Befindet sich die Sache im Gewahrsam eines Dritten, so muss dieser herausgabebereit sein (§ 809 ZPO analog), ansonsten muss der Gläubiger den Herausgabeanspruch des Schuldners gegen den Dritten pfänden und sich überweisen lassen, §§ 886, 829, 835 ZPO (→ Rn. 237). Muss hierfür eine Wohnung gegen den Willen des Schuldners betreten und durchsucht werden, so bedarf es hierzu einer richterlichen Anordnung nach § 758a I ZPO (→ Rn. 207 ff.). Findet der Gerichtsvollzieher die Sache nicht vor, so hat der Schuldner auf Antrag des Gläubigers **eidesstattlich zu versichern**, sie nicht zu besitzen und nicht zu wissen, wo sie sich befinde (§ 883 II ZPO);[258] zweckmäßigerweise stellt der Gläubiger bereits bei Beauftragung des Gerichtsvollziehers diesen Antrag. Die Vorschriften über den Pfändungsschutz (§§ 811 f. ZPO) finden keine Anwendung, da sie bei der Zwangsvollstreckung wegen Geldforderungen in körperliche Sachen geregelt sind und eine Bezugnahme hierauf in §§ 883 ff. ZPO fehlt.

---

[258] Zum Verfahren → Rn. 161 ff.

II. Herausgabe unbeweglicher Sachen

478 Die Herausgabe einer unbeweglichen Sache erfolgt dadurch, dass der Gerichtsvollzieher den Schuldner **aus dem Besitz** setzt und den Gläubiger hierein **einweist**, § 885 ZPO. Bei Wohnraum kann dem Schuldner trotz Verurteilung zu sofortiger Herausgabe eine Räumungsfrist von bis zu einem Jahr gewährt werden (§ 721 ZPO). Der Vereinfachung der Vollstreckung von Räumungstiteln in Bezug auf Wohnraum dient § 885a ZPO.[259] Werden vermietete Wohnungen oder gewerbliche Räume von mehreren Personen genutzt, so stellt sich die Frage, ob der Gläubiger für die Räumungsvollstreckung gegen jeden Bewohner bzw. Nutzer einen Titel benötigt oder ob es ausreicht, dass eine Person zur Räumung verurteilt ist. Die hM[260] differenziert danach, ob eine oder mehrere Personen in den Mietvertrag aufgenommen wurden. Gegen jeden aus dem Vertrag hervorgehenden Mieter ist ein Titel erforderlich.

B. Erwirkung von Handlungen, Duldungen oder Unterlassungen, §§ 887 ff. ZPO

479 **Zuständiges** Vollstreckungsorgan ist hier das **Prozessgericht**. Anders als sonst (→ Rn. 50) ist der Vollstreckungsschuldner vor der gerichtlichen Anordnung einer der nachfolgend genannten Vollstreckungsmaßnahmen **anzuhören** (§ 891 ZPO; zu den Gründen → Rn. 51).

I. Erwirkung von Handlungen

480 Bei der Handlungsvollstreckung ist zwischen vertretbaren und unvertretbaren Handlungen zu unterscheiden: **Vertretbar** ist eine Handlung, deren Vornahme durch einen Dritten erfolgen kann. So gehören zB Ansprüche aus Werkverträgen wie Reparaturansprüche oder die Abnahme einer Kaufsache hierher. **Unvertretbar** ist dagegen eine solche Handlung, deren Vornahme nicht durch einen Dritten erfolgen kann oder darf. Paradebeispiel hierfür ist der Opernsänger, der die Dienste nach § 613 S. 2 BGB nur selbst erbringen darf. Gleiches gilt bspw. für die Verurteilung eines Vermieters, eine Betriebskostenabrechnung zu erteilen.[261]

1. Vertretbare Handlungen

481 Vertretbare Handlungen werden gem. § 887 ZPO dadurch erwirkt, dass der Gläubiger auf seinen Antrag hin vom Prozessgericht zur **Ersatzvornahme** ermächtigt wird: Er kann also die Handlung auf Kosten des Schuldners vornehmen lassen oder selbst vornehmen. Es kommt schließlich nur darauf an, dass die Handlung überhaupt vorgenommen wird.

Hat der Schuldner sie noch vor der Entscheidung des Prozessgerichts vorgenommen, so kann er diesen Umstand und damit den **Erfüllungseinwand** im laufenden Vollstre-

[259] Die Vorschrift führt die sog „Berliner Räumung“ ein und wird flankiert durch §§ 283a, 940a ZPO; näher dazu *Fischer* NZM 2013, 249 ff.

[260] *Baur/Stürner/Bruns* Rn. 39.10 mwN; aA *Jauernig/Berger* § 26 Rn. 14.

[261] BGH NJW 2006, 2706 m. zust. Anm. *Timme* NJW 2006, 2668.

ckungsverfahren einwenden und muss nicht eine gesonderte Vollstreckungsgegenklage iSd § 767 ZPO erheben, selbst wenn zur Prüfung des Einwandes eine Beweisaufnahme erforderlich wird. Schon aus dem Wortlaut des § 887 ZPO folgt, dass „die Nichterfüllung der geschuldeten Handlung eine tatbestandliche Voraussetzung für den Erlass des Ermächtigungsbeschlusses ist“.[262] Schließlich entscheidet ohnehin das Prozessgericht, so dass die Berücksichtigung des Einwandes im Verfahren nach § 887 ZPO prozessökonomisch ist.[263]

Beispiel 13: Bauherr B lässt sich von Bauunternehmer U eine Garage errichten. Nach Fertigstellung der Arbeiten, die von B auch bereits vollständig bezahlt sind, stellen sich wegen einer fehlenden Drainage Feuchtigkeitsschäden an den Wänden ein. B erlangt gegen U ein Urteil auf Verlegung der fehlenden Drainage und Beseitigung der Feuchtigkeitsschäden. Da U dem Urteil nicht Folge leistet, stellt B den Antrag, ihn nach § 887 ZPO zur Ersatzvornahme zu ermächtigen, und verlangt die hierfür voraussichtlich anfallenden Kosten von 9.000 EUR. U wendet vor Gericht ein, er sei zwischenzeitlich dem Urteil nachgekommen. B erwidert, diesen Einwand dürfe das Gericht nicht im Vollstreckungsverfahren berücksichtigen. Nach der Rspr. ist der Einwand des U jedoch vor Erlass des Ermächtigungsbeschlusses nach § 887 ZPO zu prüfen, so dass der Antrag des B, sollte U seinen Einwand beweisen können, abzuweisen wäre.

2. Unvertretbare Handlungen

Die Verurteilung zur Vornahme unvertretbarer Handlungen hingegen wird gem. 482
§ 888 ZPO dadurch vollstreckt, dass das Prozessgericht gegen den Vollstreckungsschuldner **Zwangsgeld** oder **Zwangshaft** anordnet, wobei das Gericht zwischen beiden wählen kann. Eine Ersatzvornahme ist nicht möglich, da die Handlung gerade nur vom Schuldner persönlich vorgenommen werden kann. Durch die Zwangsmittel soll derart auf den Willen des Schuldners eingewirkt werden, dass ihm die Vornahme der Handlung im Vergleich mit den Sanktionen als das geringere Übel erscheint. Ziel der Zwangsmittel ist daher die Beugung des Willens des Schuldners. Beide Zwangsmittel können wiederholt angeordnet werden. Das einzelne Zwangsgeld kann jeweils höchstens 25.000 EUR betragen, § 888 I 2 ZPO, die Haft in ihrer Gesamtheit höchstens sechs Monate lang sein, §§ 888 I 3, 802j I ZPO. Das Zwangsgeld fällt in die Staatskasse und kommt nicht etwa dem Gläubiger zugute.

Auch hier kann der Schuldner den **Erfüllungseinwand** im Rahmen seiner Anhörung bereits im Verfahren nach § 888 ZPO vorbringen und ggf. beweisen und ist nicht auf die Vollstreckungsgegenklage zu verweisen.[264]

II. Erwirkung von Duldungen oder Unterlassungen

Bei der Vollstreckung der Verurteilung zu einer Duldung oder Unterlassung verhängt 483
das Prozessgericht auf Antrag des Gläubigers durch Beschluss für jede Zuwiderhandlung **Ordnungsgeld** oder **Ordnungshaft** (§ 890 I ZPO). Das einzelne Ordnungsgeld darf 250.000 EUR nicht übersteigen und die Haft höchstens zwei Jahre lang währen (§ 890 I 2 ZPO). Das Ordnungsgeld kommt ebenfalls der Staatskasse und nicht dem Gläubiger zugute.

Da die Ordnungsmittel nicht lediglich Beugemaßnahmen sind wie die Zwangsmittel des § 888 ZPO, sie vielmehr **Strafcharakter** aufweisen,[265] ist **Verschulden** des Voll-

[262] BGH NJW 2005, 367 (369).
[263] Eingehend dazu BGH NJW 2005, 367 (368 f.).
[264] Bereits angedeutet in BGH NJW 2005, 367 (369); wie hier MüKoZPO/*Gruber* § 888 Rn. 11 mwN.
[265] BVerfG NJW 1981, 2457.

streckungsschuldners erforderlich.[266] Dieses muss sich auf den Verstoß gegen die titulierte Duldungs- oder Unterlassungspflicht beziehen. Die Festsetzung des jeweiligen Zwangsmittels muss zuvor **angedroht** worden sein (§ 890 II ZPO). Die Androhung kann bereits in dem zur Duldung oder Unterlassung verurteilenden Titel unter konkreter Angabe des jeweiligen Ordnungsmittels enthalten sein; ansonsten hat die Androhung in einem gesonderten Beschluss nach Anhörung des Schuldners (§ 891 ZPO) zu ergehen, welcher dem Schuldner zuzustellen ist.

C. Verurteilung zur Abgabe einer Willenserklärung, § 894 ZPO

484 Die Abgabe einer Willenserklärung ist an sich eine nicht vertretbare Handlung. Das Gesetz sieht für diesen Fall jedoch davon ab, nach dem Verfahren des § 888 ZPO durch Einsatz von Beugemitteln den Schuldner zu seiner titulierten Verpflichtung zur Abgabe einer Willenserklärung anzuhalten. Vielmehr genügt der Erlass des Urteils, welches diese Verpflichtung ausspricht. Sobald dieses **rechtskräftig** geworden ist, fingiert es die Abgabe der vom Gläubiger verlangten Willenserklärung des Schuldners (§ 894 ZPO).

Bei dieser Vollstreckungsart findet demgemäß **kein Vollstreckungsverfahren** statt, der Gläubiger muss also keinen Antrag stellen. Es gibt auch kein zuständiges Vollstreckungsorgan, sondern nur das für das Erkenntnisverfahren zuständige **Prozessgericht**, welches den Titel iSd § 894 ZPO erlassen hat. Voraussetzung des Greifens der Fiktionswirkung ist das Vorliegen eines **rechtskraftfähigen Titels**, welcher die Verurteilung zur Abgabe einer Willenserklärung enthält, und hinreichend bestimmt ist iSd § 253 II Nr. 2 ZPO.[267] Es muss also ein von einem Gericht durch Urteil oder Beschluss erlassener Titel vorliegen. Damit scheiden die sonstigen Titel iSd § 794 ZPO mit Ausnahme des Beschlusses, der einen Schiedsspruch für vollstreckbar erklärt (§ 794 I Nr. 4a ZPO), aus. Ein Prozessvergleich oder eine vollstreckbare notarielle Urkunde genügen diesen Anforderungen hingegen nicht. Der Titel kann zu einer rechtsgeschäftlichen (zB Auflassungserklärung) oder prozessualen Erklärung (zB Eintragungsbewilligung nach § 19 GBO iVm § 894 BGB; Klagerücknahme nach § 269 ZPO) verpflichten.

Die Fiktion tritt in dem Zeitpunkt ein, in dem das Urteil rechtskräftig wird. Sie bezieht sich lediglich auf die Abgabe der Willenserklärung. Weitere Handlungen sind nicht als fingiert anzusehen.

Beispiel 14: B klagt gegen U auf Auflassung eines Grundstücks. Der Klage wird stattgegeben. Damit gilt die Auflassungserklärung des U nach § 894 ZPO als abgegeben. Da es sich bei der Auflassung jedoch um einen dinglichen Vertrag handelt, muss B mitwirken, dh er muss das Auflassungsangebot des U annehmen, und zwar vor einem Notar (§ 925 I BGB). B muss deshalb mit dem Urteil zu einem Notar gehen und dort die Annahme des Angebots erklären. Die für einen Eigentumsübergang an einem Grundstück zusätzlich erforderliche Eintragung muss ebenfalls noch erfolgen. Weigert sich U erneut, hieran mitzuwirken, kann B ihn auf Erteilung der Zustimmung zur Eintragung verklagen und ein stattgebendes Urteil über § 894 ZPO vollstrecken.

---

[266] BVerfG NJW 1981, 2457; BayObLG NJW-RR 1995, 1040; Thomas/Putzo/*Seiler* § 890 Rn. 15; Zöller/*Stöber* § 890 Rn. 5 mwN.

[267] Näher dazu BGH NJW 2011, 3161 mAnm *Walker* LMK 2011, 321441.

§ 5 Rechtsbehelfe der Zwangsvollstreckung

Lit.: Brox/Walker §§ 39 ff.

A. Einführung

485 Auch die Rechtsbehelfe in der Zwangsvollstreckung sollen einen angemessenen **Ausgleich** zwischen dem **Gläubigerinteresse** am effizienten und damit schnellen Zugriff auf das Schuldnervermögen und dem **Schutz des Schuldners** gewährleisten: Die Zwangsvollstreckung kann einerseits zu Eingriffen in das durch Art. 14 GG geschützte Eigentumsrecht des Schuldners oder in dessen allgemeine Handlungsfreiheit (Art. 2 I GG) führen, ersteres bei der Vollstreckung wegen Geldforderungen, letzteres bei der Handlungs- und Unterlassungsvollstreckung. Andererseits tangiert das Scheitern der Durchsetzung einer titulierten Forderung des Gläubigers dessen Eigentumsrecht aus Art. 14 GG. Ein Zuviel an Rechtsschutz für den Schuldner würde also das Eigentumsrecht des Gläubigers beeinträchtigen und umgekehrt. Dabei ist aber der **Vorrang des Zugriffsinteresses** des Gläubigers zu beachten, dem die Zwangsvollstreckung vornehmlich dient (→ Rn. 6). Rechtsbehelfe sollen daher nicht zur Verschleppung oder Vereitelung der Zwangsvollstreckung führen, weshalb ihnen im Regelfall **nicht** ipso iure **Suspensiveffekt** zukommt.

Daneben können infolge des Formalisierungsgrundsatzes (→ Rn. 31 ff.) **Rechte Dritter** (etwa Eigentumsrechte) durch die Pfändung schuldnerfremden Vermögens beeinträchtigt worden sein, weshalb dem Dritten Rechtsbehelfe hiergegen zustehen müssen. Nachfolgend sollen die einzelnen Rechtsbehelfe dargestellt werden; in welchen Fällen sie statthaft sind, wurde bereits bei den einzelnen Vollstreckungsmaßnahmen angesprochen.

486 Von den Rechtsbehelfen der Zwangsvollstreckung streng zu unterscheiden sind die **eigenständigen Rechtsbehelfe** in dem der Zwangsvollstreckung vorgeschalteten **Klauselerteilungsverfahren** (dazu → Rn. 119 ff.).

B. Überblick / Einteilung der Rechtsbehelfe

487 Es besteht eine **Zweigleisigkeit** der Rechtsbehelfe:[268] Zu unterscheiden ist zwischen Rechtsbehelfen, mit denen Verfahrensfehler (**formelle** Einwendungen) gerügt werden, und solchen, mit denen **materiellrechtliche** Einwendungen vorgebracht werden. Erstere werden im Vollstreckungsverfahren selbst geltend gemacht, für letztere ist hingegen Klage zum Prozessgericht (§ 767, § 767 I analog, § 771 ZPO) bzw. dem Vollstreckungsgericht (§ 805 ZPO) zu erheben. Eine Zwitterstellung zwischen beiden nimmt der Rechtsbehelf des § 765a ZPO ein.

---

[268] *Gaul/Schilken/Becker-Eberhard* § 36 Rn. 4, 6 ff.

I. Mängel des Verfahrens

488 Bei der Verletzung formeller Vollstreckungsvoraussetzungen sowie bei der fehlerhaften Durchführung der Vollstreckung kann **Erinnerung** gegen die Art und Weise der Vollstreckung eingelegt werden, § 766 I ZPO.

489 Gegen Entscheidungen des Vollstreckungsgerichts (Richter oder Rechtspfleger) ist die **sofortige Beschwerde** statthaft, § 793 ZPO. Außerdem gibt es die Beschwerde nach § 71 GBO gegen Entscheidungen des Grundbuchamts (relevant vor allem bei der Zwangshypothek). Trifft der Rechtspfleger eine Entscheidung, kommt zudem die Rechtspflegererinnerung in Betracht (§ 11 II RPflG); diese ist jedoch subsidiär.

II. Materiellrechtliche Einwendungen

490 Materiellrechtliche Einwendungen haben der Gerichtsvollzieher oder die anderen Vollstreckungsorgane wegen des Grundsatzes der Formalisierung der Zwangsvollstreckung grundsätzlich nicht zu beachten. Zu unterscheiden ist zwischen Klagen des Schuldners und solchen Dritter gegen die Zwangsvollstreckung:

Bei den materiellrechtlichen Einwendungen des **Schuldners** ist danach zu differenzieren, ob diese sich gegen den titulierten Anspruch oder den Titel selbst wenden. Gegen den **titulierten Anspruch** kann der Schuldner die **Vollstreckungsabwehrklage** aus § 767 ZPO erheben, um die Zwangsvollstreckung insgesamt für unzulässig erklären zu lassen. Eine Durchbrechung eines bereits rechtskräftigen Titels findet dadurch gem. § 767 II ZPO nicht statt (→ Rn. 515). Ganz ausnahmsweise gestattet es die Rspr. dem Schuldner jedoch, nach dieser Vorschrift präkludierte materielle Einwendungen gegen einen bereits rechtskräftigen Titel mit einer Klage aus § 826 BGB vorzubringen (→ Rn. 543). Möchte der Schuldner dagegen die materielle **Unwirksamkeit des Titels** selbst geltend machen, so fehlt es an einem ausdrücklich geregelten Rechtsbehelf. Die Klauselerinnerung nach § 732 ZPO erfasst wegen des Formalisierungsgrundsatzes grundsätzlich nur formelle Mängel des Titels (→ Rn. 125 f.), und die Klage gegen die Vollstreckungsklausel nach § 768 ZPO lediglich das Fehlen der für die Erteilung einer qualifizierten Klausel erforderlichen Voraussetzungen auch materiellrechtlicher Natur (→ Rn. 128). Zur Abhilfe hat die Rspr. in Analogie zu § 767 I ZPO eine **Titelgegenklage** entwickelt (→ Rn. 549 ff.).

491 Sind **Dritte** durch die Zwangsvollstreckung betroffen, so ist zu differenzieren: Behauptet der Dritte ein materielles Recht an dem Pfandgegenstand, welches dessen Veräußerung verhindert, so kann er dies mit der **Drittwiderspruchsklage** nach § 771 ZPO geltend machen. Sie ist darauf gerichtet, die Zwangsvollstreckung in diesen bestimmten Gegenstand für unzulässig zu erklären. Hat er hingegen nur ein **Pfand- oder Vorzugsrecht**, so stellt dieses kein „die Veräußerung hinderndes Recht" iSd § 771 ZPO dar. Er kann lediglich nach § 805 ZPO **Klage auf vorzugsweise Befriedigung** aus dem Erlös erheben.

III. Vollstreckungsschutz nach § 765a ZPO

492 Eine Zwitterstellung nimmt der Rechtsbehelf aus § 765a ZPO ein. Dieser ermöglicht es dem Schuldner, bei **sittenwidriger Härte** einen Antrag auf **Vollstreckungsschutz nach § 765a ZPO** zu stellen. Zuständiges Organ ist gem. § 20 I Nr. 17 RPflG der Rechtspfleger. Nach seiner systematischen Stellung gehört § 765a ZPO zu den Rechtsbehelfen, die sich gegen die Art der Vollstreckung wenden, wie die Erinnerung

und die sofortige Beschwerde.[269] Inhaltlich spielen aber materielle Wertungen für die Entscheidung über den Antrag eine Rolle, es geht um eine Billigkeitsentscheidung des Gerichts auf Grund einer Interessenabwägung. Aus diesem Grunde wird mit guten Gründen die Ansicht vertreten, die Zuständigkeit des Rechtspflegers für Anträge nach § 765a ZPO verstoße gegen den Richtervorbehalt des Art. 92 GG.[270] Vollstreckungsschutz kann das Gericht danach aber nur in Ausnahmefällen gewähren: Wird der Antrag auf Gründe gestützt, die mit einem der speziellen Rechtsbehelfe der Zwangsvollstreckung geltend gemacht werden können, so sind diese vorrangig. § 765a ZPO greift zB in Ermangelung anderer Rechtsbehelfe, wenn zur Erzwingung der Abgabe einer Offenbarungsversicherung ein Haftbefehl gegen den Vollstreckungsschuldner angeordnet werden soll; hier ist zu prüfen, ob der Eingriff in das Grundrecht der Freiheit der Person aus Art. 2 II GG verhältnismäßig ist.[271] Dies gilt auch bei drohender Suizidgefahr beim Schuldner oder einem seiner nahen Angehörigen im Falle einer Zwangsräumung.[272]

C. Erinnerung und sofortige Beschwerde

Lit.: Brox/Walker §§ 39, 40.

Fall 21:

Die G erwirkt einen Titel gegen S. Zunächst beauftragt sie den Gerichtsvollzieher V mit einer Pfändung bei S. V entdeckt dort eine Waschmaschine, die er mit einem Pfandsiegel versieht, obwohl S sich auf deren Unpfändbarkeit beruft. Wie kann S dagegen vorgehen? Wie wäre es, wenn V sich der Argumentation des S anschlösse und die Pfändung unterließe; was könnte die G hiergegen unternehmen? 493

→ Rn. 496, 506, 508.

Variante:

Um sich weiteren Ärger zu ersparen, beantragt G nach erfolgloser Pfändung, den Lohnanspruch des S gegen seine Arbeitgeberin A zu pfänden und sich überweisen zu lassen. Das Vollstreckungsorgan gibt dem Antrag statt. Wie können S und A sich zur Wehr setzen? Wie wäre es, wenn das Organ nach Anhörung des S den Antrag zurückwiese?

→ Rn. 506, 509, 514.

I. Erinnerung

Lit.: Brox/Walker § 39; Lippross § 19; Lüke § 72 I.

1. Wesen und Zweck

Bei der Erinnerung handelt es sich um den grundlegenden Rechtsbehelf zur Rüge von **Verfahrensfehlern** der Vollstreckungsorgane. Dies kommt auch im Wortlaut des 494

[269] *Gaul/Schilken/Becker-Eberhard* § 36 Rn. 22.
[270] So eingehend *Gaul* JZ 2013, 1081 ff.; zweifelnd auch *Gaul/Schilken/Becker-Eberhard* § 27 Rn. 18 ff.; aA MüKoZPO/*Heßler* § 765a Rn. 81, § 764 Rn. 21.
[271] Vgl. BVerfGE 61, 126 (137 f.).
[272] BGH NJW 2005, 1859.

§ 766 ZPO (bitte lesen!) zum Ausdruck. Die Erinnerung ist kein Rechtsmittel, da sie **keinen Devolutiv- und Suspensiveffekt** zeitigt: sie ist ein gesetzlicher Rechtsbehelf, der dazu führt, dass eine Entscheidung eines Vollstreckungsorgans in derselben Instanz durch das Vollstreckungsgericht überprüft wird. Die Entscheidung ergeht durch Beschluss (§ 764 III ZPO) bei fakultativer mündlicher Verhandlung; jedenfalls ist dem Erinnerungsgegner rechtliches Gehör zu gewähren.

495 Verfahrensfehler im Rahmen einer Vollstreckungsmaßnahme können sich unterschiedlich auswirken: Meist führen sie lediglich zur **Anfechtbarkeit** der Maßnahme, welche dann mit der Erinnerung mit dem Ziel angegriffen werden kann, sie aufzuheben.

Sofern eine Nachholung der fehlerhaften Maßnahme möglich ist, tritt mit deren Nachholung die **Heilung des Mangels ex nunc** ein. Ein Beispiel hierfür liefert die Nachholung der ursprünglich fehlenden Anhörung oder Zustellung. Allerdings scheidet eine solche nachträgliche Heilung aus, wenn es sich um eine Wirksamkeitsvoraussetzung des Vollstreckungsaktes handelt, wie es bei der Zustellung an den Drittschuldner beim Pfändungsbeschluss gem. § 829 III ZPO der Fall ist.

Bei gravierenden Mängeln ist der Vollstreckungsakt hingegen **nichtig**. Das ist etwa der Fall beim Handeln eines funktionell unzuständigen Organs. Das Einlegen eines Rechtsbehelfs ist damit eigentlich entbehrlich. Zur **Klarstellung** ist gleichwohl der Rechtsbehelf der Erinnerung gem. § 766 ZPO idR zulässig.

2. Anwendungsbereich

496 Die Erinnerung zielt vor allem gegen Vollstreckungsakte des **Gerichtsvollziehers**: Typisch ist zB die Erinnerung des Schuldners gegen die Pfändung einer nach §§ 811 ff. ZPO unpfändbaren Sache. In **Fall 21** (→ Rn. 493) kann S gegen die Pfändung der Waschmaschine wegen Verstoßes gegen § 811 I Nr. 1 ZPO Erinnerung einlegen. Ebenso ist auch die Erinnerung des Gläubigers gegen die Untätigkeit des Gerichtsvollziehers oder dessen Ablehnung eines Vollstreckungsauftrages möglich (§ 766 II ZPO). In **Fall 21** könnte G daher eine solche Erinnerung einlegen, wenn V die Pfändung der Waschmaschine ablehnte.

497 Die Erinnerung nach § 766 ZPO kann aber auch gegen Vollstreckungsakte des **Vollstreckungsgerichts**, die **ohne vorherige Anhörung des Schuldners** ergehen, eingelegt werden.[273] Der Pfändungsbeschluss des § 829 ZPO ist zB ein solcher Akt, da hier die Anhörung des Schuldners sogar durch § 834 ZPO verboten ist. Zur Abgrenzung zur sofortigen Beschwerde → Rn. 499.

3. Abgrenzungsprobleme

498 Ob Erinnerung eingelegt wird, ist oftmals nicht deutlich; es ist auch nicht erforderlich, dass der Rechtsuchende den Rechtsbehelf korrekt bezeichnet. Daher muss das Gericht das Rechtsschutzbegehren im Hinblick auf das Rechtsschutzziel auslegen. **Abgrenzungsprobleme** gibt es dabei insb.:

499 – Zur **sofortigen Beschwerde** nach § 793 ZPO:[274] Nimmt das Vollstreckungsgericht als Vollstreckungsorgan einen Vollstreckungsakt vor, so kann es sich um einen bloßen Vollstreckungsakt handeln, der mit der Erinnerung anzugreifen ist, oder um eine gerichtliche Entscheidung, gegen welche die sofortige Beschwerde nach § 793 ZPO statthaft ist. Die Abgrenzung erfolgt danach, ob das Gericht einer der Parteien

[273] Bestätigend BGH NJW 2011, 525 Rn. 8 ff.
[274] Dazu (allerdings vor BGH NJW 2011, 525) *Zeising* JURA 2010, 93 ff.

rechtliches Gehör gewährt oder eine **Abwägung** zwischen den **Interessen** beider Parteien vorgenommen hat. In beiden Fällen liegt eine gerichtliche Entscheidung vor, weshalb sofortige Beschwerde einzulegen ist.[275] Das gilt selbst dann, wenn eine rechtlich verbotene Anhörung tatsächlich durchgeführt wurde, zB der Schuldner beim Erlass eines Pfändungsbeschlusses entgegen § 834 ZPO angehört worden ist.[276]

- Bei **Maßnahmen des Rechtspflegers** kommt es ebenfalls darauf an, ob nach den dargestellten Abgrenzungskriterien eine gerichtliche Entscheidung oder ein bloßer Vollstreckungsakt vorliegt: im ersten Fall sind die Rechtsbehelfe nach § 11 I RPflG iVm § 793 ZPO bzw. § 11 II RPflG vorrangig, im zweiten Fall hingegen ist die Erinnerung des § 766 ZPO statthaft.
- Bei Einwendungen gegen die **Erteilung der Vollstreckungsklausel** kann nur Klauselerinnerung und -gegenklage nach §§ 732, 768 ZPO eingelegt werden.[277] Die Unterscheidung ist an sich einfach: Wird ein Fehler des Klauselerteilungsorgans gerügt, so sind die Klauselrechtsbehelfe einschlägig; für Fehler des Vollstreckungsorgans ist hingegen die Vollstreckungserinnerung statthaft.[278]
- Eine Konkurrenz zur **Vollstreckungsgegenklage** besteht, wenn neben Verfahrensfehlern materiellrechtliche Einwendungen gegen den titulierten Anspruch geltend gemacht werden. Die Erinnerung ist nur für erstere einschlägig, die Vollstreckungsgegenklage für letztere, so dass beide sich grundsätzlich nicht gegenseitig ausschließen. Eine vermeintliche Konkurrenzlage ergibt sich, wenn das Vollstreckungsorgan **Vollstreckungshindernisse** des § 775 Nr. 4 oder 5 ZPO nicht beachtet hat. Richtiger Rechtsbehelf des Schuldners hiergegen ist die Erinnerung; da Vollstreckungshindernisse aber nur vorläufigen Schutz bieten, bleibt daneben die Vollstreckungsabwehrklage möglich. Eine echte Konkurrenzlage stellt sich bei der Prüfung von **Vollstreckungsverträgen** ein (→ Rn. 40, → Rn. 145). Hier ist zu differenzieren: Lässt sich bei einem solchen der gültige Abschluss und der Inhalt problemlos feststellen, so ist das vertragliche Vollstreckungshindernis durch das Vollstreckungsorgan zu prüfen und gegen dessen Nichtbeachtung Erinnerung einzulegen; ist die Prüfung hingegen rechtlich schwierig (ist zB eine Beweisaufnahme nötig), so führt das Vollstreckungsorgan die Zwangsvollstreckung trotzdem durch und der Schuldner kann Einwendungen aus dem Vollstreckungsvertrag durch Vollstreckungsgegenklage gem. § 767 ZPO geltend machen.[279]
- Konkurrenz besteht mit der **Drittwiderspruchsklage**, wenn der Dritte neben Verfahrensfehlern **materiellrechtliche Einwendungen** aus eigenem Recht geltend macht. Erinnerung und Drittwiderspruchsklage können aufgrund ihrer unterschiedlichen Anwendungsgebiete nebeneinander eingelegt werden.

4. Beteiligte

Erinnerungsführer können sowohl der Schuldner, der Gläubiger als auch Dritte sein. 500

a) Schuldner

Die Erinnerung ist typischerweise der Rechtsbehelf des Schuldners, da die Vollstreckung in dessen Rechte eingreift und die Erinnerung daher seinem Schutze dient.

[275] Bestätigend BGH NJW 2011, 525 Rn. 8 ff.
[276] *Jauernig/Berger* § 11 Rn. 3.
[277] Eindeutig im Verhältnis zu § 732 ZPO BGH NJW-RR 2012, 1146 Rn. 15.
[278] *Heiderhoff/Skamel* Rn. 179.
[279] *Brox/Walker* Rn. 1168.

Typische vom Schuldner rügbare Verfahrensfehler sind: die örtliche oder funktionelle Unzuständigkeit des Vollstreckungsorgans; bei letzterer ist der Vollstreckungsakt zwar nichtig (→ Rn. 265), es besteht aber dennoch ein Rechtsschutzbedürfnis von Seiten des Betroffenen zur Klarstellung der Nichtigkeit. Es können auch Fehler bezüglich der allgemeinen Vollstreckungsvoraussetzungen vorliegen: mangelnde Zustellung, Fehlen der Klausel oder die Nichtbeachtung von Vollstreckungshindernissen iSd § 775 ZPO etc. Schließlich können Fehler bei der Durchführung der Pfändung vorliegen: Verletzung von Pfändungsschutznormen (§§ 811 ff., 850 ff. ZPO, Verbot der Übersicherung, § 803 I 2 ZPO); keine vorherige Leistungsaufforderung an den Schuldner.

b) Gläubiger

501 Für den Gläubiger kommt die Möglichkeit, Erinnerung einzulegen, vor allem in Betracht, wenn sein Vollstreckungsauftrag **abgelehnt** wird oder der Gerichtsvollzieher seine Weisungen nicht beachtet hat, § 766 II ZPO. Handelt der Gerichtsvollzieher zu zögerlich oder langsam, so ist streitig, ob dies mit der Dienstaufsichtsbeschwerde oder mit der Erinnerung zu rügen ist. Beide Rechtsbehelfe haben indes ein unterschiedliches Ziel: mit der Dienstaufsichtsbeschwerde kann nur der Geschäftsgang des Gerichtsvollziehers gerügt werden, nicht aber die Überprüfung von (unterlassenen) Vollstreckungsmaßnahmen erreicht werden, um unterlassene Maßnahmen anzuordnen oder vorgenommene für unzulässig zu erklären.[280] Die Erinnerung ist also der richtige Rechtsbehelf, wenn Rechtsschutz gegen (unterlassene) Vollstreckungsmaßnahmen begehrt wird, die Zwangsvollstreckung folglich beschleunigt und nicht nur der Gerichtsvollzieher persönlich gerügt werden soll.

c) Dritte

502 Bei einem **Verstoß gegen § 809 ZPO** oder gegen Pfändungsverbote, die sie betreffen (zB § 811 I Nr. 1, 5 ZPO), können Dritte Erinnerung einlegen. Hier gibt es eine Konkurrenzlage zur Drittwiderspruchsklage, wenn die gepfändete Sache zusätzlich dem betroffenen Dritten gehört.

503 Der **Drittschuldner** kann sich mit der Erinnerung gegen den Pfändungsbeschluss wehren. Führt der Gläubiger bereits einen Einziehungsprozess, kann Erinnerung nicht mehr eingelegt werden. Strittig ist, ob der Drittschuldner im Einziehungsprozess Einwendungen gegen die Art der Vollstreckung, hier den Pfändungsbeschluss, vorbringen kann (→ Rn. 411).

5. Zulässigkeit

504 Die Zulässigkeitsvoraussetzungen der Erinnerung, die durch einen **form- und fristlosen Antrag** eingelegt werden kann, sind:

505 – Es muss das zuständige Vollstreckungsgericht angerufen werden, §§ 766 I, 764 I, II, 802 ZPO.
– Die Erinnerung ist gegen **Vollstreckungshandlungen** des Gerichtsvollziehers iSd § 766 ZPO oder des Gerichts statthaft (→ Rn. 496 f.), außerdem kann mit ihr der **Kostenansatz** des Vollstreckungsorgans nach § 788 ZPO überprüft (§ 766 II 3. Alt. ZPO) oder eine Vorpfändung nach § 845 ZPO angegriffen werden. Nicht mit der Erinnerung geltend zu machen sind hingegen materiellrechtliche Einwendungen des Schuldners oder eines Dritten.

[280] Zum Meinungsstand MüKoZPO/*K. Schmidt/Brinkmann* § 766 Rn. 8.

- Die **Prozesshandlungsvoraussetzungen**, insb. die Partei- und Prozessfähigkeit müssen vorliegen.
- Ein **Rechtsschutzbedürfnis** muss bestehen. Dieses ist zeitlich nur von Beginn bis zum Ende der Vollstreckung vorhanden. Es besteht auch, wenn sich der Erinnerungsführer gegen nichtige Akte wehrt, um den Anschein wirksamer Pfändungen zu beseitigen. Es fehlt, wenn der Erinnerungsführer sein Ziel auf **einfachere und billigere Weise** erreichen kann, was bei der Erinnerung kaum vorstellbar ist, allenfalls, wenn der Gläubiger bereit ist, das gepfändete Objekt freizugeben.
- Zudem muss eine **Beschwer** gegeben sein, nur dann liegt die **Erinnerungsbefugnis** vor: Die angegriffene Entscheidung muss für den Rechtsbehelfsführer **ungünstig** sein. Beim Schuldner, gegen den sich die Vollstreckung richtet, ist dies grundsätzlich unproblematisch. Er kann allerdings nur solche Verstöße gegen das Vollstreckungsrecht geltend machen, durch die er selbst beschwert ist. Daran fehlt es, wenn der Schuldner eine Beeinträchtigung ausschließlich aus der Verletzung des Rechts eines Dritten ableitet, zB aus einem Vermieterpfandrecht seines Vermieters an der vom Gläubiger gepfändeten Sache.[281] Der Gläubiger ist erinnerungsbefugt, wenn das Vollstreckungsorgan die Zwangsvollstreckung ablehnt, verzögert oder von seinem Antrag abweicht (§ 766 II ZPO). Ein Dritter ist nur dann beschwert, wenn er selbst durch die Vollstreckungsmaßnahme betroffen ist, wie etwa im Falle des § 809 ZPO oder als Drittschuldner bei der Forderungspfändung.

Lösung Fall 21 (→ Rn. 493):

506 Im **Grundfall** ist die Erinnerung des S gegen die Pfändung statthaft, er wehrt sich gegen die Pfändung als Vollstreckungsakt. Er ist ebenfalls beschwert, da die Pfändung für ihn nachteilig ist. Die Erinnerung der G gegen eine Weigerung des V ist ebenfalls statthaft, da sie einen Vollstreckungsakt, die Pfändung, begehrt. Beschwert ist G, da die nicht erfolgte Pfändung für sie nachteilig ist.

In der **Variante** ist eine Erinnerung bezüglich des Pfändungs- und Überweisungsbeschlusses für S und A statthaft, wenn der Beschluss ohne Anhörung des S ergangen ist (was wegen des Anhörungsverbotes nach § 834 ZPO regelmäßig der Fall sein wird), weil dann eine bloße Vollstreckungsmaßnahme vorliegt. Wurde S jedoch entgegen § 834 ZPO angehört, so liegt eine gerichtliche Entscheidung vor. Hiergegen ist dann die sofortige Beschwerde (§ 793 ZPO) statthaft. Eine Beschwer des S ist jeweils unproblematisch gegeben. Eine Beschwer der A liegt gleichfalls vor, da sie durch den Pfändungs- und Überweisungsbeschluss wegen der Auskunftspflicht aus § 840 ZPO in ihren Rechten betroffen ist.

Dagegen kann G in jedem Fall gegen eine ablehnende Entscheidung über den Lohnpfändungsantrag nur sofortige Beschwerde (§ 793 ZPO) einlegen, da sie nach erfolgter Anhörung der S notwendigerweise gehört werden musste und daher regelmäßig eine gerichtliche Entscheidung vorliegt.

6. Begründetheit

507 Je nachdem, wer die Erinnerung einlegt, prüft das Gericht, ob die angefochtene Maßnahme hätte durchgeführt werden dürfen oder die Verweigerung oder Verzögerung der beantragten Maßnahme rechtmäßig (§ 766 II ZPO) war. Zu prüfen sind das Vorliegen der Voraussetzungen der Vollstreckung und ihrer Durchführung.

---

281 BGH NZM 2009, 877.

508 Die Erinnerung **des Schuldners** ist dann begründet, wenn die Durchführung der angefochtenen Zwangsvollstreckungsmaßnahme unzulässig war. In **Fall 21** (→ Rn. 493) wurde gegen das Pfändungsverbot des § 811 I Nr. 1 ZPO verstoßen, daher ist die Zwangsvollstreckungsmaßnahme unzulässig. Beim Pfändungs- und Überweisungsbeschluss ist die Erinnerung begründet, wenn der Beschluss fehlerhaft ist, zB dem Schuldner nicht zugestellt wurde.

509 Die Erinnerung **des Gläubigers** hingegen ist in den Fällen des § 766 II ZPO statthaft und begründet. In der **Variante** zu **Fall 21** (→ Rn. 493) ist sie nach dem oben Gesagten (→ Rn. 499) bereits nicht zulässig, da es sich um eine gerichtliche Entscheidung handelt und gegen diese nur die sofortige Beschwerde gem. § 793 I ZPO statthaft ist.

510 Bei der Erinnerung **eines Dritten** muss zu der Verletzung einer Verfahrensvorschrift noch hinzukommen, dass es sich bei dieser um eine seinem Schutz dienende Vorschrift handelt. Häufigstes Beispiel ist eine Verletzung des § 809 ZPO, da diese Vorschrift gerade dem Schutz des Dritten dienen soll.

Werden Verfahrensfehler **nachträglich geheilt**, so kommt es auf den Zeitpunkt der Heilung an. Grundsätzlich ist **maßgeblicher Zeitpunkt** derjenige der Entscheidung über die Erinnerung; ist bis dahin Heilung eingetreten, so ist die Erinnerung idR unbegründet.[282]

511 Die Entscheidung über die Erinnerung ergeht durch **Beschluss** (vgl. → Rn. 513):

- Bei Unzulässigkeit oder Unbegründetheit wird die Erinnerung **zurückgewiesen**.
- Bei erfolgreicher Einlegung durch den Schuldner oder einen Dritten wird **die Zwangsvollstreckungsmaßnahme für unzulässig erklärt**. Richtet sich die Erinnerung gegen die Pfändung einer Forderung, muss die Pfändung durch den Beschluss ebenfalls aufgehoben werden, da das über die Erinnerung entscheidende Vollstreckungsgericht zugleich zuständiges Vollstreckungsorgan ist.
- Bei einer erfolgreichen Erinnerung des Gläubigers wird der Gerichtsvollzieher angewiesen, die beantragte Vollstreckungsmaßnahme auszuführen.

7. Einstweilige Anordnungen

512 Die Einlegung der Erinnerung hat keine aufschiebende Wirkung, weil ansonsten durch Einlegung des Rechtsbehelfs zu leicht eine Verschleppung der Vollstreckung erreicht werden könnte. Deshalb kann das Vollstreckungsgericht auf Antrag oder von Amts wegen einstweilige Anordnungen nach § 766 I 2 iVm § 732 ZPO treffen, aufgrund derer eine aufschiebende Wirkung angeordnet wird

Aufbauschema:

I. Zulässigkeit
1. Statthaftigkeit: Gerichtet gegen das Vollstreckungsverhalten des Gerichtsvollziehers, seinen Kostenansatz oder Maßnahmen des Vollstreckungsgerichts (nicht aber Entscheidungen, dann § 793 ZPO), §§ 766 I 1, II ZPO.
2. Zuständiges Gericht: Vollstreckungsgericht, §§ 766 I 2, 764 II ZPO.
3. Form und Frist: Antrag ohne weitere Erfordernisse.
4. Prozesshandlungsvoraussetzungen (insb. Partei- und Prozessfähigkeit).
5. Rechtsschutzbedürfnis: Von Beginn bis Ende der Zwangsvollstreckung; Rechtsschutzziel nicht einfacher und billiger erreichbar.

[282] BGH NJW-RR 2009, 211.

6. Erinnerungsbefugnis:
   a) Schuldner grds. bei jeder Vollstreckungsmaßnahme, die ihn selbst beschwert;
   b) Dritter bei Verletzung drittschützender Normen (zB §§ 809, 811 ZPO);
   c) Gläubiger bei von seinem Antrag abweichendem Vollstreckungsverhalten (§ 766 II ZPO).

II. Begründetheit

Verstoß gegen die gerügten Vorschriften? Rechtswidrigkeit der Maßnahme oder ihres Unterlassens (§ 766 II ZPO)? Zu prüfen sind die Voraussetzungen und Durchführung der Vollstreckung.

Merke:

1. Die Vollstreckungserinnerung ist der Rechtsbehelf gegen die Art und Weise der Vollstreckung, § 766 I 1 ZPO.
2. Sie richtet sich auch gegen Vollstreckungsmaßnahmen des Vollstreckungsgerichts, sofern dieses nicht rechtliches Gehör gewährt oder eine Abwägung zwischen den Interessen der Beteiligten durchgeführt hat, weil sonst eine nach § 793 ZPO angreifbare gerichtliche Entscheidung vorliegt.

II. Sofortige Beschwerde

Lit.: Brox/Walker § 40; Lippross § 20.

Die sofortige Beschwerde ist gegen Entscheidungen des Vollstreckungsgerichts statthaft, sofern dieses nicht ohne Anhörung des Schuldners oder Abwägung der widerstreitenden Interessen entschieden und mithin bloß eine Vollstreckungsmaßnahme getroffen hat (→ Rn. 499). Grundsätzlich ist die sofortige Beschwerde auch gegen die Entscheidung über die Erinnerung selbst statthaft. Hauptanwendungsfälle sind eine Überprüfung der Beschlüsse des Prozessgerichts bei der Zwangsvollstreckung zur Erwirkung von Handlungen und Unterlassungen (§§ 887 ff. ZPO). Nicht statthaft ist sie dagegen bei Entscheidungen im Klauselerteilungsverfahren, da dieses nicht dem Vollstreckungsverfahren zuzurechnen ist, § 793 ZPO aber auf dieses Bezug nimmt. **513**

Im Rahmen des Verfahrens finden die §§ 567 bis 573 ZPO Anwendung. Die sofortige Beschwerde entfaltet Devolutiveffekt. Als Beschwerdegericht zuständig ist nämlich die nächsthöhere Instanz, das LG, §§ 793 I, 568 ZPO; Suspensiveffekt besteht hingegen auch hier nur fakultativ auf Anordnung, § 570 II, III ZPO. Die Entscheidung des Beschwerdegerichts über die Beschwerde ergeht durch Beschluss, § 572 IV ZPO.

In der **Variante** zu **Fall 21** (→ Rn. 493) ist die sofortige Beschwerde der G zulässig und begründet, da ein Verstoß gegen § 834 ZPO vorliegt. Der Beschluss des Vollstreckungsgerichts wird also durch das Beschwerdegericht aufgehoben. **514**

Aufbauschema:

I. Zulässigkeit
1. Statthaftigkeit: Gerichtet gegen Entscheidungen des Vollstreckungsgerichts, die ohne mündliche Verhandlung oder Güterabwägung ergehen können, § 793 ZPO.
2. Zuständiges Gericht: Nächsthöhere Instanz, idR das LG, § 568 ZPO.
3. Beschwerdebefugnis: Betroffener der Entscheidung.
4. Form und Frist: Zweiwöchige Notfrist ab Zustellung des Beschlusses, § 569 ZPO, Schriftsatz oder Erklärung zu Protokoll.

II. Begründetheit
Rechtswidrigkeit der Entscheidung?

D. Vollstreckungsgegenklage

Lit.: Brox/Walker § 43; Lippross § 47.

I. Allgemeines

1. Zweck der Klage

515 Voraussetzung der Zwangsvollstreckung ist ein Titel, nicht hingegen das Bestehen des darin zugesprochenen materiellrechtlichen Anspruchs. Infolge des **Formalisierungsgrundsatzes** (→ Rn. 31 ff.) prüft das Vollstreckungsorgan das (Fort-) Bestehen dieses Anspruchs ebenso wenig wie sonstige materiellrechtliche Fragen. Materiellrechtliche Einwendungen des Schuldners gegen den titulierten Anspruch werden daher im Vollstreckungsverfahren grundsätzlich nicht berücksichtigt, sondern sind vor dem Prozessgericht durch gesonderte Klage geltend zu machen. Dafür stellt die ZPO die Vollstreckungsabwehrklage des § 767 ZPO zur Verfügung, für die sich der Begriff der Vollstreckungsgegenklage eingebürgert hat. Vorläufigen Schutz bieten dem Schuldner nur die Vollstreckungshindernisse des § 775 Nr. 4 oder 5 ZPO (→ Rn. 139 f.). Dagegen können materiellrechtliche Einwendungen im Falle der §§ 887 f. ZPO direkt im Vollstreckungsverfahren geltend gemacht werden (→ Rn. 479 ff.).

Die Vollstreckungsgegenklage richtet sich gegen die **Vollstreckbarkeit** des Titels überhaupt und stützt sich auf materiellrechtliche Einwendungen des Schuldners gegen den titulierten Anspruch. Dagegen kann die **Fehlerhaftigkeit des Titels** selbst nicht mit Hilfe der Vollstreckungsgegenklage geltend gemacht werden, vielmehr sind hierfür andere Rechtsbehelfe einschlägig (→ Rn. 549 ff.). **Streitgegenstand** der Vollstreckungsgegenklage ist nicht der titulierte Anspruch, sondern nur **dessen Vollstreckbarkeit**. Die Vollstreckungsgegenklage zielt daher darauf ab, die Vollstreckbarkeit des Titels zu beseitigen.

Besondere Bedeutung kommt dem **Einwendungsausschluss** nach **§ 767 II ZPO** zu. Danach sind bei einem Urteil als Vollstreckungstitel nur solche Einwendungen zu berücksichtigen, die nicht bereits in der letzten mündlichen Verhandlung vor Erlass des angegriffenen Urteils hätten vorgebracht werden können. Diese Norm soll also die **materielle Rechtskraft** unanfechtbar gewordener Entscheidungen schützen und erweitert diese folglich um eine **Präklusionswirkung** hinsichtlich solcher materieller

Einwendungen, die im maßgeblichen Zeitpunkt hätten vorgebracht werden können (→ Rn. 531 ff.);[283] zusätzlich soll sie Verzögerungen im Vollstreckungsverfahren vorbeugen.[284]

2. Anwendungsbereich

Die Vollstreckungsgegenklage ist zunächst auf Urteile (§ 704 ZPO) anwendbar, weil diese im Normtext ausdrücklich angesprochen sind. Allerdings werden nur vollstreckungsfähige Urteile erfasst, also vor allem Leistungsurteile, nicht aber Feststellungs- oder privatrechtsgestaltende Urteile. Darüber hinaus gilt diese Klage gem. § 795 I 1 ZPO für sonstige Vollstreckungstitel, soweit §§ 795a bis 800 ZPO keine abweichenden Regelungen enthalten. Diese Einschränkung wird etwa für den Vollstreckungsbescheid relevant, weil § 796 II ZPO zwar die Anwendbarkeit des Einwendungsausschlusses des § 767 II ZPO voraussetzt, den für die Präklusion maßgeblichen Zeitpunkt aber abweichend davon definiert (→ Rn. 531 f.). 516

II. Abgrenzung

1. Zur Abänderungsklage aus §§ 323, 323a ZPO

Lit.: Brox/Walker Rn. 1319 ff.; Walter DAVorm 1993, 231 ff.

Liegt ein Titel vor, durch den der Vollstreckungsschuldner zu **wiederkehrenden Leistungen** verurteilt wird, insb. bei **Unterhalt** zwischen geschiedenen Ehegatten oder zu Gunsten von Kindern, so ist eine Konkurrenz zwischen der Abänderungsklage iSd §§ 323, 323a ZPO und der Vollstreckungsabwehrklage des § 767 ZPO denkbar. 517

Jedenfalls betrifft die Abänderungsklage **wandelbare Verhältnisse** mit quantitativem Element, die wegen § 323 III ZPO für die Zukunft begehrt werden.[285] Beispiele sind Änderungen der Leistungsfähigkeit des Unterhaltsschuldners durch ein höheres Einkommen oder der Bedürftigkeit des Unterhaltsgläubigers infolge gestiegener Lebenshaltungskosten. Die Vollstreckungsgegenklage steht allein dem Vollstreckungsschuldner zu und dient der Durchsetzung von dessen Einwendungen, welche auf **punktuellen Ereignissen** basieren. Beispiele sind die Wiederheirat des Unterhaltsgläubigers, die nach § 1586 I BGB zum Erlöschen des Unterhaltsanspruchs gegen den geschiedenen Ehegatten als Unterhaltsschuldner führt, oder die Anrechnung von Kindergeld, welche einer Erfüllung gleichzusetzen ist;[286] es geht also um Fälle des Erlöschens des titulierten Anspruches. Freilich sind Überschneidungen denkbar. Zur Gewährung effektiven Rechtsschutzes können beide Klagen durch einen Haupt- und einen Hilfsantrag miteinander verbunden werden.[287]

2. Zu weiteren Rechtsbehelfen

a) Vollstreckungsrechtliche

Werden neben Fehlern des Vollstreckungsverfahrens materielle Einwendungen gegen den titulierten Anspruch geltend gemacht, so kann es zu einer Konkurrenz zur **Vollstreckungserinnerung** aus § 766 ZPO kommen (→ Rn. 499). Denkbar ist auch ein 518

[283] Dazu *Gaul/Schilken/Becker-Eberhard* § 40 Rn. 53.
[284] BGH NJW-RR 2012, 304 Rn. 9 mwN.
[285] BGH NJW 1984, 2826; FamRZ 1988, 1156; 1989, 159; 1991, 1175.
[286] BGHZ 70, 151 (157 f.).
[287] BGH FamRZ 1979, 573 (575).

Nebeneinander von Vollstreckungsgegenklage und **Klauselerinnerung** nach § 732 ZPO, wenn der Schuldner zugleich formelle Mängel der Klauselerteilung rügt (→ Rn. 127).

519 Problematisch ist die Abgrenzung in den Fällen, in welchen der Schuldner die **Unwirksamkeit des Titels** selbst einwendet. Hier kommt es auf das Klagebegehren des Schuldners im Einzelfall an: Macht er neben der Unwirksamkeit des Titels zugleich materielle Einwendungen gegen den titulierten Anspruch geltend, so kann es zur Konkurrenz der Vollstreckungsgegenklage mit weiteren Rechtsbehelfen kommen (→ Rn. 518); beschränkt er sich hingegen darauf, die Unwirksamkeit des Titels einzuwenden, so ist die Vollstreckungsgegenklage nicht statthaft, vielmehr können andere vollstreckungsrechtliche Rechtsbehelfe greifen, wobei zu differenzieren ist:

- Bei **formellen** Mängeln des Titels ist die Klauselerinnerung nach § 732 ZPO einschlägig (→ Rn. 123 ff.), teilweise daneben auch die Titelgegenklage analog § 767 I ZPO (→ Rn. 549 ff.).
- Das Fehlen der materiellen Voraussetzungen einer qualifizierten Klausel (§§ 726 bis 729 ZPO) ist mit der Klage gegen die Vollstreckungsklausel nach § 768 ZPO zu rügen (→ Rn. 128).
- Für Einwendungen gegen die Wirksamkeit des Titels aus **materiellen** Gründen versagt die Vollstreckungsgegenklage, weil diese nur Einwendungen gegen „den durch das Urteil festgestellten Anspruch selbst" betrifft. Die Rspr. hat hierfür eine prozessuale Gestaltungsklage analog § 767 I ZPO (sog Titelgegenklage) entwickelt (→ Rn. 549 ff.).

520 Die Abgrenzung der Vollstreckungsgegenklage zur **Drittwiderspruchsklage** aus § 771 ZPO ist unproblematisch: Bei ersterer erhebt der Schuldner Klage, bei letzterer ein Dritter, der ein Interventionsrecht behauptet.

b) Klagen im Erkenntnisverfahren

521 Dem Schuldner bleibt es unbenommen, einen möglichen Gegenanspruch gegen den Gläubiger im Wege der **Leistungsklage** durchzusetzen, anstatt aufzurechnen und die Tatsache der Erfüllung (§ 389 BGB) nach § 767 ZPO einzuwenden. Im Hinblick auf § 767 II ZPO kann er das Erlöschen des titulierten Anspruchs nur dann durch (negative) **Feststellungsklage** geltend machen, wenn dieser Umstand nicht bereits in dem zu vollstreckenden Urteil hätte berücksichtigt werden können. Allerdings ist zu bedenken, dass der Schuldner durch eine Leistungs- oder Feststellungsklage nicht die Beseitigung der Vollstreckbarkeit des Titels erlangen kann.

Der Schuldner hat auch die Wahl, ob er den zu vollstreckenden Titel selbst mit der **Berufung** angreift oder sich nur gegen dessen Vollstreckbarkeit nach § 767 ZPO zur Wehr setzt.

III. Zulässigkeit

Lit.: Brox/Walker Rn. 1329 ff.; Lippross Rn. 689 ff.

1. Statthaftigkeit

522 Statthaft ist die Vollstreckungsgegenklage gegen jegliche Vollstreckungstitel (zB Urteile, Prozessvergleiche oder vollstreckbare Urkunden, → Rn. 516, → Rn. 527), sofern der Schuldner materiellrechtliche Einwendungen gegen den titulierten Anspruch geltend macht. Voraussetzung ist, dass ein nach Form und Inhalt zur Zwangsvollstreckung geeigneter Titel vorliegt, der mit der Vollstreckungsklausel versehen

und damit vollstreckungsfähig ist. Das gilt selbst dann, wenn der Titel aus materiellrechtlichen Gründen unwirksam ist, weil dies im Rahmen der Vollstreckungsgegenklage nicht geprüft wird, sofern der Schuldner mit der Klage materiellrechtliche Einwendungen gegen den titulierten Anspruch vorträgt.[288]

2. Allgemeine Verfahrensvoraussetzungen

a) Klageantrag

Dieser muss darauf gerichtet sein, die Zwangsvollstreckung aus dem Titel für unzulässig zu erklären. Zulässig ist die Beschränkung auf einen Teil des titulierten Anspruchs, die ggf. auch nötig ist. Richtiger Beklagter ist der Vollstreckungsgläubiger. **523**

b) Zuständigkeit

Richtet sich die Klage gegen ein Urteil, ist nach § 767 I ZPO das **Prozessgericht des ersten Rechtszuges zuständig,** also dasjenige Gericht, welches den angegriffenen Vollstreckungstitel geschaffen hat. Damit wird erreicht, dass dasselbe Gericht über die Einwendungen gegen den Titel entscheidet. Bei vollstreckbaren Urkunden ist gem. § 797 V ZPO das Gericht, bei dem der Schuldner seinen allgemeinen Gerichtsstand hat, zuständig. **524**

c) Rechtsschutzbedürfnis

Ein Rechtsschutzbedürfnis ist von dem Zeitpunkt an gegeben, ab welchem die **Zwangsvollstreckung droht.** Damit ist die Erhebung der Vollstreckungsgegenklage ab dem Zeitpunkt möglich, ab dem der Vollstreckungstitel vorliegt, auch wenn mit der Vollstreckung noch nicht begonnen wurde, und unabhängig davon, ob schon eine Vollstreckungsklausel erteilt wurde. **525**

Das Rechtsschutzbedürfnis fehlt auch hier, wenn dem Schuldner ein **einfacherer und kostengünstigerer Weg** zur Verfügung steht, um das gleiche Ziel zu erreichen, dh die Vollstreckbarkeit des Titels zu beseitigen. Problematisch ist dies vor allem, wenn der Vollstreckungstitel selbst unwirksam ist. Der Weg über eine **Klauselerinnerung** ist dabei nicht automatisch als der einfachere anzusehen, vielmehr kommt es auf das konkrete Klagebegehren des Schuldners an. Macht dieser materiellrechtliche Einwendungen gegen den titulierten Anspruch selbst geltend, obgleich die Klausel oder gar der Titel selbst fehlerhaft ist, so hat er ein Rechtsschutzbedürfnis zur Erhebung der Vollstreckungsgegenklage; nur mit dieser kann er nämlich eine rechtskräftige Entscheidung über die Unzulässigkeit der Zwangsvollstreckung erlangen.[289] Außerdem kann es für den Schuldner einfacher sein, materiellrechtliche Einwendungen gegen den titulierten Anspruch als Mängel der Klauselerteilung zu beweisen.[290] Dem Schuldner steht dann ein Wahlrecht zwischen beiden Rechtsbehelfen zu.[291] Macht der Schuldner neben materiellrechtlichen Einwendungen gegen den titulierten Anspruch die Unwirksamkeit des Titels geltend, so kann er die Vollstreckungsgegenklage mit einer **Titelgegenklage** analog § 767 I ZPO verbinden.[292] **526**

---

[288] BGH NJW 1992, 2160 (2161).
[289] BGH NJW 1992, 2160 (2161); NJW-RR 2004, 1718 f.
[290] BGH NJW 1992, 2160 (2161 f.)
[291] BGH NJW-RR 2004, 1718 f.
[292] BGH NJW-RR 2004, 472 (474); NJW-RR 2004, 1718 f.; NJW 2010, 2041 Rn. 15.

527 Problematisch kann es auch sein, wenn mit der Vollstreckungsgegenklage die **Unwirksamkeit** eines **Prozessvergleichs** geltend gemacht wird. Die Rspr. und die hL differenzieren insoweit:

- Einwendungen können auf die **anfängliche** Unwirksamkeit des Prozessvergleiches abzielen; das ist etwa bei dessen Anfechtung, einem Irrtum über die Vergleichsgrundlage nach § 779 I BGB, Verstößen gegen §§ 134, 138 BGB oder aus prozessualen Gründen, wie der Prozessunfähigkeit einer Partei, der Fall.[293] Dann ist nach hM der **Ausgangsrechtsstreit** durch den Vergleich nicht beendet worden und daher aus prozessökonomischen Gründen **fortzuführen**;[294] daher fehlt für eine Vollstreckungsgegenklage das Rechtsschutzbedürfnis.[295] Die Gegenansicht möchte dem Schuldner aber ein Wahlrecht geben.[296] Freilich fehlt das Rechtsschutzbedürfnis für eine Vollstreckungsgegenklage dann nicht, wenn der Schuldner neben der Unwirksamkeit des Vergleichs auch materielle Einwendungen gegen diesen geltend macht.[297]
- Soweit die anfängliche Unwirksamkeit auf **prozessualen**, meist formellen Gründen beruht (zB fehlende Protokollierung, Vergleich nicht vorgelesen und genehmigt), gilt das vorstehend Gesagte. Der Vergleich ist dann überdies nicht vollstreckbar, so dass eine Vollstreckungsklausel nicht hätte erteilt werden dürfen; gegen deren gleichwohl erfolgte Erteilung kann der Schuldner daher mit der **Klauselerinnerung** nach § 732 ZPO vorgehen.[298]
- Für erst nachträglich entstandene Einwendungen, welche den Fortbestand des Vergleichs mit Wirkung **ex nunc** betreffen (Rücktritt, Wegfall der Geschäftsgrundlage), ist nach Ansicht des BGH der Ausgangsrechtsstreit hingegen nicht fortzusetzen, da er bereits beendet ist.[299] Solche Einwendungen können daher mit der **Vollstreckungsgegenklage** geltend gemacht werden.[300] Eine Gegenansicht möchte hingegen hier ebenfalls den Ausgangsrechtsstreit fortsetzen.[301]

IV. Begründetheit

Lit.: Brox/Walker Rn. 1335 ff.; Lippross Rn. 695 ff.

528 Die Vollstreckungsgegenklage ist begründet, wenn dem Vollstreckungsschuldner als Kläger eine materiellrechtliche Einwendung gegen den titulierten Anspruch zusteht, deren Geltendmachung nicht nach § 767 II, III ZPO ausgeschlossen ist. Bloße Einwendungen gegen die Wirksamkeit des Titels selbst sind zur Begründung der Klage aus § 767 ZPO hingegen ungeeignet;[302] hierfür ist die Klauselerinnerung nach § 732 ZPO oder die Titelgegenklage analog § 767 I ZPO der richtige Weg.

---

[293] Zu weiteren Gründen *Rosenberg/Schwab/Gottwald* § 130 Rn. 46 f.

[294] StRspr BGHZ 28, 171; 41, 310 (311); BGH NJW 1999, 2903; NJW 2011, 2141 Rn. 11.

[295] BGH NJW 1971, 467; 1977, 583; dem folgend *Rosenberg/Schwab/Gottwald* § 130 Rn. 49; MüKoZPO/*K. Schmidt/Brinkmann* § 767 Rn. 13; BeckOK ZPO/*Preuß* § 767 Rn. 67; Zöller/*Herget* § 767 Rn. 6.

[296] *Gaul/Schilken/Becker-Eberhard* § 40 Rn. 106.

[297] BGH NJW 1967, 2014; MüKoZPO/*K. Schmidt/Brinkmann* § 767 Rn. 13; Zöller/*Herget* § 767 Rn. 6.

[298] BGHZ 15, 190 (191); BGH NJW 1985, 1962 (1963); MüKoBGB/*Habersack* § 779 Rn. 88; *Lackmann* Rn. 535.

[299] Für den Rücktritt: BGHZ 16, 388 (392 f.); BGH NJW 1966, 1658 (1659); für den Wegfall der Geschäftsgrundlage: BGH NJW 1966, 1658 (1659); NJW 1986, 1348 (1349).

[300] Implizit BGH NJW 1986, 1348 (1349); wie hier Musielak/*Lackmann* § 794 Rn. 24.

[301] *Rosenberg/Schwab/Gottwald* § 130 Rn. 58, 61 mwN; *Brox/Walker* Rn. 1334.

[302] BGH NJW 1994, 460 (461).

1. Materiellrechtliche Einwendungen

Der Begriff der Einwendungen iSd § 767 I ZPO ist zu konkretisieren. Die Einwendungen müssen „den durch das Urteil festgestellten Anspruch selbst betreffen"; gemeint sind damit materiellrechtliche Einwendungen. Dieser Begriff ist im Hinblick auf den Einwendungsausschluss des § 767 II ZPO weiter zu präzisieren: Danach können nur Einwendungen geltend gemacht werden, die nach Schluss der mündlichen Verhandlung entstanden sind, weshalb rechtshindernde Einwendungen ausscheiden. Es bleiben somit zum einen rechtsvernichtende Einwendungen wie zB die Erfüllung des titulierten Anspruchs (§ 362 BGB) oder dessen Erlöschen durch Aufrechnung (§ 389 BGB), Erlass (§ 397 I BGB) oder Unmöglichkeit der Leistung (§ 275 BGB); zum anderen rechtshemmende Einreden wie die Stundung oder die Verjährung. 529

2. Kein Einwendungsausschluss nach § 767 II ZPO

Die Erhebung der materiellen Einwendungen darf nicht gem. § 767 II ZPO ausgeschlossen sein. Die Vorschrift bezieht sich unmittelbar nur auf Urteile, die auf Grund einer mündlichen Verhandlung ergangen sind. Was der Vollstreckungsschuldner in dieser hätte einwenden können, soll er nicht mehr im Stadium der Vollstreckung vorbringen dürfen, weil es sonst zu einer Wiederholung und ggf. anderslautenden Entscheidung der Sache kommen könnte. Dies führte zu einer Durchbrechung der evtl. eingetretenen materiellen Rechtskraft des Urteils. Dem soll der Einwendungsausschluss entgegenwirken (→ Rn. 515).[303] Von dieser Zwecksetzung her ist daher zwischen den verschiedenen Arten von Titeln zu differenzieren: nur **rechtskraftfähige** Titel fallen unter die Norm, andere hingegen nicht; zugleich spielt es eine Rolle, ob dem Titelerlass eine **mündliche Verhandlung** vorausgegangen ist oder nicht. 530

a) Rechtskraftfähige Vollstreckungstitel

aa) Erfasste Titel

Paradigmatischer Anwendungsfall ist das **Urteil** als Vollstreckungstitel: dieses ist sowohl rechtskraftfähig als auch ist seinem Erlass eine mündliche Verhandlung vorausgegangen. Materielle Einwendungen gegen ein Urteil sind präkludiert, dh ausgeschlossen, die spätestens in der **letzten mündlichen Tatsacheninstanz** (Berufung, nicht Revision) hätten vorgebracht werden können. Bei Schiedssprüchen ist der Zeitpunkt des Abschlusses der Schiedsverhandlung entscheidend.[304] 531

Versäumnisurteile sind ebenfalls rechtskraftfähig und ergehen auf Grund einer mündlichen Verhandlung; nach § 767 II aE iVm § 339 ZPO ist der maßgebliche Zeitpunkt hier aber der Ablauf der Einspruchsfrist. **Vollstreckungsbescheide** (§ 794 I Nr. 4 ZPO) sind gleichfalls rechtskraftfähig (§ 700 I ZPO),[305] sie ergehen jedoch ohne mündliche Verhandlung. Gem. § 796 II ZPO kommt es für die Präklusion daher auf den Zeitpunkt ihrer Zustellung an: der Schuldner ist auf danach entstandene Einwendungen beschränkt, die auch nicht mit dem Einspruch geltend gemacht werden können.[306]

---

303 *Heiderhoff/Skamel* Rn. 219.

304 BGH NJW 1990, 3211.

305 BGHZ 101, 380 (382) = NJW 1987, 3256; BGHZ 112, 54 = NJW 1991, 30; BGH NJW 1987, 3259 (3260); 1998, 2818 f.; *Grunsky* JZ 1986, 626 ff.; *Brox/Walker* Rn. 1349; Musielak/*Voit* § 700 Rn. 3 mwN; aA *Zöller/Vollkommer* § 700 Rn. 15 ff. (17) mwN zum Streitstand.

306 BGH NJW 1988, 828 (829); Musielak/*Lackmann* § 796 Rn. 3; nur auf die Zustellung abstellend hingegen MüKoZPO/*Wolfsteiner* § 796 Rn. 6 mwN zu dieser Gegenansicht.

bb) Für die Präklusion maßgeblicher Zeitpunkt

532 Maßgeblich ist der Zeitpunkt der **objektiven Entstehung der Einwendung**. Dies bedeutet zweierlei: zum einen darf die Einwendung bei Urteilen erst nach dem Schluss der letzten mündlichen Tatsachenverhandlung entstanden sein, mit den eben aufgezeigten Besonderheiten bei Versäumnisurteilen und Vollstreckungsbescheiden; zum anderen kommt es für die Entstehung der Einwendung allein darauf an, ob diese vom Vollstreckungsschuldner im Vorprozess objektiv hätte geltend gemacht werden können, selbst wenn sie ihm damals unbekannt war.[307] Ist der titulierte Anspruch des Vollstreckungsgläubigers zB während des Laufes des Erstprozesses dadurch erloschen, dass ein Dritter die vom Vollstreckungsschuldner geschuldete Leistung an den Vollstreckungsgläubiger erbracht hat, so kann der Vollstreckungsschuldner diesen Umstand nicht mit der Vollstreckungsgegenklage geltend machen, selbst wenn er ihm bei Erlass des zu vollstreckenden Titels unbekannt gewesen war.

cc) Besonderheiten bei Gestaltungsrechten

533 Zu differenzieren ist hier zwischen Gestaltungsrechten, welche das Gesetz einräumt, und solchen, welche privatautonom vereinbart werden; bei ersteren sind für das verbraucherschützende Widerrufsrecht unionsrechtliche Besonderheiten zu beachten.

534 Bei **gesetzlichen** Gestaltungsrechten (Anfechtung, Aufrechnung, gesetzlicher Rücktritt) ist strittig, wann diese als objektiv entstanden gelten: bereits mit der Entstehung der Anfechtungslage etc oder erst mit Ausübung des Gestaltungsrechts. Nach der Rspr. des **BGH** und einem Teil der Lehre ist die **Entstehung des Anfechtungsrechts und der Aufrechnungslage** bzw. der Zeitpunkt maßgeblich, in dem das Rücktrittsrecht entsteht, da es ansonsten dem Vollstreckungsschuldner überlassen bliebe, den Zeitpunkt der Ausübung des Gestaltungsrechts so zu wählen, dass er dieses entweder im Ausgangsverfahren oder erst mit der Vollstreckungsgegenklage geltend machen kann.[308] Die Rspr. stützt sich dabei darauf, dass § 767 II ZPO allein auf den objektiven Sachverhalt abstelle und subjektive Gesichtspunkte daher nicht berücksichtigt werden könnten.

Die in der Lehre herrschende **Gegenansicht** beruft sich dagegen auf das Wesen von Gestaltungsrechten, die neben einer Gestaltungslage eben deren Ausübung durch Erklärung verlangen.[309] Erst mit der Erklärung sei der Tatbestand eines Gestaltungsrechts erfüllt. Das Entstehen des Gestaltungsrechts richte sich aber allein nach materiellem Recht, so dass die Frage der Rechtzeitigkeit seiner Ausübung durch Erklärung sich ebenfalls danach beurteile (zB § 121 BGB). Diese Regelungen dürften nicht durch einen Ausübungszwang über § 767 II ZPO unterlaufen werden; so könne es sein, dass der Vollstreckungsschuldner im Vorprozess die Erklärung mangels Beweisen unterlassen habe. Wieder andere sehen in der Geltendmachung eines Gestaltungsrechts iRd Vollstreckungsgegenklage gewissermaßen die Fortsetzung des früheren Prozesses und wollen den Einwand der Aufrechnung daher nur bei Sachdienlichkeit nach § 533 ZPO zulassen; andere Gestaltungsrechte sollen nach § 296 II analog ZPO präkludiert sein, wenn der Schuldner mit dem Unterlassen ihrer Geltendmachung im Erkenntnisverfahren gegen seine Prozessförderungspflichten aus § 296 II ZPO verstoßen hat.[310] Mit dem Wortlaut des § 767 II ZPO hat dies indes nicht mehr viel gemein.

---

[307] StRspr BGHZ 34, 274 (279); 42, 37 (40).

[308] StRspr BGHZ 24, 97 (98); 34, 274 (279 f.); 42, 37 (40 f.); ebenso MüKoZPO/*K. Schmidt/Brinkmann* § 767 Rn. 80 mwN.

[309] *Lackmann* Rn. 520; *Brox/Walker* Rn. 1343 ff., auch zum Meinungsstand mwN.

[310] *Jauernig/Berger* § 12 Rn. 14; vgl. auch *Schwab* JZ 2006, 170 (175 f.).

Klausurhinweis:

Wie immer bei Meinungsstreitigkeiten ist dieser Streit nur zu entscheiden, wenn beide Ansichten im Einzelfall zu unterschiedlichen Ergebnissen führen.

Unerheblich ist dagegen die bloße Tatsache, dass im Zeitpunkt der letzten mündlichen Verhandlung eine Aufrechnungslage hätte geschaffen werden können.[311] Es kann somit nicht verlangt werden, dass der Aufrechnungserklärende bspw. seinen Anspruch fällig stellt oder eine noch fehlende Mängelrüge erhebt. In diesem Fall sind „Gründe" iSd § 767 II ZPO gerade noch nicht entstanden.

Das **verbraucherschützende Widerrufsrecht** iSd § 355 BGB ist zwar ebenfalls ein gesetzlich eingeräumtes Gestaltungsrecht, hierfür gelten aber auf Grund seiner Herkunft aus dem unionsrechtlichen Richtlinienrecht Besonderheiten: Dieses Widerrufsrecht verlangt, anders als die Aufrechnung, die Einhaltung einer Frist (§ 355 II BGB), damit der Verbraucher sich vom Vertrag lösen kann. Die Problematik der Präklusion stellt sich somit nur für die Fälle, in denen diese Frist noch nicht abgelaufen ist. Praktisch relevant wird dies vor allem in denjenigen Fällen, in denen sich die 14-tägige Regelwiderrufsfrist des § 355 II 1 BGB gem. § 356 III BGB verlängert, also wenn die die Frist in Gang setzende Belehrung falsch war oder gar nicht erfolgte. Im Hinblick auf diese Wertung ist § 767 II ZPO europarechtskonform dahingehend auszulegen, dass die Vollstreckungsabwehrklage die Widerrufsfrist nicht unterlaufen darf. Somit ist hier grds. auf den Zeitpunkt der Ausübung des Widerrufs abzustellen.[312] Allerdings darf auch ein Verbraucher die Ausübung seines Widerrufsrechts nicht schuldhaft und rechtsmissbräuchlich bis zur Einleitung eines Vollstreckungsverfahrens hinauszögern.[313] 535

Vertraglich eingeräumte Gestaltungsrechte (Rücktritts- und Optionsrechte) entstehen im Unterschied zu gesetzlichen (→ Rn. 534) erst durch eine Vereinbarung zwischen den Beteiligten. Diese Vereinbarung beinhaltet auch eine Einigung über die Dauer, während der das Gestaltungsrecht ausgeübt werden kann. Das Interesse des Berechtigten an einer freien Wahl des Zeitpunkts ist somit höher als bei gesetzlichen Gestaltungsrechten einzustufen, weshalb für die Präklusion iE auf den Zeitpunkt der tatsächlichen Ausübung abzustellen ist.[314] 536

b) Sonstige Titel

Die Präklusionsnorm des § 767 ZPO ist auf sonstige Titel iSd § 794 ZPO nach ihrem Zweck nicht anwendbar, wenn diese nicht rechtskraftfähig sind und eine mündliche Verhandlung nicht stattgefunden hat, in welcher der Vollstreckungsschuldner Möglichkeit gehabt hätte, materielle Einwendungen vorzubringen.[315] Unanwendbar ist § 767 II ZPO daher auf: 537

- Kostenfestsetzungsbeschlüsse (§ 794 I Nr. 2 ZPO), weil materiellrechtliche Einwendungen im Kostenfestsetzungsverfahren nicht zulässig sind;[316]

[311] BGH NJW 2005, 2926 ff.
[312] Grundlegend *Schwab* JZ 2006, 170 (172, 175); *Heiderhoff/Skamel* Rn. 240; MüKoZPO/*K. Schmidt/Brinkmann* § 767 Rn. 82 mwN; aA *Lackmann* Rn. 517.
[313] *Schwab* JZ 2006, 170 (175 f.).
[314] *Heiderhoff/Skamel* Rn. 243.
[315] Zu ersterem *Lackmann* Rn. 523; zu letzterem *Jauernig/Berger* § 12 Rn. 17.
[316] BGH NJW 1952, 144.

- vollstreckbare Urkunden (§§ 794 I Nr. 5, 797 IV ZPO);
- Anwaltsvergleiche (§ 794 I Nr. 4b ZPO);
- Prozessvergleiche (§ 794 I Nr. 1 ZPO), da diese keine Rechtskraftwirkung entfalten.[317]

3. Kein Einwendungsausschluss nach § 767 III ZPO

538 Wird zum zweiten Mal Vollstreckungsgegenklage eingelegt, greift bei der erneuten Klage der Präklusionstatbestand des § 767 III ZPO. Relevant ist danach wiederum der Zeitpunkt der letzten mündlichen Tatsachenverhandlung der ersten Vollstreckungsgegenklage.

4. Entscheidung und Tenorierung

539 Bei Erfolg wird die Zwangsvollstreckung aus dem Titel für unzulässig erklärt; bei Unzulässigkeit oder Unbegründetheit wird die Klage abgewiesen. Die Entscheidung ergeht durch Urteil. Im Falle der Klagestattgabe wird **tenoriert**:

> Die Zwangsvollstreckung aus dem Titel (genaue Bezeichnung) ist unzulässig.

5. Einstweilige Anordnungen, § 769 ZPO

540 Da die Vollstreckungsgegenklage **keinen Suspensiveffekt** hat, sollte der klagende Schuldner zusätzlich zur Erhebung der Vollstreckungsgegenklage nach § 769 ZPO den Antrag stellen, die Zwangsvollstreckung einstweilen – bis zur Entscheidung über die Vollstreckungsgegenklage – einzustellen oder nur gegen Sicherheitsleistung fortzusetzen. Ein stattgebender Beschluss (§ 769 III ZPO) wirkt als Vollstreckungshindernis iSd § 775 Nr. 2 ZPO, bereits durchgeführte Vollstreckungsakte können fakultativ nach § 776 ZPO aufgehoben werden (→ Rn. 137, → Rn. 141).

Die Entscheidung über einen Antrag nach § 769 ZPO ist nicht anfechtbar; die Vorschrift des § 707 II 2 ZPO gilt insoweit analog.[318]

Aufbauschema:

I. Zulässigkeit
   1. Statthaftigkeit: Behauptung von (materiellrechtlichen) Einwendungen gegen den titulierten Anspruch, § 767 I ZPO.
   2. Zuständiges Gericht: Prozessgericht des ersten Rechtszugs, § 767 I ZPO.
   3. Beschwerdebefugnis: Vollstreckungsschuldner, § 767 I ZPO.
   4. Form: Antrag ohne weitere Erfordernisse.
   5. Rechtsschutzbedürfnis: Ab dem Zeitpunkt, in dem die Zwangsvollstreckung droht.

II. Begründetheit
   1. Bestehen der behaupteten Einwendung?
   2. Keine Präklusion gem. § 767 II, III ZPO?

---

[317] BGH NJW 1998, 3121 (3122).
[318] BGH NJW 2004, 2224 (2225).

V. Selbsttestaufgabe 2

A, gewerblicher Autohändler und wohnhaft in Hagen, und B, wohnhaft in Köln, einigten sich am 1.4.2011 über den Kauf eines gebrauchten Opel Manta zum Preis von 2.400 EUR, den B vor Ort bezahlt. B möchte den Manta für Ausfahrten am Wochenende nutzen, um Ablenkung von seiner Arbeitsbelastung zu finden. 541

Der Manta wies jedoch bereits am 1.4.2011 einen Defekt am Fenster auf. Dieses ließ sich nicht korrekt bis zum oberen Ende schließen.

B fuhr während der ersten Zeit nur im innerstädtischen Verkehr. Angesichts der geringeren Geschwindigkeit zog – kaum merkbar – nur sehr wenig Fahrtwind durch die Fenster in das Auto, was B auch nicht auffiel.

Aufgrund schlechten Wetters konnte B den Manta erst am 18.5.2011 auf der Autobahn „einmal so richtig auf Touren bringen"; den Defekt bemerkte er sofort. Eine Fahrt war ab einer Geschwindigkeit von 110 km/h nur noch bei stark einströmendem Wind möglich. Diese Tatsache reduziert den Wert des Manta um 20 %. B meldete den Defekt sogleich dem A.

A lehnte jedoch jede Reparatur des Fensterschließmechanismus ab, obwohl ihm eine solche möglich gewesen wäre. Damit habe er nichts zu tun.

Als B enttäuscht das Firmengelände des A verließ, streifte er leicht fahrlässig mit seinem Manta ein auf dem Autohof geparktes Kfz des A und verursachte dadurch einen Schaden iHv 125 EUR.

A, der mit Hilfe anwaltlicher Schreiben und diverser Mahnungen seinen Anspruch auf den Schadenersatz aus dem Unfall eintreiben will, weiß sich nicht anders zu helfen und klagt vor dem Amtsgericht in Hagen auf Zahlung von 125 EUR. Schließlich erhält A am 20.7.2011 nach mündlicher Verhandlung einen Titel. Als er wenig später beim zuständigen Gerichtsvollzieher die Vollstreckung beantragt, erklärt B die Aufrechnung mit seinem Schadenersatzanspruch wegen des defekten Fensters. Den Manta wolle er jedoch behalten.

Hat eine Klage des B, mit dem Ziel, die Vollstreckung aus dem Titel für unzulässig zu erklären, Aussicht auf Erfolg?

(Musterlösung im Anhang)

E. Klage gegen Vollstreckung aus rechtskräftigem Titel nach §§ 826, 249 BGB

Lit.: Lackmann § 41.

Fall 22:

Die 77 Jahre alte K erhielt von dem Versandhaus V wiederholt Werbeangebote, die mit Gewinnzusagen verbunden waren. In der Hoffnung auf versprochene Gewinne bestellte sie mehrfach Waren bei V, die an sie ausgeliefert wurden; Gewinne wurden aber nicht ausgezahlt. Als K die bestellten Waren nicht bezahlte, trat V die Forderungen an ein Inkassounternehmen I ab, dessen Geschäftsführer in derselben Funktion bei V tätig ist. I erwirkte nach vorangegangenen Mahnverfahren wegen der Inkasso- und Mahnkosten 542

Vollstreckungsbescheide gegen K, welche rechtskräftig geworden sind, da K keine Einsprüche hiergegen erhoben hatte. K verklagt nun V auf Unterlassung der angedrohten Zwangsvollstreckung aus den Vollstreckungsbescheiden und auf deren Herausgabe.[319]

→ Rn. 545, 546.

I. Hintergrund

543 Grundsätzlich lässt das Gesetz die Überprüfung einer rechtskräftigen Entscheidung im Interesse der Rechtssicherheit und des Rechtsfriedens nicht mehr zu, selbst wenn dies der materiellen Gerechtigkeit widersprechen sollte. Nur in sehr beschränktem Maße ermöglichen §§ 578 bis 591 ZPO eine Wiederaufnahme eines rechtskräftig abgeschlossenen Verfahrens. Der Titelschuldner hat daher die Vollstreckung aus einem rechtskräftigen Titel selbst dann hinzunehmen, wenn dieser materiell falsch sein sollte, da er im Erkenntnisverfahren die Möglichkeit gehabt hätte, Einwendungen hiergegen vorzubringen. Nur für nachträglich entstandene Einwendungen steht ihm die Vollstreckungsgegenklage zur Verfügung.

Die Rspr. erkennt aber in **krassen Ausnahmefällen** sogar außerhalb der §§ 578 ff. ZPO Durchbrechungen der materiellen Rechtskraft an, wenn „es mit dem Gerechtigkeitsgedanken schlechthin unvereinbar wäre, dass der Titelgläubiger seine formelle Rechtsstellung unter Missachtung der materiellen Rechtslage zu Lasten des Schuldners ausnutzt".[320] Hierzu leitet die Rspr. aus § 826 BGB einen Schadensersatzanspruch des Titelschuldners gegen den Titelgläubiger ab, weil die Vollstreckung aus einem rechtskräftigen, aber **materiell unrichtigen Titel** eine sittenwidrige Schädigung darstellen kann. Der Schutz durch eine solche Klage soll aber auf wenige Ausnahmefälle begrenzt bleiben, um das Institut der Rechtskraft nicht auszuhöhlen. Das prozessuale Mittel hierzu ist eine reguläre **Leistungsklage**, nicht hingegen ein spezieller vollstreckungsrechtlicher Rechtsbehelf; trotzdem soll diese hier wegen des engen Zusammenhangs zur Zwangsvollstreckung kurz behandelt werden.

II. Zulässigkeit

544 Der **Klageantrag** muss darauf gerichtet sein, die Zwangsvollstreckung zu unterlassen, und mit der Sittenwidrigkeit der Vollstreckung begründet werden.[321] Für die Zulässigkeit gelten im Übrigen die üblichen Sachurteilsvoraussetzungen einer Leistungsklage. Der Kläger muss darüber hinaus Umstände dartun, aus denen sich die besonderen **Voraussetzungen** der Klage aus § 826 BGB ergeben, welche die Rspr. aufstellt hat (→ Rn. 545 ff.).

III. Begründetheit

1. Materielle Unrichtigkeit des Titels

545 Die Klage ist begründet, wenn der rechtskräftige Titel **materiell unrichtig** ist, weil der titulierte Anspruch nicht oder nicht in dem Umfang besteht. Es kommt dabei auf den Blickwinkel des über die Leistungsklage aus § 826 BGB entscheidenden Gerichts an. Das ist etwa der Fall, wenn der titulierte Zahlungsanspruch wegen Sittenwid-

[319] Nach BGH NJW 2005, 2991.
[320] Dazu und zum Folgenden BGHZ 101, 380 (383) = NJW 1987, 3256 (3257).
[321] *Lackmann* Rn. 360.

rigkeit des Kaufvertrages oder Ratenkreditvertrages[322] nach § 138 BGB nichtig ist. So waren in **Fall 22** (→ Rn. 542) die Kaufverträge wegen der nicht erfüllten Gewinnversprechen und der allgemeinen Geschäftspraktik der V, die sich gezielt an ältere, rechtlich und geschäftlich unerfahrene Personen wandte, nach § 138 I BGB sittenwidrig. Damit waren zugleich die Vollstreckungsbescheide im Hinblick auf die darin enthaltenen Inkasso- und Mahnkosten materiell unrichtig. Solche Kosten konnten nämlich nur als Schadensersatz wegen Verzugs mit der Erfüllung der Kaufpreisforderungen nach §§ 280 I, II, 286 BGB geschuldet sein, doch standen der V wegen der Nichtigkeit des Kaufvertrages keine solchen zu.[323]

2. Kenntnis von der Unrichtigkeit des Titels

§ 826 BGB fordert eine vorsätzliche Schädigung, daher muss der Titelgläubiger 546
Kenntnis von der Unrichtigkeit des Titels haben. Betrifft die Klage künftige Vollstreckungsmaßnahmen, genügt es, wenn dem Titelgläubiger diese Kenntnis erst durch das zur Entscheidung über den Anspruch aus § 826 BGB berufene Gericht vermittelt wird.[324] Ein in der Praxis häufig entschiedener Fall betrifft den bewussten Missbrauch des Mahnverfahrens, um für einen dem Vollstreckungsgläubiger in Wirklichkeit nicht zustehenden Anspruch einen Vollstreckungstitel in Form des Vollstreckungsbescheides zu erlangen. Allerdings ist zu beachten, dass die hohe Schwelle der Kenntnis des Titelgläubigers von der materiellen Unrichtigkeit des Titels nicht immer gegeben bzw. beweisbar ist. So hatte der BGH in **Fall 22** (→ Rn. 542) eine Kenntnis des Inkassounternehmens I davon, wie die sittenwidrigen Geschäfte zwischen V und K zustande gekommen seien, verneint, da I eine solche Kenntnis bestritten hatte und K keinen Beweis für diese Kenntnis angeboten habe.

3. Sittenwidrige Erschleichung oder Ausnutzung des Titels

Der Titelgläubiger muss entweder bei der Erlangung des Titels (Titelerschleichung) 547
oder bei dessen Ausnutzung **sittenwidrig** iSd § 826 BGB handeln. Hierfür müssen besondere Umstände hinzutreten, aufgrund derer es dem Titelgläubiger zugemutet werden muss, die ihm unverdient zugefallene Rechtsposition aufzugeben. Das sind solche Umstände, die sich aus der Art und Weise der Titelerlangung oder der beabsichtigten Vollstreckung ergeben und die das Vorgehen des Gläubigers als sittenwidrig prägen.[325]

Die meisten der in der Praxis entschiedenen Fälle betreffen die **Titelerschleichung**, und zwar die Erschleichung eines ungerechtfertigten Vollstreckungsbescheides. Es genügt dafür nicht, dass der titulierte Anspruch wegen Sittenwidrigkeit materiell unrichtig ist, selbst wenn das erkennende Gericht des Ausgangsrechtsstreits diese Unrichtigkeit verkannt haben sollte; ebenso wenig genügt bei Vollstreckungsbescheiden, dass sie ohne Prüfung der materiellen Rechtslage erlassen wurden.[326] Gleichwohl kann in der Wahl des Mahnverfahrens wegen dessen Besonderheiten eine sittenwidrige Titelerschleichung zu sehen sein. Das ist etwa der Fall, wenn der Titelgläubiger erkennen konnte, „dass bereits die gerichtliche Schlüssigkeitsprüfung zu einer Ablehnung seines Klagebegehrens führen müsste" und er sich gleichwohl des Mahnver-

---

322 So BGHZ 101, 380 (385 f.) = NJW 1987, 3256 (3258 f.): Sittenwidrigkeit wegen Überschreitung des Marktzinses um 117 %.

323 BGH NJW 2005, 2991 (2992 f.).

324 BGHZ 101, 380 (385) = NJW 1987, 3256 (3257).

325 StRspr BGHZ 101, 380 (385 f.) = NJW 1987, 3256 (3257 f.), mit eingehender Darlegung der Anspruchsvoraussetzungen.; sa BGH NJW 1999, 1257; NJW 2005, 2991.

326 BGHZ 101, 380 (386) = NJW 1987, 3256 (3258).

fahrens bediente, um gegen den Schuldner, der auf Grund seiner Unerfahrenheit keinen Widerspruch gegen den Mahnbescheid eingelegt hat, den Erlass eines Vollstreckungsbescheides zu beantragen. Noch gravierender ist es, wenn die Gläubigerin einen nicht einklagbaren Anspruch (zB aus Heiratsvermittlung, § 656 BGB) im Antrag auf Erlass eines Mahnbescheides bewusst falsch als „Zahlungsanspruch aus Ratenzahlungsvertrag" bezeichnet und so den Erlass des Vollstreckungsbescheides in unlauterer, gegen die guten Sitten verstoßender Weise erwirkt, weil sie die wahre Rechtsnatur der geltend gemachten Forderung durch unrichtige Angabe ihres Rechtsgrundes verschleiert und dadurch verhindert hat, dass die grundsätzlich auch im Mahnverfahren anzustellende Prüfung der Klagbarkeit des Anspruches stattfindet.[327] Denkbar ist ebenfalls die Erlangung eines Titels infolge vorsätzlich falscher Aussage (Prozessbetrug).[328]

Seltener sind Fälle der **sittenwidrigen Ausnutzung** des unrichtigen Titels. Das kann etwa der Fall sein, wenn die Unterhaltsgläubigerin aus einem Unterhaltsurteil vollstreckt, obwohl sie dessen nachträgliche Unrichtigkeit erkennt, die dadurch entstanden ist, dass sie inzwischen einer vollen Erwerbstätigkeit nachgeht und daher nicht mehr unterhaltsbedürftig ist.[329]

IV. Rechtsfolge

548 Wird der Klage stattgegeben, so ist dem klagenden Titelschuldner Schadensersatz zu gewähren. Grundsätzlich ist der Schadensersatz nach § 249 BGB im Wege der Naturalrestitution zu leisten. Hat die Zwangsvollstreckung noch nicht stattgefunden, ist der Titelschuldner so zu stellen, wie er ohne die intendierte sittenwidrige Vollstreckung stünde. Der Titelgläubiger hat daher die **Zwangsvollstreckung zu unterlassen** und den **Titel herauszugeben**. Ist der Titel hingegen bereits vollstreckt worden, so hat der Titelgläubiger dem Titelschuldner den dadurch entstandenen Schaden zu ersetzen, und dieser kann nach Maßgabe des § 251 I BGB in Geldersatz bestehen.[330]

F. Gestaltungsklage analog § 767 I ZPO (Titelgegenklage)

I. Analogiebedarf und Anwendungsbereich

1. Regelungslücke

549 Möchte der Schuldner die Zwangsvollstreckung mit der Begründung für unzulässig erklären lassen, dass der **Titel unwirksam** sei, so kann er diese Einwendung nicht mit der Vollstreckungsgegenklage geltend machen, weil diese nur Einwendungen gegen „den durch das Urteil festgestellten Anspruch selbst" betrifft.[331] Für formelle Mängel der Klauselerteilung, welche auf der formellen Unwirksamkeit des Titels gründen, steht ihm die Klauselerinnerung nach § 732 ZPO zur Verfügung; wegen des Formalisierungsgrundsatzes soll im Klauselverfahren aber keine komplexe materiellrechtliche Prüfung erfolgen, weshalb materielle Mängel des Titels nicht mit der Klauselerinne-

[327] OLG Stuttgart NJW 1994, 330 (331).
[328] Staudinger/*Oechsler* (2013) § 826 BGB Rn. 497 f.
[329] BGH FamRZ 1986, 450 (451).
[330] BGH FamRZ 1986, 450 (451).
[331] StRspr BGH NJW 1992, 2160 (2162); NJW 1994, 460 (461); NJW-RR 2004, 1135.

rung gerügt werden können, jedenfalls, soweit sie nicht evident sind (→ Rn. 126). Daher scheidet insoweit die Klauselerinnerung als Rechtsbehelf aus. Mit der Klage aus § 768 ZPO kann allein das Fehlen der besonderen materiellen Voraussetzungen zur Erteilung einer qualifizierten Klausel gerügt werden, nicht hingegen das Bestehen sonstiger materieller Mängel des Titels. Für solche gibt es keinen ausdrücklichen Rechtsbehelf in der ZPO. Doch selbst für die Geltendmachung der formellen Unwirksamkeit hilft die Klauselerinnerung dem Schuldner nur bedingt weiter, weil sie im Erfolgsfall lediglich die Zwangsvollstreckung aus der angegriffenen Klausel für unzulässig erklärt, nicht aber dem Titel rechtskräftig die Vollstreckbarkeit nimmt. Für dieses Rechtsschutzziel besteht somit eine Regelungslücke.[332]

2. Lückenschließung

Diese Regelungslücke schließt die Rspr. durch eine prozessuale Gestaltungsklage in 550
Analogie zu § 767 I ZPO. Das Ziel, die Vollstreckbarkeit eines Titels mit Rechtskraftwirkung zu beseitigen, kann nur mit der Vollstreckungsgegenklage erreicht werden. Für die Geltendmachung der formellen oder materiellen Unwirksamkeit des Titels ist diese zwar nicht einschlägig, für den Titelschuldner ist die Interessenlage bei einem unwirksamen Titel aber vergleichbar derjenigen bei materiellen Einwendungen gegen den titulierten Anspruch. Dies rechtfertigt nach Ansicht der Rspr. die analoge Anwendung des § 767 I ZPO. Dagegen scheidet eine Erstreckung der Analogie auf § 767 II ZPO aus.[333] Diese Vorschrift will die materielle Rechtskraftwirkung unanfechtbar gewordener Entscheidungen sichern; sie kann folglich nicht für Urteile gelten, die auf Grund ihrer Unwirksamkeit der materiellen Rechtskraft nicht fähig sind.[334] Ebenso kommt eine analoge Anwendung des § 767 III ZPO nicht in Betracht.[335] Die gegen die Wirksamkeit des Titels gerichtete Klage ist also allein auf eine Analogie zu § 767 I ZPO zu stützen. Diese Ansicht hat sich inzwischen durchgesetzt.[336] Die Klage wird als „Klage sui generis“[337], als „prozessuale Gestaltungsklage analog § 767 I ZPO“[338] oder treffender als „Titelgegenklage“ bezeichnet.

3. Anwendungsbereich

Allerdings ist es angesichts einer stark kasuistischen Judikatur nicht einfach, den 551
Anwendungsbereich der Titelgegenklage zu bestimmen.[339] Es ist hier zu differenzieren zwischen materiellen und formellen Gründen der Unwirksamkeit des angegriffenen Titels. Erstere werden ohne weiteres von der Titelgegenklage erfasst, schwieriger ist die Lage bei rein formellen Mängeln.[340] **Examensrelevant** sind dabei vor allem fehlerhafte notarielle Urkunden mit Unterwerfungserklärung nach § 794 I Nr. 5 ZPO.

---

332 BGH NJW 1992, 2160 (2162); näher dazu BGH NJW 1994, 460 (461 f.).

333 Thomas/Putzo/*Seiler* § 767 Rn. 8a.

334 BGH NJW 1994, 460 (462).

335 BGH NJW 1994, 460 (462); MüKoZPO/*K. Schmidt/Brinkmann* § 767 Rn. 6; Kindl/Meller-Hannich/Wolf/*Schneiders* § 767 ZPO Rn. 20; aA aber *Özen/Hein* JuS 2010, 124 (126).

336 *Brox/Walker* Rn. 1314; *Gaul/Schilken/Becker-Eberhard* § 40 Rn. 31 f.; Musielak/*Lackmann* § 767 Rn. 9b; MüKoZPO/*K. Schmidt/Brinkmann* § 767 Rn. 6; Schuschke/Walker/*Raebel* § 767 ZPO Rn. 46; für § 732 ZPO noch BGH NJW-RR 1987, 1149.

337 Thomas/Putzo/*Seiler* § 767 Rn. 8a; *Kaiser* NJW 2010, 2933.

338 So vor allem die Rspr, BGH NJW 1994, 460 (462); NJW 2010, 2041 Rn. 15 mwN.

339 So auch *Özen/Hein* JuS 2010, 124 (125).

340 *Kaiser* NJW 2010, 2933 (2934).

a) Materielle Unwirksamkeit des Titels

Fall 23:

552 Die A verklagt den B auf Zahlung von 40.000 EUR und erwirkt gegen den säumigen B ein entsprechendes VU. Auf Grund des vorläufig vollstreckbaren VU erlässt das zuständige Vollstreckungsgericht auf Antrag der A einen Pfändungs- und Überweisungsbeschluss, mit welchem Forderungen des B gegen dessen Hausbank gepfändet werden. B legt gegen das VU Einspruch ein. Im Einspruchstermin treffen die Parteien einen Vergleich, in welchem sich B zur Zahlung von 16.250 EUR verpflichtet und A im Gegenzug dazu, sämtliche Vollstreckungsmaßnahmen unverzüglich einzustellen. Gleichwohl hält A wegen des Betrages von 16.250 EUR die Pfändungen aufrecht. B möchte wissen, ob er Klage mit dem Ziel erheben kann, die Zwangsvollstreckung für unzulässig zu erklären und die A zu verurteilen, ihm ihre vollstreckbare Ausfertigung des VU herauszugeben.[341]

→ Rn. 554.

553 Hauptanwendungsfall der Titelgegenklage ist die Unwirksamkeit oder Wirkungsminderung des Titels aus materiellrechtlichen Gründen. Es geht dabei meist um notarielle Urkunden, in denen der Schuldner sich gem. § 794 I Nr. 5 ZPO der sofortigen Zwangsvollstreckung unterwirft (→ Rn. 104). Ist die **notarielle Unterwerfungserklärung** aus materiellrechtlichen Gründen unwirksam, so erfasst die Unwirksamkeit damit den Vollstreckungstitel. Anwendungsfälle sind:[342]

- Der Verstoß einer in **Allgemeinen Geschäftsbedingungen** des Titelgläubigers enthaltenen Unterwerfungserklärung des Titelschuldners gegen §§ 307 bis 309 BGB mit der Folge von deren Unwirksamkeit nach § 306 BGB.[343] So hat der BGH die in AGB eines Bauträgers enthaltene Unterwerfungserklärung des Kunden nach §§ 307 II Nr. 1, 306 BGB als unwirksam behandelt, wenn der Bauträger danach berechtigt war, sich ohne weitere Nachweise eine vollstreckbare Ausfertigung der notariellen Urkunde erteilen zu lassen.[344]
- Der Verstoß der Unterwerfungserklärung gegen ein **gesetzliches Verbot** nach § 134 BGB, zB gegen die Bestimmungen der Makler- und Bauträgerverordnung (MaBV).[345]

554 Neben notariellen Unterwerfungserklärungen können aber auch **Urteile** aus materiellrechtlichen Gründen unwirksam sein und daher vom Schuldner mit der Titelgegenklage angegriffen werden. In **Fall 23** (→ Rn. 552) ist das VU gegen B durch den im Einspruchstermin geschlossenen Vergleich wirkungslos geworden. Gleichwohl handelt es sich weder um ein Nichturteil noch um ein nichtiges Urteil, so dass es weiter den Rechtsschein der Vollstreckungsfähigkeit besitzt. Für B bestand daher das Bedürfnis nach Rechtsschutz, den Rechtsschein der Vollstreckbarkeit aus der in Händen der A befindlichen vollstreckbaren Ausfertigung des VU mit Rechtskraftwirkung zu beseitigen. Einziges Mittel hierfür ist die Titelgegenklage analog § 767 I ZPO. Der BGH hat diese Klage hier deshalb für zulässig gehalten.[346]

---

[341] Nach BGH NJW-RR 2007, 1724 ff.

[342] Zu weiteren Fällen *Kaiser* NJW 2010, 2933 (2934).

[343] Unwirsamkeit angenommen zB in BGH NJW 2002, 138; verneint dagegen in BGH NJW 2010, 2041 Rn. 23 ff.; sa BGH NJW 2009, 1887.

[344] BGH NJW 2002, 138.

[345] BGH NJW 1999, 51.

[346] BGH NJW-RR 2007, 1724 Rn. 10 f.

b) Formelle Unwirksamkeit des Titels

Fall 24:

Die B-Bank gibt dem Bauträger A Kredite iHv 500.000 EUR. Als A nicht zahlt, verklagt die 555
B ihn im Wege der Teilklage auf Zahlung von 100.000 EUR. In der Klagebegründung wird der aus mehreren Posten bestehende Gesamtsaldo der behaupteten Verbindlichkeiten des A angegeben, ohne den eingeklagten Teilbetrag aufzuschlüsseln. Es ergeht antragsgemäß VU gegen A. Auf Grund des VU erwirkt die B die Eintragung einer Zwangshypothek iHv 100.000 EUR nebst Zinsen auf einem Grundstück des A. Die von A hiergegen erhobene Vollstreckungsgegenklage wird abgewiesen. Als die B den A aus der eingetragenen Zwangshypothek auf Duldung der Zwangsvollstreckung in das belastete Grundstück verklagt, erhebt A Widerklage mit dem Antrag, die Zwangsvollstreckung für unzulässig zu erklären.[347]

→ Rn. 559. Formell-Unwirksamkeit ergibt sich aus Verfahrensrecht

Der Titel kann stattdessen formelle Wirkungsmängel aufweisen; das sind solche, die 556
sich aus dem Verfahrensrecht ergeben. Nach der Rspr. des BGH ist die Titelgegenklage nicht in jedem Fall von formellen Wirksamkeitsmängeln des Titels statthaft. Hier gilt es zu differenzieren:

aa) Unbestimmtheit des Titels

Ist der Titel unbestimmt, so kommt es darauf an, ob die mangelnde Bestimmtheit sich 557
auf die Person des Titelgläubigers oder Titelschuldners bezieht oder auf den titulierten Anspruch.

Ist lediglich die **Person** des Gläubigers oder Schuldners nicht hinreichend bestimmt 558
bezeichnet, so handelt es sich um eine Frage, welche im Klauselerteilungsverfahren zu prüfen war und daher nur mit der **Klauselerinnerung** nach § 732 ZPO korrigiert werden kann. Die Titelgegenklage ist dann nicht statthaft;[348] ein Bedarf nach einer rechtskraftfähigen Entscheidung über die Unzulässigkeit der Zwangsvollstreckung besteht hier nicht.

Betrifft die Unbestimmtheit des Titels dagegen den **titulierten Anspruch**, so ist der 559
Titel zwar nicht unwirksam und sogar vollstreckungsfähig, er ist aber nicht der materiellen Rechtskraft fähig und daher wirkungsgemindert.[349] Der Titel erwächst gem. § 322 I ZPO nur insoweit in materielle Rechtskraft, als über den durch die Klage erhobenen Anspruch entschieden ist. Der prozessuale Anspruch wird nach § 253 II Nr. 2 ZPO durch den Klageantrag und den Lebenssachverhalt, aus dem der Kläger die begehrte Rechtsfolge herleitet, bestimmt. Der Umfang der Rechtskraft ist dem Urteil zu entnehmen, ausgehend von der Urteilsformel, welche im Bedarfsfall aus dem Tatbestand und den Entscheidungsgründen auszulegen ist. Bei einem VU gibt es beides regelmäßig nicht, so dass stattdessen die Klagebegründung heranzuziehen ist. Eine Unbestimmtheit des Titels in Bezug auf den titulierten Anspruch liegt etwa vor, wenn sich bei einer Teilklage nicht bestimmen lässt, über welche der Einzelforderungen oder welche Teilbeträge das Gericht entschieden hat. In **Fall 24** (→ Rn. 555) war das gegen A ergangene VU deshalb unbestimmt und der materiellen Rechtskraft nicht fähig, blieb aber weiterhin vollstreckungsfähig.

[347] Nach BGH NJW 1994, 460 ff.
[348] BGH NJW-RR 2004, 1135 (1136); NJW 2010, 2041 Rn. 18.
[349] Dazu und zum Folgenden BGH NJW 1994, 460 f.

Um die Vollstreckungsfähigkeit eines solcherart fehlerhaften Titels zu beseitigen, kommt eine Vollstreckungsgegenklage nach § 767 ZPO nicht in Betracht, da der Schuldner wegen der Unbestimmtheit des Anspruchsgrundes der titulierten Forderung keine materiellen Einwendungen hiergegen geltend machen kann.[350] In **Fall 24** (→ Rn. 555) war daher die Vollstreckungsgegenklage des A als unzulässig abgewiesen worden. A könnte zwar mit der Klauselerinnerung nach § 732 ZPO die Klauselerteilung angreifen, nicht aber eine rechtskraftfähige Entscheidung über die Unzulässigkeit der Zwangsvollstreckung erwirken. Daher hat der BGH hier ein Rechtsschutzbedürfnis für eine Titelgegenklage aus § 767 I ZPO analog bejaht.[351]

bb) Sonstige formelle Mängel

560 Formelle Mängel des Titels können daraus resultieren, dass dieser **nicht ordnungsgemäß** geschaffen worden ist. Das ist dann der Fall, wenn die notarielle Unterwerfungserklärung des Schuldners iSd § 794 I Nr. 5 ZPO auf einer **unwirksamen Vollmacht** (Gesetzesverstoß nach § 134 BGB) beruhte, sofern sich die dazu gehörigen Umstände aus der notariellen Urkunde ergeben. Diese Umstände hätten im Klauselerteilungsverfahren geprüft werden müssen, weshalb dem Schuldner die Klauselerinnerung zur Verfügung steht. Mit dieser kann er aber keine rechtskraftfähige Entscheidung über die Unzulässigkeit der Vollstreckung aus der notariellen Urkunde erwirken, weshalb der Schuldner die Wahl zwischen der Klauselerinnerung und der Titelgegenklage hat.[352]

Dagegen ist die Titelgegenklage bei formellen Mängeln eines **Prozessvergleichs** nicht statthaft. Bei Gründen, die zur anfänglichen Unwirksamkeit führen, ist der Ausgangsrechtsstreit fortzuführen, bei nachträglich entstandenen Einwendungen, die nur ex nunc wirken, ist dagegen die Vollstreckungsgegenklage einschlägig (→ Rn. 515, → Rn. 527).

II. Zulässigkeit

561 Der Prüfungsaufbau orientiert sich an demjenigen der Vollstreckungsgegenklage,[353] weshalb weitgehend hierauf verwiesen wird (→ Rn. 522 ff.). Abweichungen ergeben sich vor allem bei der Statthaftigkeit und dem Rechtsschutzbedürfnis. Der **Klageantrag** ist ebenso wie bei der Vollstreckungsgegenklage darauf gerichtet, die Zwangsvollstreckung für unzulässig zu erklären.

1. Statthaftigkeit

562 Die Titelgegenklage ist statthaft, wenn der Kläger **Wirksamkeitsmängel** des Titels selbst geltend macht. Hierbei ist zu prüfen, ob nicht andere Rechtsbehelfe bereits statthaft sind. Die Abgrenzung zur **Vollstreckungsgegenklage** nach § 767 ZPO ist an sich unproblematisch, weil diese lediglich materielle Einwendungen gegen den titulierten Anspruch betrifft, die Titelgegenklage dagegen solche gegen den Titel selbst. Beide Klagen können nebeneinander erhoben und miteinander verbunden werden, wenn der Kläger sowohl Einwendungen gegen die Wirksamkeit des Titels als auch materielle gegen den titulierten Anspruch erhebt.[354] Die Titelgegenklage kann

---

[350] BGH NJW 1994, 460 (461).
[351] BGH NJW 1994, 460 (461 f.); bestätigend BGH NJW 2010, 2041 Rn. 18.
[352] BGH NJW-RR 2004, 1718 f.
[353] Dazu *Özen/Hein* JuS 2010, 124 (125 ff.).
[354] BGH NJW-RR 2004, 472 (474); NJW-RR 2004, 1718; NJW-RR 2007, 1724 Rn. 10.

aber ebenso isoliert erhoben werden, wenn nur Einwendungen gegen die Wirksamkeit des Titels geltend gemacht werden.[355]

Klausurhinweis:

Macht der Schuldner (auch) Wirksamkeitsmängel des Titels geltend, ist zuerst die Zulässigkeit einer Vollstreckungsgegenklage zu prüfen. Beschränkt sich der Schuldner auf solche Einwendungen, so ist die Vollstreckungsgegenklage als nicht statthaft abzulehnen und die Prüfung bei der Titelgegenklage fortzusetzen. Macht er hingegen daneben materielle Einwendungen gegen den titulierten Anspruch geltend, so ist die Vollstreckungsgegenklage statthaft und weiter zu prüfen und anschließend die Titelgegenklage.

Problematischer ist die Abgrenzung zur **Klauselerinnerung** aus § 732 ZPO, wenn 563 der Schuldner formelle Mängel des Titels geltend macht (→ Rn. 555 ff.). Soweit diese auch im Klauselerteilungsverfahren hätten berücksichtigt werden müssen, ist an sich die Klauselerinnerung einschlägig. Geht es lediglich um die prozessuale Ordnungsgemäßheit der Klauselerteilung und des dieser zu Grunde liegenden Titels, so ist allein die Klauselerinnerung statthaft.[356] Soll dagegen eine rechtskraftfähige Entscheidung über die Unzulässigkeit der Zwangsvollstreckung wegen eines Wirksamkeitsmangels des Titels erwirkt werden, ist die Titelgegenklage statthaft.[357]

2. Rechtsschutzbedürfnis

Dieses ist gegeben, wenn die Zwangsvollstreckung droht. Zudem darf dem Schuldner 564 für sein Klageziel kein einfacherer und kostengünstigerer Weg zur Verfügung stehen. Hier stellt sich abermals die Abgrenzungsfrage zur Klauselerinnerung, welche aber sinnvollerweise bereits bei der Statthaftigkeit zu beantworten ist. Bei diesem Punkt kann dann auf die Ausführungen zur Statthaftigkeit verwiesen werden.

III. Begründetheit

Die Titelgegenklage ist begründet, wenn der konkrete Titel (Urteil, notarielle Unter- 565 werfungserklärung) unwirksam oder mit einem Wirksamkeitsmangel behaftet ist, welcher ihn nicht der materiellen Rechtskraft fähig macht. Hierzu sind die materiellen oder formellen Einwendungen gegen die Wirksamkeit des Titels zu prüfen.

Bei Erfolg wird die Zwangsvollstreckung aus dem Titel für unzulässig erklärt; bei 566 Unzulässigkeit oder Unbegründetheit wird die Klage abgewiesen. Die Entscheidung ergeht durch Urteil. Im Falle der Klagestattgabe wird **tenoriert**:

Die Zwangsvollstreckung aus dem Titel (genaue Bezeichnung) ist unzulässig.

---

355 BGH NJW-RR 2007, 1724 Rn. 10.
356 BGH NJW-RR 2004, 1135 (1136); NJW 2010, 2041 Rn. 18.
357 BGH NJW 1994, 460 (461 f.); NJW-RR 2004, 1718 f.; NJW 2010, 2041 Rn. 18.

G. Drittwiderspruchsklage

Lit.: Brox/Walker § 44; Lippross § 48; Lüke § 74.

Fall 25:

567 Fabrikant S hat bei der D-Bank einen Kredit zu Geschäftszwecken aufgenommen. Auf Drängen der D-Bank übereignet er dieser die Maschinen seiner Fabrik in Dortmund zur Sicherung des Darlehens, diese verbleiben aber weiterhin an ihrem Ort. Aus Warenlieferungen an den S hat G aus Frankfurt noch ausstehende Forderungen von 50.000 EUR und erwirkt hierüber einen Titel gegen S. Aus diesem pfändet der Gerichtsvollzieher V im Auftrag des G die Maschinen des S; zu diesem Zeitpunkt hatte S das Darlehen an die D-Bank noch nicht zurückgezahlt. Was kann die D-Bank gegen die Pfändung unternehmen und mit welchen Erfolgsaussichten?

→ Rn. 570, 572, 573, 575, 581, 589.

I. Hintergrund

Lit.: Brox/Walker Rn. 1396; Lippross Rn. 715 f.; Lüke § 74 I, II.

568 Weil das Vollstreckungsorgan infolge des Formalisierungsgrundsatzes die Zugehörigkeit des Vollstreckungsobjekts zum Schuldnervermögen idR nicht prüft, muss ein Dritter sich gegen eine derart erfolgte Vollstreckung in sein Vermögen wehren können. Besonders deutlich wird dies bei der Sachpfändung, bei der der Gerichtsvollzieher nur den Gewahrsam des Schuldners prüft. Durch die Vollstreckung in schuldnerfremdes Vermögen wird die Pfändung nicht notwendig unwirksam, anders als bei Pfändung einer fremden Forderung. Der Streit über die Zugehörigkeit der Pfandsache zum Vermögen des Schuldners muss aber außerhalb des Vollstreckungsverfahrens geführt werden: der Dritte kann Drittwiderspruchsklage gem. § 771 ZPO beim Prozessgericht einlegen.

Ihr Ziel ist es, die Zwangsvollstreckung in einen bestimmten Gegenstand für unzulässig erklären zu lassen.

II. Konkurrenzen

Lit.: Lippross Rn. 717 f.; Lüke § 74 IV.

1. Vollstreckungsrechtliche Rechtsbehelfe

569 Zu den Konkurrenzen zur Erinnerung → Rn. 499 und zur Vollstreckungsabwehrklage → Rn. 520.

Während der Dritte mit der Klage aus § 771 ZPO die Unzulässigkeit der Zwangsvollstreckung in einen Gegenstand geltend macht, möchte er mit der Klage aus § 805 ZPO auf Grund eines ihm zustehenden besitzlosen Pfandrechts an der Pfandsache an dem Erlös aus deren Verwertung vor dem beklagten Pfändungspfandgläubiger beteiligt werden und hat daher ein Interesse an der Fortsetzung der Zwangsvollstreckung.

2. Materiellrechtliche Klagen

Wird ein Dritter durch Zwangsvollstreckungsmaßnahmen betroffen, könnte er anstelle der Drittwiderspruchsklage auch auf Herausgabe der Pfandsache nach § 985 BGB oder auf Unterlassung der Zwangsvollstreckung nach § 1004 BGB klagen. Materiellrechtliche Klagen gegen den Gläubiger, der auf die Sache des Dritten zugreift, die dasselbe Ziel verfolgen wie eine Drittwiderspruchsklage, sind jedoch **ausgeschlossen**, solange diese als der speziellere Rechtsbehelf zulässig ist; also **bis zum Abschluss der Zwangsvollstreckung.**[358] Für derartige Klagen fehlt das Rechtsschutzbedürfnis. In **Fall 25** (→ Rn. 567) ist daher nur die Drittwiderspruchsklage der in ihrem Sicherungseigentum betroffenen D statthaft; eine Klage der D gegen G auf Unterlassung der Zwangsvollstreckung aus § 1004 BGB wäre dagegen solange als unzulässig abzuweisen, wie die Zwangsvollstreckung andauert. 570

Allerdings kann der Dritte gegen den Vollstreckungsgläubiger Drittwiderspruchsklage und zugleich gegen den Vollstreckungsschuldner Herausgabeklage nach § 985 BGB erheben; Gläubiger und Schuldner sind dann nach § 771 II ZPO Streitgenossen.

III. Zulässigkeit

Lit.: Brox/Walker Rn. 1402 ff.; Lippross Rn. 719 ff.; Lüke § 74 III.

1. Statthaftigkeit

Statthaft ist die Drittwiderspruchsklage bei allen Arten der Vollstreckung, durch die ein Dritter behauptet, in seiner materiellen Berechtigung am Vollstreckungsobjekt betroffen zu sein. Zu **prüfen** ist, ob: 571

- ein Dritter (also weder Gläubiger noch Schuldner des Vollstreckungsverfahrens)
- behauptet, ihm stehe am Gegenstand der Vollstreckung
- „ein die Veräußerung hinderndes Recht" (→ Rn. 578 ff.) zu.

Hinweis:

Behauptet der Dritte ein Recht, dessen Einordnung als „ein die Veräußerung hinderndes Recht" iSd § 771 I ZPO nicht eindeutig ist, so stellt sich die Frage, ob dies im Rahmen der Zulässigkeit oder der Begründetheit der Klage zu untersuchen ist. Fällt das behauptete Recht **eindeutig** nicht unter § 771 ZPO, so sollte dies bereits bei der Statthaftigkeit erörtert werden, so dass die Klage als unzulässig abzuweisen ist.

In **Zweifelsfällen** (zB bei Grundpfandrechten) kann die Frage, ob ein Recht iSd § 771 ZPO vorliegt, bereits bei der Statthaftigkeit thematisiert werden, bejahendenfalls ist dann im Rahmen der Begründetheit zu prüfen, ob dem Dritten das behauptete Recht auch zusteht. Denkbar ist es aber ebenso, im Rahmen der Statthaftigkeit die Behauptung des Klägers, in einer materiellen Berechtigung am Vollstreckungsgegenstand betroffen zu sein, genügen zu lassen, zumal für diese doppelt relevante Tatsache im Rahmen der Zulässigkeitsprüfung ein schlüssiger Klagevortrag genügt. Die Frage wäre dann bei der Begründetheit zu erörtern. Beide Aufbauarten sind vertretbar.[359]

---

[358] BGHZ 58, 214.
[359] *Kornol/Wahlmann* § 8 Rn. 249.

2. Allgemeine Verfahrensvoraussetzungen

572 Der **Klageantrag** ist darauf gerichtet, die Zwangsvollstreckung in einen bestimmten Gegenstand, nämlich denjenigen, an dem der klagende Dritte Rechte geltend machen will, für unzulässig erklären zu lassen. In **Fall 25** (→ Rn. 567) lautete der Antrag:

> Es wird beantragt, die Zwangsvollstreckung in die Maschinen (nähere Beschreibung) laut Pfändungsprotokoll des Gerichtsvollziehers beim Amtsgericht Dortmund vom … auf Grund des Endurteils des LG X vom … Az.: … für unzulässig zu erklären.

573 Die örtliche **Zuständigkeit** ergibt sich aus den §§ 771 I, 802 ZPO (bitte lesen!), die sachliche aus den allgemeinen Vorschriften der §§ 23 Nr. 1, 71 I GVG. In **Fall 25** (→ Rn. 567) ist also das LG Dortmund, nicht Frankfurt, zuständig.

574 Ein **Rechtsschutzinteresse** ist im Zeitraum **zwischen Beginn und Ende der Zwangsvollstreckung** gegeben; bei der Herausgabevollstreckung liegt ein solches aber bereits mit Existenz des Titels vor, da das Vollstreckungsobjekt mit diesem bestimmt ist.

Nach Beendigung der Zwangsvollstreckung in den streitigen Gegenstand ist die Drittwiderspruchsklage mangels Rechtsschutzbedürfnisses unzulässig. Der Dritte kann dann aber Schadensersatz- und Bereicherungsansprüche gegen den Vollstreckungsgläubiger prozessual geltend machen. Hatte der Dritte bereits Drittwiderspruchsklage erhoben und ist diese rechtskräftig abgewiesen worden, steht solchen Klagen die materielle Rechtskraft des Urteils entgegen.

Unzulässig mangels Rechtsschutzbedürfnisses ist die Drittwiderspruchsklage ebenfalls, wenn das Klageziel auf einfacherem und günstigerem Weg erreichbar ist. Ausnahmsweise kann dies der Fall sein, wenn die Erinnerung zB wegen Verstoßes gegen § 809 ZPO bereits zum Ziel führt.

Die Drittwiderspruchsklage ist auch bei unwirksamen Vollstreckungsmaßnahmen zulässig; in diesem Fall hat sie klarstellende Funktion.

575 In **Fall 25** (→ Rn. 567) hat die Zwangsvollstreckung begonnen und währt fort, solange die Versteigerung und Auskehr des Erlöses nicht stattgefunden hat. Die Erinnerung als Rechtsbehelf wäre hier ungenügend, da gerade nicht die Verletzung verfahrensrechtlicher Mängel bzw. von Vorschriften gerügt wird, die der Gerichtsvollzieher zu beachten hat. Ein Rechtsschutzbedürfnis für die Erhebung der Drittwiderspruchsklage besteht daher.

IV. Begründetheit

Lit.: Brox/Walker Rn. 1408 ff.; Lippross Rn. 730 ff.

576 Die Drittwiderspruchsklage ist begründet, wenn dem Kläger „ein die Veräußerung hinderndes Recht" (Interventionsrecht) zusteht und diesem kein besseres Recht des Beklagten (Einwendung) entgegensteht.

1. Aktiv- und Passivlegitimation

Lit.: Brox/Walker Rn. 1409.

577 Aktivlegitimiert ist der Dritte, also idR derjenige, der weder Gläubiger noch Schuldner noch deren Rechtsnachfolger ist. Auch eine Ein-Mann-GmbH kann gegen den

Gläubiger ihres Alleingesellschafters Drittwiderspruchsklage erheben.[360] Passivlegitimierter und richtiger Beklagter ist nur der die angegriffene Zwangsvollstreckung betreibende Gläubiger.

2. Recht des Dritten iSd § 771 I ZPO

a) Begriff

„Ein die Veräußerung hinderndes Recht" gibt es grundsätzlich nicht, denn selbst das Eigentum als stärkstes dingliches Recht hindert nicht die Veräußerung an einen gutgläubigen Dritten, §§ 929, 932 bzw. §§ 873, 925, 892 BGB.[361] Entscheidend ist vielmehr, ob der **Schuldner, veräußerte er den Gegenstand selbst, widerrechtlich in den Rechtskreis des Dritten eingriffe**. Es ist daher vorzugswürdig, von einem „Interventionsrecht" zu sprechen. 578

b) Eigentum

Das Eigentum eines Dritten am Pfändungsobjekt ist der Hauptanwendungsfall der Drittwiderspruchsklage. Probleme entstehen beim Vorbehalts- und Sicherungseigentum: 579

aa) Vorbehaltseigentum

Regelmäßig befindet sich die unter Eigentumsvorbehalt veräußerte Sache beim Vorbehalts**käufer**. Vollstrecken dessen Gläubiger in die Vorbehaltssache, so kann der Vorbehaltsverkäufer als Eigentümer Drittwiderspruchsklage erheben;[362] er ist nicht auf die Klage aus § 805 ZPO beschränkt, die auf den Verwertungserlös zielt, da dieser unter dem Restkaufpreis liegen kann, der dem Vollstreckungsgläubiger zusteht. Freilich kann der Vollstreckungsgläubiger das Anwartschaftsrecht des Vorbehaltskäufers pfänden (→ Rn. 220, → Rn. 423 ff.), und hiergegen kann sich der Vorbehaltsverkäufer dann nicht mit der Drittwiderspruchsklage wenden. 580

Vollstreckt indes ein Gläubiger des Vorbehalts**verkäufers**, weil sich die Sache bspw. zum Zwecke der Reparatur bei diesem befindet, so fragt sich, ob auch der Vorbehaltskäufer auf Grund seines Anwartschaftsrechts Drittwiderspruchsklage gegen die Pfändung erheben kann. Der Vorbehaltskäufer wird in seinem Anwartschaftsrecht gegen Verfügungen des Vorbehaltsverkäufers durch § 161 I 1 BGB geschützt, und § 161 I 2 BGB erstreckt diesen Schutz auf Maßnahmen der Zwangsvollstreckung. Kommt es aber zur Versteigerung der gepfändeten Sache und Ablieferung durch den Gerichtsvollzieher an den Ersteigerer, so erwirbt dieser durch den hoheitlichen Akt der Ablieferung das Eigentum daran (→ Rn. 302); § 161 I 2 BGB gilt insoweit nicht. Um dies verhindern zu können, wird dem Vorbehaltskäufer die Drittwiderspruchsklage gegen die Vollstreckung durch Gläubiger des Vorbehaltsverkäufers eingeräumt.[363]

bb) Sicherungseigentum

Hier ist gleichfalls zu differenzieren, ob Gläubiger des Sicherungsgebers oder des Sicherungsnehmers in zur Sicherung übereignete Sache vollstrecken. Im Regelfall befindet sich diese bei deren ursprünglichem Eigentümer, dem Sicherungsgeber, der sie im Wege des Besitzkonstituts (§§ 930, 868 BGB) an den Sicherungsnehmer übereignet hat. Daher ist es naheliegend, dass Gläubiger des Sicherungsgebers auf die 581

---

360 Vgl. BGH NJW 2004, 217.
361 Vgl. BGHZ 55, 26; *Gaul/Schilken/Becker-Eberhard* § 41 Rn. 36 ff.
362 BGHZ 54, 214 (218).
363 BGHZ 55, 20 (27) = NJW 1971, 799 (800); *Gaul/Schilken/Becker-Eberhard* § 41 Rn. 52.

Sache zugreifen. Für diese Konstellation ist es umstritten, ob der **Sicherungsnehmer** sich hiergegen nur mit der Klage auf vorzugsweise Befriedigung aus § 805 ZPO oder mit der Drittwiderspruchsklage wehren kann. Die Befürworter einer bloßen Klage aus § 805 ZPO begründen dies mit der wirtschaftlichen Bedeutung des Sicherungseigentums.[364] Dieses habe in der Praxis das Faustpfandrecht ersetzt, da letzteres die Übergabe und damit den Besitz des Sicherungsnehmers verlange, §§ 1205 f. BGB. Pfandrechte jedoch gewährten lediglich die Klage aus § 805 ZPO. Hierfür spreche auch die Wertung des § 51 Nr. 1 InsO, der Sicherungseigentümer und Pfandrechtsinhaber im Insolvenzverfahren gleich behandelt.

Die Gegenansicht will dem Sicherungsnehmer hingegen die Drittwiderspruchsklage einräumen und begründet dies damit, dass es nach dem Gesetz kein Eigentum zweiter Klasse gebe und der Sicherungseigentümer daher dinglich vollwertiger Eigentümer sei. Überdies sei die InsO mit dem Einzelzwangsvollstreckungsrecht nicht vergleichbar: Im Rahmen der Insolvenz werde ein „Kassensturz" gemacht, der es erforderlich mache, das Sicherungseigentum sofort abzuwickeln, um einen verbleibenden Überschuss der Insolvenzmasse zuführen zu können. Ein Interesse des Sicherungseigentümers am Fortbestand des Sicherungseigentums könne mithin im Insolvenzrecht, anders als in der Einzelzwangsvollstreckung, nicht berücksichtigt werden. Schließlich widerspreche die Vollstreckung regelmäßig auch dem Willen des Sicherungsnehmers, der absichtlich die Sache im Besitz des Sicherungsgebers belasse, damit dieser sie zu wirtschaftlichen Zwecken nutzen könne. Durch die Vollstreckung greife der Gläubiger daher in unzulässiger Weise in die relativ wirkende Sicherungsabrede der Parteien ein.

Diese Ansicht ist vorzugswürdig. Mit der hM und der Rspr[365] ist das Sicherungseigentum deshalb als ein die Veräußerung hinderndes Recht aufzufassen; eine bloße Klage aus § 805 ZPO schützt den Sicherungsnehmer nicht hinreichend. Auch der Sicherungseigentümer kann also Drittwiderspruchsklage erheben. In **Fall 25** (→ Rn. 567) kann D somit unter Berufung auf ihr Sicherungseigentum an den Maschinen deren Pfändung nach § 771 ZPO widersprechen.

Befindet sich die zur Sicherung übereignete Sache hingegen ausnahmsweise beim Sicherungseigentümer als dem Sicherungsnehmer und greifen dessen Gläubiger hierauf zu, so wird dem **Sicherungsgeber** hiergegen ebenfalls die Drittwiderspruchsklage zugebilligt. Allerdings gilt dies nicht uneingeschränkt, „sondern ist abhängig von der Entwicklung des Treuhandverhältnisses und der dadurch begründeten gegenseitigen Rechte von Sicherungsgeber und -nehmer." Sobald der Sicherungsnehmer selbst zur Verwertung berechtigt wäre, mithin mit Eintritt der Verwertungsreife, steht dem Sicherungsgeber dieser Rechtsbehelf jedoch nicht mehr zu.[366]

c) Inhaberschaft von Rechten

582 Auch die Inhaberschaft von Rechten, zB einer Forderung, ist ein dem Eigentum vergleichbares Recht. Pfändet der Gläubiger eine nicht dem Schuldner, sondern einem Dritten gehörende Forderung, so ist die Pfändung zwar unwirksam, der Dritte kann hiergegen aus Klarstellungsgründen aber trotzdem Drittwiderspruchsklage einlegen.

---

364 Nachweise bei Musielak/*Lackmann* § 771 Rn. 19 Fn. 53.

365 RGZ 124, 73 ff.; BGHZ 12, 232 (234); 72, 141 (146); 80, 296 (299); *Brox/Walker* Rn. 1417 mwN.

366 BGHZ 72, 141 (144) = NJW 1978, 1859; näher dazu *Gaul/Schilken/Becker-Eberhard* § 41 Rn. 77 ff.

d) Obligatorische Ansprüche

583 Hat der Dritte kein dingliches Recht an dem Gegenstand, sondern lediglich eine schuldrechtliche Forderung auf Übertragung des Eigentums und oder des Besitzes an dem Gegenstand (wurde zB nach Abschluss eines Kaufvertrages, der noch nicht erfüllt wurde, die Kaufsache gepfändet, so hat der Käufer einen Primäranspruch auf Übereignung und Übergabe der Kaufsache aus § 433 I BGB), so ist zu differenzieren:

- Ansprüche **Dritter** gegen den Schuldner **auf Herausgabe des Vollstreckungsgegenstandes** geben dem Anspruchsinhaber die Drittwidersprüchklage, weil der herauszugebende Gegenstand nicht zum Schuldnervermögen gehört: Ein Vermieter, Verpächter oder Verleiher etc kann also Drittwiderspruchsklage gegenüber der Pfändung der Mietsache beim Mieter durch dessen Gläubiger erheben, selbst wenn er nicht Eigentümer der Sache ist.
- Bei bloßen **Verschaffungsansprüchen** Dritter hingegen, zB aus § 433 I 1 BGB besteht keine Möglichkeit, Drittwiderspruchsklage einzulegen, weil der Vollstreckungsgegenstand dann noch zum Vermögen des Vollstreckungsschuldners, der Verkäufer derselben ist, gehört.

3. Einwendungen des Beklagten

Lit.: Brox/Walker Rn. 1430 ff.; Lippross Rn. 752 ff.

a) Bestreiten des die Veräußerung hindernden Rechts

584 Der Beklagte kann die klagebegründenden Tatsachen bloß **bestreiten** oder **materielle Einwendungen** gegen das behauptete Recht des Dritten geltend machen (ersteres sind prozessuale Einwendungen, letzteres Einreden). In Betracht kommen sowohl **rechtshindernde** als auch **rechtsvernichtende** Einwendungen. Häufig wird gegen die Geltendmachung des Sicherungseigentums die rechtshindernde Einwendung der Nichtigkeit der Sicherungsübereignung des Vollstreckungsobjektes durch den Schuldner an den Dritten und Drittwiderspruchskläger geltend gemacht: diese kann entweder als **Scheingeschäft** nach § 117 I BGB oder nach § 138 BGB im Falle der **Übersicherung** nichtig sein. Möglich ist auch die Erhebung der Einrede „dolo facit qui petit quod statim redditurus est" nach § 242 BGB, wenn der Veräußerer einer Sicherungsübereignung zwar alle Kreditraten gezahlt hat, der Sicherungseigentümer jedoch entgegen seiner vertraglichen Verpflichtung noch keine Rückübereignung der Sache angeboten hat.

b) Anfechtung nach dem AnfG

585 Der Beklagte kann auch die **Einrede der Anfechtbarkeit nach dem AnfG** erheben und erwidern, dass das Recht des Dritten aufgrund eines anfechtbaren Rechtsgeschäfts erlangt wurde. Liegt danach ein Anfechtungstatbestand vor, so ist die Drittwiderspruchsklage abzuweisen, da der Gegenstand vollstreckungsrechtlich so angesehen wird, als **ob er zum Schuldnervermögen gehörte.** Voraussetzung ist also nicht, dass aus dem AnfG gegen den Schuldner vorgegangen wurde.

Beispiel 15: G will in einen Gegenstand, zB in eine wertvolle Stereoanlage, vollstrecken, der zunächst dem Schuldner gehörte; dieser hatte ihn jedoch durch eine anfechtbare Schenkung iSd § 4 AnfG zuvor an D übertragen. D ist gem. §§ 11, 13 AnfG verpflichtet, die Zwangsvollstreckung durch G in den Gegenstand zu dulden. Erhebt D gegen diese Vollstreckung die Drittwiderspruchsklage, so kann G dem die Einrede der Anfechtbarkeit aus § 9 AnfG entgegenhalten.

c) Besseres Recht des Gläubigers

586 Hat der beklagte Vollstreckungsgläubiger an dem Vollstreckungsgegenstand ein besseres Recht als der klagende Dritte, so ist dessen Berufung auf sein Recht durch die Drittwiderspruchsklage arglistig.

Beispiel 16: Bei der Pfändung eines PKW macht der beklagte Vollstreckungsgläubiger geltend, sein Werkunternehmerpfandrecht sei vor dem Sicherungseigentum des Dritten an dem zu reparierenden PKW entstanden.[367]

d) Haftung des Dritten für die titulierte Forderung

587 Der Dritte handelt arglistig, wenn er die Drittwiderspruchsklage erhebt, obgleich er für die titulierte Forderung ohnehin zB als selbstschuldnerischer Bürge gegenüber dem beklagten Gläubiger haftet. Dann ist die Berufung auf dieses Recht missbräuchlich.

4. Entscheidung

Lit.: Brox/Walker Rn. 1445 ff.

588 Über die Drittwiderspruchsklage ergeht ein Urteil im Erkenntnisverfahren. Es gelten die allgemeinen Regeln über die Beweislast, dh jede Partei hat für die ihr günstigen Tatsachen Beweis zu erbringen. Statthafte Rechtsmittel gegen das Urteil sind die Berufung und die Revision.

a) Tenor

589 Kann D in **Fall 25** (→ Rn. 567) sein Sicherungseigentum und dessen Fortbestand (dh es liegt kein Eintritt einer auflösenden Bedingung und keine erfolgte Rückübereignung vor) notfalls beweisen und G keine relevanten Einwendungen hiergegen vorbringen, so ist die Klage der D begründet. Der Tenor zur Hauptsache lautet:

> Die Zwangsvollstreckung in die Maschinen (nähere Beschreibung) in der Fabrikhalle des S in Dortmund wird für unzulässig erklärt.

Da die Klage im Erkenntnisverfahren zu behandeln ist, folgen eine Kostenentscheidung und eine Entscheidung zur vorläufigen Vollstreckbarkeit.

b) Wirkungen

590 Das Urteil entfaltet Gestaltungs- und Rechtskraftwirkung.

591 **Gestaltungswirkung:** Mit Rechtskraft des stattgebenden Urteils ist die Zwangsvollstreckung in den jeweiligen Gegenstand unzulässig. Dadurch wird jedoch noch keine automatische Rückkehr zum früheren Zustand (Rückgabe der Pfandsache) bewirkt, vielmehr muss der klagende Dritte die Einstellung der Vollstreckung und ggf. die Aufhebung erfolgter Maßnahmen gem. §§ 775 Nr. 1, 776 S. 1 ZPO erwirken, indem er dem Vollstreckungsorgan das stattgebende Urteil vorlegt.

592 **Rechtskraftwirkung**: Für die Prozessparteien entscheidet das Urteil verbindlich, ob die Zwangsvollstreckung in den streitgegenständlichen Gegenstand zulässig oder unzulässig ist. Dies kann für neuerliche spätere Klagen des Dritten gegen den Gläubiger auf Schadensersatz oder Herausgabe aus ungerechtfertigter Bereicherung aus erfolgter Zwangsvollstreckung Bedeutung haben:

---

[367] Vgl. RGZ 143, 275.

- Bei einer Klageabweisung steht in einem Folgeprozess rechtskräftig fest, dass die Vollstreckung zulässig und also rechtmäßig war;
- bei einer Klagestattgabe steht im Folgeprozess nur fest, dass die Zwangsvollstreckung in diesen Gegenstand unzulässig und rechtswidrig war; sämtliche Tatbestandsvoraussetzungen weitergehender materiellrechtlicher Schadensersatzansprüche des Dritten (zB das Verschulden) müssen zusätzlich dargetan und ggf. bewiesen werden.

5. Einstweilige Anordnung

Da die Drittwiderspruchsklage **keinen Suspensiveffekt** entfaltet, ist es für den Dritten empfehlenswert, einen Antrag auf einstweilige Anordnung nach §§ 771 III, 769 ZPO zu stellen, um die Zwangsvollstreckung einzustellen und ggf. getroffene Maßnahmen (ohne Sicherheitsleistung, § 771 III 2 ZPO) aufzuheben. 593

Aufbauschema:

I. Zulässigkeit
  1. Statthaftigkeit: Behauptung eines „die Veräußerung hindernden Rechts" (Interventionsrechts), § 771 I ZPO.
  2. Zuständiges Gericht: Gericht des Ortes, in dem die Zwangsvollstreckung erfolgt, § 771 I ZPO.
  3. Form und Frist: Antrag ohne weitere Erfordernisse.
  4. Rechtsschutzbedürfnis: Von Beginn bis Ende der Zwangsvollstreckung.

II. Begründetheit
  1. Aktiv- und Passivlegitimation: Dritter, Vollstreckungsgläubiger.
  2. Bestehen des behaupteten Rechts.
  3. Keine Einwendungen des Vollstreckungsgläubigers.

V. Selbsttestaufgabe 3

Anton (A) ist ein begeisterter Sammler moderner Kunst und lebt in Hagen. Um seinen Bildbestand zu vergrößern, erwirbt er im Juni 2013 das Gemälde „Blau" des Künstlers Ars Mundi. Leider übersteigen die Anschaffungskosten aber die finanziellen Möglichkeiten des A. So wendet sich dieser an seinen Freund, den Kunsthändler Boris (B), der ihm ein Darlehen in Höhe der Kaufpreissumme von 3.000 EUR gewährt. Im Gegenzug überträgt A dem B das Sicherungseigentum an dem Bild, welches aber bei A verbleibt. In dem zugrunde liegenden Vertrag heißt es ua: 594

„B hat dem A das Eigentum an dem Gemälde „Blau" von Ars Mundi wieder zu übertragen, sobald das Darlehen vollständig zurückgezahlt ist."

Im März 2014 überweist A dem B die letzte noch ausstehende Rate.

Im Mai 2014 erwirkt Gustav (G) ein Urteil gegen A, durch das dieser verpflichtet wird, an ihn 5.000 EUR zu zahlen. Im Rahmen der im Juni 2014 durchgeführten Zwangsvollstreckung wird das Gemälde in der Wohnung des A durch den zuständigen Gerichtsvollzieher im Auftrag von G gepfändet.

B wendet sich an das zuständige Gericht und erhebt Drittwiderspruchsklage. Er ist der Auffassung, hinsichtlich des Bildes bestehe Sicherungseigentum seinerseits.

Hat diese Klage Aussicht auf Erfolg?

H. Klage auf vorzugsweise Befriedigung, § 805 ZPO

Lit.: Brox/Walker § 45; Gaul/Schilken/Becker-Eberhard § 42.

I. Wesen und Zweck

595 Ein Dritter, der sich nicht im Besitz der gepfändeten beweglichen Sache befindet, kann der Pfändung dieser Sache aufgrund eines besitzlosen Pfand- oder Vorzugsrechts nicht widersprechen. Er hat kein „die Veräußerung hinderndes Recht" iSd § 771 ZPO. Er wird auch nicht wie ein höherrangiger Hypothekengläubiger bereits iRd Zwangsversteigerung des belasteten Grundstücks berücksichtigt, indem ihm seine Forderung durch den Erwerber ausgezahlt wird. Mit der Klage aus § 805 ZPO auf vorzugsweise Befriedigung kann er im Erfolgsfalle zwar nicht die Zwangsvollstreckung verhindern, aber erreichen, dass er **aus dem Vollstreckungserlös vor dem Vollstreckungsgläubiger befriedigt** wird.

II. Zulässigkeit

596 **Statthaft** ist die Klage nach § 805 ZPO bei einer Vollstreckung wegen Geldforderungen in bewegliche körperliche Sachen. Bei der Pfändung einer Geldforderung oder einer Herausgabevollstreckung ist allein die Drittwiderspruchsklage einschlägig.[368]

Die örtliche **Zuständigkeit** des Vollstreckungsgerichtes bestimmen §§ 805 II, 764 II ZPO, die sachliche ist hingegen streitwertabhängig gem. § 805 II ZPO iVm §§ 23, 71 GVG zu ermitteln; beide sind gem. § 802 ZPO ausschließlich.

Für die Klage besteht ein **Rechtsschutzbedürfnis**, sobald die Sache gepfändet ist, und währt bis zur vollständigen Befriedigung durch Auskehr des Erlöses. Der Dritte muss hier also abwarten, bis ein anderer Gläubiger die Vollstreckung in die fragliche Sache eingeleitet hat.

Der **Antrag** und damit das Klageziel ist darauf gerichtet, dass der Kläger aus dem Reinerlös des gepfändeten Gegenstandes (nach Abzug der Kosten, § 788 I ZPO) bis zu einem bestimmten Betrag (seiner Forderung gegen den Vollstreckungsschuldner einschl. Zinsen und Kosten) vor dem beklagten Vollstreckungsgläubiger zu befriedigen ist.

Hinweis:

Sollte in einer Klausur einmal problematisch sein, ob es sich bei dem behaupteten Recht um ein Pfand- oder Vorzugsrecht iSd § 805 ZPO handelt, so gilt das soeben zur Statthaftigkeit der Drittwiderspruchsklage Ausgeführte entsprechend (→ Rn. 571).

III. Begründetheit

597 Begründet ist die Klage, wenn der Kläger ein dem Recht des Vollstreckungsgläubigers vorrangiges Pfand- oder Vorzugsrecht innehat.

---

[368] Zöller/*Stöber* § 805 Rn. 1, 2.

Richtiger Beklagter ist der Gläubiger, der die angegriffene Pfändung in der Zwangsvollstreckung betrieben hat. Je nachdem, wie hoch die Forderung des Klägers ist, kann dies bedeuten, dass der Gläubiger die Zwangsvollstreckung letztlich umsonst betrieben hat; das ist dann der Fall, wenn die Forderung des vorzugsweise zu befriedigenden Gläubigers den gesamten Reinerlös erfasst.

Pfandrechte iSd § 805 ZPO sind sowohl die gesetzlichen Pfandrechte des Vermieters **598** (§§ 562 ff. BGB), Verpächters (§ 583 BGB), Gastwirts (§ 704 BGB) als auch vertragliche Pfandrechte, wenn dem Pfandgläubiger oder Gerichtsvollzieher der Besitz abhandengekommen ist. **Vorzugsrechte** iSd § 805 ZPO sind vor allem die in § 51 InsO aufgeführten Rechte, deren Inhabern auch ein Absonderungsrecht in der Insolvenz des Schuldners zusteht. Probleme können bei Vorbehalts- und Sicherungseigentum (die in § 51 Nr. 1 InsO aufgenommen wurden) entstehen (→ Rn. 580 ff.).

Das Pfand- oder Vorzugsrecht des Klägers muss dem Pfändungspfandrecht, das der **599** Beklagte regelmäßig aus der Zwangsvollstreckung hat, vorgehen. Der Rang des Pfändungspfandrechts des Beklagten ergibt sich aus § 804 III ZPO. Die Rangfolge des Pfand- oder Vorzugsrechts des Klägers bestimmt sich gem. § 804 II, III ZPO iVm §§ 49 bis 51 InsO. Innerhalb einer Ranggruppe gilt wiederum das Prioritätsprinzip (§ 804 III ZPO).

Aufbauschema:

I. Zulässigkeit
  1. Statthaftigkeit: Vorzugsweise Befriedigung aus dem Erlös einer Vollstreckung in bewegliche Sachen wegen eines Pfand- oder Vorzugsrechts.
  2. Zuständiges Gericht: Vollstreckungsgericht, §§ 805 II, 764 II ZPO.
  3. Form und Frist: Antrag ohne weitere Erfordernisse.
  4. Rechtsschutzbedürfnis: ab Pfändung bis zur Erlösauskehr.

II. Begründetheit
  1. Aktiv- und Passivlegitimation: Dritter, Vollstreckungsgläubiger.
  2. Bestehen eines im Verhältnis zum Vollstreckungsgläubiger vorrangigen Pfand- oder Vorzugsrechts.

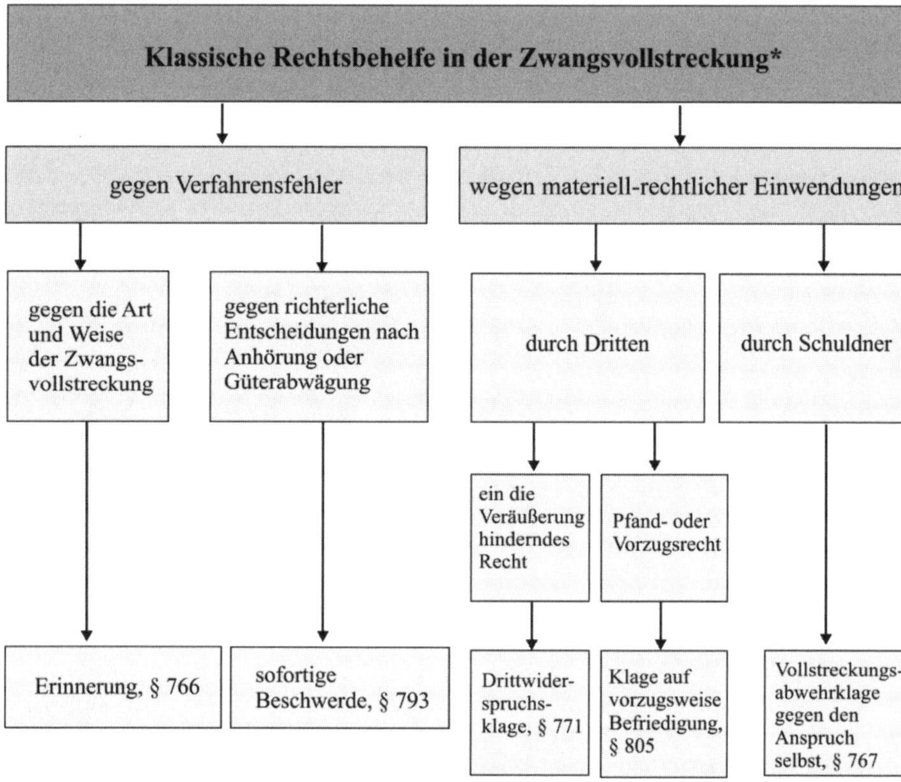

* Rechtsbehelfe zur Erlangung und gegen die Klausel sind hiervon unabhängig. Sie sind keine Rechtsbehelfe in der Zwangsvollstreckung. Für weitere, spezielle Rechtsbehelfe vgl. *Gaul/Schilken/Becker-Eberhard* § 36 Rn 15 ff.

Abb. 11: Rechtsbehelfe in der Zwangsvollstreckung

§ 6 Einstweiliger Rechtsschutz

Praktisch wichtig ist der ebenfalls im 8. Buch der ZPO geregelte einstweilige Rechtsschutz, der dem Antragsteller und Gläubiger im Rahmen eines **summarischen Verfahrens** eine **vorläufige Sicherung seines Anspruchs** bietet. Namentlich geschieht dies für die Sicherung von Geldforderungen aufgrund eines Arrests und für die Sicherung anderer Ansprüche aufgrund einstweiliger Verfügung. Sie stehen dem Gläubiger gerade dann zur Verfügung, wenn die Erlangung eines Titels im regulären Verfahren auf Grund der Dauer des Rechtsstreits zu langwierig wäre. Deshalb gelten auch die allgemeinen Vollstreckungsvoraussetzungen nicht, insb. ist ein Titel für die Erlangung einstweiligen Rechtsschutzes nicht erforderlich. Das Verfahren zerfällt in zwei Teile: Die **Anordnung** der Sicherung und deren **Vollziehung**. 600

A. Arrest

Lit.: Brox/Walker § 47 bis 49.

Fall 26:

G hat eine Werklohnforderung iHv 6.000 EUR gegen S. In der Zeitung liest er eine Anzeige des S: „Wohnungsauflösung wegen Auswanderung nach Abu Dhabi." Was kann G tun? 601

→ Rn. 604, 606, 608.

Durch den Arrest wird eine Geldforderung oder ein Anspruch, der in eine Geldforderung übergehen kann, gesichert. Möglich sind der dingliche Arrest (§ 917 ZPO) und der persönliche Sicherheitsarrest (§ 918 ZPO). In beiden Fällen hat der Gläubiger noch keinen Titel gegen den Schuldner zur Verwirklichung seiner Forderung; dessen Verhalten gibt jedoch begründeten Anlass zu der Vermutung, er werde sein Vermögen oder sich selbst dem **Zugriff endgültig entziehen**. Der Arrest bietet dem Gläubiger die Möglichkeit, **schnell** zu einem **vollstreckbaren Titel** zu gelangen, der aber nicht zu dessen Befriedigung, sondern nur zu dessen Sicherung dienen darf. 602

Abzugrenzen ist der Arrest **von weiteren einstweiligen Maßnahmen**. Er ist subsidiär zu anderen einstweiligen Maßnahmen, wie einstweiligen Einstellungen und Anordnungen im Zwangsvollstreckungsverfahren in den Fällen der §§ 707, 719, 769, 771 III, 805 IV ZPO.

I. Verfahren

Ein **Rechtsschutzbedürfnis** besteht nur, wenn der **Anspruch noch nicht ausreichend gesichert** ist. Dem Arrestantrag wird stattgegeben, wenn ein **Arrestanspruch** 603 und ein **Arrestgrund glaubhaft** gemacht wurden. Dies geschieht regelmäßig durch eidesstattliche Versicherung gem. § 294 I ZPO.

II. Arrestanspruch

604 Dieser muss ein **Anspruch auf eine Geldforderung** sein. Gesichert werden können also Zahlungsansprüche aller Art, soweit sie klagbar sind. Mittels Arrestes sicherbar sind zudem Ansprüche, die im Falle ihrer Nicht- oder Schlechterfüllung in Geldforderungen übergehen können, wie zB der Erfüllungsanspruch des Käufers aus § 433 I BGB. Der Anspruch kann bedingt oder betagt sein. Er muss nicht fällig, aber grundsätzlich zum Zeitpunkt der Entscheidung über den Arrest bereits entstanden sein. Nur ausnahmsweise kommt die Geltendmachung eines künftigen Anspruchs dann in Betracht, wenn sich aufgrund hinreichender tatsächlicher Anhaltspunkte darauf schließen lässt, dass er entstehen wird.

Arrestansprüche können auch Haftungs- und Duldungsansprüche für Geldforderungen sein, wie zB der Anspruch auf Duldung der Zwangsvollstreckung (§ 1147 BGB), der letztlich wegen der Akzessorietät der Hypothek auf eine Geldforderung zurückzuführen ist. In **Fall 26** (→ Rn. 601) stellt die Werklohnforderung des G den Arrestanspruch dar.

III. Arrestgrund

605 Der Arrestgrund ist gleichbedeutend mit der **Eilbedürftigkeit der Sicherung**. Diese besteht, wenn zu besorgen ist, dass ohne Verhängung des Arrestes die Vollstreckung des Urteils vereitelt oder wesentlich erschwert werden würde. Mit „Urteil" ist hier nicht ein bereits ergangenes gemeint, da sonst ja bereits eine ausreichende Sicherung des Gläubigers vorläge, welche sein Rechtsschutzbedürfnis für die Verhängung eines Arrestes beseitigte. Deshalb fehlt es auch in aller Regel am Arrestgrund, wenn bereits ein vollstreckbarer Titel über den Arrestanspruch besteht.

606 Beim **dinglichen** Arrest (§ 917 ZPO) besteht diese Besorgnis dann, wenn nach dem objektiven Urteil eines verständigen Menschen ohne den Arrest eine Veränderung eintreten und dadurch die Verwirklichung des Anspruchs vereitelt oder wesentlich erschwert würde. Dies muss sich grundsätzlich aus einem Verhalten des Schuldners ergeben, welches nicht schuldhaft zu sein braucht. In **Fall 26** (→ Rn. 601) kann G einen dinglichen Arrest gegen S beantragen; der Arrestgrund ist gem. § 917 II ZPO darin zu sehen, dass das Urteil im Ausland vollstreckt werden müsste und für die Vollstreckung in Abu Dhabi die Gegenseitigkeit nicht verbürgt ist.[369] Der Nachweis der Gefahr einer Vereitelung oder Erschwerung der Vollstreckung ist nach § 917 II ZPO nicht erforderlich.

Beispiele: Der Schuldner versucht, sein Vermögen beiseite zu schaffen; verschleudert oder verschenkt es. Demgegenüber sind zB eine schlechte Vermögenslage oder der drohende Zusammenbruch des schuldnerischen Unternehmens keine Arrestgründe; der Arrest dient nämlich nur dem Schutz des Gläubigers vor einer Verschlechterung seiner Lage, nicht aber seiner Besserstellung.

607 Soll der **persönliche** Arrest, also die Inhaftierung des Schuldners, gem. § 918 ZPO angeordnet werden, so genügt diese Besorgnis als Arrestgrund nicht. Der persönliche Arrest ist als *ultima ratio* nur dann möglich, wenn der dingliche Arrest nicht mehr

[369] MüKoZPO/*Gottwald* § 328 Rn. 136.

zur Sicherung ausreicht und auch andere Sicherungsmittel nicht in Frage kommen. Er ist also anderen Sicherungsmitteln gegenüber **subsidiär**.

Beispiele: Der Schuldner will sich der Ladung zur Offenbarungsversicherung (jetzige Vermögensauskunft) entziehen[370] oder verweigert Angaben über den Verbleib wichtiger Vermögensbestandteile.[371]

IV. Vollziehung des Arrests

Arrestbefehle sind ohne Klausel vollstreckbar (§ 929 I ZPO) und innerhalb eines Monats nach Erlass desselben (§ 929 II ZPO) zu vollziehen. Die Vollziehung wird durch Pfändung bewirkt. Durch die Pfändung tritt – wie bei der Vollstreckung – Verstrickung ein. Außerdem entsteht ein Arrestpfandrecht. Dieses bezweckt nur die Sicherung des Anspruchs; es ist nicht auf Erfüllung desselben durch Verwertung gerichtet. Es kann aber zum vollständigen Pfändungspfandrecht erstarken, wenn der Schuldner im Hauptsacheverfahren unterliegt, und bekommt dann die Verwertungsfunktion. Der ursprüngliche Rang des Arrestpfandrechts bleibt auch nach Erstarken zum vollen Pfändungspfandrecht erhalten. In **Fall 26** (→ Rn. 601) wird G den Gerichtsvollzieher beauftragen, das bewegliche Vermögen des S zu pfänden, sobald der Arrestbeschluss erlassen ist (§ 930 ZPO). Obsiegt G auch im Hauptsacheprozess gegen S, so kann er die gepfändeten Sachen versteigern lassen und wird so befriedigt. 608

Obsiegt der Schuldner jedoch im Hauptsacheverfahren, so werden nicht automatisch die Wirkungen des Arrests beseitigt: Er muss vielmehr Aufhebung des Arrestbefehls verlangen (§ 927 ZPO). 609

B. Einstweilige Verfügung

Lit.: Gaul/Schilken/Becker-Eberhard § 76.

Fall 27:

K hat von V einen Ferrari unter Eigentumsvorbehalt gekauft. K zahlt die fälligen Raten nicht. Zudem erfährt V, dass K den PKW an den gutgläubigen Dritten D verkaufen und übergeben will. 610

→ Rn. 614, 617, 621.

Für die einstweilige Verfügung gelten die Arrestvorschriften analog, so dass hinsichtlich der Voraussetzungen auf die hierzu gemachten Ausführungen verwiesen wird. Allerdings kommen alle Ansprüche, die im Arrestverfahren geltend gemacht werden können, als Verfügungsansprüche nicht in Betracht. **Beide Sicherungsmittel schließen einander nämlich aus.** 611

---

[370] OLG München NJW-RR 1988, 382.
[371] OLG Karlsruhe NJW-RR 1997, 450.

I. Sicherungsziel und Verfahren

612 Das Gesetz unterscheidet nach dem Sicherungsziel des Gläubigers: Soll ein Individualanspruch abgesichert werden, so wird eine Sicherungsverfügung (§ 935 ZPO) begehrt. Soll ein streitiges Rechtsverhältnis einstweilen geregelt werden, so handelt es sich um eine Regelungsverfügung (§ 940 ZPO). Grundsätzlich darf die einstweilige Verfügung nicht auf Befriedigung des Anspruchs gerichtet sein (keine Vorwegnahme der Hauptsache). Dennoch wird bei Ansprüchen, bei denen eine vorläufige Sicherung (zB bei Unterhaltsansprüchen) nicht denkbar ist, von der Rspr. die richterrechtlich entwickelte Leistungsverfügung (§ 940 ZPO) zugelassen.[372]

613 Der Antrag ist grundsätzlich beim Gericht der Hauptsache (§§ 937, 943 ZPO, aber § 942 ZPO) einzulegen und muss bestimmt formuliert sein. Das kann problematisch sein, weil mannigfaltige Ansprüche und Sicherungsmöglichkeiten in Frage kommen. Deshalb ist das Gericht auch nicht an den Antrag gebunden (§ 938 I ZPO), kann diesen also anders formulieren. Es muss sich aber dennoch an den Grundsatz halten, dass nicht mehr zugesprochen werden darf als beantragt wurde (§ 308 I ZPO).

Eine stattgebende Entscheidung ergeht, wenn der Antragsteller einen **Verfügungsanspruch** und **Verfügungsgrund glaubhaft** (§ 294 ZPO) gemacht hat.

II. Verfügungsanspruch

614 Nach dem Verfügungsanspruch richtet sich, welche **Art der einstweiligen Verfügung** begehrt wird: Soll zB ein Anspruch auf Herausgabe oder auf Erstellung eines Werkes gesichert werden, so kommt die Sicherungsverfügung in Betracht. Geht es dagegen um die vorläufige Regelung eines streitigen Rechtsverhältnisses, wie zB bei der Verletzung von Patentrechten oder gesellschaftsrechtlichen Befugnissen, wird eine Regelungsverfügung begehrt. Leitlinie für die Abgrenzung kann die Beantwortung der Frage geben, ob der Anspruch auf ein **tatsächliches Verhalten** gerichtet ist, dann ist idR die **Sicherungsverfügung** einschlägig, oder ob ein **Rechtsverhältnis gestaltet** werden soll, dann ist eine **Regelungsverfügung** gewollt. In **Fall 27** (→ Rn. 610) kann V beim zuständigen Gericht eine Sicherungsverfügung nach § 935 ZPO beantragen; sein Herausgabeanspruch gegen K aus § 985 BGB stellt den Verfügungsanspruch dar. Die Tatbestandsvoraussetzungen muss V schlüssig darlegen und glaubhaft machen (§§ 936, 920 II ZPO).

615 Mit der richterrechtlich entwickelten **Leistungsverfügung** können auch Zahlungsansprüche, die regelmäßig mit dem Arrestverfahren zu sichern sind, geltend gemacht werden. Da die Leistungsverfügung über die Sicherung eines Anspruchs hinausgeht und die Befriedigung des Rechts ohne Durchführung eines ordentlichen Erkenntnisverfahrens verfügt wird, ist sie nur sehr restriktiv anzuwenden. Beispiele für ihren Anwendungsbereich sind Unterhaltsansprüche, Ansprüche des Mieters gegen den Vermieter auf Beheizung, Besitzschutzansprüche des § 861 BGB zur Rückgängigmachung einer verbotenen Eigenmacht.

III. Verfügungsgrund

616 Aufgrund der Einordnung des Begehrens des Antragstellers in die verschiedenen Verfügungsarten entscheidet sich, welche Anforderungen an den Verfügungsgrund zu stellen sind.

---

[372] OLG Düsseldorf NJW-RR 1996, 123; OLG Karlsruhe NJWE-FER 1997, 29.

617 Bei der **Sicherungsverfügung** soll ein bestimmter Zustand erhalten („eingefroren") werden: Deshalb ist ein Verfügungsgrund nach § 935 ZPO dann gegeben, wenn eine Veränderung des bestehenden Zustandes die Verwirklichung des Rechts des Antragstellers vereitelt oder wesentlich erschwert. In unserem **Fall 27** (→ Rn. 610) besteht der Verfügungsgrund in der Besorgnis, K werde den Ferrari an den gutgläubigen D übereignen, bevor V einen Titel gegen K erlangt.

618 Bei der **Regelungsverfügung** soll ein bestimmter Zustand nicht nur erhalten, sondern vorläufig geregelt (also: verändert) werden. Ein Verfügungsgrund liegt dann vor, wenn die Regelung zur Abwendung wesentlicher Nachteile, insb. zur Verhinderung drohender Gewalt, unerlässlich ist.

619 Bei der richterrechtlich entwickelten **Leistungsverfügung** ist dagegen nur dann ein Verfügungsgrund gegeben, wenn eine Existenzgefährdung oder Notlage abgewendet oder der Eintritt eines unverhältnismäßig hohen Schadens verhindert werden soll oder ein endgültiger Rechtsverlust droht. Die Tatsache, dass hier besonders hohe Anforderungen gestellt werden, verhindert nicht, dass diese in der Praxis relativ häufig vorliegen.

620 Teilweise wird das Vorliegen eines Verfügungsgrunds durch das Gesetz **unwiderleglich vermutet**, zB bei einem schuldrechtlichen Anspruch auf Eintragung einer Vormerkung (§ 885 BGB) oder auf Grundbuchberichtigung durch Eintragung eines Widerspruchs (§ 899 BGB); teilweise normiert das Gesetz, dass das Vorliegen eines Verfügungsgrundes entbehrlich ist, zB in §§ 885 I 2, 899 II 2 BGB.

IV. Vollziehung

621 Zulässig sind Vollstreckungsmaßnahmen, welche die angeordnete Maßnahme herbeiführen. Hier gilt weitgehend das zum Arrest Gesagte (→ Rn. 608). Bei der Sicherungs- und Regelungsverfügung sind je nach deren konkretem Inhalt derart vielfältige Vollzugsmaßnahmen denkbar, dass diese nicht allgemein dargestellt werden können.[373] In **Fall 27** (→ Rn. 610) kommt bspw. die Sicherstellung (Sequestration) des Ferraris in Betracht. Da bei der Leistungsverfügung ausnahmsweise die Befriedigung des Gläubigers erlaubt ist, kommen sämtliche Vollstreckungsmaßnahmen in Betracht; die Beschränkungen der §§ 930 bis 932 ZPO gelten hier nicht.

Aufbauschema:

I. Zulässigkeit
1. Antrag auf Arrest bzw. Antrag auf Erlass einer einstweiligen Verfügung an das zuständige Gericht.
2. Vorliegen der allgemeinen Prozessvoraussetzungen.
3. Behaupten eines Arrest- bzw. Verfügungsanspruchs.
4. Behaupten eines Arrest- bzw. Verfügungsgrundes (= Darlegung der Eilbedürftigkeit / Besorgnis der Anspruchsgefährdung).

II. Begründetheit

Glaubhaftmachung (§ 294 ZPO) von Arrest- bzw. Verfügungsanspruch und -grund.

---

[373] Näher dazu *Brox/Walker* Rn. 1653 f.

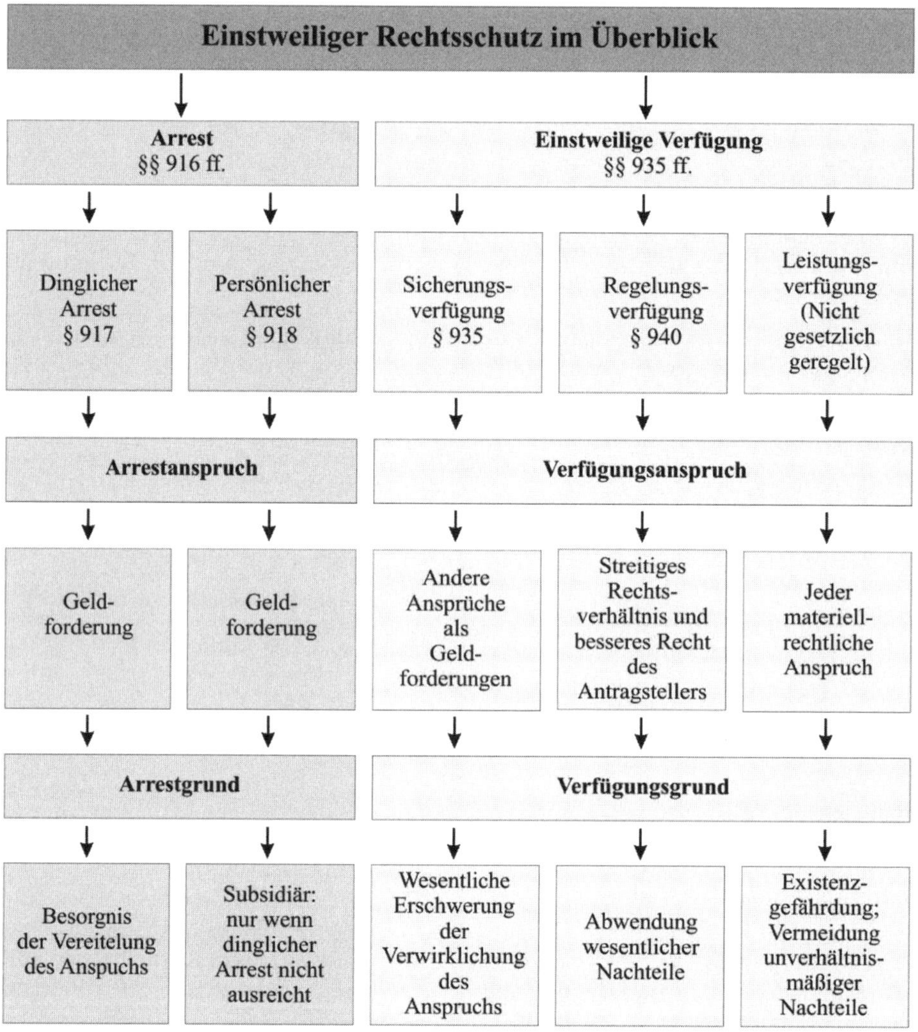

Abb. 12: Einstweiliger Rechtsschutz im Überblick

Anhang

Musterlösung zur Selbsttestaufgabe 1 (→ Rn. 328)

Vorbemerkung:

Da hier Ansprüche des D gegen verschiedene Personen (E oder G) mit möglicherweise unterschiedlichem Anspruchsziel gefragt sind, ist zunächst nach den Zweipersonenverhältnissen D gegen E und D gegen G zu trennen; innerhalb derselben sind die verschiedenen Anspruchsgrundlagen zu untersuchen. Die zwangsvollstreckungsrechtlichen Fragen sind hier nicht gesondert zu beantworten, sondern spielen im Rahmen der Prüfung der materiellrechtlichen Ansprüche eine Rolle und sind dort inzident zu erörtern.

I. Ansprüche des D gegen E

1. Dingliche Ansprüche

D könnte gegen E einen Anspruch auf Herausgabe des Besitzes an dem Fahrzeug gem. § 985 BGB haben.

D müsste Eigentümer des Fahrzeugs sein. Vollwertiges Eigentum iSd § 903 BGB ist auch das Sicherungseigentum. Ursprünglich war D Sicherungseigentümer des Fahrzeugs und hatte damit vollwertiges Eigentum an ihm.

Er könnte sein Eigentum jedoch verloren haben. In Betracht kommt hier ein Eigentumsverlust infolge Ablieferung gem. § 817 ZPO. Nach beiden noch vertretenen Pfändungspfandrechtstheorien, der gemischten und der öffentlichrechtlichen Theorie, ist die Verwertung, in deren Rahmen die Ablieferung stattfindet, öffentlichrechtlich geprägt. Die Verwertung – und damit auch die Ablieferung – erfolgt allein auf Grundlage der Verstrickung (→ Rn. 301 ff.). Eine Verstrickung tritt bei einem formell ordnungsgemäßen Vollstreckungsverfahren nach beiden Theorien auch an schuldnerfremden Sachen ein. Durch die Ablieferung der schuldnerfremden Sache an den Ersteigerer gem. § 817 ZPO wird dann der Eigentumsübergang an diesen bewirkt.

Das Vollstreckungsverfahren verlief vorliegend formell ordnungsgemäß. Eine Verstrickung ist damit auch bezüglich des Fahrzeugs erfolgt, obwohl es nicht zum Vermögen der Schuldnerin S-GmbH gehörte, sondern im Sicherungseigentum des D stand und damit schuldnerfremd war. Das Fahrzeug wurde iRd Vollstreckungsverfahrens nach Erteilung des Zuschlags an E abgeliefert, § 817 ZPO, womit dieser Eigentum erwarb, obwohl es sich um eine schuldnerfremde Sache handelte.

D hat daher sein Eigentum durch Ablieferung gem. § 817 ZPO verloren, so dass D nicht mehr Sicherungseigentümer des Fahrzeugs ist.

D hat gegen E keinen Anspruch auf Herausgabe des Besitzes an dem Fahrzeug gem. § 985 BGB.

2. Ansprüche aus unerlaubter Handlung

D könnte gegen E einen Anspruch auf Herausgabe des Eigentums an dem Fahrzeug gem. § 823 I iVm § 249 BGB haben.

Dann müsste E ein Rechtsgut des D verletzt haben. In Betracht kommt eine Verletzung des Eigentums des D. Diese kann auch im Entzug des Eigentums liegen. D hat das Eigentum an der Sache durch Ablieferung gem. § 817 ZPO verloren. Das Eigentum des E ist also verletzt. Eine Rechtsgutverletzung ist gegeben.

Die Rechtsgutverletzung müsste kausal durch eine Handlung des E veranlasst worden sein. E hat jedoch das Eigentum am LKW aufgrund der Ablieferung durch den Gerichtsvollzieher gem. § 817 ZPO erlangt. Der Ablieferung als Teil des Vollstreckungsverfahrens wiederum lag die Aufrechterhaltung des Vollstreckungsantrages durch G zugrunde. E hat den Eigentumsverlust des D damit nicht durch eine eigene Handlung veranlasst. Damit ist die Rechtsgutverletzung nicht durch eine Handlung des E verwirklicht worden.

Der Eigentumserwerb wäre zudem nicht rechtswidrig, sondern durch die Ablieferung nach § 817 ZPO gerechtfertigt.

D hat also keinen Anspruch gegen E auf Herausgabe des Eigentums an dem Fahrzeug gem. § 823 I iVm § 249 BGB.

3. Ansprüche aus ungerechtfertigter Bereicherung

D könnte gegen E einen Anspruch auf Herausgabe des Eigentums am Fahrzeug gem. § 812 I 1 Fall 2 BGB haben. Voraussetzung hierfür ist, dass E in sonstiger Weise etwas von D ohne rechtlichen Grund erlangt hat und noch bereichert ist (§ 818 III BGB).

„Etwas" meint das konkret durch den Bereicherungsvorgang Erlangte, unabhängig von dessen Vermögenswert.[374] E hat durch die Ablieferung nach § 817 ZPO das Eigentum an dem Fahrzeug erlangt. Der Erwerb des E müsste anders als durch Leistung von D (in sonstiger Weise) erfolgt sein. Leistung ist nach der Rspr. die bewusste, zweckgerichtete Mehrung fremden Vermögens,[375] nach richtiger Ansicht hingegen die zurechenbare und zweckgerichtete Zuwendung eines Etwas.[376] Der Eigentumserwerb des E erfolgte hier durch den Hoheitsakt der Ablieferung nach § 817 ZPO und mithin nicht durch eine Leistung des D.

Problematisch ist hier alleine das Merkmal der Rechtsgrundlosigkeit. Über den Rechtsgrund bei Ersteigerung einer gepfändeten Sache herrscht Streit (→ Rn. 283): Nach einer Ansicht bildet der öffentlichrechtliche Vertrag zwischen dem Meistbietenden und dem Staat, der infolge der eingetretenen Verstrickung wirksam ist, den Rechtsgrund für das Behaltendürfen des Ersteigerers. Nach anderer Ansicht ist der Rechtsgrund allein in der hoheitlichen Erteilung des Zuschlags gem. § 817 ZPO an E zu sehen. Nach beiden Ansichten besteht damit ein Rechtsgrund für den Eigentumserwerb des E am ersteigerten und abgelieferten LKW. Auf die Entscheidung des Meinungsstreits kommt es daher nicht an.

D hat also keinen Anspruch gegen E aus § 812 I 1 Fall 2 BGB auf Herausgabe des Eigentums an dem Fahrzeug.

---

[374] Statt aller NK-BGB/*von Sachsen Gessaphe* § 812 Rn. 68.
[375] StRspr seit BGHZ 58, 184 (188).
[376] NK-BGB/*von Sachsen Gessaphe* § 812 Rn. 13.

Klausurhinweis:

Hier hätten Sie gleich das Merkmal der Rechtsgrundlosigkeit erörtern können, da dessen Verneinung eine Prüfung der weiteren Tatbestandsmerkmale überflüssig macht.

4. Ergebnis

D hat keine Ansprüche gegen E.

II. Ansprüche D gegen G

1. Schadensersatzansprüche aus vertraglichem Schuldverhältnis

D könnte gegen G einen Anspruch auf Schadensersatz iHv 40.000 EUR nach §§ 280 I, 276 BGB haben.

a) Schuldverhältnis

Dann müsste zwischen D und G ein Schuldverhältnis bestehen (→ Rn. 323).

Nach der Rspr. wird durch den Vollstreckungszugriff auf schuldnerfremde Sachen ein gesetzliches Schuldverhältnis zwischen dem Pfandgläubiger und dem wahren Eigentümer der Pfandsache begründet. Der Eigentümer hat dann einen Anspruch aus § 1004 I BGB auf Beseitigung der durch die Pfändung bewirkten Eigentumsbeeinträchtigung, kann diesen aber wegen § 771 ZPO während der Dauer des Vollstreckungsverfahrens nicht geltend machen.

G hat durch den von ihm veranlassten Vollstreckungszugriff auf das Fahrzeug, dessen wahrer Eigentümer jedoch D und nicht seine Schuldnerin, die S-GmbH, war, das Eigentum des D beeinträchtigt. D hat deshalb gegen ihn einen Anspruch aus § 1004 I BGB erlangt. Aufgrund dieses Anspruchs bestand zwischen beiden nach der Rspr. ein gesetzliches Schuldverhältnis.

b) Pflichtverletzung

G müsste eine Pflicht aus diesem gesetzlichen Schuldverhältnis verletzt haben, § 280 I 1 BGB.

Das oben benannte gesetzliche Schuldverhältnis beinhaltet eine Pflicht des vermeintlichen Pfandgläubigers, die Freigabe der Pfandsache sorgfältig zu prüfen, wenn der wahre Eigentümer der Pfandsache ihm gegenüber sein Eigentum glaubhaft macht. Er hat dann das Vollstreckungsverfahren bezüglich der schuldnerfremden Sache nicht weiterzuführen und die Freigabeerklärung zu erteilen. Es handelt sich um die einzige Pflicht iSd § 241 I BGB, die aus dem gesetzlichen Schuldverhältnis erwächst.

D als wahrer Eigentümer der Pfandsache hat gegenüber G eine eidesstattliche Versicherung abgegeben und ihm eine Kopie des Fahrzeugbriefs zugesandt sowie zur Einsichtnahme in den Fahrzeugbrief aufgefordert. Damit liegt die Voraussetzung für das Bestehen der Pflicht vor, die Freigabe bezüglich des Fahrzeuges zu erteilen und das Vollstreckungsverfahren nicht weiterzuführen.

Eine Pflicht iSd § 241 I BGB liegt damit vor. Diese müsste G verletzt haben.

G hat das Freigabeverlangen des D, obwohl dieser sein Eigentum an dem Fahrzeug glaubhaft gemacht hat, nicht sorgfältig geprüft, sondern ignoriert. Er hat das Schreiben nicht gelesen, obwohl es ihm zugegangen war. Die Freigabeerklärung hat er in der Folge nicht abgegeben, sondern das Vollstreckungsverfahren weitergeführt.

Damit hat er seine Pflicht aus dem gesetzlichen Schuldverhältnis verletzt, § 280 I 1 BGB.

c) Vertretenmüssen, Umkehrschluss zu § 280 I 2 BGB

Die Pflichtverletzung müsste G auch zu vertreten haben, Umkehrschluss zu § 280 I 2 BGB. Die Vorschrift ordnet hinsichtlich des Vetretenmüssens eine Beweislastumkehr an, so dass der Schuldner der Pflicht sein fehlendes Vertretenmüssen darlegen und notfalls beweisen muss. Die Vorschrift enthält also eine widerlegliche Vermutung für das Vertretenmüssen des Schuldners der verletzten Pflicht. Hier hat G keine Umstände dargelegt, um die Vermutung des § 280 I 2 BGB zu widerlegen, so dass davon auszugehen ist, dass er die Pflichtverletzung zu vertreten hat.

Klausurhinweis:

In einer Klausur darf bei Greifen der gesetzlichen Vermutung des § 280 I 2 BGB das Vertretenmüssen nicht mehr geprüft werden. Dies ist nur angezeigt, wenn der Schuldner Umstände zur Widerlegung dieser Vermutung darlegt!

G hat die Pflichtverletzung nach § 280 I 2 BGB zu vertreten.

d) Schaden

D müsste ein Schaden entstanden sein, § 280 I 1 BGB.

Nach der Differenzhypothese liegt ein Schaden dann vor, wenn zwischen der durch das schädigende Ereignis geschaffenen Vermögenslage und der hypothetischen Vermögenslage, wie sie bestanden hätte, wenn das schädigende Ereignis nicht eingetreten wäre, eine negative Differenz besteht: diese bildet dann den Schaden.

Hätte G die Zwangsvollstreckung in das Fahrzeug, das im Sicherungseigentum des D stand, nicht weiterbetrieben, so wäre D weiterhin Sicherungseigentümer des Wagens. Durch das Weiterbetreiben der Zwangsvollstreckung, die zur Ablieferung des Fahrzeugs an E führte, hat er jedoch das Sicherungseigentum verloren. In dem Verlust dieses Sicherungseigentums liegt also der Schaden.

D ist damit ein Schaden entstanden.

e) Kausalität

Dieser müsste auch kausal durch die Pflichtverletzung des G entstanden sein. Die Pflichtverletzung des G liegt in dem Weiterbetreiben der Zwangsvollstreckung, die zur Ablieferung des Fahrzeugs an E und dadurch zu einem Eigentumsverlust des D führte. Eine Kausalität liegt daher vor.

f) Anspruchsinhalt

Anspruchsinhalt ist gem. § 249 I BGB grundsätzlich die Verpflichtung des G, den Zustand wiederherzustellen, der bestehen würde, wenn der zum Ersatz verpflichtende Umstand nicht eingetreten wäre (Naturalrestitution).

Wenn das Freigabeverlangen erteilt und das Vollstreckungsverfahren nicht weitergeführt worden wäre, hätte D sein Eigentum an dem Fahrzeug behalten. G müsste also gem. § 249 I BGB dem D das Eigentum an der Sache wiederverschaffen. G hat jedoch kein Eigentum an dem Fahrzeug erlangt. Es ist ihm also nicht möglich, D das Eigentum wieder zu verschaffen.

G könnte deshalb verpflichtet sein, Wertersatz in Geld zu leisten, § 251 I BGB.

Ist dem Schuldner die Naturalrestitution nicht möglich, tritt an deren Stelle die Verpflichtung gem. § 251 I BGB, Wertersatz zu leisten. Der Wiederbeschaffungswert für ein vergleichbares Fahrzeug beträgt 40.000 EUR. G muss mithin 40.000 EUR Wertersatz leisten.

D hat daher gegen G einen Anspruch auf Schadensersatz iHv 40.000 EUR nach § 280 I BGB.

2. Sachenrechtliche Ansprüche

Ansprüche auf Schadenersatz gem. §§ 990 I, 989 BGB, die darauf beruhen, dass der Schuldner die Sache infolge der Vollstreckung nicht mehr herausgeben kann, sind durch § 771 ZPO präkludiert.

3. Ansprüche aus Geschäftsführung ohne Auftrag

Außerdem könnte D gegen G einen Anspruch aus angemaßter Eigengeschäftsführung gem. §§ 687 II, 681 S. 2, 667, 678 BGB auf Herausgabe des Erlöses von 35.000 EUR haben.

a) Objektiv fremdes Geschäft

G müsste ein objektiv fremdes Geschäft geführt haben.

Ein Geschäft ist dann objektiv fremd, wenn es nicht zum Rechtskreis des Geschäftsführers gehört. Die Verwertung einer Sache kann grundsätzlich nur der wahre Eigentümer (§ 903 BGB) vornehmen. Im Rahmen der Zwangsvollstreckung kann der Gläubiger das Schuldnervermögen verwerten lassen. Veranlasst dieser jedoch die Verwertung des Eigentums eines Dritten, ist dies für den Vollstreckungsgläubiger ein objektiv fremdes Geschäft und gehört nicht zu seinem Rechtskreis.

G hat als Vollstreckungsgläubiger die Verwertung des Fahrzeugs veranlasst, das nicht zum Vermögen der Schuldnerin S-GmbH gehörte, sondern im Sicherungseigentum des D stand. Dies gehörte nicht zu seinem Rechtskreis und war für ihn damit ein objektiv fremdes Geschäft.

b) Positives Wissen

G müsste positives Wissen darüber gehabt haben, dass für ihn die Verwertung des Fahrzeugs ein objektiv fremdes Geschäft war und sie in diesem Bewusstsein weiterbetrieben haben.

Aufgrund der Glaubhaftmachung des Eigentums durch D, insb. der Übersendung einer Kopie des Fahrzeugbriefs, in dem der Name des D als Eigentümer eingetragen war, hätte der G allerdings lediglich wissen können, dass es sich um ein objektiv fremdes Geschäft handelte. Er hat aber den Brief ignoriert. Für ein positives Wissen und ein entsprechendes Bewusstsein genügt dies nicht.

Damit hat D mangels positiven Wissens keinen Anspruch gem. §§ 687 II, 681 S. 2, 667, 678 BGB gegen G.

4. Ansprüche aus unerlaubter Handlung

D könnte gegen G einen Anspruch auf Schadensersatz iHv 40.000 EUR gem. §§ 823 I 1 iVm 249 ff. BGB haben.

a) Rechtsgutverletzung

Zunächst müsste eine Rechtsgutverletzung vorliegen. In Betracht kommt eine Eigentumsverletzung, die auch in einem Eigentumsentzug liegen kann. D hat sein Eigentum an dem Fahrzeug verloren. Eine Rechtsgutverletzung liegt also vor.

Dies müsste kausal durch eine Verletzungshandlung des G geschehen sein (sog haftungsbegründende Kausalität). Die Handlung des G könnte darin liegen, dass er, obwohl D sein Eigentum am Fahrzeug glaubhaft gemacht hat, den Vollstreckungsantrag aufrechterhielt. Diese Aufrechterhaltung des Vollstreckungsantrags hat dazu geführt, dass das Verfahren zu Ende gebracht wurde und mit der aufgrund des Zuschlags erfolgten Ablieferung gem. § 817 ZPO ein Eigentumsverlust bei D eintrat. Der Eigentumsverlust ist aufgrund einer Handlung des D, dem Aufrechterhalten des Vollstreckungsantrags, und damit kausal zu dieser eingetreten.

Eine Rechtsgutverletzung in Form einer Eigentumsverletzung des G liegt also vor.

b) Rechtswidrigkeit

Diese Rechtsgutverletzung müsste auch rechtswidrig gewesen sein.

Wird auf schuldnerfremde Sachen zugegriffen, ist diese Vollstreckungshandlung aus der Sicht des öffentlichen Verfahrensrechts rechtmäßig. Das Weiterbetreiben der Vollstreckung durch den Gläubiger trotz der Glaubhaftmachung eines Dritten, dass auf eine schuldnerfremde Sache zugegriffen wurde, ist dennoch privatrechtswidrig.

G betrieb hier die Zwangsvollstreckung weiter, obwohl von Seiten des D glaubhaft gemacht wurde, dass auf eine schuldnerfremde Sache, namentlich das im Sicherungseigentum des D stehende Fahrzeug, zugegriffen wurde.

Die Rechtsgutverletzung des G war also privatrechtswidrig und mithin rechtswidrig.

c) Verschulden

G müsste ein Verschulden an der Eigentumsverletzung treffen.

In Betracht kommt hier wiederum Fahrlässigkeit, § 276 II BGB. Fahrlässigkeit ist das Außerachtlassen der im Verkehr erforderlichen Sorgfalt. Die im Verkehr erforderliche Sorgfalt verlangt im Falle des Zugriffs auf eine schuldnerfremde Sache, dass ein Vollstreckungsgläubiger das Freigabeverlangen eines Dritten sorgfältig prüft und schließlich die Freigabe erteilt.

Indem G das Freigabeverlangen des D nicht ausreichend geprüft, sondern ignoriert und dann seinen Vollstreckungsantrag aufrechterhalten hat, hat er nicht das getan, was von einem gewissenhaften Vollstreckungsgläubiger erwartet werden kann. Er hat nicht die im Verkehr erforderliche Sorgfalt walten lassen.

Ein Verschulden des G in Form der Fahrlässigkeit gem. § 276 II BGB liegt mithin vor.

d) Schaden

D müsste auch ein Schaden entstanden sein. Hätte G die Zwangsvollstreckung in das Fahrzeug, das im Sicherungseigentum des D stand, nicht weiterbetrieben, so wäre D weiterhin Sicherungseigentümer des Wagens. Durch das Weiterbetreiben der Zwangsvollstreckung, die zur Ablieferung des Fahrzeugs an E geführt hat, hat er jedoch das Sicherungseigentum verloren. In dem Verlust dieses Sicherungseigentums liegt also der Schaden.

Dieser Schaden müsste auch kausal durch die Eigentumsverletzung des G verursacht worden sein (sog haftungsausfüllende Kausalität).

Der Schaden, namentlich der Verlust des Sicherungseigentums, ist aufgrund der Ablieferung und diese nur infolge des Weiterbetreibens der Zwangsvollstreckung durch G entstanden.

Damit ist der Schaden des D auch kausal durch die Eigentumsverletzung des G entstanden und die haftungsausfüllende Kausalität gegeben.

e) Anspruchsinhalt

Bezüglich des Anspruchsinhalts kann auf die Ausführungen unter II.1.f verwiesen werden. G muss damit 40.000 EUR Schadensersatz leisten.

D hat gegen G einen Anspruch auf Schadensersatz iHv 40.000 EUR gem. §§ 823 I iVm 249 ff. BGB.

5. Ansprüche aus ungerechtfertigter Bereicherung

D könnte einen Anspruch gegen G aus § 812 I 1 Fall 2 BGB auf Herausgabe des Erlöses iHv 35.000 EUR haben. Voraussetzung hierfür ist, dass E in sonstiger Weise etwas von D ohne rechtlichen Grund erlangt hat und noch bereichert ist (§ 818 III BGB).

a) Etwas erlangt

G hat Eigentum und Besitz an den als Versteigerungserlös ausbezahlten 35.000 EUR erlangt.

b) In sonstiger Weise

Der Erwerb des G müsste anders als durch Leistung des D (in sonstiger Weise) erfolgt sein. Eigentum und Besitz am Erlös erfolgte hier durch Auskehr von Seiten des Gerichtsvollziehers, einem Hoheitsakt iRd Vollstreckungsverfahrens; dies stellt keine Leistung des D an G dar.

In Betracht kommt ein Eingriff des G in den Zuweisungsgehalt des Eigentumsrechts des D. Ein Eingriff in den Zuweisungsgehalt liegt dann vor, wenn der Schuldner in eine Rechtsposition des Gläubigers eingreift, deren Wert bzw. Nutzung die Rechtsordnung dem Gläubiger zugewiesen hat. Der Erlös stellt analog § 1247 S. 2 BGB das dingliche Surrogat für das Eigentum an der Sache – hier dem versteigerten LKW – dar. Dieses stand D zu. Somit erfolgte mit der Auskehr des Erlöses an G ein Eingriff in den Zuweisungsgehalt des Eigentumsrechts des D.

c) Auf Kosten des D

G müsste den Erlös auf Kosten des D erlangt haben. Dieses Merkmal, welches auch mit der Unmittelbarkeit der Vermögensverschiebung umschrieben wird, spielt in Zweipersonenverhältnissen praktisch keine Rolle.[377] Infolge der Zwangsvollstreckung in das Fahrzeug hat D sein Eigentum verloren. Nur aufgrund dessen hat G den daraus erzielten Erlös erlangt.

Klausurhinweis:

Obgleich das Merkmal „auf Kosten“ bei der Eingriffskondiktion in Zweipersonenverhältnissen praktisch keinen Bedeutungsgehalt hat, empfiehlt es sich gleichwohl, in der Klausur kurz darauf einzugehen, da es gängigen Prüfungsschemata entspricht.

---

[377] Zu diesem Merkmal näher NK-BGB/*von Sachsen Gessaphe* § 812 Rn. 72 ff., 88.

d) Ohne rechtlichen Grund

Dies müsste auch ohne rechtlichen Grund geschehen sein.

Rechtlicher Grund könnte ein Pfandrecht des Vollstreckungsgläubigers sein. Ob ein solches entstanden ist, muss nach den Theorien zur Entstehung des Pfändungspfandrechts beantwortet werden (→ Rn. 278 ff.).

Nach der gemischten Theorie entsteht an schuldnerfremden Sachen kein Pfändungspfandrecht des Vollstreckungsgläubigers. Danach hätte G bereits kein Pfändungspfandrecht erlangt. Ein Rechtsgrund für die Erlangung des Erlöses liegt nach der gemischten Theorie also nicht vor.

Nach der öffentlichrechtlichen Theorie entsteht zwar bereits aufgrund der Verstrickung ein Pfändungspfandrecht, dieses ist jedoch für das Behaltendürfen nicht maßgeblich; vielmehr fehlt dem Gläubiger die materiellrechtliche Berechtigung, den Erlös behalten zu dürfen. Nach dieser Theorie erlangt G zwar ein Pfändungspfandrecht an der schuldnerfremden Sache. Damit verbunden ist für G jedoch keine materiellrechtliche Berechtigung, den Erlös behalten zu dürfen. Diese fehlt, wenn der Vollstreckungsschuldner nicht Eigentümer der verwerteten Sache war.

Ein Rechtsgrund für das Behaltendürfen des Erlangten ist damit auch nach der öffentlichrechtlichen Theorie nicht gegeben.

Nach beiden Theorien erlangt der G den Erlös also ohne Rechtsgrund. Ein Eingehen auf den Meinungsstreit erübrigt sich daher.

e) Anspruchsinhalt

Inhalt des Anspruches aus § 812 I 1 Fall 2 BGB ist das Erlangte. G hat nicht den Wagen selbst mit einem Wert von 40.000 EUR erlangt, sondern lediglich das Eigentum und den Besitz an dem ausgekehrten Erlös in bar von 35.000 EUR. Weder ist er um die Vollstreckungskosten, noch um den Wert des Fahrzeuges bereichert. Solange die ausgekehrten Geldzeichen noch bei G sind, hat er das Eigentum und den Besitz daran an D zurück zu übertragen. Anderenfalls richtete sich der Anspruch des D auf Wertersatz in gleicher Höhe, § 818 II BGB.[378]

D hat danach gegen G einen Anspruch aus § 812 I 1 Fall 2 BGB auf Herausgabe von 35.000 EUR.

6. Ergebnis

a) D hat gegen G einen Schadensersatzanspruch iHv 40.000 EUR gem. § 280 I BGB sowie gem. § 823 I BGB. Zwischen diesen Schadensersatzansprüchen besteht Anspruchskonkurrenz, so dass D Ersatz seines Schadens von 40.000 EUR nur einmal verlangen kann.
b) Außerdem hat D gegen G einen Anspruch aus § 812 I 1 Fall 2 BGB auf Herausgabe von 35.000 EUR.
c) Sofern D die 35.000 EUR über § 812 I 1 Fall 2 BGB von G erlangt, hätte er nur noch einen Schaden iHv 5.000 EUR, so dass der auf § 280 I BGB oder § 823 I BGB gestützte Schadensersatzanspruch sich darauf beschränkte.

---

[378] Zum Kondiktionsgegenstand bei Erlangung von Geld: NK-BGB/*von Sachsen Gessaphe* § 812 Rn. 11, 70.

Hinweis:

In der Praxis würde ein Gericht die Klage wegen der Beweislastumkehr bezüglich des Vertretenmüssens auf den Anspruch aus § 280 I BGB stützen. Gäbe es der auf Schadensersatz iHv 40.000 EUR gerichteten Klage des D gegen G statt, so würde es weitere Ansprüche, insb. denjenigen aus ungerechtfertigter Bereicherung auf 35.000 EUR, nicht mehr prüfen.

Musterlösung zur Selbsttestaufgabe 2 (→ Rn. 541)

Die Klage des B hat Aussicht auf Erfolg, wenn sie zulässig und begründet ist.

I. Zulässigkeit

1. Statthaftigkeit

Zunächst müsste die gewählte Klage überhaupt statthaft sein. Eine Vollstreckungsabwehrklage ist gem. § 767 I ZPO statthaft für den Anspruch selbst betreffende, dh materiellrechtliche Einwendungen des Vollstreckungsschuldners, die nach Schluss der letzten mündlichen Tatsachenverhandlung entstanden sind (→ Rn. 515).

B beruft sich auf eine erklärte Aufrechnung, welche eine rechtsvernichtende Einwendung gem. § 389 BGB darstellt. Die Vollstreckungsabwehrklage ist somit statthaft.

2. Zuständigkeit des Gerichts

Weiterhin müsste das angerufene Gericht in örtlicher und sachlicher Hinsicht zuständig sein.

a) örtlich

Gem. § 767 I ZPO ist das Prozessgericht der ersten Instanz für die Vollstreckungsabwehrklage zuständig (→ Rn. 524). Fraglich ist, welches Gericht Prozessgericht der ersten Instanz war. Dies ist dasjenige Gericht, das den Vollstreckungstitel erlassen hat.[379] B hat den Titel vor dem Amtsgericht in Hagen erstritten, sodass dieses Prozessgericht erster Instanz ist. Ob das Prozessgericht erster Instanz seine Zuständigkeit zu Unrecht bejaht hat, ist hingegen unerheblich. Örtlich zuständig ist daher grundsätzlich das Amtsgericht Hagen als Prozessgericht erster Instanz. Die Zuständigkeit ist gem. § 802 ZPO ausschließlich.

b) sachlich

Sachlich zuständig ist das Prozessgericht erster Instanz, dieses war vorliegend das Amtsgericht, sodass dieses ebenfalls sachlich zuständig ist für die Vollstreckungsabwehrklage des B.

---

[379] MüKoZPO/*K. Schmidt/Brinkmann* § 767 Rn. 47.

3. Klageantrag

Dieser muss darauf gerichtet sein, die Zwangsvollstreckung aus dem Titel für unzulässig zu erklären.

4. Partei- und Prozessfähigkeit

A und B sind nach § 50 I ZPO iVm § 1 BGB partei- und nach §§ 51 I, 52 ZPO prozessfähig.

5. Rechtsschutzbedürfnis

Das Rechtschutzbedürfnis ist gegeben zwischen Erteilung eines Titels und der Beendigung der Vollstreckung. Hier hat A bereits einen Titel iSd § 704 ZPO erhalten und die Zwangsvollstreckung beim Gerichtsvollzieher beantragt, sodass B ein Rechtsschutzbedürfnis nachweisen kann.

6. Zwischenergebnis

Die Klage ist somit zulässig.

II. Begründetheit

Die Vollstreckungsabwehrklage ist begründet, wenn B eine materiellrechtliche Einwendung geltend machen kann, welche nicht gem. § 767 II, III ZPO präkludiert ist.

1. Materiellrechtliche Einwendung der Aufrechnung

B müsste also eine materiellrechtliche Einwendung erheben können. Diese könnte in einer wirksam erklärten Aufrechnung zu sehen sein. Eine solche würde gem. § 389 BGB zum rückwirkenden Erlöschen der Forderungen führen.

Dazu müsste zunächst eine Aufrechnungslage bestehen.

a) Passivforderung des A

A hat, indem B sein Kfz beim Verlassen des Autohofs streifte, einen Anspruch jedenfalls aus § 823 I BGB auf Schadenersatz iHv 125 EUR erlangt.

Klausurhinweis:

Einzelheiten hierzu sind nicht von Bedeutung, denn A hat jedenfalls einen vollstreckbaren Titel iSd § 704 ZPO erwirkt.

b) Aktivforderung des B

B könnte gegen A einen Anspruch aus §§ 437 Nr. 3 iVm 280 I, III, 281 I 1 BGB auf Schadenersatz iHv 480 EUR haben. Voraussetzungen hierfür sind, dass die Kaufsache mangelhaft iSd § 434 BGB ist, B Schadensersatz verlangt, A eine ihm obliegende Pflicht verletzt hat, dies zu vertreten hat und die weiteren Voraussetzungen des § 281 BGB vorliegen.

Denkbar ist auch ein Anspruch auf Rückzahlung des infolge des Sachmangels zuviel bezahlten Kaufpreises aufgrund Minderung, §§ 437 Nr. 2, 441 IV BGB. Dieser Anspruch würde ebenfalls auf 480 EUR gehen, sofern man den vereinbarten Kaufpreis mit dem Soll-Wert des mangelfreien Kfz gleichsetzte. Eine Minderung hat gem. § 441 I S. 1, 1. Hs. BGB dieselben Tatbestandsvoraussetzungen wie ein Rücktritt iSd § 323 BGB mit Ausnahme der Erheblichkeit der Pflichtverletzung. Sie setzt somit ebenfalls die Mangelhaftigkeit einer verkauften Sache und die Setzung einer angemessen Frist (bzw. deren Entbehrlichkeit) voraus. Allerdings müsste unterstellt werden, dass B die Minderung erklärt habe, was er nicht getan hat. Zwar würde B bei einer Minderung sein Kfz behalten können, jedoch müsste sein Begehren entgegen dem ausdrücklichen Wunsch, mit seinem Anspruch aus Schadenersatz aufzurechnen, umgedeutet werden. Die tatsächliche Rückzahlung würde den Schaden entfallen lassen, weshalb beide Ansprüche nicht kumulativ denkbar sind. Aufgrund des eindeutigen Willens des B (siehe soeben) wird im Folgenden nur der Schadenersatzanspruch geprüft.

aa) Kaufvertrag

Vorbedingung ist das Vorliegen eines wirksamen Kaufvertrages zwischen A und B iSd § 433 BGB. Hier einigten sie sich über den Kauf eines gebrauchten Manta zu einem Preis von 2.400 EUR. Somit liegt ein Kaufvertrag vor.

bb) Mangel

Weiterhin müsste der Manta mangelhaft iSd § 434 BGB sein.

Gem. § 434 I 1 BGB ist das Auto mangelhaft, wenn es nicht die vereinbarte Beschaffenheit aufweist. Eine explizite Vereinbarung über die Beschaffenheit des Manta haben A und B jedoch nicht getroffen.

Indem der Manta grundsätzlich fahrtüchtig ist, eignet er sich auch zu dem vorausgesetzten Gebrauch iSd § 434 I 2 Nr. 1 BGB und ist somit nicht als mangelhaft anzusehen.

Klausurhinweis:

aA vertretbar: Der vertragsgemäße Gebrauch könnte auch im „Fahren ohne Wind" gesehen werden.

Allerdings könnte der Manta gem. § 434 I 2 Nr. 2 BGB mangelhaft sein. Dies wäre dann der Fall, wenn er nicht die Beschaffenheit aufweist, die für ein vergleichbares Kfz üblich ist und K erwarten darf.

Konkret lässt sich die Fensterscheibe nicht bis zum Anschlag schließen, sodass eine Fahrt ab 110 km/h nur möglich ist, wenn Wind in das Auto strömt.

Dies führt zu höherem Energieverbrauch aufgrund des stärkeren Widerstands. Ferner wird durch die Zugluft auch eine Erkältung oder eine Versteifung der Nackenmuskulatur der Insassen begünstigt.

Es ist auch bei einem gebrauchten Kfz üblich und darf vom Käufer erwartet werden, dass das Fenster komplett geschlossen werden kann.

Indem der verkaufte Manta hiervon abweicht, liegt ein Sachmangel iSd § 434 I 2 Nr. 2 BGB vor. Eine Präklusion iSd § 377 HGB kommt mangels Kaufmanns-Eigenschaft des B nicht in Betracht.

cc) Vorliegen des Mangels im Zeitpunkt des Gefahrübergangs

Gefahrübergang war hier der Tag der Übergabe, § 446 S. 1 BGB, folglich der 1.4.2011. Ausweislich des Sachverhalts lag der Mangel bereits zu diesem Zeitpunkt vor.

dd) Pflichtverletzung

A müsste eine kaufvertragliche Pflicht gegenüber B verletzt haben, § 280 I 1 BGB. Die Lieferung einer mangelhaften Sache verstößt gegen die Pflicht des Verkäufers zur Lieferung einer mangelfreien Sache aus § 433 I 2 BGB.

ee) Vertretenmüssen

A müsste die Pflichtverletzung gem. § 280 I 2 BGB zu vertreten haben. Was zu vertreten ist, definiert § 276 BGB; zu vertreten ist danach jedenfalls jede Art von Fahrlässigkeit.

Im Rahmen des § 281 I BGB ist strittig, welche die maßgebliche Pflichtverletzung ist: die Lieferung einer mangelhaften Kaufsache oder die mangelhafte bzw. nicht erfolgte Nacherfüllung.[380] Bzgl. der Nicht-Nacherfüllung liegt sogar Vorsatz vor. Bzgl. der ursprünglichen Schlechtleistung wäre es gem. § 280 I 2 BGB jedenfalls an A gewesen, sich zu entlasten. Hierzu bringt er jedoch nichts vor, sodass er die Pflichtverletzung zu vertreten hat und der oben angerissene Meinungsstreit dahinstehen kann.

A hat somit die Pflichtverletzung in Form des Sachmangels nach § 276 BGB zu vertreten.

ff) Schadenersatz statt der Leistung

B muss sich für einen der Rechtsbehelfe aus § 437 BGB entschieden haben. Hier verlangt er Schadensersatz. §§ 280 bis 283 BGB unterscheiden indes zwischen verschiedenen Arten des Schadensersatzes: statt der Leistung, neben der Leistung und wegen verzögerter Leistung. Die Leistung wird hier nicht verzögert, sondern fehlerhaft erbracht, weshalb ein Verzögerungsschaden ausscheidet. B möchte den Schaden ersetzt bekommen, der ihm durch die Lieferung eines mangelhaften PKW entstanden ist, er verlangt also Ersatz des mangelbedingten Minderwertes des PKW als Schaden. Dies ist ein Fall des Schadensersatzes statt der Leistung, der sich nach §§ 280 I, III, 281 bis 283 BGB richtet.

Hier könnte § 281 BGB einschlägig sein, sofern der Mangel behebbar ist, mithin ein Fall der qualitativen Verspätung vorliegt.

In diesem Fall hat der Käufer (B) dem Verkäufer (A) zunächst gem. § 281 I 1 BGB eine Frist zur Nacherfüllung zu setzen, bevor er zum Schadensersatzanspruch übergehen kann (Recht zur zweiten Andienung). Der Mangel bestand darin, dass der Fensterschließmechanismus des gekauften PKW defekt war. Der Mangel ist mangels gegenteiliger Anhaltspunkte im Sachverhalt behebbar. Somit war Fristsetzung durch B erforderlich. Er hat den Mangel zwar A gemeldet, aber diesem nicht explizit eine Frist zur Reparatur gesetzt.

Klausurhinweis:

Die neuere Rspr. des BGH,[381] derzufolge ein „sofortiges Verlangen“ ohne Nennung eines konkreten Fristendes genügen soll, hilft hier nicht weiter, denn ein solches Verlangen wurde nicht ausgesprochen. Auch eine sich an § 323 II Nr. 3 BGB anlehnende europarechtskonforme Auslegung des § 281 BGB, derzufolge ein reiner Fristablauf ohne explizite Fristsetzung genügen soll (sehr strittig), dürfte hier nicht einschlägig sein. B kam schließlich kein zweites Mal auf das Gelände des A, um einen Fristablauf festzustellen.

---

380 Vgl. exemplarisch: BeckOK BGB/*Unberath* § 281 Rn. 12.

381 BGH NJW 2009, 3153.

Allerdings könnte die Fristsetzung hier gem. § 281 II 1. Var. BGB entbehrlich sein. Dazu müsste A die Nacherfüllung ernsthaft und endgültig verweigert haben. Dies ist der Fall, wenn der Schuldner sprichwörtlich „das letzte Wort" gesprochen hat, sodass kein vernünftiger Zweifel über die Verweigerung der Nacherfüllung zurückbleibt. Indem A hier jede Reparatur ablehnte und damit nichts zu tun haben wollte, verweigerte er seine Pflicht endgültig.

Die Fristsetzung ist somit entbehrlich.

Nach § 281 I 3 BGB kann der Käufer allerdings Schadensersatz statt der ganzen Leistung nur verlangen, wenn die Pflichtverletzung erheblich ist. Schadensersatz statt der ganzen Leistung bedeutet aber, dass der Gläubiger (hier: Käufer) die erhaltene Leistung zurückgibt und Ersatz des Gesamtwertes der geschuldeten Leistung verlangt.[382] Hier will B aber gerade die erhaltene Leistung, den PKW, behalten, und verlangt somit nur Ersatz statt der Leistung, aber nicht statt der ganzen Leistung. Ob der Mangel des PKW erheblich ist, spielt daher keine Rolle.

Der Schaden liegt, wie dargelegt, in dem mangelbedingten Minderwert der Kaufsache, hier in der Wertminderung des Manta iHv 480 EUR. Der Schaden des A beträgt somit 480 EUR.

gg) Zwischenergebnis

B hat somit einen Anspruch gegen A, der des Weiteren fällig und einredefrei ist.

c) Gegenseitigkeit der Forderungen

Die jeweiligen Forderungen von A und B müssten gegenseitig sein. Dies kommt im Begriff „einander" iSd § 387 BGB zum Ausdruck. Sie sind gegenseitig, wenn die Parteien jeweils Schuldner und zugleich Gläubiger der anderen Seite sind.[383] A ist Schuldner eines Anspruchs aus §§ 437 Nr. 3 iVm §§ 280 I, III, 281 I 1 BGB (s. o.) und Gläubiger jedenfalls eines Anspruchs aus § 823 I BGB. B wiederum ist Gläubiger des ersten Anspruchs und Schuldner des letzten.

Somit liegt die erforderliche Gegenseitigkeit der Ansprüche vor.

d) Gleichartigkeit der Forderungen

Die Forderungen müssten ferner gleichartig sein. Hier sind sie beide auf Zahlung von Geld gerichtet, sodass sie gleichartig sind.

e) Durchsetzbarkeit der Gegenforderung

Schließlich müsste der aufrechnende B die (Aktiv-)Forderung von A „fordern" dürfen. Dazu müsste sie durchsetzbar, dh fällig und einredefrei iSd § 390 BGB sein.[384]

Seiner Schadenersatzforderung stehen solche Einreden nicht entgegen, sie ist erzwingbar.

f) Erfüllbarkeit der Hauptforderung

Die (Passiv-)Forderung des A muss lediglich „bewirkt" werden können. Die Aufrechnung stellt ein Erfüllungssurrogat dar, sodass die Möglichkeit, zu erfüllen, ent-

---

[382] *Medicus/Lorenz* SchR II Rn. 180.
[383] MüKoBGB/*Schlüter* § 387 Rn. 1.
[384] MüKoBGB/*Schlüter* § 387 Rn. 36, § 390 Rn. 1.

scheidend ist.[385] Dem Schuldner ist es nicht verwehrt, einredebehaftete Forderungen zu erfüllen,[386] er ist lediglich hierzu nicht verpflichtet.

A hat für seine Forderung einen Titel, sodass sie sogar durchsetzbar ist. Damit ist sie jedenfalls erfüllbar.

g) Kein Aufrechnungsverbot

Die Aufrechnung könnte jedoch gem. § 393 BGB ausgeschlossen sein. Dazu müsste es sich bei der Passivforderung des A um eine aus vorsätzlicher unerlaubter Handlung handeln. Anspruchsgrundlage der Forderung ist, wie gesehen, der Deliktstatbestand des § 823 I BGB. Allerdings streifte B ausweislich des Sachverhalts das Auto des A nur fahrlässig. Vorsatz liegt damit nicht vor, sodass eine Aufrechnung möglich bleibt.

Ein Verbot gem. § 393 BGB liegt somit nicht vor. Andere Aufrechnungsverbote sind nicht ersichtlich.

h) Aufrechnungserklärung

Somit besteht eine Aufrechnungslage, doch müsste B die Aufrechnung gem. § 388 S. 1 BGB auch erklärt haben. Es handelt sich hierbei um ein einseitiges Gestaltungsrecht, welches sich nicht von selbst vollzieht.[387] B hat die Aufrechnung hier in Ansehung der Zwangsvollstreckung erklärt.

2. Keine Präklusion der Einwendung nach § 767 II, III ZPO

Die Aufrechnung könnte jedoch als Einwendung gem. § 767 II ZPO ausgeschlossen sein. Dazu dürften die Gründe, auf denen die Einwendung beruht, erst nach Schluss der letzten mündlichen Verhandlung entstanden sein (→ Rn. 530 ff.).

Die mündliche Verhandlung, an deren Ende A seinen Titel iHv 125 EUR erhielt, fand am 20.7.2011 statt. Somit ist die Präklusionsvorschrift anwendbar (→ Rn. 531). Zu diesem Zeitpunkt war der Anspruch des B jedoch schon entstanden und auch durchsetzbar. B hätte somit unproblematisch bereits in der mündlichen Verhandlung aufrechnen können. Somit bestand bereits vor Schluss derselben eine Aufrechnungslage.

Fraglich ist, wie es sich auswirkt, dass zwar die Aufrechnungslage im Zeitpunkt der mündlichen Verhandlung vorlag, die Aufrechnung, die als Gestaltungsrecht aber auch eine Erklärung voraussetzt, jedoch erst nach dem 20.7.2011 erklärt wurde.[388] Die Frage ist teilweise strittig.

a) Aufrechnungserklärung entscheidend[389]

Man könnte auf den Zeitpunkt der Aufrechnungserklärung abstellen. Erst diese vollende den Tatbestand der Aufrechnung; erst durch die Aufrechnungserklärung werde auch die Rechtsfolge iSd § 389 BGB herbeigeführt.[390] Die Erklärung erfolgte zeitlich nach dem 20.7.2011, dem Tag, an dem A den Titel erhält. Somit läge die Aufrechnung erst nach Schluss der letzten zum Titel führenden mündlichen Verhandlung vor, sodass eine Präklusion gem. § 767 II ZPO im Ergebnis nicht in Betracht käme.

---

385 MüKoBGB/*Schlüter* § 387 Rn. 38.
386 MüKoBGB/*Schlüter* § 387 Rn. 38.
387 MüKoBGB/*Schlüter* § 388 Rn. 1.
388 Zum Ganzen: *Jauernig/Berger* § 12 Rn. 10 ff.; *Gaul/Schilken/Becker-Eberhard* § 40 Rn. 56.
389 Stein/Jonas/*Münzberg* § 767 Rn. 32 f., 37; MüKoZPO/*K. Schmidt/Brinkmann* § 767 Rn. 81.
390 MüKoZPO/*K. Schmidt/Brinkmann* § 767 Rn. 80; *Jauernig/Berger* § 12 Rn. 11.

b) §§ 533, 296 ZPO analog

Unabhängig von dem Zeitpunkt des Bestehens der Aufrechnungslage könnte der Einwand der Aufrechnung iRd Vollstreckungsabwehrklage in analoger Anwendung des § 533 ZPO stets nur dann beachtlich sein, wenn er vom Gericht als sachdienlich angesehen werde.[391]

Dazu müsste ein tatsächlicher Zusammenhang zwischen den beiden Forderungen bestehen.[392] Beide Forderungen haben in dem Kaufvertrag über den Manta ihren Ausgangspunkt, sodass ein tatsächlicher Zusammenhang zu bejahen wäre. Somit könnte das Bestehen der Forderung des B im gleichen Verfahren überprüft werden, was den Beteiligten Zeit sparen würde. Es müssten keine neuen Termine anberaumt werden. Folglich wäre B nach dieser Auffassung nicht präkludiert.

Klausurhinweis:

Die Kenntnis dieser Auffassung würde wohl in einer Klausur nicht von den Bearbeitern verlangt werden.

c) Aufrechnungslage entscheidend[393]

Man könnte jedoch auch auf den Zeitpunkt der Aufrechnungslage abstellen. Schließlich spricht das Gesetz in § 767 II ZPO selbst von „Gründen", auf denen die Einwendung beruht und von dem Zeitpunkt, in dem diese „entstanden" sind. Dies deutet auf eine eher objektive Auslegung hin, bei der die tatsächlich erfolgte Erklärung außer Betracht bleibt.[394] Damit wäre B mit der Aufrechnung präkludiert.

d) Stellungnahme

Die Auffassungen kommen zu unterschiedlichen Ergebnissen, sodass eine Stellungnahme erforderlich ist (→ Rn. 534).

Für den Zeitpunkt der Aufrechnungserklärung als maßgeblichen Zeitpunkt spräche zunächst, dass das Element der Erklärung – wie bei jedem Gestaltungsrecht – dem Berechtigten ein Wahlrecht bzgl. des Ob und Wann einräume. Er solle über die Ausübung seines Rechts unabhängig von prozessualen Zwängen entscheiden können.[395] Diese Freiheit werde ihm durch eine drohende Präklusion genommen. Er könne dann den Zeitpunkt eben nicht mehr frei wählen, ohne Nachteile, wie eine nicht mehr zu verhindernde Vollstreckung, in Kauf nehmen zu müssen.[396] Weiterhin bringe erst die Erklärung als von §§ 387, 388 BGB verlangtes gleichwertiges Tatbestandsmerkmal den titulierten Anspruch zu Fall. Die Aufrechnung könne erst mit Vorliegen aller Tatbestandsmerkmale, folglich auch der Erklärung, Rechtsfolgen auslösen.[397]

Für die zweite Ansicht spräche, dass das Abstellen auf die Erklärung als allein maßgeblichen Zeitpunkt zu unnötigen Prozessverschleppungen zu führen drohe. Zwar müsse das materielle Recht, welches auf den Zeitpunkt der Erklärung abstellt, allein Ausgangspunkt bleiben. Dies zu Ende gedacht, werde Prozessverzögerungen jedoch

---

391 *Jauernig/Berger* § 12 Rn. 14.
392 MüKoZPO/*Rimmelspacher* § 533 Rn. 30.
393 OLG Hamburg MDR 1953, 558; MüKoZPO/*K. Schmidt/Brinkmann* § 767 Rn. 80 mwN.
394 MüKoZPO/*K. Schmidt/Brinkmann* § 767 Rn. 80 ff.
395 MüKoZPO/*K. Schmidt/Brinkmann* § 767 Rn. 82.
396 *Jauernig/Berger* § 12 Rn. 11.
397 MüKoZPO/*K. Schmidt/Brinkmann* § 767, Rn. 81; *Gaul/Schilken/Becker-Eberhard* § 40 Rn. 62.

zu wenig Einhalt geboten. Der Aufrechnungsberechtigte könnte ohne Nachteile das gesamte Erkenntnisverfahren aussitzen und anschließend unnötigerweise und sanktionslos den vollstreckungsrechtlichen Instanzenzug beschreiten. Sinn und Zweck des § 767 II ZPO sei es aber auch, eben dieses zu unterbinden.[398] Probleme der Prozessverzögerung würden im Gefüge der ZPO stets zulasten des Berechtigten gelöst, vgl. §§ 282 I, 296 II, 531 II, 533 ZPO. Hier komme speziell die Wertung des § 533 ZPO in Betracht, denn die Vollstreckungsabwehrklage wirke wie eine Fortführung des Erkenntnisverfahrens.[399] Erneut werde um materiellrechtliche Einwendungen gestritten, unterschiedlich sei einzig der Zeitpunkt.

Gegen die erste Ansicht spricht jedoch, dass der Wortlaut des § 767 II ZPO nur objektive Voraussetzungen aufstellt (siehe oben). Anhaltspunkte für ein subjektives Moment wie bspw. eine erforderliche Kenntnis des Schuldners vom Aufrechnungsgrund und deswegen nötige Erklärung lassen sich dem Wortlaut nicht entnehmen.[400] § 767 II ZPO stellt auf den Zeitpunkt ab, in dem die Gründe entstanden sind. Der Aufrechnungsgrund bestand jedoch bereits im Zeitpunkt des erstmaligen Bestehens der Aufrechnungslage, dh am Tag des Unfalls auf dem Autohof des A. Dieser geschah deutlich vor dem 20.7.2011. Es kommt somit nicht darauf an, wann die Geltendmachung tatsächlich erfolgt ist.

Hierfür spricht ferner, dass wegen § 389 BGB die Forderungen mit ex tunc-Wirkung erlöschen. Zwar löst erst die Erklärung die Rechtsfolge aus (siehe oben), entscheidender Zeitpunkt für die Aufrechnungswirkungen bleibt dann jedoch der Zeitpunkt des erstmaligen Bestehens der Aufrechnungslage.

Die Vollstreckungsabwehrklage dient systematisch dazu, die Vollstreckung aus einem rechtskräftigen Titel zu verhindern. Der Gläubiger, der alle notwendigen Instanzen durchlaufen hat und einen Titel erwirkte, soll nun zu seinem Recht kommen. Die Durchsetzbarkeit eines Titels ist Ausdruck der rechtsstaatlichen Ordnung gem. Art. 20 III GG und demzufolge ein hohes Gut. Dieses wird für begründete Einzelfälle durch eine Vollstreckungsabwehrklage eingeschränkt. Als Grenze der Ausnahmevorschrift des § 767 I ZPO ist sein Abs. 2 folglich weit auszulegen, sodass subjektive Elemente (Kenntnis, Erklärung) auch aus systematischen Gründen nicht zu berücksichtigen sind.

Schließlich wird gesagt, dass ein Gestaltungsrecht, welches wie die Aufrechnung auf einem abgeschlossenen Tatbestand – Aufrechnungsgrund, dh Aktiv- und Passivforderung ohne Verbote – beruht, mit einer ipso iure wirkenden rechtsvernichtenden Einwendung, wie bspw. § 275 I BGB, vergleichbar ist.[401] Bei § 275 I BGB muss der Schuldner auch rechtzeitig vortragen. Die nachträgliche Unmöglichkeit kann der Vollstreckung eines Titels ebenfalls im Nachhinein nicht mehr entgegengehalten werden. Im Gegensatz zu einem „grundlosen" Gestaltungsrecht wie bspw. einem Optionsrecht ändern sich die Umstände der die Aufrechnungslage begründenden Forderungen nicht weiter. Die Tatsache, dass der Gesetzgeber für die Aufrechnung zusätzlich eine Erklärung verlangt (im Vergleich zur rechtsvernichtenden Einwendung), ändert nichts an der Obliegenheit des Berechtigten, rechtzeitig zu gestalten.[402]

Gegen die zweite Ansicht spricht, dass eine analoge Anwendung des § 533 ZPO vor jeder inhaltlichen Auseinandersetzung das Bestehen einer Regelungslücke erfordert. § 767 II ZPO regelt jedoch die Präklusion selbst und lässt allein anhand seines Wort-

398 *Gaul/Schilken/Becker-Eberhard* § 40 Rn. 64.
399 BGH NJW 1994, 2770.
400 *Jauernig/Berger* § 12 Rn. 8; Stein/Jonas/*Münzberg* § 767 Rn. 30.
401 MüKoZPO/*K. Schmidt/Brinkmann* § 767 Rn. 82; *Schwab* JZ 2006, 170 (173), aA *Gaul/Schilken/Becker-Eberhard* § 40 Rn. 77.
402 MüKoZPO/*K. Schmidt/Brinkmann* § 767 Rn. 82.

lauts auch den Schluss auf eine objektive Auslegung zu (siehe oben). Ein Bedürfnis nach einer Analogie über den Wortlaut hinaus ist somit schon deshalb nicht gegeben. § 767 II ZPO stellt – aufgrund seines objektiven Wortlauts – genau auf den Zeitpunkt der Aufrechnungslage ab.

Gegen eine analoge Anwendung spricht jedoch auch inhaltlich, dass § 533 ZPO in erster Linie prozessökonomische Interessen verteidigt, wohingegen § 767 II ZPO die Rechtskraft bewahren will.[403] Diese Ambitionen lassen sich nur schwer vereinbaren, was einer Analogie letztlich auch entgegensteht.[404]

Ferner will § 533 ZPO in direkter Anwendung den Kläger vor dem Verlust einer Instanz schützen. Durch die Aufrechnung wird ein neuer Streitgegenstand eingeführt, über den wegen § 322 II ZPO auch in der Berufungsinstanz rechtskräftig entschieden wird. Diese Gefahr besteht bei § 767 ZPO nicht, denn dieser Prozess wird zunächst vor der ersten Instanz ausgefochten.[405] Somit ist die Interessenlage des § 533 ZPO auch nicht mit der des § 767 II ZPO vergleichbar.

III. Ergebnis

Es ist somit der dritten Auffassung zu folgen, nach der A mit seinem Einwand gem. § 767 II ZPO präkludiert ist. Somit ist die Vollstreckungsabwehrklage unbegründet.

Die Klage ist zulässig, aber unbegründet. Sie hat keine Aussicht auf Erfolg. Das Gericht wird die Vollstreckung nicht verhindern (aA aber bei entsprechender Begründung vertretbar).

Musterlösung zur Selbsttestaufgabe 3 (→ Rn. 594)

Die Klage des B hat Aussicht auf Erfolg, wenn sie zulässig und begründet ist.[406]

I. Zulässigkeit

1. Statthaftigkeit

Die Drittwiderspruchsklage ist gem. § 771 ZPO statthaft, wenn der Kläger behauptet, dass ihm an einem Gegenstand der Zwangsvollstreckung ein „die Veräußerung hinderndes Recht", ein Interventionsrecht, zusteht. Hier behauptet B, Eigentümer des gepfändeten Bildes zu sein. Das Eigentum als stärkstes dingliches Recht stellt ein Interventionsrecht iSd § 771 ZPO dar.

Hinsichtlich des Bildes beruft sich der B auf Sicherungseigentum. Fraglich ist daher, ob auch bei behauptetem Sicherungseigentum § 771 ZPO als statthafter Rechtsbehelf anzusehen ist. Hier ist umstritten, ob der Schutz des Sicherungseigentümers durch die Drittwiderspruchsklage oder durch die Vorzugsbefriedigungsklage nach § 805 ZPO gewährt wird.

---

403 Zu letzterem: *Jauernig/Berger* § 12 Rn. 8, aA *Schwab* JZ 2006, 170 (175).
404 *Gaul/Schilken/Becker-Eberhard* § 40 Rn. 72.
405 *Schwab* JZ 2006, 170 (175 f.).
406 Vgl. zur Drittwiderspruchsklage → Rn. 567 ff.

a) § 771 ZPO

Die hM[407] hält die Drittwiderspruchsklage für einschlägig. Begründet wird dies damit, dass der Sicherungseigentümer juristisch gesehen Volleigentümer der Sache ist. Nach dieser Meinung wäre mithin die Drittwiderspruchsklage des B statthaft.

b) § 805 ZPO

Nach anderer Auffassung soll dem Sicherungseigentümer nur die Klage nach § 805 ZPO zur Verfügung stehen. Schließlich gleiche das Sicherungseigentum bei wirtschaftlicher Betrachtung eher einem besitzlosen Pfandrecht. Zudem werde es auch in der Insolvenz wie ein Pfandrecht behandelt, da hier das Sicherungseigentum lediglich zur Ab-, nicht aber zur Aussonderung der Sache berechtige, § 51 Nr. 1 InsO.

Nach dieser Ansicht wäre folglich die Drittwiderspruchsklage des B nicht statthaft.

c) Stellungnahme

Da die beiden genannten Ansichten zu unterschiedlichen Ergebnissen gelangen, ist eine Streitentscheidung erforderlich.

Gegen die zweitgenannte Ansicht spricht, dass das Sicherungseigentum kein Eigentum minderen Ranges, sondern Volleigentum darstellt.

Zudem hat der Sicherungseigentümer aufgrund der Sicherungsabrede regelmäßig ein Recht, sich durch freihändigen Verkauf aus der Sache zu befriedigen. Diese Möglichkeit würde ihm durch die Zwangsvollstreckung genommen, die meist auch zu geringeren Erlösen führt.

Die unterschiedliche Behandlung zum Insolvenzrecht lässt sich zudem durch die unterschiedliche Interessenlage begründen (→ Rn. 581).

Demnach ist der erstgenannten Meinung zu folgen, so dass die Drittwiderspruchsklage des B in Bezug auf das Gemälde statthaft ist.

d) Ergebnis

Die Drittwiderspruchsklage ist somit statthaft.

2. Zuständigkeit

B hat laut Sachverhalt das zuständige Gericht angerufen.

3. Rechtsschutzbedürfnis

B müsste ferner rechtsschutzbedürftig sein. Das Rechtsschutzbedürfnis ist vom Beginn bis zum Abschluss der Vollstreckungsmaßnahme zu bejahen. Hier ist es schon zu einer Pfändung, jedoch noch zu keiner Verwertung der Gegenstände gekommen, so dass die Vollstreckungsmaßnahme begonnen, aber noch nicht beendet ist. Folglich ist B rechtsschutzbedürftig.

4. Ergebnis

Die Klage ist zulässig.

---

[407] Musielak/*Lackmann* § 771 Rn. 19 mwN; *Prütting* Rn. 421.

II. Begründetheit

Die Drittwiderspruchsklage ist begründet, wenn dem Kläger ein „die Veräußerung hinderndes Recht" zusteht, dessen Geltendmachung nicht durch Gegenrechte des Beklagten ausgeschlossen ist. Ein Recht iSd § 771 ZPO liegt dann vor, wenn der Schuldner selbst, veräußerte er den Vollstreckungsgegenstand, widerrechtlich in den Rechtskreis des Dritten eingriffe und deshalb der Dritte den Schuldner an der Veräußerung hindern könnte.

1. Aktiv- und Passivlegitimation

B müsste für die Erhebung der Drittwiderspruchsklage aktivlegitimiert sein. Dies ist der Dritte, also idR derjenige, der weder Gläubiger noch Schuldner noch deren Rechtsnachfolger ist. Somit ist B vorliegend aktivlegitimiert.

G müsste passivlegitimiert sein. Passivlegitimiert und richtiger Beklagter ist nur der die angegriffene Zwangsvollstreckung betreibende Gläubiger, mithin also G.

2. Interventionsrecht

Hinsichtlich des Bildes kommt als Interventionsrecht des B das Sicherungseigentum in Betracht. Wie bereits festgestellt (I.1.c), stellt Sicherungseigentum ein taugliches Recht iSd § 771 ZPO dar.

Laut Sachverhalt hat A dem B das Sicherungseigentum an dem Gemälde übertragen gem. §§ 929, 930 BGB.

Fraglich ist jedoch, ob dieses noch besteht. Laut Vertrag ist B verpflichtet, dem A das Eigentum bei vollständiger Rückzahlung des Darlehens zurückzuübertragen. B hätte dem A das Eigentum an dem Bild folglich im März 2014 übertragen müssen. Laut Sachverhalt hat eine solche Übertragung jedoch nicht stattgefunden. Das Eigentum ist auch nicht automatisch mit Zahlung der letzten Rate des Darlehens an A zurückgefallen. Mithin ist B noch Sicherungseigentümer, so dass ihm ein Interventionsrecht iSd § 771 ZPO zusteht.

3. Einwendungen

Möglicherweise kann sich B jedoch nicht auf sein Sicherungseigentum berufen. Dies wäre dann der Fall, wenn er verpflichtet wäre, die Zwangsvollstreckung zu dulden. Nach der Vereinbarung im Sicherungsvertrag ist B verpflichtet, dem A das Eigentum zurückzuübertragen, wenn dieser die letzte Darlehensrate gezahlt hat, was im März 2014 der Fall war. Möglicherweise verstößt daher die Geltendmachung des Interventionsrechts durch B gegen Treu und Glauben. Mit der Drittwiderspruchsklage gegen G würde B einen Gegenstand verlangen, den er sofort an den Vollstreckungsschuldner A zu übereignen hätte. Somit verstößt die Berufung auf das Interventionsrecht gegen § 242 BGB, da ein schutzwürdiges Interesse abgelehnt wird, wenn eine Leistung gefordert wird, die alsbald zurückzugewähren wäre (dolo facit qui petit quod statim redditurus est, → Rn. 584).[408]

---

[408] Vgl. MüKoBGB/*Oechsler* Anhang nach §§ 929 bis 936 Sicherungseigentum – Sicherungsübereignung Rn. 54.

Hinweis:

Teilweise wird das Sicherungseigentum nur dann als Interventionsrecht zugelassen, „solange der zu sichernde Anspruch noch besteht“.[409] Im vorliegenden Fall wäre danach schon kein Interventionsrecht des B gegeben, da die zu sichernde Forderung mit Zahlung der letzten Darlehensrate erloschen ist. Diese Ansicht ist jedoch im Hinblick auf das Abstraktionsprinzip problematisch. Dogmatisch sauberer erscheint es, eine solche Situation als unzulässige Rechtsausübung anzusehen.

4. Ergebnis

Die Drittwiderspruchsklage des B ist zulässig, aber unbegründet.

---

[409] Vgl. nur Musielak/*Lackmann* § 771 Rn. 19 mwN.

Sachverzeichnis